Claus Jacobi · Fremde, Freunde, Feinde

Claus Jacobi

Fremde, Freunde, Feinde

Eine private Zeitgeschichte

Ullstein

Verlag Ullstein GmbH · Berlin · Frankfurt/M.

Bildlayout: Lutz Lenschow, Hamburg
Register: Birgit Karstens, Hamburg
Satz: deutsch-türkischer fotosatz, Berlin
Reproduktionen: Haußmann Reprotechnik, Darmstadt
Druck und Bindung: Wiener Verlag GmbH, Himberg bei Wien
Printed in Austria 1991
ISBN 3-550-07804-8

1. Auflage Oktober 1991
2. Auflage Dezember 1991

INHALT

Für meine Frau

1. Kapitel

FREMDE, FREUNDE, FEINDE

„Wer gross ist, ist nicht immer gut“

Schlecht ist die Welt, seltsam das Leben, lernten wir einst im Englisch-Unterricht. Daran hat sich nicht viel geändert. „Life is strange and world is bad.“ Aber zusammen ergeben die beiden eine unwiderstehliche Mischung. Von ihr soll hier die Rede sein.

Ich habe die meisten Länder der Erde (mit knapper Mehrheit) betreten, sah den Weltkrieg und Vietnam, aß mit Bettlern und Majestäten, war im Kreml und im Weißen Haus. Krieg blieb in dieser Zeit auf Erden die äußerste Form des Wettbewerbs, der Mensch die einzige Kreatur, die foltert. Doch wie häßlich die Welt sich zuweilen ausnahm, wie rätselhaft das Leben manchmal erschien – ich möchte wenige Augenblick missen und von einigen erzählen. „Ihr Sohn“, so sagte meine erste Lehrerin zu meiner Mutter, „besitzt ein phänomenales Gedächtnis für jede Art von überflüssigem Unsinn.“ Das mag bei diesem Vorhaben von Nutzen sein.

Meine Windeln trockneten in der Weimarer Republik. Unter dem Hakenkreuz lernte ich Latein, Tanzen und Schießen. Die Bundesrepublik bescherte mir graue Haare. Nie hat die Erde sich rasanter verändert als in dieser Frist. Denn immer schneller dreht sich das Rad der Geschichte. Was früher Jahrhunderte hielt, hält gerade noch Jahrzehnte. Immer rascher vollziehen sich Aufstieg und Fall der Mächte, immer flinker wechseln Werte und Moral, immer größer ist der Abstand von einer Generation zur anderen. Staatsmänner werden vergessen, bevor sie begraben sind, wissenschaftliche Entdeckungen sind überholt, ehe sie publiziert werden. In den letzten 150 Jahren wurde dieser Stern von Zweibeinern mehr beschädigt, geplündert und vergiftet, als in den vorausgegangenen 150 000 Jahren.

Zur Zeit meiner Geburt lebten nicht einmal halb so viel Menschen auf Erden wie heute. Dampfloks zogen die Züge, Pferde die Pflüge. Eine Dame hob in der Öffentlichkeit den Arm nicht über Schulterhöhe. Himbeeren hatten Würmer und schmeckten nach Himbeeren. Jets, Computer und TV, Kernkraft und Pollenflugvorhersage existierten noch nicht. Jetzt gibt's das eine und das andere nicht mehr. „Man gewinnt was, man verliert was. Das ist's, worum sich die Geschichte dreht", sagte Amerikas große Historikerin Barbara Tuchman. So war es bei der Erfindung des Rades und der Übersetzung der Bibel, bei der Befreiung der Kolonien und der Entfesselung der Atomkraft. Aber ich kann mich des Eindrucks nicht erwehren, daß unsere Generation bei diesem großen Tauschgeschäft nicht immer gut abgeschnitten hat. Pornographie statt Prüderie mag ja für manche noch Fortschritt bedeuten. Bei Solidarität statt Nächstenliebe bin ich mir schon nicht mehr so sicher. Und das Ozonloch als Preis für Haarspray schiene mir eher überhöht.

Als ich heranwuchs, notierte Zeitzeuge H.G. von Studnitz über das Berlin des Jahres 1938, daß der Diener des Gesandten Braun von Stumm sich aus Wildleder gefertigte Eselsohren aufsetzen mußte, wenn ihm beim Servieren ein Fehler unterlaufen war. Als ich erwachsen war, notierte Zeitzeuge Johannes Gross über die Bundesrepublik des Jahres 1983: „Wir sind eine echte Demokratie geworden. Das Gesindel darf nicht nur mitreden, es führt das große Wort." Man gewinnt was, man verliert was. „Jedes Ding hat seine Moral", heißt es bei „Alice im Wunderland": „Wenn man sie nur finden könnte."

Die Menschen können kaum noch folgen, geschweige denn begreifen, wie sich die Welt um sie wandelt. 1989 zerbrachen Mauer und Kommunismus. 1990 träumten die Völker vom ewigen Frieden. 1991 führten sie Krieg am Golf. Die Geschichte kennt kein Tempo-Limit. Nach der Wiedervereinigung erinnerte mich Prinz Claus der Niederlande in einem Brief an frühere Zeiten und Begegnungen: „Was ist alles in den dazwischen liegenden Jahren passiert." Weiß Gott, wie recht er hat ... Krieg und Nachkrieg, Teilung und Einheit – alles in 50 Jahren. Zuweilen dachte ich, auch ein paar schlechte Zeiten seien dabei gewesen, doch der ehemalige Administrator des Marshallplans, der kluge Paul G. Hoffmann, setzte mir den Kopf zurecht: „Es gibt keine schlechten Zeiten. Es gibt nur harte Zeiten. Und das sind die Zeiten, in denen der Fortschritt gemacht wird." Eine andere Sache sei es mit den sogenannten guten Zeiten. „Nichts ist schwerer zu ertragen", hatte schon der Geheimrat in Weimar gereimt. Die Bundesrepublik und ihre Wohlstandsplagen hätte er sehen sollen ...

Aber ob fette oder magere Jahre, gute oder schlechte Geschäfte, schnelle oder weniger schnelle Geschichte – stets sind Menschen die Maschinisten der Historie, und Begegnungen mit dieser Spezies gehören zu meinem Beruf. Ich war über ein Vierteljahrhundert Chefredakteur oder Redaktionsdirektor so unterschiedlicher Blätter wie „Spiegel" und „Bild", „Welt" und „Welt am Sonntag". Ein Vorzug dieser oft überschätzten Positionen ist es, daß ich in der Regel Leute und Plätze sehen konnte, die ich sehen wollte. In jungen Jahren reiste ich – angestiftet von meinem Freund Sefton Delmer – mit Vorliebe an abseits gelegene Orte, deren Namen voll geheimnisvoller Verlockung und romantischer Verheißung waren, wie Trebisund oder Samarkand. Bei der Ankunft erwiesen sie sich meist als besonders triste Habitate. Ähnlich erging es mir später oft mit den Menschen: Je klingender der Titel, um so weniger interessant der Inhaber. Ich will versuchen, diesen Bericht von solchen Langeweilern frei zu halten, auch wenn ich dem Leser dadurch den Verzicht auf die eine oder andere Begegnung mit einem deutschen Staatsmann zumuten muß.

Als Zehnjähriger hatte ich noch Adolf Hitler gesehen; an meinem 60. Geburtstag fand Richard von Weizsäcker freundlicherweise meinen „Umgang mit der Vergangenheit" erwähnenswert. In dem dazwischenliegenden halben Jahrhundert hat meine Aufmerksamkeit in der Tat vornehmlich Akteuren der Zeitgeschichte gegolten. So ehrenvoll es war, diese Galerie der Würde und Wichtigkeit zu besichtigen, so angenehm war es, von meinen Reisen und Begegnungen in meine Vaterstadt Hamburg zurückzukehren, die schönste Stadt Deutschlands, wo so herzerfrischend wenig passiert, daß die Zeit stillzustehen scheint. „Lange nicht gesehen", begrüßte mich nach drei US-Jahren bei einem Abendessen ein anderer Hanseat: „Hast du Grippe gehabt?"

Ich bin Steinbock, parteilos und billig in der Haltung. Hummer,

Austern und Kaviar mag ich nicht; Herz, Hirn und Nieren sind für mich ungenießbare Maschinenteile. Meine Freuden sind hausbakken. Ich lese gern im Bett, wenn der Kamin brennt, fahre nach Kampen, wenn der erste Kuckuck ruft, ziehe mir ein Dinnerjacket an, wenn Weihnachtsabend ist. Aber bereits meine Großmutter warnte mich, bei der Auswahl von Eltern und Freunden könne man nicht wählerisch genug sein. Und mein Vater mahnte in martialischen Zeiten: „Ehe du jemanden deinen Freund nennst, überlege, ob du mit ihm in einem Schützenloch liegen möchtest." Ich habe beide Sicherheitsvorschriften beachtet. Dennoch hat mir das Schicksal eine ungewöhnliche Zahl ungewöhnlicher Freunde geschenkt. Vier von ihnen deckt schon der kühle Rasen. Die Einschläge kommen näher. Zeit zur Feder zu greifen.

Seit Damon und Phintias, deren Einstehen für einander Schiller in der „Bürgschaft" besang, haben Dichter wieder und wieder versucht, das Wesen der Freundschaft in Worten einzufangen. „Frauen – Gott segne ihre Herzen – können einfach nicht wissen, was Männern eine lange Freundschaft bedeutet", läßt Lord Tweedsmuir seinen Helden Standfast sagen: „Es gehört nicht zu ihrem Leben, gehört lediglich in jene wilde, ungezähmte Welt, der wir abschwören, wenn wir die richtige Frau für uns gefunden, haben." Ich habe sie gefunden, und alle meine Freundschaften sind denn auch schon Jahrzehnte alt. Wie meine Freunde es so lange mit mir ausgehalten haben, war mir lange schleierhaft, bis mich Axel Springer aufklärte: „Liebe macht blind, Freundschaft schließt die Augen." So poetisch muß es wohl sein.

Für Freunde alles, für Feinde nichts, für Fremde das Recht, heißt es in Lateinamerika. Selbst wenn man nicht (immer) danach handelt: Freunde, Feinde und Fremde begrenzen das Dreieck, in dem sich das Schicksal einer Familie erfüllt. Ob sich das Gute dabei als mächtiger erweist als das Böse, hängt nicht zuletzt vom Verlauf dieser drei Fronten ab. In einer Unterhaltung über befreundete und verfeindete Weltbeweger meinte Richard Nixon bei Tisch zu meiner Frau: „Wer groß ist, ist nicht immer gut." Siehe Stalin. Doch umgekehrt, davon haben mich meine Begegnungen mit Feinden, Fremden und Freunden überzeugt, wird ein Gesetz daraus: Was gut ist, ist auch immer groß. So groß, daß trotz beachtlicher Anstrengungen niemand es je auszurotten vermochte. Und vielleicht ist es darum, daß wir die beiden unzertrennlichen Schwestern so unwiderstehlich finden können, die schlechte Welt und das seltsame Leben.

2. Kapitel

KINDHEIT

„Auch reiche Mädchen können nett sein"

Mein Vater war das letzte und achte Kind des Archidiakons von Weimar. Als er sich nach dem Ersten Weltkrieg anschickte, das elterliche Heim zu verlassen, um in Hamburg sein Glück zu suchen, zog ihn seine Mutter für einen Augenblick in den Erker des Pfarrhauses. Mein Vater erinnerte sich später an jene Szene. Sonnenlicht fiel in Streifen durch die Musselin-Vorhänge; durch die geöffneten Läden drang Hummel-Gesumm aus dem Garten herein; meine Großmutter fächelte sich mit einer gedruckten Predigt ihres Mannes Luft zu. Sie war auf dem Familienbesitz Hoof bei Kassel aufgewachsen, wohlbehütet von einer schweizerischen Erzieherin. Ein zugleich erfülltes und anspruchsloses Leben an der Seite eines Kirchenmannes aber hatte später ihre Sinne für irdische Zusammenhänge geschärft. Ein halbes Dutzend Söhne und eine Tochter waren von ihr hochgezogen und in bürgerlich-brave Karrieren oder Ehen entlassen worden. Bei ihrem Jüngsten hielt sie nun die Zeit für einen lange unterdrückten Rat für gekommen. „Mein Sohn", sagte sie: „Ich wünsche dir in der Fremde Glück und Gottes Segen. Und bitte denke daran: Auch reiche Mädchen können nett sein."

Mein Vater folgte der mütterlichen Weisheit nur bedingt. Dennoch erschien mir in jenen Jahren, da ich zu groß für die Windeln und zu klein für das Schwert war, die Im- und Export-Firma, die er in Hamburg mitgeheiratet hatte, als Inbegriff der unermeßlich weiten Welt, die es zu erobern galt. Aus den Fenstern seines Kontors an der Reimersbrücke sah ich die Masten im Hafen und den Rathausturm. Der Schreibtisch meines Vaters hatte ein Geheimfach, in dem ein versiegelter Umschlag mit der Aufschrift „Testament" lag. Die eingehende Post trug bunte Briefmarken, wie ich sie nirgendwo zuvor gesehen hatte. Und in den Schubladen dufteten Makler-Proben von Gerb-Hölzern mit verwirrenden Namen wie Dividivi, Valonea oder Quebracho.

Ruheloser Mittelpunkt des geschäftigen Treibens war für mich im Marmor-Treppenhaus ein mit Mahagoni ausgeschlagener Paternoster, einer jener altmodischen Fahrstühle mit türlosen Kabinen, in die und aus denen man während ihrer langsamen Fahrt auf jedem Stockwerk ein- und aussteigen konnte, ohne daß sie je stoppten. Wie ein Rosenkranz lief der Paternoster endlos durchs Haus, daher sein Name.

„Weiterfahrt durch Boden und Keller verboten“, stand auf kleinen Porzellan-Schildern in jeder Kabine.

Was aber war, wenn ich doch über den Boden fahren würde?

Käme ich dann kopfüber wieder herunter?

Was war, wenn ich durch den Keller fahren würde?

„Da fährst du zur Hölle“, sagte mein Vater und lachte.

Ich war fast sechs; es mußte gewagt werden.

Wenige Momente meines frühen Lebens sehe ich so klar vor mir, wie den Beginn dessen, was ich in meinen Gedanken längst „die Höllenfahrt“ getauft hatte. Es war ein frostiger Wintertag. Den Mantel ließ ich im Kontor meines Vaters im 5. Stock. Die Handschuhe behielt ich an.

Meinen Rücken gegen die Rückwand der Kabine gepreßt, sank ich Stockwerk um Stockwerk in die Tiefe und sah schließlich vor meinen Augen auch die Schwelle vom Erdgeschoß nach oben auswandern. Bald fiel von dort nur noch durch einen schmalen Spalt Licht zu mir herein. Dann war es dunkel. Ich sank tiefer und tiefer. Finsternis umgab mich.

Das Mahagoni ächzte; die Kabine schüttelte sich wie vor Entsetzen. Schweiß klebte meine Handschuhe an die Handflächen. Und da geschah es: Vor mir öffnete sich ein feuriger Schlund. Gelb-rot zuckender Flammenschein füllte die Kabine. Hitze schlug mir ins Gesicht. Eine schwarze Gestalt bewegte sich vor der Glut.

Hatte mein Vater es mir nicht gesagt: „Da fährst du zur Hölle“?

Der Paternoster ruckelte nach rechts und begann wieder zu steigen. Das Fegefeuer blieb zurück.

Ich vernahm noch den metallenen Knall, mit dem der Hausmeister die Ofenluke zuwarf, in die er gerade Kohlen geschaufelt hatte, als ich im Paternoster durch seinen Heizungskeller gerattert war.

Der Schreck saß tief. Die Fahrt über den Boden anzutreten, traute ich mich erst eine Woche später.

Wie bei so vielen bürgerlichen Familien hat der große Urkunden-Vernichter, der Dreißigjährige Krieg, auch manche Spuren der Jacobis verwischt. Doch sie hatten brav in Thüringen gesessen – bis mein Vater an die Elbe übersiedelte.

1927, als ich dort geboren wurde, war das Jahr, in dem Charles Lindbergh über den Atlantik flog und Isadora Duncan von ihrem roten Schal erdrosselt wurde, der sich im Hinterrad ihres Cabriolets verfangen hatte. Es gab noch kein Fernsehen, keine Atombombe, kein Ozonloch. Und der Mann im Mond hieß noch nicht Neil Armstrong.

Als bei meiner Mutter die Wehen einsetzten, spielte sie gerade Majong, ein chinesisches Brettspiel mit Steinen aus Bernstein und Elfenbein, heute versunken wie jene Welt, ohne Jet-lag und Smog-Alarm.

Ich wuchs auf in einer Zeit, als Ohrfeigen noch nicht als Folter angesehen wurde und Weinerlichkeit noch nicht als besonders männlich galt. Champignons waren teurer als Pfifferlinge, verurteilte Mörder bekamen keinen Ausgang, Verkehrsampeln hatten Seltenheitswert, und Gottfried von Cramm spielte in Wimbledon in langen Hosen.

Umweltverschmutzung war eine unbekannte Vokabel. Wir liefen – kaum daß wir laufen konnten – hinter DKWs und anderen mit Öl-Benzin-Gemisch fahrenden Autos her, um ihre bläulichen Auspuff-Wolken einzusaugen; wir glaubten, den Fortschritt zu riechen, bis einer von uns auf der Lombardsbrücke tot umfiel.

Später, beim Segeln, flog aller Abfall über Bord; unvorstellbar für uns, daß wir menschlichen Wichte die endlose See je beschädigen könnten.

Mein vier Jahre älterer Bruder Peter und ich mußten Stiefel tragen und Spinat essen. Unsere Kindermädchen wurden „Hanna“ gerufen, obgleich ich befürchte, daß nur die erste wirklich so geheißen hatte. Abends wurde gebetet.

Meine Gebets-Partnerin war meine Großmutter. Eines Tages

verreiste sie. Meine Mutter mußte einspringen. Es war ein Desaster. Großmutter hatte ihr nicht gesagt, welches Gebet zu sprechen sei. Also wurde ich befragt.

„Das mit den kleinen Pferden“, verlangte ich.

„Das mit den kleinen Pferden?“

Ungläubig begann meine Mutter ihr Gedächtnis nach einem hippologischen Nachtgebet zu durchstöbern. Umsonst.

Tränen tropften auf mein Kissen. „Das mit den kleinen Pferden ...“, schluchzte ich.

Erst die Rückkehr der Großmutter aus dem Libanon brachte Licht in das Dunkel und ließ mich wieder glücklich beten: „Alle Menschen groß und klein mögen Dir be*fohlen* sein.“

Unsere Erinnerungen sind das Paradies, aus dem man uns zuletzt vertreiben wird. Und es gehört, Gott sei Dank, zu den noch ungelösten Rätseln, ab wann Kinder was, wie und warum erinnern.

Momente, die ihren Eltern unvergeßlich erscheinen, hinterlassen in ihrem kleinen Hirn oft keine Spur, während scheinbar belanglose Begebenheiten unauslöschlich in ihr Gedächtnis eingebrannt werden.

Eine Stimulanz, die mehr als jede andere geeignet ist, verschüttete Erinnerungen wieder an die Oberfläche des Bewußtseins zu heben, sind für mich Gerüche. Ein bestimmter Duft, den ich wahrnehme, kann längst verblichene Bilder zurückrufen – etwa der Geruch von warmen Kuchen, von nassem Fell, von brennendem Torf.

Es heißt, es sei ein Zeichen hoher Intelligenz, sich weit zurück erinnern zu können. Ich fürchte, das stimmt, denn meine Erinnerungen setzen spät ein. Drei Dinge streiten dabei um den Platz meiner frühesten Erinnerung: Da war das verkrüppelte linke Ohr meines Vaters, in das ihn sein Pferd gebissen hatte, und da waren meine ersten Sommerferien auf Sylt 1931, genauer: Der Oberkellner des einzigen Hotels von Hörnum. Denn er stieg bei jedem Lunch auf der Terrasse während des Servierens über einen niedrigen Jägerzaun auf die Plattform der danebenliegenden Bahnstation, setzte sich eine rote Mütze auf und ließ den Mittagszug der Inselbahn nach Westerland abfahren. Anschließend vertauschte er wieder die Bahnsteigkelle mit der Vorlegegabel. Inzwischen existiert die Inselbahn längst nicht mehr, doch Schwellen ihres Gleises, die ich aus den Dünen ausgraben ließ, bilden noch heute die Stufen der Treppe, die zu unserem Haus in Kampen führt.

Die dritte Erinnerung rankt sich um ein kleines silbernes Frühstücks-Besteck: Ein schmales Messer, dessen Griff kaum stärker war als seine Klinge, ein Löffel und eine Gabel mit nur drei Forken. Es stammte aus Weimar von der Patentante meines Vaters, Charlotte Kirms-Krackow (1825–1915).

Sie war sieben Jahre alt gewesen, als Nachbar Goethe starb, und 73, als mein Vater geboren wurde. Der eine hatte sie auf dem Schoß gehabt, sie den anderen. Wann immer der Geheimrat im Haus der befreundeten Familie zu Besuch weilte, hatte er das Besteck zum Frühstücken benutzt. Nun lag es bei uns im Eßzimmer.

Ich wußte nicht genau, wer oder was Goethe gewesen war, aber ich war in Weimar getauft, und die Ehrfurcht, die sein Name verbreitete, veranlaßte mich bei jeder Gelegenheit, die sich mir bot, heimlich Löffel und Gabel aus der Vitrine zu holen und wieder und wieder durch den Mund zu ziehen – entschlossen und voller Hoffnung, doch noch etwas Goethe zu schmecken.

Die ersten vier Lernjahre meines Lebens verbrachte ich in der „Unger'schen Privatvorschule für Jungen und Mädchen". Dort drohte mir wegen einer Balgerei in der Pause auch die erste Tracht Prügel meines Lebens – mit dem Rohrstock von Fräulein Dettmar, der Schulbesitzerin. Je fünf Streiche sausten auf die Hosenböden meiner drei Mitsünder herab. Ich war als letzter an der Reihe. Schon beim ersten Hieb zerbrach der Stock. Fräulein Dettmar, deren Herz ohnehin ungleich mehr schmerzte als unsere betroffenen Körperteile, betrachtete es als Gottesurteil und ließ mich laufen. Ich nahm es als Lehre fürs Leben, mich niemals unnötig vorzudrängen.

Meine Klassenlehrerin Fräulein Rodich setzte ihren Ehrgeiz in die Entfaltung unserer vor dem Stimmbruch noch lieblichen Stimmen. Jeder Neue mußte vorsingen. Die Liederwahl war ihm überlassen. So schallte mal „Stille Nacht", mal „Hänschen klein" durchs Haus. Bis mein Freund Günter kam.

„Ich kann nicht singen", erklärte er.

„Du kannst", beruhigte ihn Fräulein Rodich.

„Ich mag nicht singen", trotzte er.

„Du magst", tröstete Fräulein Rodich.

„Ich kenn' kein Lied", war sein letzter verzweifelter Versuch.

„Du kennst bestimmt eines", versicherte Fräulein Rodich.

Günter wußte zu erkennen, wann die Kräfte eines Feindes zu übermächtig waren, um Widerstand zu leisten. Den Blick in weite Ferne geheftet, die kleinen Hände zu Fäusten geballt, schickte er sich in das Unvermeidliche. Er trat einen Schritt vor, räusperte sich, und dann hallte es durch die Räume der „Unger'schen Privatvorschule" zum ersten und vermutlich auch zum letzten Mal: „Armer Gigolo, schöner Gigolo ...".

Eine Aushilfslehrerin – was mag sie wohl bewogen haben? – stellte eines Tages einigen von uns, die Geschwister hatten, die interessante Frage, wen ihre Mutter zuerst retten würde, wenn ein Boot mit allen Kindern umkippte. Ich hörte nicht, was andere sagten. Ich war von dem Problem so aufgewühlt, daß mir das Blut in den Ohren rauschte. Vor mir war unser Primus Horst Hempler an der Reihe. „Meine Mutter würde mich zuerst retten", antwortete er. Dann wurde ich aufgerufen: „Meine Mutter würde meinen Bruder und mich gleichzeitig retten", stieß ich hervor. „Und die beiden Schwestern von Horst Hempler dazu."

Meine Mutter – noch heute brauche ich nur die Augen zu schließen, um den Duft wieder zu spüren, den ich einsog, wenn sie mir den Gutenachtkuß gab. Sie ließ mir meine Jugend als einen einzigen endlosen Sommertag erscheinen. Als sie mir einmal im Bett ein Märchen erzählte, dessen Held bei der guten Fee drei Wünsche frei hatte, hielt sie inne und fragte mich: „Was würdest du dir denn wünschen?" Darüber hatte ich schon oft nachgedacht. „Ich hätte nur einen Wunsch", gestand ich: „Daß alle meine Wünsche immer in Erfüllung gehen."

Meine Mutter sah mich nachdenklich an. „Keine gute Fee", sagte sie, „keine gute Fee, die ihre Sinne beisammen hat, würde daran denken, einen so unverschämten Wunsch zu erfüllen."

1933 zogen wir um, aus der Stadt heraus, in die Platanenallee. Mächtige Kronen lederner Blätter wölbten sich über blatternarbigen Stämmen. Hitler war gerade Reichskanzler und ich gerade sechs geworden. Auf dem flachen Dach der Aral-Tankstelle am Ende der Allee stand ein Maschinengewehr mit Soldaten.

Doch faszinierender noch war der neue Garten voll dunkler Koniferen, lichter Buchenhecken und Obstbäumen, zwischen denen Pfauenaugen und Zitronenfalter gaukelten.

In einer Ecke hatte der Vorbesitzer ein Terrarium unterhalten. Beim Auszug war ihm eine Schlange entwichen. Ich war überzeugt, sie würde – wie bei Rikki Tikki Tavi – eines Tages aus dem Abfluß des Badezimmers wieder auftauchen.

Wochenlang war es noch schwieriger als sonst, mich in die Wanne zu stecken. Und in Ermangelung eines Mungos lockte ich stets unseren Rottweiler „Satan" mit in den Raum der Reinlichkeit. Glück für ihn und mich: Die Schlange kehrte nie zurück.

Mit neun Jahren passierte etwas, das mich nachts, bevor ich einschlief, noch lange beschäftigen sollte. Auf dem Nachhauseweg von der Schule hatte ich aus einem Zigarettenautomaten eine Schachtel „Schwarz-Weiß" gezogen: Vier Stück für zehn Pfennig!

In einem alten Überseekoffer hinter unserer Garage rauchte ich eine davon – bis mir übel wurde. Die Schachtel mit den restlichen drei Zigaretten versteckte ich in einem nicht benutzten Herd im Keller. Dort fand sie das Dienstmädchen.

Der Fall war zu gravierend, um von der Mutter geregelt zu werden. Er wurde am Abend dem Vater übergeben.

Meine Version war einfach und unglaubwürdig: Ich hätte durch Zufall die angebrochene Schachtel mit den drei Zigaretten beim Vorbeigehen im Automaten entdeckt, mitgenommen und versteckt.

„Hast du eine geraucht?", fragte mein Vater.

„Nein", versicherte ich.

„Du kannst es mir ruhig sagen", meinte mein Vater.

„Ganz bestimmt nicht."

„Ich an deiner Stelle hätte es getan", baute mein Vater mir eine Brücke.

„Ich habe es aber nicht getan."

„Wie soll denn wohl eine angebrochene Schachtel in einen Automaten kommen", erkundigte sich mein Vater.

„Das weiß ich nicht."

Es war eine grausame Unterhaltung. Ich wußte, daß mein Vater wußte, daß ich log. Denn er bat mich nicht, ihm mein Wort zu geben. Ich verehrte ihn und enttäuschte ihn. Ich hatte nichts zu befürchten; es gab auch keine Strafe. Und trotz alledem konnte ich es nicht über mich bringen, die Wahrheit zu bekennen, nachdem ich einmal die Unwahrheit aufgetischt hatte.

Die großen Ferien desselben Jahres 1936 verbrachte ich vom ersten bis zum letzten Tag mit Scharlach im Bett. Mein Bruder reiste in jenen Wochen mit meinem Vater zu den Olympischen Spielen nach Berlin. Schlimmeres – das war sicher – würde ich auf dieser Welt nicht mehr erleiden.

Dennoch war ich zugleich erleichtert. Denn ich war überzeugt, daß dies die Strafe Gottes für meine Zigaretten-Lüge sei. Nun waren der Himmel und ich wieder quitt; fortan habe ich nur noch aus Mitleid und gegenüber Polizisten gelogen.

Jeden Nachmittag schob der uralte Herr Keylitz seinen schweren braunen Bäckerkarren über das holprige Kopfsteinpflaster der Platanenallee, eine Tätigkeit, die heute vermutlich als unzumutbare Belastung für junge Männer in der Blüte ihrer Jahre angesehen würde. Vor jedem Haus hielt er. Ein Brötchen kostete bei ihm vier Pfennige, eine Zucker-Schnecke sieben.

Ob ich eine Schnecke erhielt oder nicht, hing oft von meinem äußeren Erscheinungsbild ab. Hatte ich etwas zerrissen, war ich besonders schmutzig, trottete ich mit laufender Nase herum? Im Endergebnis erhielt ich wenige Schnecken.

Wie es meinem Bruder Peter – mein Vater nannte uns Pitt und Fox – gelingen konnte, stets eine adrette Zierde der Familie zu sein, das war eine der Fragen, die mich nicht nur der Schnecken wegen in meiner Jugend bedrückte.

Bei ihm saßen noch am Abend die Strümpfe unter dem Knie, bei mir war einer schon runtergerutscht, wenn ich frühstückte. Seine Senkel waren zur Schleife gebunden, meine baumelten lose herum. Ihm paßten Hemden wie angegossen, bei mir krochen sie vorn und hinten aus der Hose. Er hatte immer saubere Hände, ich Fingernägel wie ein Totengräber.

„Warte, bis du in die höhere Schule kommst“, hatte mich meine Mutter getröstet. Aber wenn ich mich recht erinnere, wurde es dort nicht viel besser.

Statt dessen vergnügten wir uns mit den gleichen Scherzen wie Schüler-Generationen vor und nach uns: Wir sperrten Sextaner in den Klassenschrank, wo sie während des Unterrichts mysteriöse

Geräusche verursachten. Wir nagelten dem Primus einen Harzer unter den Sitz. Wir rollten im Winter auf dem Flachdach der Schule mächtige Schneekugeln und versenkten sie im Schornstein, um die Heizung auszulöschen.

Eine bemerkenswerte Veränderung ist mir seit jener Zeit aufgefallen. Wir hatten ungeheure Manschetten vor einzelnen Lehrern, aber keine Angst vor der Schule. Heute haben Pennäler kaum noch Respekt vor ihren Paukern, aber Angst vor der Institution.

In der Sexta stellte ein Jesuitenpater uns eine Frage, an der ich meine Milchzähne ausbiß: Kann Gott einen Stein machen, der so groß ist, daß er selbst ihn nicht zu heben vermag? Konnte er einen solchen Stein nicht machen, war er nicht allmächtig. Konnte er es aber und vermochte ihn nicht zu heben, war er auch nicht allmächtig. Ich weiß nicht mehr, wie der Pater das Problem löste, mir ist es bis heute nicht geglückt. Doch rückblickend denke ich, es war damals, daß mir schemenhaft deutlich wurde, daß es einen Unterschied zwischen Wissen und Glauben zu geben schien.

Meine erste Leidenschaft auf der höheren Schule galt dem Fußball. Ich wurde Klassen-Torwart. Im F. C. Victoria, dessen Präsident mein Vater war, spielte damals der Ewer-Führer Erwin Seeler. Sein Sohn Uwe erbte meine ersten Fußballstiefel, als ich aus ihnen herauswuchs. Das blieb mein bedeutendster Beitrag zum deutschen Fußball.

Ähnlich unerwidert verlief meine zweite Leidenschaft: Meine Verehrung der schwarzhaarigen Verkäuferin in der Leihbücherei „Trude Bunkenburg“. Ich ahne nicht, ob sie meine Anbetung je spürte. Zu meiner Bildung hat diese Liebe entscheidend beigetragen: Jeden Tag entlieh ich mir ein neues Buch und las die meisten. Mogli und Tom Sawyer, Billy Jenkins und Staaks gehörten zu meinen bevorzugten Helden. Später gesellten sich d'Artagnan und Kapitän Hornblower dazu. Karl May und „Onkel Toms Hütte“ waren nicht mein Geschmack.

Einen deutschen Helden konnte ich erst nach dem Kriegsausbruch von 1939 in mein Camelot aufnehmen: U-Bootkommandant Günther Prien, der in die Bucht von Scapa Flow eingedrungen war.

Ich ließ wenig von dem aus, was das tausendjährige Reich für meinen Jahrgang bereithielt: Ich wurde Jungzugführer im Jungvolk, fuhr mit der Kinderlandverschickung nach Alexandersbad im Fichtelgebirge und fegte in einem Wehrertüchtigungslager erstmals eine Stube mit der Zahnbürste aus. Ich erhielt als Flakhelfer meinen ersten Orden, mußte zum Arbeitsdienst und meldete mich zur Marine.

Auf diesen Kindergarten-Stationen des NS-Staates sang ich – „den Mund voll Haß und Haydn", wie Ruth von Mayenburg sagte – sicher über hundertmal das Deutschlandlied, immer sinnvoll und grammatikalisch falsch, wie ich erst Jahre später feststellte. Wo es heißt: „... wenn es stets zum Schutz und Trutze brüderlich zusammenhält", schmetterte ich: „... wenn es steht zum Schutz und Trutze, Brüder nicht zusammenhält." Niemand hat es je gemerkt.

Das Leben einer bürgerlichen Familie in Deutschland verlief damals nicht unbeeinflußt, aber über weite Strecken unbehelligt vom dunklen Wesen der NS-Tyrannei: Mein Vater trat in die NSDAP ein, ohne daß es für sein Im- und Exportgeschäft nützlich gewesen wäre. Die Schwester meiner Mutter heiratete einen jüdischen Arzt und wanderte nach USA aus, ohne daß es der Familie Nachteile eingetragen hätte.

Ein Sonntag im Monat war Eintopf-Sonntag; statt Braten gab es Erbsen- oder Bohnensuppe – und das dabei Gesparte wurde vom Blockwart als Spende für die Partei kassiert. Zweimal die Woche und jeden zweiten Sonntag hatten wir mehrere Stunden Jungvolk-Dienst: Sport, Singen und Schießen, Marschieren und Geländespiele. Wir paukten den Lebenslauf des „Führers" und lasen auf „Heimabenden" Walter Flex und „Hitlerjunge Quex", wir sangen „Es zittern die morschen Knochen", wir trugen als Pimpfe bis tief in den Winter kurze Hosen, um uns abzuhärten, und mußten von Haus zu Haus gehend Altmaterial sammeln, wobei mich ein Schäferhund ins Bein biß.

Zogen wir mit dem Jungvolk übers Wochenende „auf Fahrt", wurden die von den Müttern liebevoll geschmierten Brote abgegeben und sozialistisch verteilt, damit die Söhne wohlhabender Eltern auch mal Margarine kauten. Es war ein Gemeinschaftserlebnis, auf das ich gut hätte verzichten können.

Wir lernten im Dienst einer faulen Sache gehorchen und befehlen, uns in eine Gemeinschaft einzuordnen und Pflichten zu übernehmen. Und wir hatten keine Zeit, beschäftigungslos herumzulungern, einer der gefahrvollsten Zustände für Heranwachsende.

Der weltanschauliche Qualm, den wir dabei einatmeten, von Blut und Boden, von Herrenrasse, Sonnenwende und germanischer Treue, hat, so glaube ich, in den kindlichen Hirnen kein besonderes Unheil angerichtet.

Erziehung ist, was übrig bleibt, wenn wir vergessen haben, was wir lernten, sagte der kluge Skinner. Was immer bei mir übrig blieb – es stammt aus meinem Elternhaus.

3. Kapitel

KRIEG

„Halt die Ohren steif, Fox“

Als der Krieg ausbrach, war ich zwölf Jahre alt und überzeugt, daß es zwar nicht unbedingt erstrebenswert, aber in jedem Fall rühmlich sein würde, fürs Vaterland zu sterben.

Mein Vater rückte gleich zu Beginn der Feindseligkeiten ein, mein Bruder Peter später. Ich war sicher, daß alle Feldzüge längst gewonnen wären, ehe ich alt genug sein würde mitzumachen.

Zwar wurde Schokolade gleich zu Kriegsbeginn knapp, und später gingen auch die vorsorglich gekauften Säcke Zucker und Reis im Keller zur Neige. Aber dafür gab es jede Menge Siege. Ich steckte auf einer Landkarte Fähnchen in jede Stadt, die im Wehrmachtsbericht als erobert gemeldet wurde. Meine Mutter sah still zu.

Nach Luftangriffen sammelte ich auf der Straße Splitter von Flakgranaten wie früher Kastanien. Gleichzeitig ließen wir unsere Haare so lang wachsen, daß wir sie in den Mund nehmen konnten und hörten englische Tanzmusik; beides war schick, weil verpönt.

Auch ein Krieg aber kann den Knaben, der zum Mann wird, nicht von dem Abenteuer abhalten, das Geheimnis der Geschlechter zu entschleiern.

Es war eine verteufelt schwierige Angelegenheit. Die Erwachsenen brachen ein Gespräch an einer bestimmten Stelle ab oder lachten plötzlich aus nicht näher auszumachendem Grund. Die Freunde meines älteren Bruders rümpften die Nase, wenn ich Details wissen wollte. „Schieß in Wind, Seemann“, sagten sie. Auch die Nachbarstöchter waren keine große Hilfe. Und selbst die Bücher über meine sonst so offenen und ehrlichen Helden wurden seltsam vage, wenn es zum Thema kam.

Da entdeckte ich in der zweiten Reihe des Bücherschranks meines Vaters einen dicken Wälzer: „Decamerone" von Boccaccio. Besonders die pastellfarbenen Zeichnungen beflügelten meine Phantasie, obgleich sie heute zum Sexual-Unterricht für die Unterstufe wegen mangelnder Klarheit gewiß nicht zugelassen würden.

Später – ich glaube, ich war 14 – traute ich mich mit vier Klassenkameraden in jene Gasse bei Hamburgs Gänsemarkt, an deren Ausgang ein skandinavischer Monarch einen Herzanfall erlitten haben soll.

Unglückseligerweise war Weihnachtszeit. Die brennenden Tannenbäume und Adventskränze hinter den leichtbekleideten Damen in den Fenstern versetzten meinen Vorstellungen von Sünde und Lust einen empfindsamen Stoß.

So tasteten wir uns auf verschlungenen Pfaden dem Mysterium entgegen. Wir suchten nach einem Ziel, das noch keiner verpaßt hat und das doch durch einen dunklen Zauber verhüllt schien. Es war schön und erregend zugleich. Und ich überlege zuweilen, ob unsere Kinder durch klinische Aufklärung und sexuelle Freizügigkeit nicht mehr verloren als sie erwarben. Doch wann hätten Väter sich das nicht gefragt.

Die Verdunkelung wegen der nächtlichen Luftangriffe machte im Krieg ein neues Spiel möglich: Wir schlichen uns an einer Haltestelle auf die Rückseite einer Straßenbahn und stellten uns dort auf ein Trittbrett. Von innen konnte uns niemand sehen, weil alles abgedunkelt war.

So fuhren wir von Konfirmandenunterricht oder Tanzstunde kostenlos nach Hause. Wenn eine Straßenbahn entgegenkam, mußte man sich eng anschmiegen, um nicht abgerissen zu werden. Der Risikofaktor war die Unsicherheit, ob der Platz ausreichen würde, wenn auch bei dem Gegenzug jemand am Trittbrett hing. Wir haben es nie herausgefunden – oder nicht gemerkt.

In den Straßenbahnen forderten Schilder auf: „Beim Niesen, Husten, Spucken bediene dich des Taschentuches." Die daneben klebende Reklame war von ähnlich einfältiger Jungfräulichkeit.

„Labskaus, 'n Köhm,
'ne Piep im Mund
und Bullrich Salz –
das hält gesund."

Noch besser gefiel uns Pennälern:

„Kennst du das Land, wo die
Zitronen blühn?
Auch dort putzt man die
Schuhe mit Orbin."

Wir zitierten die Variante:

„Es orbiniert der feine Mann
am Tage zweimal, wenn er kann"

und fanden uns verworfen witzig.

Trotz des Krieges behielt die Reichsmark erstaunlich lange ihren Wert. Ich weiß noch, wie ich am 4. Januar 1942, an meinem 15. Geburtstag, im Kinderlandverschickungs-Lager Alexanderbad überlegte, was ich alles mit 5 Mark anfangen sollte, die mir meine Mutter in einem Brief mitgeschickt hatte. Nach dem Krieg las ich, daß auch Hitler am gleichen Tag im Führerhauptquartier Wolfsschanze über Geld nachdachte, wenngleich um die genau 100000 mal größere Summe. Vor seinem Gast Sepp Dietrich meinte er an der Mittagstafel: „Wenn ich mich einmal aufnehmen ließe mit einer Zigarre, ich glaube, die Firma Reemtsma würde mir sofort eine halbe Million zur Verfügung stellen."

Mit der Zeit verlor der Krieg an Reiz. Die Siege wurden weniger. Ich ertappte 1942 meine Mutter, wie sie mir ihre Butterration (125 Gramm pro Woche) aufs Schulbrot strich. Wir gruben den Rasen meines Fußballfeldes zwischen den Obstbäumen um und pflanzten dort Kartoffeln und Bohnen. Mein Vater wurde in Stalingrad eingeschlossen und verwundet. Zwar wurde er als einer der letzten aus dem Kessel ausgeflogen, war aber auf seinen obersten Kriegsherrn vorübergehend nicht mehr so gut zu sprechen.

Als im Juli 1943 schwere Luftangriffe auf Hamburg niedergingen (900000 Obdachlose und Vermißte), saß ich als 16jähriger Flakhelfer am Funkmeßgerät einer 10,5 cm-Batterie in Hamburg-Borstel. Ich hatte Angst; doch noch größer war meine Furcht, daß jemand meine Angst bemerken könnte.

Am Morgen danach fuhr ich mit meinem Fahrrad durch die brennende Stadt in die Platanenallee. Hamburg lag in Trümmern. Süßlicher Leichengeruch von über 30000 Toten hing in der Luft. Aber die Villen unserer Straßen standen unversehrt in ihren blühenden Gärten. Bis auf zwei; eine davon war mein Elternhaus.

Meine Mutter und meine Großmutter waren dem Feuer entkommen. Sie flohen zu Verwandten nach Thüringen. Bald darauf kam mein Bruder auf Urlaub nach Hamburg. Zusammen untersuchten wir noch einmal die Ruine, in der wir aufgewachsen waren.

Im weichen Boden des Gartens entdeckten wir einen Blindgänger. Es war eine Phosphor-Bombe. Um herauszubekommen, ob sie noch scharf sei, zogen wir sie heraus und warfen sie auf die Straße. Sie war scharf.

Die Detonation blies uns zu Boden. Brennender Phosphor spritzte zehn Meter hoch. Feuer leckte über Pflaster und Platanen. Unser Zaun brannte. Uns war nichts geschehen. Es war das Idiotischste, was ich bis dahin in meinem Leben angestellt hatte.

Ein Jahr danach wurde ich zum Arbeitsdienst eingezogen. Im September 1944 hoben wir in Ostpreußen bei Ortelsburg hinter der näherrückenden Ostfront Panzergräben aus. Das Essen war mies. Meine Hände bluteten. Wir schliefen in einer Scheune mit einem durchlöcherten Dach.

Obgleich der Herbst noch jung war, ließ kalter Regen unsere Knochen frieren. Nachts nahmen wir unsere Socken mit in den Schlafsack. Dann waren sie am nächsten Morgen zwar noch naß, aber wenigstens warm.

Plötzlich stiegen morgens beim Schanzen auf den ausgeworfenen Sandhügeln vor meinen Augen zwei schwarze Reitstiefel. Darin steckten die Beine von einem Hauptmann mit EK I. Mein Vater war aus Polen vom nahegelegenen Armee Oberkommando (AOK 2) herübergekommen und holte mich für eine Nacht zu sich. Es war Tausend und eine Nacht: Die Fahrt im offenen Wagen, die Ankunft im Quartier. Sein Bursche machte mir heiße Schokolade und ein Bad. Abendessen am weiß gedeckten Tisch im Offizierskasino.

Ich fühlte mich zwar in meiner vor Feuchtigkeit dampfenden Kluft zwischen den Herren mit den roten Streifen an den Hosen unbehaglich. Aber der Schmorbraten ließ mich alles vergessen. Und dann – das Bett: Warm, weiß und frisch bezogen.

Ich kämpfte gegen den Schlaf, solange ich es vermochte, um

nichts zu versäumen. Und wann immer ich noch einmal die Augen öffnete, konnte ich durch den Spalt der geöffneten Tür drüben im anderen Zimmer am Schreibtisch den Mann arbeiten sehen, den ich mehr liebte als jeden anderen.

„Halt die Ohren steif, Fox“, sagte mein Vater am nächsten Morgen beim Abschied. Er küßte mich. Ich sah ihn nie wieder.

Seeoffizier zu werden war mein Wunsch, seit ich Hans Albers hatte singen hören: „Ganz dahinten, wo der Leuchtturm steht...“ Als ich aber im Oktober 1944 schließlich mit 17 Jahren in die deutsche Kriegsmarine eintrat, hatte sie vermutlich bereits mehr Admiräle als Schiffe.

Der Trend hielt an. Ich war Seekadett auf dem Leichten Kreuzer „Köln“, als auch er im Bauhafen von Wilhelmshaven bombardiert wurde und unterging; später schwamm ich in der Ostsee.

In einer Spelunke in Wilhelmshaven sah ich zum ersten Mal, was geschieht, wenn ein betrunkener Maat eine leere Rum-Flasche am Hals packt, ihren Boden an der Tischkante abschlägt und sie dann seinem Widersacher ins Gesicht stößt. Ich habe noch nach dem Krieg zweimal von dem Resultat geträumt.

Im März 1945 erhielt ich den letzten Feldpostbrief meines Vaters: „Lach so oft Du kannst und tue Gutes so oft Du kannst. Dann ist das Leben trotz allem schön.“ So schloß der Brief. Ich habe ihn noch heute.

Im April war ich so tief gesunken, wie ein Seekadett sinken kann. Wir wurden in belgischen Beuteuniformen bei den Kämpfen im Nordwesten Berlins gegen die Russen auf Land eingesetzt.

Ich schoß zum ersten Mal über Kimme und Korn auf Menschen und sah den ersten Aufgehängten meines Lebens an einem Chausseebaum. „Ich bin ein Deserteur“, stand auf einem Papp-Schild, das ihm um den Hals gehängt war. Seine Zunge quoll blaurot aus seinem Mund.

In der Morgendämmerung des 1. Mai – Hitler war schon tot, aber das wußten wir nicht – lag unsere Gruppe in einem Chausseegraben am Ortsausgang eines winzigen Nestes der Mark. Auf der Straße sollten jeden Augenblick die Russen erscheinen. Das

Dorf hinter uns war mit Flüchtlingen vollgestopft. Unser Leutnant glaubte, er könne den Feind so lange aufhalten, bis die Flüchtlinge aufgebrochen und abgerückt seien.

Unmittelbar vor uns überquerte die Chaussee als schmale Brücke einen kleinen, aber tiefen Fluß. Dahinter wand sie sich in einer weichen Kurve einen Hügel hinan. Und dort auf dem Hügel tauchte nun auch bereits ein T34 auf. Zweimal bellte sein Geschütz ins Dorf. Dann rollte er gemächlich bergab, gefolgt von drei Kettenfahrzeugen.

Wir waren 14 junge Burschen, keiner älter als 18, hatten Sturmgewehre und Panzerfäuste. Aber unser Leutnant befahl Feuerverbot. Er wartete, bis der T34 die Brücke vor uns erreicht hatte. Da sprang er mit zwei Sätzen auf die Straße, kniete sich keine acht Meter vor dem Tank nieder, zielte wie auf dem Exerzierplatz mit seiner Panzerfaust und zog ab.

Es war ein Prachtschuß. Die Luke des Panzers flog auf. Die Besatzung – oder was von ihr übrig war – stieg aus und gab Fersengeld. Ihr verlassenes Vehikel blockierte die Straße für die nachfolgenden Fahrzeuge; durch den Fluß konnten sie auch nicht.

Zornig eröffneten die Russen das Feuer. Ich spürte einen Schlag gegen meinen linken Arm. Mein Ärmel färbte sich dunkel.

„Was abgekriegt?“, fragte unser Leutnant, der in den Graben zurückgesprungen war.

„Ja“, sagte ich kleinlaut.

„Dann gehen Sie von Bord, aber lassen Sie Ihre Panzerfaust hier.“

In diesem Moment war der Krieg für mich zu Ende, und ich ging vom Platz wie beim Fußball. Statt vorsichtig im Graben zurückzuschleichen, kletterte ich aus ihm heraus, kehrte den Russen den Rücken und stiefelte auf der Straße zurück ins Dorf.

Da für die Russen der Krieg noch nicht vorüber war, schoß mir einer von hinten durch das rechte Schulterblatt und meine Lunge.

Ich spuckte Blut und suchte Deckung hinter dem ersten Haus. Im Eingang lehnte ein Hauptmann, im Arm eine Büchse mit Zielfernrohr. Seine Augen glänzten wie bei einem Terrier, wenn er den Dachs ausgräbt. Mitten im Zusammenbruch war er auf Russenjagd.

Er deutete mit seinem Daumen auf ein Waldstück hinter dem

Hof. „Lauf in die Richtung, mein Junge, da findest du zwei Sani. Sag ihnen, sie sollen dich verarzten, ehe sie stiften gehen. Sonst käme ich vorbei."

Die Sanitäter verbanden mich. Ich lief ein Stück zu Fuß. Dann nahm mich ein Kradmelder im Beiwagen seines Motorrades mit. Wir passierten den Dorfteich, in dem zwei Leichen trieben.

„Komisch", sagte der Melder „tote Männer schwimmen immer mit dem Gesicht nach unten, tote Frauen mit dem Gesicht nach oben." Wenn's stimmte, waren es zwei Frauen.

Wir erreichten einen Verbandsplatz, der gerade geräumt wurde. Ein Lkw mit aufgemaltem Roten Kreuz stand noch an der Ausfahrt. „Rein", sagte der Fahrer. Er knallte die eiserne Tür hinter mir zu.

Der Krankenwagen ruckte an, der Gefechtslärm wurde leiser. Ich streckte mich auf dem Bauch auf die unterste Pritsche. Ich hatte fast keine Schmerzen und war froh, nicht tot zu sein.

Plötzlich hörte ich leises Stöhnen. Ich dachte, ich hätte mich getäuscht. Doch da war es wieder. Ich kroch zurück in den Gang und schaute auf das Bett über mir. Auf ihm lag eine ziemlich häßliche schwangere Frau.

Sie trug ein rotes Kopftuch und biß auf einen seiner Zipfel. Die Wehen hatten eingesetzt. Ich versuchte, nicht auf ihren Leib zu blicken, nahm ihre Hand und bat still: „Laß es noch nicht kommen."

Sie lächelte mir zu, daß der Kopftuchzipfel aus ihrem breiten Mund glitt.

„Es wird ein Junge", sagte sie. „Du brauchst keine Angst zu haben, Kleiner, ich mach' das schon." Aber ich hatte noch mehr Angst als in der Nacht, als Hamburg unterging.

Fast eine Stunde hielten wir uns gegenseitig die Hände. Es beruhigte mich eher als sie. Schließlich stoppte der Wagen. Die Hecktür wurde aufgerissen. Wir standen vor einer Kirche, die als Notlazarett hergerichtet war. Zwanzig Minuten später hatte die Frau einen Knaben zur Welt gebracht. Ich schlief auf einer Kirchenbank ein.

Es war dunkel, als mich jemand rüttelte. „Draußen steht ein Bus", flüsterte er. „Kommst du mit? Morgen früh sind die Russen hier." Ich kam mit.

Der überfüllte Bus schaukelte durch die Nacht bis Parchim. Ein düsteres Krankenhaus war vom Mond beschienen. Jeder bekam einen Strohsack zugewiesen.

Am Morgen wurden wir dem Arzt vorgeführt. Das Hospital sollte geräumt werden, und er sortierte aus: Die Guten ins Töpfchen, die Schlechten ins Kröpfchen. Transportfähige links raus, Schwerverletzte nach rechts. Sie würden noch in Parchim sein, wenn die Russen kamen.

Ich zeigte nur meine Armwunde, um zu den Transportfähigen eingeteilt zu werden. Es klappte. Aber als ich mich nach links hinübertrollte, entdeckte eine neugierige Schwester meinen zerschossenen Rücken. Neue Untersuchung: Nach rechts raus.

Ich wurde in eine kleine Kammer geführt, wo einer lag, der mir zu sterben schien. Ich hatte darin keine große Erfahrung. Der Sanitäter wartete, bis ich mich ausgezogen und ins Bett gelegt hatte. Dann ging er hinaus.

Ich stand auf, zog mich wieder an und stieg aus dem Fenster. Der im Bett röchelte. Ich hatte nur einen Wunsch: Nach Hause.

Auf der Kreuzung hinter dem Hospital regelte ein Feldgendarm den Verkehr. Er war einer jener gefürchteten Kerle, die an einer Halskette einen Metall-Harnisch vor der Brust trugen und oft eher schossen, ehe sie fragten.

Ich baute mich so zackig wie möglich vor ihm auf. „Seekadett Jacobi“, meldete ich: „Ich habe einen Lungenschuß, kann hier nicht behandelt werden, soll in ein Lazarett in Schwerin.“

Er sah mich nicht einmal an, hob seine Kelle und stoppte den nächsten Wagen. Es war ein dunkelblauer Opel P 4, in dem ein Ehepaar saß.

„Nehmen Sie den Mann mit“, befahl er.

„Wir haben keinen Platz“, widersprach der alte Herr in Loden am Steuer.

„Wir wissen auch noch gar nicht, wohin wir fahren“, warf seine schlaue Frau ein.

Für den Feldgendarm war es Fliegengesumm. „Wird’s bald“, herrschte er mich an, als hätten sie nichts gesagt. Ich kletterte auf den Rücksitz.

Gegen elf Uhr erreichten wir die Straße von Ludwigslust nach Schwerin. Wir schlugen die Richtung nach Ludwigslust ein.

Schnurgerade dehnte sich vor uns die Asphalt-Chaussee wie ein schwarzer Strich bis zum Horizont. In der Ferne sah ich etwas entgegenkommen: Panzer – amerikanische Panzer, wie sich später herausstellte.

Der alte Herr in Loden hielt seinen Opel an. Ich stieg aus, bedankte mich und marschierte auf der anderen Straßenseite zurück in Richtung Schwerin.

Jedes Mal, wenn ich über die Schulter schaute, war die Panzerkolonne näher gekommen.

Plötzlich wurde sie von einem Wagen in halsbrecherischem Tempo überholt, von einem deutschen Kübelwagen mit Generalstabs-Insignien. Die Panzer ließen ihn passieren, ohne einen Schuß abzugeben.

Ich winkte. Der Kübelwagen stoppte. Vorn links auf dem Kotflügel hockte ein Feldwebel mit einer Stabskelle. Hinter dem Steuer saß ein Major mit Ritterkreuz, neben ihm eine junge Frau.

„Ich bin verwundet und möchte nach Schwerin", sagte ich und hustete Blut.

„Steigen Sie ein und spucken Sie mir nicht den Wagen voll", sagte der Major.

Die Panzer waren nun schon fast auf der Höhe des Opel P4, den ich wenige Minuten zuvor verlassen hatte. Mit einem Satz schoß der Kübelwagen vorwärts, weiter in Richtung Schwerin.

Mir war schwindelig. Ich weiß nicht mehr, wovon wir sprachen. Ich weiß nur noch, daß der Major die schöne junge Dame seine Verlobte nannte und in mir Zweifel am Endsieg keimten.

Wir überholten ausgemergelte Gestalten in unglaublich dreckigen gestreiften Anzügen. Ich hatte noch nie KZ-Häftlinge gesehen und wußte auch nicht, daß sie es waren.

Sie versuchten vergeblich uns anzuhalten. Der Feldwebel auf dem Kotflügel schlug mit der Stabskelle nach ihnen.

Am Ortseingang von Schwerin erging es uns wie dem Hasen mit dem Igel: Die Amerikaner, deren Panzern wir zu entkommen suchten, waren schon da. Sie stoppten uns direkt vor einem mächtigen Lazarett-Komplex.

Ein farbiger US-Soldat riß dem Major das Ritterkreuz vom Hals, andere umringten die Verlobte. Mich beachtete keiner.

Ich sah links der Straße unter Bäumen verlassene Autos stehen. Ich versuchte, einen DKW in Gang zu setzen. Vergeblich. Statt dessen wurde mir schlecht. Ich ging zurück über die Straße in das Lazarett.

Im Hof kam mir ein rundlicher Militärarzt mit Brille und geflochtenen Epauletten entgegen.

Er stand vor mir stramm und machte Meldung. Wegen meiner belgischen Beute-Uniform hielt er mich für einen Sieger, dem er das Lazarett übergeben und dabei offensichtlich einen möglichst guten Eindruck machen wollte.

Ich sagte, ich sei ein verwundeter Kadett. Sein beflissener Gesichtsausdruck veränderte sich. Er schickte mich in einen Saal voll Stroh, wo eine Handvoll Leichtverletzter sich mit quiekenden Armeehelferinnen vergnügte. Es roch nach Cognac. Dort fiel ich um, dort fand mich die rothaarige Oberschwester Brunhild.

Als ich wieder zu mir kam, war ich gewaschen und untersucht, verarztet und verbunden. Ich lag in einem Krankenbett und sah über mir im Gegenlicht einen Kranz roter Haare.

Eine sanfte Hand strich mir über die Augen und eine noch sanftere Stimme sagte: „Schlaf jetzt".

Tage und Nächte war ich nicht bei Bewußtsein und träumte von roten Haaren.

Als ich schließlich zum zweiten Mal erwachte, hatten inzwischen Engländer die amerikanische Vorhut abgelöst und Schwerin besetzt.

Meine Armverletzung erwies sich als Fleischwunde, meine Lungenverletzung als Durchschuß. Ich kam schnell zu Kräften.

Schwester Brunhild mit den roten Haaren flößte mir täglich Rotwein mit Ei ein. Weiß der Himmel, wo sie beides herhatte, während Deutschland hungerte.

Anfang Juli zogen die Engländer ab. Die Russen marschierten ein. Sie kümmerten sich nicht um uns. Aber sie gaben uns auch nichts zu essen. Ich schmiedete Fluchtpläne.

Da erschien ein paar Tage später unversehens und ein Bambus-Stöckchen schwingend ein englischer Offizier im Lazarett.

Die Verwundeten seien englische Gefangene, teilte er den

Russen mit, man hätte sie in der Eile des Abmarsches vergessen. Er sei gekommen, sie zu holen.

Und er holte sie. In Lazarettzügen verlegten die Engländer aus Schwerin mehrere tausend deutsche Verwundete in ihre Besatzungszone und retteten dadurch vermutlich den meisten von ihnen das Leben.

Beim Rangieren unseres Lazarettzuges in Hamburg machte ich mich aus der Gefangenschaft davon. Ich konnte mich nicht von meiner rothaarigen Lebensretterin verabschieden. Aber ich war zu Hause. Mutter, Großmutter und Kummer erwarteten mich. Sie wohnten alle drei in einem kleinen schwedischen Holzhaus, das inzwischen auf unserem Ruinengrundstück errichtet worden war. Meine Mutter sagte mir, daß mein Bruder in Ungarn gefangen, mein Vater aber gefallen sei. Im März bei Danzig, wo alles begonnen hatte. Meine Kindheit war vorüber.

4. Kapitel

HITLER UND DIE DEUTSCHEN

„Wir adorierten ihn wie einen Messias“

Kein Volk ändert in einem halben Jahrhundert dramatisch Wesen und Charakter; wenn es dazulernt, ist es viel.

Die Deutschen, die das verbrecherische NS-Regime trugen und ertrugen, waren von Natur gewiß nicht schlechter als ihre Kinder und Enkel, die braven roten, grünen oder bürgerlichen Wähler des heutigen Deutschland. Warum haben so viele von ihnen so laut und so lange „Heil Hitler“ gerufen? Es wäre wohl ein Wunder gewesen, wäre es anders gewesen.

Hitler war durch Wahlen zur Macht gelangt und hätte vermutlich bis zum Krieg jede Wahl gewonnen. Denn selten hat ein Diktator schneller größere Erfolge vorweisen können. Hitler hatte die Deutschen längst verführt, bevor er sie vergewaltigte.

„Man sollte nicht vergessen“, notierte Thomas Mann 1944 in der Emigration, „und sich nicht ausreden lassen, daß der Nationalsozialismus eine enthusiastische, funkensprühende Revolution, eine deutsche Volksbewegung mit einer ungeheuren seelischen Investierung von Glauben und Begeisterung war.“ Nach der Weimarer Republik fühlten sich die meisten Deutschen in Hitlers Diktatur offensichtlich geborgen. „Für 99 Prozent der Bürger“ sei Deutschland 1938 kein Zuchthaus gewesen, stellte „Zeit“-Verleger Gerd Bucerius nach dem Krieg fest. Die Deutschen waren leider von Hitlers politischen, wirtschaftlichen und militärischen Siegen zumindest in den sieben fetten Anfangsjahren des NS-Regimes überwältigt, benommen und begeistert – nicht nur von den Autobahnen.

Hitler bannte in Deutschland das Gespenst eines Bürgerkrieges, die Furcht vor einer neuen Inflation und gab fünf Millionen Arbeitslosen Lohn und Brot. Er zerriß einen unklugen Friedensvertrag und trat aus dem Völkerbund aus. Er nahm sich die Wehrhoheit zurück und besetzte das entmilitarisierte Rheinland. Er holte Saar und Memel „heim ins Reich“ und Österreich und das Sudentenland gleich noch dazu. „Das Wirtschaftswunder hatte die Arbeiter überzeugt“, heißt es bei Sebastian Haffner: „Das außenpolitische Wunder überzeugte die patriotischen Großbürger.“

Das alles waren nach den Wertmaßstäben der ersten Jahrhunderthälfte imponierende Resultate. Und das alles geschah ohne ernsthaften Widerstand des Auslandes. Hitler schloß mit England ein Flottenabkommen, mit Italien ein Freundschaftsabkommen, mit Frankreich (samt den beiden anderen) das Münchner Abkommen über die Zerstückelung der Tschechoslowakei, mit dem Vatikan einen Konkordatsvertrag, mit der Sowjetunion einen Nichtangriffspakt (inklusive der Teilung Polens). Und zur Olympiade reisten auch noch fröhliche Amerikaner an.

„Wenn Hitler Ende 1938 einem Attentat zum Opfer gefallen wäre“, so schrieb Hitler-Biograph Joachim C. Fest, „würden nur wenige zögern, ihn einen der größten Staatsmänner der Deutschen, vielleicht den Vollender ihrer Geschichte, zu nennen.“

Hitler bescherte den Deutschen das Gemeinschaftserlebnis einer Volksgemeinschaft und den ersten Massentourismus mit „Kraft durch Freude“ nach Madeira oder anderen Sonneninseln; ein „Winterhilfswerk“ half den Armen; der Eigenhausbau florierte. Und die Gestapo verfolgte jeden Staatsfeind.

Das NS-Regime war ein Regime der Jugend. Als Hitler Kanzler wurde, war er so alt wie John F. Kennedy, als der ins Weiße Haus einzog: 43 Jahre. Albert Speer war 32, als er Berlin neu bauen sollte, Walter Schellenberg 31, als er zum Spionage-Chef des Reiches avancierte. Adolf Galland wurde im Alter von 28 Jahren der General der Jagdflieger und Willy Schlieker Stahl-Verantwortlicher des Reiches.

Die Deutschen erlebten Geschichte in nie gekanntem Tempo: In einer Zeitspanne, die kürzer war als die Kanzlerschaft Helmut Schmidts, verwandelte Hitler eine schwache Nation zur Weltmacht. „Wir adorierten ihn wie einen Messias, oder besser wie einen Gott-Kaiser der Antike“, erinnerte sich nach dem Krieg der Österreicher Reinhard Spitzy in seinen Memoiren.

Mit Ausbruch des Krieges erhöhte sich die Geschichts-Geschwindigkeit: In gut zwei Jahren hatte die Wehrmacht Europa überrannt und neun Länder besetzt. Hitlers Truppen standen vom Nordkap bis Nordafrika, vom Atlantik bis zur Wolga. Nie schien Deutschland stärker gewesen. Die Deutschen taumelten von Sieg zu Sieg. Natürlich empfanden das nicht alle Deutschen als erhebend. Aber sicher noch die Mehrheit. Und sogar der Held des deutschen Widerstandes, Graf Stauffenberg, wollte ursprünglich Hitler erst nach dem Krieg beseitigen.

Selbst als sich der Abgrund auftat, als die Dämmerung einsetzte und für die Deutschen der Kampf ums Überleben begann, als im Westen die Städte brannten und im Osten die Trecks aufbrachen, fielen die Menschen noch nicht vom Bösen ab. Als der Bombenkrieg im Sommer 1944 seinen Kulminationspunkt erreichte, erreichte auch die deutsche Rüstungsproduktion ihren Höhepunkt. Kriegerwitwen arbeiteten hungernd und frierend am Fließband, Kinder meldeten sich zum Wehrdienst, Männer zogen wissend in den Tod für „Führer und Vaterland".

Denn spätestens im Krieg waren der „Führer" und das „Vaterland" für die meisten Deutschen zu einer kaum auflösbaren Einheit verschmolzen. Wie konnte man von dem einen abfallen, ohne das andere zu verraten?

Noch am 1. April 1945, einen Monat vor Kriegsende, wurde der Leutnant Richard von Weizsäcker vom elitären Infantrie-Regiment 9 wegen besonderer Tapferkeit vor dem Feind für das Ehrenblatt des Deutschen Heeres vorgeschlagen. Er konnte damals durchaus stolz darauf sein.

Pflichtbewußtsein, Opferbereitschaft und Vaterlandsliebe seiner Untertanen verlängerten das Leben eines verbrecherischen Regimes, das längst dem Untergang geweiht war. Tugend schob den Tod des Bösen auf. Unschuldig schuldig werden, das ist das Wesen nicht nur der griechischen Tragödie.

Das Schicksal der Deutschen in jenen Jahren von Aufstieg und Fall sühnt keinen Mord, relativiert keine Unmenschlichkeit. Dennoch gehört es zum historischen Bild: Nicht nur Versäumnisse und Verbrechen, auch Leistungen und Leiden von Deutschen im Dritten Reich hatten beträchtliche Dimensionen, die für die Wohlstandsdeutschen von heute gedanklich kaum noch nachzuvollziehen sind.

Die brutale Gewalttätigkeit der Hitler-Diktatur (soweit sie etwa beim sogenannten „Röhm-Putsch“ 1934 oder bei der sogenannten „Reichskristallnacht“ 1938 bekannt wurde) hat die Deutschen bis zum Krieg nicht entscheidend abgestoßen und wäre dem deutschen Volk von der Geschichte möglicherweise auch nur bedingt angelastet worden – wenn nicht der Holocaust gewesen wäre, die grauenhafte „Endlösung“ der Wannsee-Konferenz von 1942.

Auf 100 Deutsche entfiel 1933 in Deutschland etwa ein Jude. Die Deutschen hatten erlebt, wie diese Minderheit in ihrer Mitte als Menschen zweiter Klasse verfolgt, beraubt, mißhandelt und gedemütigt wurde – und nach und nach verschwand. Nach Ploetz (1983) wanderten 330 000 deutsche Juden aus; 135 000 wurden deportiert und ermordet. Aber das war nur ein Bruchteil des Grauens der „Endlösung“, der – nach demographischen Berechnungen – allein in Polen etwa drei Millionen Juden und in der Sowjetunion etwa eine Million Juden zum Opfer fielen, insgesamt in Europa etwa sechs Millionen Juden.

Die Niedertracht dieses Völkermordes, die Ausrottung von Greisen, Müttern und Säuglingen im Herzen der abendländischen Hochkultur ist der alles andere überschattende, ungeheuerlichste Wesenszug des NS-Regimes und wird noch auf kommenden Generationen lasten.

Wieviele haben davon gewußt?

Ich habe nach dem Krieg immer wieder versucht, auszuloten, wie weit führende Schichten von Staat, Wehrmacht und Wirtschaft in die „Endlösung“ eingeweiht waren. Ich habe dazu gefragt, wen immer ich näher kennenlernte, von Hitlers Steigbügelhalter und Vizekanzler Franz von Papen in seinem Haus im Schwarzwald bis Hitlers Nachfolger und Großadmiral Karl Dönitz in seiner Aumühler Wohnung in der Dora-Specht-Allee, von Ribbentrops ehemaligen Pressechef Dr. Paul Schmidt bis zu Friedrich Flicks engstem Vertrauen, Vetter Konrad Kaletsch. Vergebens. Nicht einmal der aufrichtige, kluge Albert Speer, der Hitler – außer dem „Führer“-Fahrer Julius Schreck – von allen

Männern wohl am nächsten stand, konnte mir helfen. Er widmete mir zwei seiner Bücher „mit herzlichen Wünschen", doch meinen einfältigen Wunsch nach Klarheit vermochte er nicht zu erfüllen.

Was Menschen damals wußten oder nicht wußten, was sie damals hätten wissen können oder nicht wissen wollten, was sie heute wissen, was sie verdrängten oder was sie erfuhren, ohne es ins Bewußtsein zu heben – das alles verstrickte sich in den Hirnen zu einem unentwirrbaren Knäuel. Und alle Akten geben nur Teilauskünfte.

Die noch weitergehende interessante Frage, wieviel Deutsche überhaupt wieviel von der „Endlösung" erfahren haben, wird erst recht nie belegbar beantwortet werden können. Denn wer davon gehört hatte, konnte es leugnen. Und wer nicht davon gehört hatte, konnte das nie beweisen.

Vieles spricht dafür, daß die Mehrheit der Deutschen vom systematischen Völkermord wenig oder nichts wußte. Die Massenvernichtung begann erst im letzten Drittel der NS-Ära als die Sinne der Menschen schon abgestumpft und auf das eigene Überleben konzentriert waren. Die Vernichtungslager befanden sich außerhalb der Reichsgrenzen. Die Zahl der Täter (Einsatzgruppen, KZ-Wächter, Mannschaften von Vernichtungslagern) lag sicher unter 0,1 Prozent der Bevölkerung. Sie alle kannten ihrerseits nur einen Ausschnitt und waren durch eine Verschwörung des Schweigens im eigenen Interesse mit einander verbunden. Gerüchte, die dennoch durchsickerten, wurden gerade wegen ihrer Ungeheuerlichkeit oft als Feindpropaganda betrachtet.

Nach der Kapitulation in den Jahren von NS-Prozessen, Entnazifizierung und Umerziehung geschah dann etwas zugleich Natürliches und Verhängnisvolles: Die Deutschen versuchten aus Angst vor Verfolgung oder Sorge um ihre Familien, aus Scham, Selbsterhaltungstrieb oder Schuldkomplex, ihre persönliche Rolle im Dritten Reich bis hin zur Lächerlichkeit zu verharmlosen. Aus Furcht mit NS-Verbrechern gleichgesetzt zu werden, die im deutschen Namen monströse Untaten begangen hatten, flüchteten Millionen in die Unwahrhaftigkeit. Das war nur normal: Die Deutschen von heute hätten nicht anders gehandelt. Indes: Damit gerieten alle politischen Beteuerungen der Deutschen über die NS-Vergangenheit ins Zwielicht. Nun wurde ihnen in dieser Hinsicht nur noch bedingt Glauben geschenkt. Wer einmal lügt ... Die Chancen, das Ausland und die eigenen Kinder vom möglichen Nichtwissen um den Holocaust zu überzeugen, schwanden. Der große Verdacht senkte sich auf ein ganzes Volk. Wie weit zu Recht oder Unrecht wird nicht mehr geklärt werden.

5. Kapitel

LEHRJAHRE

„Unter einer Million kann ich mich nicht verlieben“

Um 1945 zu überleben, brauchte man eine Lebensmittelkarte. Um eine Lebensmittelkarte zu erhalten, brauchte man eine Arbeitsbescheinigung. Um eine Arbeitsbescheinigung abzuholen, stand ich an einem trüben Herbsttag des Kapitulationsjahres vor einem Schalter. Der Mann dahinter studierte meine Papiere.

„Was wollen Sie werden?“ fragte er.

Ich sagte, daß ich die Firma meines Vaters fortführen würde.

Er schüttelte betrübt den Kopf. „Sie werden an den Aufräumungsarbeiten teilnehmen.“

„Trümmer schippen?“

Er blieb gelassen kummervoll: „Jeder Gesunde in Ihrem Alter wird eingesetzt. Es sei denn ...“

„Es sei denn?“

„... Sie hätten einen Mangelberuf.“

„Was ist das?“

Er kramte eine Liste aus einer Schublade hervor. „Zum Beispiel Bauer, Bäcker, Fleischer. Aber auch Arzt, Pastor und Journalist.“

So beschloß ich, Journalist zu werden.

Wenige Wochen später besuchte ich einen Freund im Anzeiger-Haus an Hamburgs Gänsemarkt. Als mich der Paternoster am zweiten Stock vorbeihob, las ich auf einem Türschild

„Hamburger Allgemeine Zeitung
Karl Silex Chefredakteur“

Silex? Hatte so nicht im Krieg der Chefredakteur der „Marinezeitung“ geheißen? Ich stieg im dritten Stock aus, fuhr wieder eine Etage herunter, klopfte und trat ein.

Eine junge Dame – weizenblonde Haare, pechschwarze Brauen,

fjordblaue Augen – ließ mich Namen und Begehr stottern. Es sei eine schlechte Zeit, meinte sie, aber sie werde mal sehen. Sie verschwand durch eine Tür nach nebenan. Zwei Minuten später war sie wieder da: „Dr. Silex läßt bitten."

Ein Herr im dunkelblauen Offiziersrock der Kriegsmarine mit zivilen Knöpfen saß in einem Ledersessel hinter einem englischen Schreibtisch und korrigierte Seitenabzüge.

„Was gibt's?" fragte er ohne hochzublicken und zeichnete eine Korrektur ein.

„Ich würde gern volontieren.

„Abgeschlossenes Studium?"

„Nein."

„Schon mal in einer Zeitung gearbeitet?"

„Nein."

„Sonst irgendwelche Vorkenntnisse?

„Nein."

Wieder eine Korrektur. „Ich muß Ihnen leider mitteilen ..."

Erstmals sah er auf und sah meinen marineblauen Kadetten-Kollani. Er klemmte ein Monokel, das bislang vor seiner Brust gebaumelt hatte, ins Auge und fixierte mich: „Wo haben Sie gedient?"

„Crew 10/44."

„Engagiert", sagte er, riß sein Auge auf, um das Monokel zu entlassen und vertiefte sich wieder in die Korrekturen.

So wurde ich Journalist.

Das wichtigste Papier neben der Arbeitsbescheinigung, das mir die Tätigkeit bei der „Hamburger Allgemeinen" bescherte, war ein „Curfew", ein Schein, der mich vom nächtlichen Ausgangsverbot der Besatzungsbehörden befreite und damit einem deutschen Jüngling im Privatleben unfaire Platzvorteile gegenüber seinen Geschlechtsgenossen bescherte.

Deutschland hungerte; pro Tag gab es 15 Gramm Butter und 20 Gramm Fleisch. Hunderte starben in Hamburg an Unterernährung. Doch Care-Pakete von Tante Anna aus Amerika hielten die Familie am Leben. Traf ein solches Paket ein, löffelte ich Milchpulver, wie andere heute goldenen Kaviar.

Deutschland fror. Die Menschen überfielen Kohlenzüge und rissen die Gehsteige auf, um im Schlackenuntergrund ein paar Kohlen zu finden. Doch unter den Ruinen unseres abgebrannten Hauses war ein Keller voller Koks verborgen, die uns im kleinen Holzhaus warm durch zwei Winter brachten.

Das Wirtschaftsleben war auf die Stufe des Tauschhandels zurückgefallen. Auf dem Schwarzen Markt kostete eine Zigarette sechs Mark. Ich hatte ein Paar Knobelbecher; war es beim Schuster – gegen Zigaretten –, blieb ich im Bett. Nichts, was nicht rationiert war. Jede Straßenbahn war überfüllt, jedes Schaufenster leer.

Jeder Haushalt durfte nur eine geringe Menge Elektrizität verbrauchen, sonst wurde der Strom abgeschaltet. Darum bohrten wir ein winziges Loch in die Strom-Uhr und hielten mit einer Stecknadel die Zählscheibe an. Bevor der Mann kam, der den Stromverbrauch ablas, zogen wir die Stecknadel heraus und schmierten das verräterische Loch mit schwarzer Schuhcreme zu.

Leben in jener erbärmlichen Zeit war eine fabelhafte Sache. „Alles wird schlechter", hieß es: „Nur eines ist besser: Die Moral der Mädchen wird schlechter." Die Freiheit, die ich nicht gekannt hatte, gefiel mir. Wir redeten uns nächtelang die Köpfe heiß. Wir waren glücklich in der Not. Armut drückt niemanden, wenn alle arm sind und die Welt darauf wartet, neu erbaut zu werden.

Zu den Gefährten der heute fernen ersten Nachkriegsjahre gehörte Jürgen Roland, der damals noch Schellack hieß, Wolfgang Menge, der damals noch Haare auf dem Kopf hatte, Conrad Ahlers, der damals noch CDU wählte, und Richard Gruner, der damals noch nicht reich war.

Richard Gruner war mein ältester Freund. Sein Haus, zerbombt wie unseres, stand nur zwei Straßen von der Platanenallee entfernt. Schon unsere Väter waren gemeinsam nächtliche Autorennen rückwärts durch Hamburg gefahren. Wir beide gingen in die gleiche Schule, zogen die gleichen Mädchen an den Zöpfen, und als ich nach der „Hamburger Allgemeinen" ein halbes Jahr bei der von Engländern herausgegebenen „Welt" lernte, lernte er im gleichen Haus bei der Druckerei „Broschek".

Bevor er 20 war, erbte er die väterliche Druckerei mit 15 Mann. Bevor er 40 war, gehörte er als geschäftsführender Teilhaber von Gruner + Jahr zu den wohlhabenden Männern Deutschlands und hatte Tausende von Angestellten. Das Geheimnis seines Erfolges war eine absurde Mischung aus Wagemut und Vorsicht. Sein Wagemut machte ihn zum erfolgreichen Unternehmer und trieb ihn in die Wolken. Ich bin über ein halbes Dutzend Mal mit ihm in seinem kleinen Jet – erst „Lear", später „Mystère" – über den Atlantik geflogen, mit Stopps auf Island oder Grönland. Und jedesmal, wenn ich aus der winzigen Kabine zehn Kilometer unter mir stecknadelgroße Eisberge treiben sah, kam ich mir vor wie eine Mücke im Schneesturm. Der rotschopfige Wikinger aber saß dann am Knüppel im Cockpit und genoß jeden Augenblick. Das Ausmaß seiner Vorsicht, die ihn 1968 alles in Deutschland verkaufen ließ, ging mir erstmals auf, als wir an einem Wochenende in der ausgestorbenen Halle eines New Yorker Büro-Wolkenkratzers standen, dessen Penthouse einem Freund gehörte. Ihn wollten wir besuchen. Ein Lift kam. Ich stieg ein. Richard blieb draußen. „Ich nehme den nächsten", sagte er: „Wenn wir gemeinsam fahren, können wir gemeinsam steckenbleiben und müssen gemeinsam das ganze Weekend im Fahrstuhl verbringen. So gern hab' ich dich nun auch wieder nicht." Seine bezaubernde Frau Flora ist Patin meiner Söhne.

Mich begleiteten durch jene unglaublichen Nachkriegsjahre mein erster Hund und meine erste Liebe. Der Hund war Münsterländer mit Namen Toby. Mein Bruder Peter, der Verhaltensforschung studierte, wußte stets vorauszusagen, wie Toby sich in welcher Situation verhalten würde und warum. Toby tat meist das Gegenteil. Der Glaube meines Bruders an die Wissenschaft geriet deshalb nicht eine Sekunde ins Wanken. „Um so schlimmer für den Hund", befand er voller Mitleid und war fortan besonders nett zu ihm.

Lehren anderer Art erhielt ich von der ersten Liebe. Sie war etwas älter und ungleich erfahrener als ich. Meine romantischen Vorstellungen von Latin lovers bereicherte sie mit dem Satz: „Italiener sind gar nicht so schlecht, wenn man es eilig hat."

Eines Tages war ich bei ihr, als es klingelte. Ich öffnete.

„Wer war da?" rief meine Angebetete kurz darauf aus der Küche.

„Ein Bettler. Ich hab' ihm was gegeben.

Sie stellte ihren Kochtopf ab: „Ich will dir mal was sagen", sagte sie: „Du denkst jetzt, du hast ein gutes Herz. Dabei hast du nur schlechte Nerven."

Im Herbst 1947 trat ich in die Redaktion der „Zeit" im Hamburger Pressehaus ein. Die „Zeit" war damals rechter Flügelmann der deutschen Presse. Ernst Friedlaender focht in ihr für den Ständestaat. Marion Gräfin Dönhoff prangerte kommunistische Unmenschlichkeit an. Hans-Georg von Studnitz berichtete von den Nürnberger Kriegsverbrecherprozessen. Hjalmar Schacht veröffentlichte dort seine Erinnerungen, kaum daß er aus Nürnberg entlassen war. Ex-Kriegsberichter Müller-Marein redigierte das Feuilleton. In der Wirtschaft kommandierte Ex-Oberst Topf. Mich nahm der ehemalige bulgarische Presseattaché aus Hitlers Berlin, Atanas Bobeff, unter seine Fittiche.

Der Chefredakteur der „Zeit" war ein wundersamer alter Junggeselle: Richard Tüngel. Seine Liebe galt der Antike, die seinen Schönheitssinn geprägt, und dem Burgunder, der seine Nase getönt hatte. Hinter dicken Brillengläsern funkelten kurzsichtige Augen. Ein Kranz schütterer Haare umgab seinen mächtigen, kahlen Schädel. Er war Herr und Künstler zugleich, was sich zuweilen in seiner Kleidung widerspiegelte, wenn er zum dreiteiligen Anzug eine Baskenmütze trug. Kitsch war ihm ein Greuel; neue Sekretärinnen mußten sich verpflichten, niemals Tschaikowsky zu summen oder zu pfeifen. Er war ein Kunsthistoriker von hohen Graden. Aber er hielt seine politischen Leitartikel – wie Goethe seine „Farbenlehre" – für sein bedeutsamstes Werk. Diese Leitartikel richteten sich häufig gegen die Besatzungsmächte und trugen Titel wie „Ohne Würde, „Ohne Recht", „Ohne Freiheit". Sie atmeten Anstand. Das war die Wurzel ihrer Kraft. Da die Auflagen aller Zeitungen von den Engländern limitiert waren, wurden viele von Tüngels Beiträgen abgeschrieben und von Hand zu Hand weitergereicht.

In den ersten Nachkriegsjahren war die „Zeit"-Redaktion in wenige Räume zusammengepfercht. In einem Zimmer saßen Tüngel, Müller-Marein und andere, darunter auch Marion Dönhoff. Sie war es, die die meisten Besucher empfing, mal eine verschleierte 20. Juli-Witwe, mal einen vertriebenen Junker, mal einen Großherzog am Stock. Und jeder störte – ohne es zu wollen – Tüngel bei der Arbeit. Wieder war eine aristokratische Gestalt erschienen, hatte sich durch die Tische gewunden, hatte getuschelt und war gegangen. Da tropfte Tüngels Stimme in die Stille: „Mit dem Adel ist's wie mit den Juden: Haste einen, dann haste alle." Mich fuhr er einmal an: „Konsequent oder inkonsequent – aber nicht immer dies dauernde Hin und Her." Und als er den Leiter der Fahrbereitschaft wegen eines angeblichen Versäumnisses mit Donnerstimme niedergemacht hatte, mahnte ihn Marion Dönhoff entsetzt: „Aber Tüngel, Sie wissen doch noch gar nicht, ob Sie im Recht sind."

„Natürlich nicht, Komtesse", sagte Tüngel, „sonst würde ich ja nicht so brüllen."

Tüngel war Hamburger. Nach seinem Vater, einem Arzt, war eine Straße der Stadt benannt. Doch im Bombenhagel war sie untergegangen. Tüngel konnte sich noch an das Hamburg der Jahrhundertwende erinnern, als in der Hansestadt zwischen „geborenen" und „gewissen" Hamburgern unterschieden wurde, als die feinen Leute rechts der Alster in Harvestehude und die nicht ganz so feinen links der Alster auf der Uhlenhorst wohnten.

Auf einem Ball in einem der Häuser am Harvestehuderweg überhörte der junge Tüngel die Unterhaltung von zwei Damen der hamburgischen Gesellschaft, von denen eine einige Monate zuvor Witwe geworden war und nun über ihre Einsamkeit klagte.

„Aber Sie haben doch zwei erwachsene Töchter ..." warf ihre Gesprächspartnerin ein.

„Ach", seufzte da die Witwe, „meine beiden Töchter haben ja nach drüben geheiratet. Die eine nach Rio, die andere an die Uhlenhorst."

Nach Hamburger Art hatte Tüngel als Jüngling Oxford besucht. Vor der Tür mit dem Namensschild „Maynard Keynes" wandte er sich an den neben ihm herschlurfenden Pedell: „In Deutschland streiten sich die Leute darüber, ob der große Mann eigentlich ‚Kiens' oder ‚Käens' ausgesprochen wird. Was ist denn nun richtig?"

„Das kann ich Ihnen leider auch nicht sagen, mein Herr", antwortete das vom Geist von Oxford erfüllte Faktotum: „Er selber nennt sich Käens".

Tüngel studierte Architektur und wurde Baurat in Hamburg – bis die Nationalsozialisten die Macht ergriffen. Da trieb er Kunsthandel in Paris, wurde Lektor des Atlantis-Verlages in Berlin, schrieb drei Komödien und trank gelegentlich am „Roseneck" seinen Schoppen mit einem gewissen Professor Theodor Heuss. Nach dem Krieg baute er zunächst die Hamburger Landeskunstschule wieder auf, dann übernahm er die „Zeit".

Er besaß eine wertvolle Sammlung von Handzeichnungen und ein sicheres Gespür für Talent. Als ich einen befreundeten Schüler der Landeskunstschule zu ihm brachte, erstand Tüngel sogleich für 50 Mark ein Blatt. Es war sicher eine der ersten Zeichnungen (wenn nicht die erste), die der junge Künstler verkaufte. Er war arm wie eine Kirchenmaus. Am nächsten Tag fragte ich ihn, was er mit dem unerwarteten Geldsegen anfangen wolle. Er druckste zunächst herum und gestand dann, er habe das Vermögen schon ausgegeben: Er hatte sich in ein Taxi gesetzt und so lange rund um die Alster fahren lassen, bis Tüngels Geld verbraucht war. „Das hatte ich mir immer schon gewünscht", erklärte der damals noch spindeldünne Horst Janssen entschuldigend.

Zu meinen ersten Aufgaben gehörte es, die „Wochenübersicht" der „Zeit" zusammenzustellen, in der wichtige Ereignisse der letzten sieben Tage zusammengefaßt waren. Diese „Wochenübersicht" füllte stets eine Spalte von oben bis unten und war nach Sachgebieten in Komplexe unterteilt, deren erste Meldung jeweils mit einem Initial begann. Nach einiger Zeit gelang es mir, die Initialen so zu arrangieren, daß sie Woche für Woche von oben nach unten gelesen eine geheime Botschaft ergaben – etwa *„IDIOT"* oder *„DUSSEL"*. Kein Redakteur merkte es. Aber ein Leser. Und er verpetzte mich bei Tüngel. Der las mir erst gehörig die Leviten und schenkte mir dann ein Glas Rotspon ein.

Ich hatte Tüngel von Anbeginn gemocht, aber ich kann den Tag datieren, von dem an ich überzeugt war, einen besonderen Mann zum Chef zu haben. Zum Wochenende der Währungsreform von 1948 mußte ich für die „Zeit" auf Reportage nach München. Am Morgen meiner Abreise sollte ich mir Instruktionen von Tüngel holen. Er wohnte damals noch in einem Zimmer in der Redaktion im Pressehaus. Ich klopfte, und er gab seinem Volontär Ratschläge, Anweisungen und Adressen – angetan in einem wallenden weißen Flanellnachthemd mit einer Nachtmütze auf dem kahlen Schädel. Er war frei von der Furcht vor Lächerlichkeit, ein seltenes Phänomen im Volk vieler Wichtigtuer.

Mit der Währungsreform begann das Wunder des Wiederaufbaus – und es gab die Chance ins Ausland zu reisen. Auf einem ersten Segeltörn mit der Ketsch „Dela“ bei Windstärke 10 über die Ostsee nach Schweden lernte ich Felix Graf Luckner kennen, der im Ersten Weltkrieg Kommandant des ruhmbedeckten Hilfskreuzers „Seeadler“ gewesen war. Der Seeheld, nun bald 70 Jahre alt, zerriß zwar immer noch Telefonbücher mit seinen Händen, aber er lebte vornehmlich in der Vergangenheit und lehrte mich Lessings schönen Sechszeiler, den ich seither so gern habe wie er ihn wohl hatte:

„Gestern liebt’ ich,
Heute leid ich,
Morgen sterb’ ich:
Dennoch denk’ ich
Heut und Morgen
gern an Gestern.“

Hitler, so erzählte er mir, habe ihn einmal gefragt, warum er nach dem Krieg so oft auf kleineren Schiffen um den Globus gesegelt sei. Er habe geantwortet, in Seenot stiegen die Leute doch sowieso auf kleinere Schiffe über, da sollte man sie am besten gleich nehmen. Das habe Hitler sichtlich gefallen.

Die Menschen in Westdeutschland arbeiteten nach der Währungsreform mit freudiger Besessenheit und wurden mit nie gekanntem Wohlstand belohnt. Über Nacht waren die Schaufenster gefüllt. Zuvor hatten sozialistische Planungsexperten ausgerechnet, daß es 49 Jahre dauern würde, bis die letzten Trümmer in den Städten beseitigt seien. Jetzt schaffte es der losgelassene Kapitalismus in einem Bruchteil der Frist. Und ein bezauberndes junges Mädchen wies meine Werbung mit den Worten ab: „Unter einer Million kann ich mich nun einmal nicht verlieben.“ Eine neue Zeit war angebrochen.

In der Politik hängte jeder, der etwas werden wollte, seinen Mantel in den frischen demokratischen Wind. Motto:

„Und als er sich dann wiederfand,
da war er auch beim Widerstand.“

In der Wirtschaft wurde weniger geheuchelt. Der „Speersche Kindergarten“, die jungen Talente, „mit denen ich die Rüstung des Reiches organisierte“ (so Albert Speer), machten nun ihr Glück auf dem freien Markt: Willy Schlieker, Ernst Wolf Mommsen, Josef Neckermann, Stieler von Heydekampf und Hans-Günther Sohl.

Obgleich – oder gerade weil – 1950 von 100 Deutschen 83 einen neuen Weltkrieg in den nächsten drei Jahren für „wahrscheinlich oder möglich“ ansahen, rackerten sie wie im Rausch. Jeden Tag schienen mehr mehr zu haben, jeden Tag schien es allen besser zu gehen.

Ich ließ mir mein erstes Dinnerjackett schneidern, wir tanzten in der „Tarantella“ (auch „Tunte Ella“ genannt), und 1950 bescherte der Ausbruch des Korea-Krieges der Republik einen Boom, der Hamburgs ehrbarer Kaufmannschaft das Wort von „Santa Korea“ eingab.

Am Weihnachtsabend standen die beiden Schupos, die den Verkehr an Hamburgs meistbefahrenen Kreuzungen am Stephansplatz und am Dammtor Bahnhof zu regeln hatten, auf ihren Podesten bis zu den Hüften in Paketen, die Autofahrer auf dem Heimweg bei ihnen abluden, Gaben für sie und ihre Kollegen, Schampus und Wurst, Schnaps und Rasierwasser. Beamtenbestechung würde es in der Terminologie unserer mißtrauischen Zeit heißen.

Auch Alkohol am Steuer galt noch als läßliche Sünde. Ein Freund, der einen der ehrwürdigen Familiennamen der Stadt und wohl als erster Hamburger einen Blazer mit Knöpfen aus Gold trug, mußte eines Tages zu unser aller Erstaunen wegen Trunkenheit am Steuer seinen Führerschein für drei Monate abgeben. Als er ihn wiederbekam, feierte er das Ereignis in der „Insel“ so, daß seine Zechkumpanen sich hüteten, ein Feuerzeug in seiner Nähe zu entzünden. Dann setzte er sich in seinen Wagen und fuhr heim. Auf der Elbchaussee zwang ihn die eingenommene Flüssigkeit zum Anhalten. An einem Baum erleichterte er sich. Da sagte der Baum: „Zeigen Sie mal Ihren Führerschein.“

Inzwischen ist auch dieser Hanseat längst begraben, bestattet in seinem unvermeidlichen Blazer, von dem die goldenen Knöpfe allerdings von zarter Hand schnell noch abgetrennt worden sein sollen, als ihr Besitzer schon im Sarg lag.

Auch in der „Zeit“ begannen sich die Dinge Anfang der fünfziger Jahre zu ändern. Tüngel war Chefredakteur, aber nur einer der vier von den Engländern eingesetzten Lizenzträgern, denen das Blatt gehörte. Die Verlagsgeschäfte führte der imposante silbergraue Schmidt di Simoni (genannt di Millioni). Dritter war Lovis H. Lorenz, der im NS-Reich Chefredakteur von Scherls „Woche“ gewesen war. Und dann gab es da noch einen Vierten, einen zappeligen Anwalt, der sich nervös die Hände rieb, wie ein fröstelnder alter Mann im türkischen Bad, und von dem es hieß, er sei in den Kreis der Lizenträger nur aufgenommen worden, weil er als Hamburger Wohnungsbau-Senator der „Zeit“ die Redaktionsräume im Pressehaus besorgt habe. Sein herausragender journalistischer Beitrag im eisharten Nachkriegswinter 1946 war ein Artikel, in dem er den Deutschen empfahl, um Energie und Kohle zu sparen, solle ihre Mehrheit möglichst selten das Bett verlassen und Winterschlaf halten. Überschrift: „Plan Murmeltier“.

Diesen Advokaten hatte niemand so recht auf der Rechnung. Aber er war es, der bald alle anderen Teilhaber aus der „Zeit“ verdrängte und zu einer der bedeutendsten Figuren bundesrepublikanischer Pressegeschichte wurde: Gerd Bucerius.

Nach häßlichen Auseinandersetzungen wurde Tüngel von Bucerius Mitte der fünfziger Jahre abgesetzt; er starb, fast erblindet, 1977.

Schon vor Tüngels Ausscheiden war die „Zeit“ Teilhaber beim „Stern“ geworden. Und die jungen Leute der „Zeit“ konnten sich dort ein Zubrot verdienen, indem sie Bildunterschriften für das Bilderblatt fertigten. In einem dieser Texte hatte ich Anfang 1952 den Turm des Palais Schaumburg, in dem Konrad Adenauer regierte, einen „Lueg ins Land“ genannt. Gerd Bucerius, zu jener Zeit noch 150prozentiger Adenauer-Gefolgsmann, war irritiert. Aber Tüngel hielt seine schützende Hand über mich. Ein „Spiegel“-Mitarbeiter bekam Wind von dem Vorfall und schrieb eine Geschichte darüber. Doch statt sie zu drucken, hatte „Spiegel“-Chef Rudolf Augstein eine andere Idee: Ein Abgesandter überbrachte mir seine Einladung zum Essen nach Hannover, dem Geburtsort des Magazins.

„Zeit“-Autor Hubertus Prinz zu Löwenstein nahm mich dorthin

in seinem neuen Dienstwagen mit, einem Goliath mit Lenkradschaltung. Noch heute höre ich das Getriebe kreischen, wenn der Prinz sein Glück an einem anderen Gang versuchte. Augstein bot mir die Stelle eines Korrespondenten in Bonn an. Wieder in Hamburg, sah ich mich in einem Dilemma: Einerseits dachte ich eigentlich nicht daran, die feine „Zeit" für den unseriösen „Spiegel" zu verlassen. Andererseits war es das erste Mal gewesen, daß mir jemand Reise und Essen bezahlt hatte, um mir ein Angebot zu machen. Wie konnte ich da einfach absagen? Ein listiger Rat half: Ich solle doch einfach so absurde Forderungen stellen, daß es dem „Spiegel" unmöglich sei, sie zu erfüllen. So würde ich bei der „Zeit" bleiben können, ohne dem „Spiegel" einen Korb geben zu müssen. Eine Nacht verbrachte ich damit, mir eine absurde Forderung auszudenken. Ich war damals 25 Jahre alt und verdiente 650 Mark. Jetzt verlangte ich 2000 Mark. Am nächsten Tag kam ein Telegramm von Augstein: „Akzeptiert". 17 Jahre sollte ich für ihn arbeiten.

6. KAPITEL

BONN

„SIE GEHEN IN DIE GESCHICHTE EIN, ICH GEHE AN DER GESCHICHTE EIN"

Bonn war 1949 unter ähnlichen Umständen provisorische Hauptstadt der Bundesrepublik geworden, unter denen Washington Hauptstadt der USA wurde. Hier wie dort spielte bei der Wahl eine private Immobilie eine Rolle, die in beiden Fällen keinen Kanonenschuß entfernt jenseits des Flusses lag: Am anderen Ufer des Potomac war es die Plantage Mount Vernon des ersten amerikanischen Präsidenten George Washington gewesen, am anderen Ufer des Rheins war es die Rhöndorfer Villa des ersten westdeutschen Kanzlers Konrad Adenauer. An die Nachteile des sumpfähnlichen Klimas in den beiden künstlichen Metropolen hatte niemand recht gedacht. Wer redet schon in historischen Momenten vom Wetter.

Als ich 1952 in meinem ersten Auto, einem Adler Trumph aus dem Jahre 1934, in Adenauers Residenz unter Reben einfuhr, erschien mir Bonn als das, was es war: Eine verschlafene Universitätsstadt. „Halb so groß und doppelt so tot wie der Zentralfriedhof von Chicago", hatte ein amerikanischer Korrespondent nach Hause gekabelt. Auf dem Backstein-Bahnhof wartete ein einarmiger Gepäckträger auf Reisende. Und wenn „die Dame" sich nach Köln abgemeldet hatte, war die Vergnügungsindustrie der Hauptstadt stillgelegt.

Der Bundestag tagte in der Pädagogischen Akademie am Rhein. Dahinter weideten Schafe. Die Abgeordneten wohnten wie Studenten bei Wirtinnen „auf Zimmer". Zwischen Bonn und Bad Godesberg lag die diplomatische Vertretung Großbritanniens, Ihrer Majestät einzige Botschaft in einem Kornfeld. Der Botschafter der Bundesrepublik in Brasilien lernte spanisch, weil er es für die Sprache des Landes hielt. Bonns Botschafter in Bern ließ sich nach einem Empfang die übriggbliebenen Schnittchen einpacken.

Jeden Morgen setzte Adenauer auf einer Fähre von Rhöndorf zum anderen Rheinufer über. Als Amtssitz diente ihm das Palais Schaumburg, das nach dem Ersten Weltkrieg Schauplatz einer unseligen Romanze zwischen der alternden Prinzessin Schaumburg-Lippe, einer Schwester von Kaiser Wilhelm II, und dem jugendlichen Hochstapler Zoubkoff gewesen war. Nun fungierte dort ein Mann, der im Dritten Reich einen juristischen Kommentar über die NS-Rassengesetze geschrieben hatte, als Bürovorsteher der neuen demokratischen Staatsmacht: Der allwissende Hans Globke, in altmodischen Stiefeln, grau und zuverlässig wie seine geliebten Akten. Konrad Adenauer, der ihm von einer Paris-Reise Stefans Zweigs „Joseph Fouché" mitgebracht hatte, vertraute ihm mehr als jedem anderen Mitarbeiter.

Globke war zeit seines Lebens von Geheimnissen umwittert. Als wir nach Adenauers Tod über seine Memoiren korrespondierten, schrieb er mir: „Bei einer Veröffentlichung müssen Rücksichten genommen werden, die unter Umständen der historischen Wahrheit oder zum mindesten der Vollständigkeit der Schilderung nicht dienlich sind." So war er, und so starb er 1972.

Im Arbeitszimmer von Adenauers Pressechef Felix von Eckardt schnatterte der brasilianische Pfefferfresser Ramses in jedes Staatsgespräch hinein. Nur wenn der Kanzler am Apparat war, wurde Ramses in einen dunklen Schrank gesperrt, dachte, es sei Nacht, und hielt den Schnabel. Und einmal in der Woche kam der Geheimdienstchef, General Gehlen, zur Berichterstattung in Adenauers Palais aus München-Pullach angereist – mit falschem Bart und falschem Paß in der Bundesbahn.

Die Republik mühte sich, flügge zu werden. In jenen Jahren, die trotz der stets gegenwärtigen Kriegsfurcht rückblickend so unbekümmert erscheinen, wuchs in Bonn ein neuer Staat heran, und nicht einmal ein schlechter, mit Orden, Kanonen und Sozialfürsorge, vielen Freiheiten und ständig steigenden Ansprüchen. Und so erheiternd Bonn als Hauptstadt zuweilen wirkte –: das Fehlen einer wirklichen Metropole war vielleicht ein Segen in Verkleidung. Denn in einer echten Metropole hätte die Präsenz von Massen und

Eliten jedes politische Problem mit zusätzlichem Sprengstoff befrachtet; in Bonn gab es weder die einen noch die anderen. Jeder Konflikt wäre zu einem explosiven Gemisch verdichtet worden. Jede Krise hätte die Gefahr von Straßenschlachten in sich geborgen. Streitfragen, über die sich Deutsche die Köpfe hätten einschlagen können, gab es genug. Doch der tiefe Provinzialismus, in den Westdeutschland mit seiner Kleinstadt als provisorischer Hauptstadt verfiel, machte ihre friedliche Bewältigung möglich.

Für Reporter war das Bonn dieser versunkenen Tage eine Goldgräberstadt, ein Eldorado, in dem Minister, Agenten und Zeitungsleute am Abend in Kneipen miteinander Skat spielten, ein Schlaraffenland, in dem man nur den Mund aufsperren mußte damit gebratene Tauben hineinflogen (und dann und wann auch einmal eine Ente). Alles wurde für geheim erklärt,und wenig blieb geheim, auch nicht der Fall Daisy Schlitter.

Als Baronesse von Freyberg in Potsdam geboren und später zur deutschen Schönheitskönigin gewählt, brachte sie die diplomatische Karriere ihres Ehemannes vorübergehend ins Wanken, als sie auf einer Weihnachtsfeier die Mitglieder der deutschen Vertretung in London ermahnte, sich „in Feindesland" manierlich zu benehmen. Das gab Ärger in Bonn. Daisy Schlitter erkor für ihre öffentliche Rechtfertigung ausgerechnet mich als ihren „Emile Zola". FDP-Chef Thomas Dehler wies mich auf das Hinken des Vergleiches hin: Daisy sei schöner als Dreyfus, und Jaco (wie ich genannt wurde) habe mit Zola nur eines gemein – die vier Buchstaben. Tatsächlich brauchte Daisy Schlitter überhaupt keine Hilfe. Sie setzte ihren hübschen Kopf und die vollständige Rehabilitierung ihres unschuldigen Ehemannes natürlich auch ohne mich durch. Oskar Schlitter wurde Botschafter in Athen.

Gemütlich und gemächlich wie in einem Duodez-Fürstentum tukkerte das Bonner Staatsschiff dahin. Als Hubertus Prinz zu Löwenstein erstmals in den Bundestag gewählt wurde, stellte sich ihm ein anderer Abgeordneter mit den Worten vor: „Ich vertrete hier die Industrie, Durchlaucht." „Angenehm", erwiderte der Prinz, „ich vertrete hier das Volk."

Im Büro des Korrespondenten von „Newsweek" tippte die blonde Arzttochter Gabriele Hünermann, spätere Henkel. Dodel von

Wechmar, damals Korrespondent von „United Press“ und später Botschafter am Hof von St. James, erinnerte mich zu meinem 50. Geburtstag öffentlich daran, daß seinerzeit mein Springerspaniel Dandy stets vor dem Bundeshaus habe warten müssen, „während der junge Reporter seine Stories recherchierte und seine Quotes sammelte“.

Nicht alle Quotes waren so brillant wie das des wortgewaltigen Sozialdemokraten Professor Carlo Schmid, der mir aus dem Stegreif den Unterschied zwischen Politikern und Experten definierte: „Ein Experte ist ein Mensch, der mehr und mehr von weniger und weniger versteht, bis er zum Schluß alles von nichts weiß, und ein Politiker versteht von mehr und mehr weniger und weniger bis er zum Schluß nichts von allem beherrscht.“

Harry Hermsdorf vom amerikanischen Geheimdienst CIA mußte in dieser Atmophäre einen Bericht über eine Unterredung mit dem ersten Sicherheitsbeauftragten der Bundesregierung, Theodor Blank, anfertigen, von dem bekannt war, daß er manchen Schluck vertragen konnte. Nach amerikanischer Art numerierte Hermsdorf die einzelnen Absätze – als Bonner Variante allerdings so: „1. Flasche ... 2. Flasche ... 3. Flasche ...“.

Bei Theo Blanks damaligem Pressereferenten, Conny Ahlers, der später Staatssekretär von Willy Brandt wurde, spielten wir oft „Monopoly“ mit dem Korrespondenten von „Agence France Press“, Lothar Rühl, der später als Staatssekretär im Bundesverteidigungsministerium diente. Mit vor Wut glänzenden Augen warf Rühl sich auf die Ahlersche Familiencouch, wenn er die Parkstraße verkaufen mußte.

Das war die provisorische Hauptstadt der Gründerjahre. Dort erblickten meine beiden ersten Kinder aus meiner ersten Ehe das Licht der Welt: Meine Tochter Ninika in Bad Godesberg und mein Sohn Tom in Bonn.

Im Herbst 1953, kurz vor der zweiten Bundestagswahl, erfuhr ich von Plänen des Adenauer-Staatssekretärs, Otto Lenz, nach der Wahl ein Informationsministerium für Volksaufklärung und Propaganda unter seiner Leitung zu errichten, acht Jahre nach dem Freitod des Joseph Goebbels ein selbstmörderisches Unterfangen. Wir berichteten im „Spiegel“ darüber. Ärgerlich trug Otto Lenz in sein Tagebuch ein: „Wer diese Meldung an den ‚Spiegel' gegeben hat – sie muß ja in irgendeiner Form aus dem Bundeskanzleramt kommen –, war leider nicht festzustellen."

Die Affäre erregte ein gewisses Aufsehen. Presse und Funk kletterten auf die Barrikaden. Im Ausland flammte Mißtrauen auf. Die Hohen Kommissare der Alliierten, noch immer die letzte Instanz in dem besetzten Land, erklärten sich öffentlich gegen das Vorhaben. Und schließlich gab Kanzler Adenauer eine – nicht übertrieben wahrheitsliebende – Verlautbarung heraus, er sei von vornherein gegen die Errichtung eines Informationsministeriums gewesen. „Damit war die Angelegenheit praktisch erledigt", vertraute der arme Lenz seinem Tagebuch an. Er reichte seinen Rücktritt ein und nahm – statt Ministerwürden zu empfangen – auf dem harten Klappsitz eines einfachen Bundestagsabgeordneten Platz. Vier Jahre später starb er an einer Infektion in Neapel.

Eine der ersten Titelgeschichten, die ich in Bonn für den „Spiegel" schrieb, war Robert Pferdmenges gewidmet, der den Kanzler frühzeitig vor dem Informationsministerium gewarnt hatte. „Das Dümmste, was wir machen können", hatte er gesagt. Pferdmenges war Adenauers Bankier und der einzige Mensch, den der einsame Regierungschef „Freund" nannte. Katholik war der eine, Protestant der andere. Beide waren Rheinländer und zusammen über 150 Jahre alt. Adenauer bewunderte an Pferdmenges, was viele Politiker mit Neid oder Ehrfurcht erfüllt: Die Unabhängigkeit durch Vermögen.

Ein angeheirateter Onkel von Pferdmenges mit Namen Engels hatte einst mit Karl Marx zusammen das „Kommunistische Manifest" verfaßt. „Du wirst noch wie Onkel Friedrich", war seither eine geflügelte Mahnung an alle Missetäter der Familie. Robert Pferdmenges wurde nicht so. Jahrzehntelang war er der herrschende Teilhaber des Kölner Bankhauses Oppenheim. Über ihn flossen Wahlgelder für die Union. Er war eine der einflußreichsten Figuren der jungen Republik und suchte seinerseits den Einfluß des Staates zurückzudrängen, wo es nur ging. Er war ein sparsamer Kapitalist voller Lebensweisheit und mit vergnügten Augen, ein Repräsentant der finanziellen Kraft, die Menschen bewegt und Geschichte formt. Lange vor dem angeblichen Erfinder, Frankreichs Außenminister

Robert Schumann, hatte er die Grundzüge einer deutsch-französischen Montanunion entworfen, dem Vorläufer der heutigen EG. Den Ruhm überließ er anderen. Immer wieder suchte Adenauer seinen Rat und seine Tat, bis Pferdmenges eines Tages seufzte: „Sie gehen in die Geschichte ein, aber ich gehe an der Geschichte ein."

Ihm verdankte ich manchen Hinweis. Eine Episode seines Lebens aber, die er mir erzählte, ist in der Presse nie gedruckt worden. Als junger Mann hatte sich Robert Pferdmenges von 1904 bis 1914 bei der Filiale der Berliner Disconto-Gesellschaft in London seine Bankiers-Sporen verdient.

Dort geschah es eines nieselnden Morgens, daß er seinen Schirm zu Hause vergaß, bevor er den Bus zur Bank nahm. Beim Aussteigen griff er in Gedanken zum Schirm seines Nachbarn, eines älteren Gentleman. Der machte ihn auf den Fehlgriff aufmerksam. Pferdmenges entschuldigte sich und verließ schirmlos den Bus. Am Nachmittag zog eine Gruppe junger Banker aus der City an die Themse, um einem Wettrudern zuzusehen. Anschließend wollten einige noch weiter zu einem Tennismatch. Pferdmenges mußte zurück in die Bank. Da sich das Wetter aufgeklärt hatte, baten ihn seine Freunde, ihre Schirme mitzunehmen. Mit sechs Schirmen unter dem Arm kletterte der junge Deutsche in den nächsten Bus, setzte sich und arrangierte sein Arsenal von Parapluies. Dann blickte er hoch – und blickte direkt in die freundlichen Augen des Bus-Nachbarn vom Morgen. „It was a successful day, Sir, wasn't it", bemerkte der ältere Gentleman: „Es war ein erfolgreicher Tag, nicht wahr, mein Herr?"

Eine andere Titelgeschichte war Frankreichs Hohem Kommissar gewidmet, André François-Poncet, ein ehemaliger Schulmeister und brillanter Botschafter, der sein Land schon im Dritten Reich vertreten hatte und dort der einzige Diplomat war, „der bei Hitler Anklang fand" (Staatssekretär Ernst von Weizsäcker).

Für mich war er die lebende Verkörperung von Agatha Christies unsterblichem Detektiv Hercule Poirot: Der eiförmige Kopf, der parfümierte Schnurrbart mit den himmelwärts strebenden Spitzen, stets overdressed und von einer Eleganz, die jeden Briten schaudern ließ, unendlich eitel und noch scharfsinniger. Hitler hatte er „einen Sohn von Jeanne d'Arc und Charlie Chaplin" genannt, und als der

„Führer“ ihm im Münchner Haus der Deutschen Kunst einen monumentalen weiblichen Rückenakt Zieglers erklären wollte, kam ihm der Franzose zuvor: „Oh, ich sehe schon, mein Führer: Madame de Berlichingen.“ Den Nationalsozialismus bezeichnete François-Poncet als „Sieg der Boches über die Deutschen“, und über Adenauer befand er: „Er ist einfach. Er ist ein Vereinfacher.“

François-Poncet war gerissen wie ein alter Karpfen. Ich hatte ihm dennoch versprochen, ihm meinen Artikel über ihn vor der Veröffentlichung vorzulegen. Denn das war eine Praxis, die sich in der Regel bewährte. Sachliche Fehler konnten so ausgemerzt werden; auf Bewertungen brauchte man sich nicht einzulassen; die Geschichte erhielt eine Art Gütesiegel vom Betroffenen; vor allem aber: Erst nach der Lektüre plauderten die Porträtierten oft wirklich Unbekanntes aus, wenn es ihnen darum ging, beschriebene Geschehnisse in ein für sie vorteilhafteres Licht zu rücken.

Die Schlußbesprechung mit François-Poncet fand im getäfelten Arbeitszimmer des Botschafters im dritten Stock von Frankreichs Mission am Rheinufer statt. Kaum hatte ich Platz genommen, brach es über mich herein. Ich wurde abgekanzelt wie nie zuvor. „Was Sie da geschrieben haben“, zürnte François-Poncet, „das ist eine Beleidigung Frankreichs.“ Sein Schnurrbart sträubte sich. „Das werden wir nicht hinnehmen. Das wird Konsequenzen haben. Wer glauben Sie, daß Sie sind, und wo glauben Sie, daß Sie sind?“

Ich wäre für mein Leben gern woanders gewesen. Aber Exzellenz war noch nicht am Ende. In seinem Gesicht zuckte es vor Zorn wie in einer Büchse Köderfische: „Noch haben wir Rechte in diesem Land, Unwahrheiten nehmen wir nicht hin.“

Eben deswegen sei ich ja hier, wagte ich einzuwerfen. Er überhörte den Einwand.

„Lauter Lügen“, brach es aus ihm heraus.

„Wo?“ fragte ich betreten.

„Hier schreiben Sie, auf meinem Schreibtisch in Berlin habe ein Hitler-Bild mit Widmung gestanden. Das ist eine boshafte Lüge.“

Das habe mir der ehemalige Vizekanzler Franz von Papen erzählt, erwiderte ich.

„Ah, der Steigbügelhalter Hitlers“, schnaubte François-Poncet verächtlich.

Gut, dann streichen wir's, wollte ich gerade eingeschüchtert nachgeben. Da fiel mir ein, daß Herr von Papen sich nicht genau festgelegt hatte, wo das signierte Führerbild gestanden hatte. Und das sagte ich.

„Das ist es ja, das ist ja die Lüge“, empörte François-Poncet sich, ohne auch nur die Tonlage seiner Entrüstung zu ändern: „Nicht auf dem Schreibtisch – auf dem Klavier hat es gestanden.“

„Der Junge wird's noch weit bringen“, prophezeite er seinen Söhnen beim Frühstück über den „Spiegel“-Autoren, bat (erfolgreich) darum, daß auf dem „Spiegel“-Titelfoto ein Leberfleck auf seiner Stirn wegretuschiert wurde und revanchierte sich schließlich für alle vom „Spiegel“ erlittene Unbill mit dem Zweizeiler:

„Daran, daß er mir auf die Schuhe pißt,
erkenne ich, daß es ein Hund nur ist.“

Doch André François-Poncet war mehr als ein schlauer alter Fuchs, der dann und wann noch einmal mit frechen Welpen spielte. Es war ein großer Europäer, der später in der Académie Française auf dem Stuhl von Marschall Pétain Platz nahm. Als er 1978 im Alter von 90 Jahren starb, senkten die Mächtigen der alten Welt trauernd ihr Haupt – und auch ein ohnmächtiger Zeitungsmann.

Noch im gleichen Jahr wurde einer seiner Söhne Frankreichs Außenminister. Ein zweiter war schon seit Jahren als Deutschland-Chef französischer Konzerne ein wirklicher Wirtschafts-Botschafter seines Landes in der Bundesrepublik. Er, Henri François-Poncet, hatte den Charme und den Verstand seines Vaters geerbt und auch dessen Witz. Ich weiß noch, wie er das erste Mal nach Sylt kam. Wir standen am Panoramafenster des Klenderhofes in Kampen und starrten hinaus auf die tiefhängenden Wolken über einem schleimigen Watt und glitschigen Dünen. Der Wind, auf dem der Regen ritt, peitschte Schaumkronen aufs Wasser. Die Trauminsel der Deutschen sah aus wie eine unwirtliche Mondlandschaft: Düster und kalt, naß und grau. „Jetzt verstehe ich“, sagte Henri. „Nur ein Volk, das diesen Ort freiwillig als Sommerfrische erwählt, kann der Welt sechs Jahre Widerstand leisten.“ Es hätte von seinem Vater sein können.

1955 begleitete ich Konrad Adenauer auf seinem historischen Ausflug in den Kreml, sein einziger Besuch im „Zentrum des Bösen“. Stalin war zwei Jahre tot. Seine Erben Chruschtschow und Bulganin regierten zusammen; den ursprünglich Dritten in ihrem Bunde, Berija, hatten sie schon umgebracht. „Wer an die Spitze der Sowjetunion gelangt ist“, sagte mir Richard Nixon später, „der ist dorthin über einen Haufen von Leichen geklettert!“ Nun standen zum erstenmal zwei dieser Kletterer vor mir. Der eine mit weißem Kinnbart und Embonpoint sah aus wie ein jovialer Onkel, der andere, kurz und vierschrötig, glich einem Rausschmeißer im Ruhestand.

Am meisten faszinierte mich Außenminister Molotow, der „Eiserne Hintern der Weltrevolution“, Stalins Kampfgefährte mit dem Zwicker, dem als einzigen aus dem Politbüro an der Leiche des Tyrannen die Stimme brach – obgleich seine Frau schon verhaftet war und seine eigene Festnahme unmittelbar bevorstand. Ich hätte ihn gern interviewt, statt dessen trat er mir beim Gedrängel auf dem Flughafen Wnukowo nur kräftig auf die Füße. Die Anwesenheit der Deutschen in Moskau hatte den sonst so stoischen Mann aus dem Gleichgewicht gebracht. Er war unruhig wie ein Rüde im Frühling. Sowohl bei Chruschtschow wie bei Molotow glaubte ich in den Gesichtszügen einen leicht asiatischen Einschlag zu entdecken. „Schätze, daß ihre Vorfahren nicht schnell genug vor den Tataren davongerannt sind“, notierte im gleichen Jahr US-Diplomat Vernon Walters, als er ihrer ansichtig wurde.

Im Mausoleum an der Kreml-Mauer lagen noch Lenin und Stalin einbalsamiert unter Glas einträchtig nebeneinander. Mir fielen Stalins Ohren auf. Schon Hitler hatte zur Unterzeichnung des deutsch-sowjetischen Paktes 1939 eigens seinen Leibfotografen Hoffmann mitgesandt, um Nahaufnahmen davon zu machen, damit er an den Ohrläppchen ablesen könne, ob sein neuer Partner Jude sei oder nicht. Zu welchem Resultat Hitler auch gekommen sein mag –: Es waren wahre Prachtexemplare, große, fleischige Ohren, wie sie herrschsüchtigen Menschen oft eigen sein sollen und wie ich sie später nur bei Lyndon B. Johnson wiedersah. Vom Kreml abgesehen, war Moskau eine unangenehme und unansehnliche Stadt. Wir Reporter wohnten im Hotel „Metropol“. Dort teilte ich eine Suite mit dem Herausgeber eines Bonner Informationsdienstes, ein kultivierter älterer Herr, der sich um die Bildung seines jungen Zimmergenossen sorgte. Jeden Abend, wenn ich müde in mein Bett fiel, las er mir darum im Zentrum der bolschewistischen Weltrevolution eine Seite Thomas Mann vor. Eine Passage über das „aberwitzige Herumquinquilieren der Piccolo-Flöte" habe ich nie vergessen – aber auch nie mehr wiederfinden können.

Währenddessen schrieben Adenauer und das Duo Bulganin–Chruschtschow ein Stück Geschichte. Bei einem gemeinsamen Mittagessen im Spiridonowka Palais erzählte Bulganin langatmig die Geschichte des Hauses. Als er berichtete „... dann kaufte es ein reicher Zuckerproduzent" erkundigte sich Adenauer: „Und von wem kauften Sie es?" Chruschtschow lachte, aber Bulganin antwortete todernst: „Es wurde sozialisiert, alles natürlich legal."

Das Ziel jeder Seite war klar. Der Deutsche wollte 9626 deutsche Kriegsgefangene, die zehn Jahre nach Kriegsende noch immer hinter Stacheldraht saßen. Die Russen wollten die Aufnahme diplomatischer Beziehungen, die Bonn bis dahin standhaft jedem Staat verweigert hatte, der die DDR anerkannte. Und die Ulanowa, die schon zum Hitler-Stalin-Pakt 1939 für Ribbentrop „Schwanensee" getanzt hatte, tanzte diesmal im Bolschoi vor uns Deutschen „Romeo und Julia".

Mit dem Hinweis auf die deutsche Herkunft von Marx und Engels versuchte Chruschtschow, den Bonnern den Kommunismus schmackhaft zu machen: „Wenn schon gekocht, dann auch selber essen." Adenauer lehnte dankend ab. Doch er wußte wohl von Anbeginn, daß er mit Rücksicht auf die Stimmung im eigenen Lande letztendlich froh sein konnte, wenn ihm der Tausch „Kriegsgefangene gegen Botschafter" gelingen sollte. Einige seiner Mitreisenden freilich witterten darin Verrat an der Sache des Westens. Außenminister Heinrich von Brentano drohte im Salonwagen der deutschen Delegation sogar ein wenig pathetisch mit seiner Abreise. „Wie wollen Sie denn ohne Paß nach Hause kommen?" fragte Adenauer. Lange blieben die Russen stur. Chruschtschow und Adenauer erhoben am Konferenztisch drohend die Fäuste gegeneinander. Erst als der Kanzler die Lufthansa-Maschinen einfliegen ließ, um wirksam mit Abbruch und Rückflug zu drohen, lenkten die

Russen ein. Der Kuhhandel wurde perfekt – und der Kanzler bei seiner Rückkehr in der Bundesrepublik begeistert empfangen. „Jetzt sollten wir eigentlich Wahlen haben", sagte er im Wagen auf der Heimfahrt vom Flugplatz nach Rhöndorf zu Eugen Gerstenmaier.

Nicht nur dem alten Herrn taten solche Abstecher wohl. Wann immer sich mir ein Vorwand bot, Bonn den Rücken zu kehren, ergriff ich ihn. Ich reiste zu Nasser an den Nil und zum Gipfel nach Genf, kletterte in Roms ärmlicher Via Bonifacio VIII fünf Treppen zur Wohnung des christdemokratischen Ministerpräsidenten Alcide de Gasperi empor, wo es so angenehm nach Wein und Weihrauch roch, und interviewte die unglaubliche Clare Boothe Luce, US-Botschafterin in Italien, Frau des „Time"-Gründers und Konvertitin. Sie schickte mir eine Einladung, die wie alle ihre Cocktaileinladungen von Karmeliter-Nonnen geschrieben war. In einem Gespräch mit Papst Pius XII, so hieß es, habe sie so stürmisch ihren neuen Glauben gepriesen, daß der Heilige Vater milde abwehrte: „Aber ich bin doch schon katholisch."

Für den „Spiegel" am lohnendsten war ein Abstecher in die Niederlande. Dort herrschte Königin Juliana mit ihrem deutschen Prinzgemahl Bernhard. Das Paar hatte vier Töchter, darunter die heutige Königin Beatrix. Während ihrer letzten Schwangerschaft war Königin Juliana an Röteln erkrankt, eine harmlose Krankheit, die aber oft schwere gesundheitliche Schäden für das ungeborene Kind mit sich bringt. Dennoch lehnten die Ärzte einen Eingriff ab, wohl nicht zuletzt, weil das seit 1890 glückhaft von Frauen geführte Land auf einen männlichen Thronfolger hoffte. Die Sehnsucht erfüllte sich nicht. 1947 wurde als vierte Tochter die Prinzessin Maria Christina, genannt Marijke, geboren – mit einem tückischen Augenleiden.

Als die ärztliche Kunst an ihre Grenzen stieß, geriet die Mutter in ihrer Verzweiflung an die Wunderheilerin Greet Hofmans, die angab, in göttlichem Auftrag tätig zu sein und der Prinzessin helfen zu können. Dadurch gewann sie einen schnell wachsenden Einfluß auf die Königin – wie einst der Mönch Rasputin am Zarenhof, nachdem er der Zarin versprochen hatte, er würde den an der Bluterkrankheit leidenden Zarewitsch Alexej heilen. Bald mischte sich die niederländische Gesundbeterin in das Privatleben der Königin, in Personalangelegenheiten des Hofes und in die Politik des Landes ein, ohne daß sie die Leiden von Prinzessin Marijke behoben hatte.

Prinzgemahl Bernhard und Premierminister Drees verfolgten die Entwicklung mit zunehmender Sorge. Es kam zu Spannungen zwischen ihnen und der Monarchin. Aber die Öffentlichkeit erfuhr von dieser Krise hinter den fest verschlossenen Palasttüren nichts. Sie war das bestgehütete Geheimnis des Hauses Oranien – bis ich darüber im Sommer 1956 in einer Titelgeschichte berichtete. Da gab es Wirbel, und der Thron geriet ins Wanken. Doch dann trennte sich die Königin von der Wunderheilerin, und damit war jede mögliche Gefahr für ihre Ehe und ihre Krone abgewendet. Zwölf Jahre später starb Greet Hofmans im Alter von 73 Jahren in Amsterdam.

Mich rufen auch heute noch dann und wann Holländer an, um zu fragen, woher ich damals die Informationen hatte. Einst waren es Reporter, heute sind es Historiker, die fragen. Der einzige Unterschied: Die höflichen Historiker lassen sich in der Regel leichter abspeisen.

7. Kapitel

KONRAD ADENAUER

„Er sah aus wie der Apachen-Häuptling Geronimo“

Im Herbst 1956 bildete Konrad Adenauer zum ersten Mal nach siebenähriger Kanzlerschaft sein Kabinett um. Dabei wurde Außenminister Heinrich von Brentano die eigentlich fällige Würde eines Vizekanzlers versagt. In einer abendlichen Rundfunkansprache wollte der Kanzler den Bundesbürgern die Veränderung erklären. Zur Aufnahme begab er sich am Nachmittag zusammen mit seinem Pressechef, Felix von Eckardt, in ein Rundfunkstudio. Die technischen Vorbereitungen waren noch nicht abgeschlossen, die Mikrofone aber bereits eingeschaltet. Daher wurde mitgeschnitten, wie sich der Kanzler und seine hellgraue Eminenz vor der Aufnahme über die schwere Geburt der Kabinettsumbildung unterhielten.

Eckardt: „Was bin ich froh, daß das vorüber ist.“

Adenauer, seufzend: „Ja.“

Eckardt: „Das war etwas Entsetzliches, hahaha.“

Adenauers Stimme sank zu einem Flüstern: „Jetzt ist der Brentano noch wild wie ein Stier.“

Ein Radio-Mann spielte mir den Mitschnitt zur Veröffentlichung im „Spiegel“ zu (Jahre später wurde er selbst Bundesminister), und ich schnappte freudig danach. Wir schrieben uns damals die Finger über den Kanzler der einsamen Entschlüsse wund. „Augsteins deutscher Bierernst hatte für die intellektuelle Schärfe dieses Mannes kein Organ“, behauptete Gerd Bucerius. Adenauer haben die Breitseiten des „Spiegel“ gewiß nicht sehr geschadet, den „Spiegel“ aber bekannt gemacht. Als er über uns sagte: „Dat Drecksblatt macht sich ja von selber kaputt“, waren wir die ersten, die es stolz druckten. Denn der ehemalige Oberbürgermeister von Köln, an dem wir uns so gern rieben, war nun einmal die alles beherrschende Vaterfigur der neuen Republik.

Im Alter von 73 Jahren war er 1949 vom Bundestag zum ersten Regierungschef gewählt worden, mit einer Stimme Mehrheit, seiner eigenen. Schon zwei Jahre später erkannte Winston Churchill, daß Adenauer möglicherweise eines Tages „als klügster deutscher Staatsmann seit Bismarck" gelten würde. Mit Sicherheit war er der bedeutendste deutsche Nachkriegskanzler (was immer das angesichts seiner Nachfolger heißen mag).

Ein Autounfall im Ersten Weltkrieg hatte Adenauers Gesicht fast maskenhafte Züge verliehen, die an alte Indianer-Porträts erinnerten. „Er sah aus wie der Apachen-Häuptling Geronimo", meinte Amerikas Hoher Kommissar John J. McCloy. Und wie Geronimo herrschte er. Was mich als jungen vorgeschobenen Beobachter dabei am nachhaltigsten beeindruckte, war Adenauers Menschenverachtung. Er schätzte Freund und Feind gleich gering. In seinem ersten Kabinett, so murrte er, sei der Außenminister der einzige Minister, „auf den ich mich verlassen kann" – das war er selber.

Amerikas ehemaliger Außenminister Dean Acheson erinnerte mich Jahre später in einem Brief an eine ähnliche Adenauer-Lektion „die er einmal einem gemeinsamen Freund" erteilt habe: „Daß Gott unglücklicherweise die Intelligenz der Menschen begrenzt hat, aber nicht ihre Dummheit".

Wenn es ihm nötig erschien, verließ Adenauer treue Gefolgsleute, bediente sich fragwürdiger Charaktere, stieg über am Boden liegende Gegner hinweg. Er wußte Geld für politische Verführung und menschliche Verfehlungen für politischen Druck einzusetzen. Als eines seiner Kabinettsmitglieder sich beim Paris-Besuch wie ein Primaner in verfänglicher Situation fotografieren ließ, ließ sein Kanzler ihn wissen, daß er es wußte. Und als er des deutschen Botschafters in Moskau überdrüssig war, rief er das Auswärtige Amt an und sagte: „Der Herr Kroll ist krank." Der Missionschef wurde abgelöst.

Wie der kleine Lotsenfisch den mächtigen Hai, so begleitete ich als junger Reporter den greisen Kanzler auf allen seinen Wegen. Mir mißfielen manche seiner Methoden. Was ich damals noch nicht begriff: Der alte Herr hatte keine Zeit. So viel war zu tun, so wenige

Sommer blieben. Das machte für ihn den kürzesten Weg oft zum besten, auch wenn es der häßlichste war.

Diente es seinen Zwecken, mußte sich die Wahrheit strecken. Bevor der erste NATO-Oberbefehlshaber, Eisenhower, Europa verließ, um US-Präsident zu werden, schenkte der Hobbymaler dem Kanzler eines seiner Werke, das alsbald irgendwo im Palais Schaumburg verstaubte. Bald darauf - Eisenhower war inzwischen zum Staatschef gewählt worden - erkundigte sich der neue US-Außenminister John Foster Dulles bei seiner Antrittsvisite in Bonn nach dem Werk seines Chefs. „Sofort aufhängen" schrieb Adenauer auf einen Zettel für einen Mitarbeiter, und nach dem gemeinsamen Essen führte er seinen Gast Dulles in einen kleinen Ruheraum hinter seinem Arbeitszimmer, wo das Bild inzwischen einen Platz gefunden hatte. Hier sammele er zuweilen neue Kraft, erklärte der Kanzler seinem beeindruckten Besucher, und der Anblick des Gemäldes von Eisenhower helfe ihm dabei.

Innerhalb kurzer Zeit wurde John Foster Dulles einer der beiden Männer, die Adenauer - wie er mir sagte - am meisten bewunderte. Noch als 83jähriger flog er zur Beisetzung von Dulles in die USA und - so erzählte mir Richard Nixon - hatte Tränen in den Augen, als er über den Verstorbenen sprach. Das andere Adenauer-Idol war General Charles de Gaulle, der 1952 zu Eisenhower gesagt hatte: „Sie dürfen nicht vergessen, daß ich versuche, eine einstmals große Nation, die in die Gosse gefallen ist, aus dieser Gosse wieder herauszuheben". Adenauers Hochachtung für den General, der so dachte und handelte, grenzte an Heldenverehrung. Nach einem Besuch auf de Gaulles Landsitz „La Baisserie" in Colombey erzählte er voller Ehrfurcht Amerikas Hohen Kommissar John J. McCloy: „Wissen Sie, wer die Tür öffnete, als ich klingelte? Kein Diener oder eine Hausangestellte - es war de Gaulle selbst."

Was die beiden so unterschiedlichen Politiker Dulles und de Gaulle mit Adenauer verband, war offensichtlich. Sie waren alle drei gottesfürchtig, antikommunistisch und machtbewußt.

Eisenhowers Nachfolger John F. Kennedy hielt Adenauer dagegen für einen „Chorknaben", und noch geringer stufte er seinen eigenen Nachfolger ein. „Reden wir über ernsthafte Politik oder über Kanzler Erhard", fragte er nach seinem Rücktritt einen Reporter, der ihn interviewen wollte.

Konrad Adenauer war kein Weltbeweger und konnte es auch nicht sein. Ohne ihn wäre die Weltgeschichte vermutlich nicht sehr viel anders verlaufen als sie verlief. Die Entscheidungen, Deutschland zu teilen und die Hälften den feindlichen Militärblöcken einzuverleiben, waren Beschlüsse der Siegermächte. Adenauer im Westen und Ulbricht im Osten haben nur draufgesattelt. Freilich: Der eine zum Segen, der andere zum Unheil seiner Landsleute.

Für die Bundesrepublik war Adenauer deshalb zweifellos ein großer Glücksfall. Vermutlich hätte von den damals zur Verfügung stehenden Politikern kein anderer den Staat erfolgreicher regiert. Wahrscheinlich wäre niemand in der Lage gewesen, die Fundamente der Einigung Europas und der Freundschaft zu Frankreich so schnell so fest zu zementieren. Bestimmt hätte außer Adenauer keiner den Mut gehabt, wenige Jahre nach dem verlorenen Krieg den Deutschen so früh wieder eine Armee abzuverlangen. Sie jedoch war der Preis für den Eintritt der Deutschen als gleichberechtigtes Mitglied in die westliche Völkerfamilie. „Die Zeche werden wir bezahlen müssen", schrieb ich 1955 im „Monat": „Und es ist bei Gott nicht sicher, ob das deutsche Volk es bereuen wird."

Adenauers politisches Konzept war einfach wie sein Sprachschatz. Er wollte den freien Teil Deutschlands so stark wie möglich machen und so fest wie möglich in ein gesundes Europa und eine mächtige westliche Allianz einbinden. Nur eine solche Politik der Stärke, davon war er überzeugt, würde eines Tages – wenn überhaupt – die Chance einer Wiedervereinigung in Frieden und Freiheit eröffnen können. „Nur Geduld wird sie bringen", sagte er zu dem ungeduldigen Axel Springer. Adenauers linke und liberale Widersacher wollten sich ausschütten über so viel Einfalt. An ihrer Spitze Rudolf Augstein. Jahr um Jahr rannte er einäugig und brillant gegen Adenauers Politik der Stärke an, heftete intellektuell Sieg auf Sieg an seine Feder. Seine Beiträge über die Wiedervereinigung im „Spiegel" trugen Titel wie „Ein Lebewohl den Brüdern im Osten" oder „Deutschland – ein Rheinbund?" Noch 1964 sagte Adenauer grollend zu mir: „Der Herr Augstein hat geschrieben, wir hätten 1952 eine Möglichkeit zur Wiedervereinigung gehabt. Das ist ganz falsch.“ Erst ein Vierteljahrhundert nach Adenauers Tod wurde die Debatte über Für und Wider von seiner „Politik der Stärke“ durch Deutschlands Wiedervereinigung beendet: Die Geschichte hatte den Kanzler postum zum Sieger erklärt. Da gestand selbst sein Erzfeind Augstein, daß „Adenauers Politik insgesamt ihre Rechtfertigung erfährt“.

„Dear Mr. Jacobi“, hatte mir der 33. US-Präsident, Harry S. Truman, schon 1963 geschrieben: „Kanzler Adenauer ist nun einmal einer jener außergewöhnlichen Männer, die in großen Augenblicken der Geschichte an die Macht kommen.“

„Der Schnee, das Eis, es schlägt mir ins Gesicht“, sagte Adenauer vier Jahre später auf seinem Sterbelager.

8. Kapitel

SEFTON DELMER

„Ein Engländer geniert sich nicht vor Tieren und Eingeborenen“

Hinter den Kronen mächtiger Linden versteckt lag am linken Rheinufer südlich von Bonn das alte Hotel „Schaumburger Hof“. An einem schwülen Sommertag der fünfziger Jahre stieg ich die breiten Stufen herauf, die in den ersten Stock führen. Vor Zimmer 1a blieb ich stehen und klopfte.

„Herein“ dröhnte es von innen. Ich trat ein. Von Blättern tausendfach gespiegeltes Sonnenlicht füllte flirrend den Raum. Die Fensterflügel waren aufgestoßen. Vom Fluß her drang das Tuckern eines Rheinschleppers herauf. Das Zimmer war leer. Aber durch die weitgeöffnete Tür zum Badezimmer hörte ich Geräusche. Ich blickte hinüber und sah einen dicken Herrn im Nadelstreifen am WC stehen, wo er in Ruhe zu Ende verrichtete, womit er gerade beschäftigt war. Dann zog er die Wasserspülung, ordnete seine Kleider und kam wie ein Buddha mit Hornbrille auf mich zu, freundlicherweise ohne mir die Hand entgegenzustrecken.

Noch bevor er sich vorstellte, hatte mir Denis Sefton Delmer so Anschauungsunterricht in englischer Lebensart erteilt. „Das lernen wir schon in der Schule“, sagte er mir später, als wir längst Freunde waren: „Ein Engländer im Ausland geniert sich nicht vor Tieren und vor Eingeborenen.“

Tom, wie ihn nannte, wer ihn kannte, war damals bereits eine legendäre Figur. Er war wie Egon Erwin Kisch oder John Gunther einer der großen Reporter dieser Erde. Und er war zugleich einer der letzten Sänger des britischen Imperiums.

Als der Porzellanfabrikant und SPD-Politiker Philip Rosenthal, der im Krieg unter Delmer von England aus gegen Hitler gekämpft hatte, einmal erwähnte, die „BBC“ habe ihn als „den einzigen

Engländer im deutschen Widerstand" bezeichnet, da entspann sich zwischen ihm und Tom Delmer folgender Dialog:

„Sagtest du eben, du seist Engländer, Philip?"

„Natürlich, du hast mir doch selbst den britischen Paß besorgt."

„Mein lieber Philip. Ich kann dir einen britischen Paß besorgen. Aber nur Gott kann dich zum Engländer machen."

Tom mokierte sich zwar gern über Englands Idole; auf seiner Farm trug er dreckige Khakihosen, die statt von einem Gürtel von einem geheiligten Schulschlips über seinem mächtigen Leib gehalten wurden. Doch in seinem Herzen war er so britisch wie Queen Victoria, vielleicht sogar noch etwas mehr. Denn er hatte in Berlin das Licht der Welt erblickt.

Konvertiten oder jenseits der Grenzen Geborene stellen oft die größten Eiferer für eine Religion oder ein Land, als gelte es, einen Makel der Geburt wettzumachen. In der Geschichte aller Staaten ist dieses Phänomen zu finden. So waren im Dritten Reich viele Auslandsdeutsche und Österreicher besonders fanatische Nationalsozialisten. So wurden auch zwischen den Weltkriegen der aus Kanada stammende Presselord Beaverbrook und sein Starschreiber Sefton Delmer aus Berlin zu Superbriten.

Tom war 1904 geboren worden. Sein aus Australien stammender Vater lehrte in Berlin als Professor der Anglistik. Bei Ausbruch des Ersten Weltkrieges trat Tom als Sextaner in das Friedrichwerdersche Gymnasium ein. Ein Lehrer forderte die Klasse auf, „den Engländer" zu verdreschen. Toms deutsche Mitschüler veranstalteten statt dessen in der Pause einen deutsch-englischen Zweikampf und applaudierten, als der Brite gewann. „In England wäre das unmöglich gewesen", erinnerte sich Tom später spöttisch: „Da hätte kein Lehrer die Klasse aufgefordert, den Feind zu vermöbeln – die gesamte Klasse hätte es ohne Aufforderung geschlossen getan."

1917 wurden Delmers aus Deutschland ausgewiesen. In den wilden zwanziger Jahren aber kehrte Tom nach Berlin zurück. Er berichtete für Lord Beaverbrooks „Daily Express" über Straßenschlachten und den Goldmacher Franz Tausend, über die schwarze Reichswehr und den Düsseldorfer Massenmörder Kürten. Er plantschte im Pool des Berliner Finanziers Hugo von Lustig, in dem kleine Kaviarfäßchen schwammen, zog mit dem SA-Chef Ernst

Röhm durch Berlins Homosexuellenkneipen, und er interviewte im Berliner „Kaiserhof" Adolf Hitler in dessen Schlafzimmer „mit einem ulkigen Messingbett".

Bismarck hatte über die Briten geseufzt: „Die Leute wollen sich ja von uns nicht lieben lassen." Auch Hitler war voll heimlicher Bewunderung für die Engländer. Als Tom ihn scheinheilig fragte, ob es wahr sei, daß er im Ersten Weltkrieg sein Eisernes Kreuz Erster Klasse für die Gefangennahme von 14 Engländern erhalten habe, antwortete Hitler: „Natürlich nicht, mein lieber Delmer. Niemand weiß besser als ich, daß kein Mann alleine 14 Engländer gefangen nehmen kann. Es waren natürlich Franzosen."

Hitler fand Gefallen an Delmer. 1932 nahm er ihn als einzigen ausländischen Reporter in einer JU 52 der Lufthansa auf Wahlkampftournee durch Deutschland mit; 1933, nach Hitlers Ernennung zum Reichskanzler, stapfte der Engländer an der Seite des „Führers" durch den brennenden Reichstag. Er hörte Nero die Laute schlagen, als Rom in Flammen stand, und zeichnete den Gesang für die Nachwelt auf. Hitler verriet in dieser Brandnacht seinen Fahrplan zur totalen Machtergreifung. Und Tom Delmer konnte ihn nach London kabeln. Wie üblich rief er anschließend an, um sich nach dem Schicksal seines Berichts zu erkundigen. „Die Story ist in Ordnung", sagte ihm ein Nachtredakteur. „Aber warum all die Politik? ›United Press‹ hat mehr über das Feuer." Reporter-Los.

1934, beim sogenannten Röhm-Putsch, ließ Hitler seinen SA-Chef und dessen Freunde erschießen. Tom Delmer veröffentlichte im „Daily Express" die von der Reichsregierung streng geheimgehaltene Totenliste. Amtlich waren 46 Liquidationen zugegeben worden. Er nannte 108 Namen. „Das", so erzählte er, „war das Ende meiner schönen Freundschaft mit Hitler." Er wurde ausgewiesen – wie später aus Spanien und Ägypten, aus Polen, Persien und der Tschechoslowakei.

Zunächst zog Tom in den spanischen Bürgerkrieg (wo ihm ein melodramatischer Hemingway auf die Nerven fiel). Dann war er Trauzeuge bei der Heirat seines Freundes Prinz Bernhard zu Lippe-Biesterfeld mit Hollands Thronfolgerin Juliana (er schenkte einen Stilton-Käse). Schließlich erlebte er mit, wie Hitler Europa aufrollte: von Österreich über Polen bis Paris.

In irgendeinem der ungezählten Feldzüge, aus denen Delmer für Beaverbrook berichtete, war er in einem Gefecht zwischen die Fronten geraten. In einem Obstgarten hatte er notdürftig Schutz hinter einem Baum gefunden; Kugeln zwitscherten um ihn herum. Die prekäre Situation wurde nur dadurch etwas versüßt, daß er sich die morgige Aufmachung seines Husarenstücks im „Daily Express" vorstellen konnte: Starreporter im Kugelhagel. Da wurde er in seinen Träumen von Tapferkeit und Heldentum von einem alten Mann gestört, der aus einem nahegelegenen Haus mit einem Stuhl herbeihumpelte und höflich fragte: „Wollen der Herr sich nicht setzen?"

Nach der Niederwerfung Frankreichs richtete Hitler am 19. Juli 1940 vor dem Reichstag in der Kroll-Oper einen „letzten Friedensappell" an England. Der Zufall wollte es, daß ausgerechnet für diesen Tag das Debut des alten Hitler-Freundes Sefton Delmer als Kommentator im deutschsprachigen Dienst der „BBC" angesetzt war. Eine Stunde nach der Hitler-Rede stieß er ohne Konsultation irgendeiner politischen Instanz in ordinärem Berliner Jargon das Friedensangebot zurück – „mitten in Ihre übelriechende Führer-Fresse" –, um Hitlers Offerte schon durch den Ton der Entgegnung jede Chance im teils kriegsmüden England zu nehmen. Die Welt hielt es für die offizöse Erklärung der englischen Regierung. Die Deutschen waren beleidigt. Im Unterhaus fragte der Labour-Abgeordnete Stokes, wieso „eine ganz unbedeutende Person" (Oh-Rufe bei den Tories) Hitler hätte antworten dürfen. Und im Berliner Reichssicherheitshauptamt wurde ein gewisser Sefton Delmer als Nr. 33 auf die „Sonderfahndungsliste G. B." (Großbritannien) gesetzt.

Tom fand die offizielle „BBC"-Propaganda gegen Hitler-Deutschland „doof und rechthaberisch: Verschwendung von Atem und elektrischem Strom". Für weniger als einem Drittel des Gehalts, das Lord Beaverbrook ihm gezahlt hatte, trat er in den Staatsdienst und unterbreitete Englands Regierung eine neue Idee: „Schwarze Propaganda" – Propaganda, die von den Menschen nicht als Feind-Propaganda erkannt werden konnte und darum besonders wirkungsvoll sein mußte. „Das beste Rezept ist es", so formulierte Tom, „einem Deutschen in die Suppe zu spucken und dabei ‚Heil Hitler' zu rufen."

Über den „Kurzwellensender Atlantic", den „Soldatensender Calais", den Sender „Gustav Siegfried Eins" und mindestens vier weitere scheinbar deutsche Stationen spuckte Tom Delmer nach dieser Maxime den Deutschen alsbald Gift in die Suppe. Er versorgte seine deutschen Hörer mit Informationen, die geeignet waren, in ihnen Wut oder Angst, Neid oder Defätismus zu wecken. In einer Haßtirade gegen Sowjets und Amerikaner wurde unauffällig auf deren Reserven von Menschen und Material hingewiesen. In einem Jubelbericht über Görings Geburtstag wurde eine endlose Geschenkliste verlesen, von lauter Dingen, die für deutsche Soldaten und ihre Familien damals unerreichbar waren. Toms Devise: „Wir müssen uns im Namen höchster vaterländischer Ideale an den inneren Schweinehund in jedem Deutschen wenden."

Er las täglich erbeutete deutsche Feldpostbriefe und ließ in Kriegsgefangenenlagern Mikrofone anbringen, um keine Veränderung der deutschen Alltagssprache oder Gefühlswelt zu versäumen. Je länger der Krieg dauerte, um so zynischer wurde seine Arbeit. Sein Ziel: Mißmut durch Leid zu erzeugen.

Er ließ den Hinterbliebenen von gefallenen Deutschen rührende Briefe angeblicher Krankenschwestern zusenden, in denen sie sich erkundigten, ob ein erst kurz vor dem Tode erworbenes Gold- oder Schmuckstück des Verstorbenen von den NS-Behörden auch überbracht worden sei. Es hatte natürlich nie eines gegeben.

Er ließ einen Reclam-Band „Krankheit rettet" von Dr. Wohltat in Tausenden von Exemplaren nach Deutschland schleusen. Nicht um mit diesen Vorschlägen zum Simulieren den deutschen Wehrpflichtigen zu helfen, sondern um Musterungsärzte zu veranlassen, möglichst viele echte Kranke als Simulanten an die Front zu schikken.

Er ließ scheinbare Agenten-Funksprüche absetzen, die von der Gestapo abgehört werden konnten und durch die hakenkreuzbrave Parteigenossen oder Offiziere in den Verdacht gerieten, Verräter zu sein.

Er ließ Tausende von Brandplättchen über Deutschland abwerfen, versehen mit einer Gebrauchsanweisung in der Sprache von Fremdarbeitern. Nicht, um die meist durchaus arbeitswilligen Ausländer zur Brandstiftung zu bewegen, sondern um die NS-Behörden zur verschärften Bewachung und Schikane gegenüber den

Fremdarbeitern zu veranlassen. Das band zusätzliche Kräfte und demotivierte die Sklaven.

Der Oxford-Professor für Alte Geschichte, C.E. Stevens, war es, der das historische Pausenzeichen für die „BBC" erfand: Tam, tam, tam, taa – die Anfangstakte von Beethovens „Fünfter"und zugleich das Morsezeichen für den Buchstaben V, wie „Victory". Tom: „Mir gefiel es vor allem, weil es der Gestapo das Aufspüren von Schwarzhörern erleichterte. Denn jede Verhaftung gebar einen neuen kleinen Regimegegner."

Nur einmal wurde Tom bei einer schwarzen Operation von Goebbels überlistet. Er hatte perfekt gefälschte Lebensmittelkarten über Deutschland abwerfen lassen. Da verbreitete Goebbels das Gerücht, sie seien so plump gefälscht, daß jeder, der sie benutze, sofort verhaftet würde. Das stimmte nicht, aber es wirkte. Tom stellte die Aktion ein: „Ich war voller Bewunderung für die Genialität des kleinen Doktor."

Einen zweiten Delmer-Plan vereitelte das Foreign Office kurz vor Kriegsende. Tom wollte durch Luftangriffe alle deutschen Sender gleichzeitig zum Abschalten zwingen und dann auf ihren Wellenlängen in einer „Sondermeldung aus dem Führerhauptquartier" die deutsche Kapitulation verbreiten. Aber die englische Regierung fürchtete, die eigenen Truppen zu verwirren und eine neue Dolchstoßlegende zu gebären.

Doch auch so war von Tom durch seine schwarze Propaganda ein neues Kapitel der psychologischen Kriegsführung aufgeschlagen worden. Lüge und Täuschung hatten bisher unbekannte Dimensionen angenommen. Sefton Delmer hatte eine Büchse der Pandora geöffnet, die bis heute nicht geschlossen werden konnte. Millionen von Menschen verschlingen täglich Informationen, die ihnen von meist ahnungslosen Redakteuren zubereitet wurden, deren Zutaten aber aus irgendeiner Giftküche von Propaganda und Desinformation stammen. Unter den Köchen, die in diesen Küchen nach Toms Rezepten kochen, habe ich bisher keinen gefunden, der genialer war als er. Aber vielleicht ist es wie bei Mördern: Die besten bleiben unerkannt?

Im Krieg hatte sich Tom einen Bart wachsen lassen. Als die Waffen schwiegen, rasierte er ihn ab. Er war gespannt, ob darunter ein Gesicht zum Vorschein kommen würde, dessen Züge verunstaltet waren von den Lastern der Lüge, den Perversionen des Hasses, den Ausschweifungen des Geistes „wie auf dem Bildnis des Dorian Gray“: „Ich war erleichtert“, so notierte er, „als mich mein altes Ich aus dem Spiegel ansah – und auch ein bißchen enttäuscht.“

In Toms Team hatte im Krieg so mancher deutsche Emigrant, Überläufer oder Kriegsgefangener unter Decknamen wie „Mr. Potts“ oder „Dr. Nansen“ mitgearbeitet, der später in den Bonner Gründerjahren in der Politik eine Rolle zu spielen suchte. Der bekannteste von ihnen war Otto John (Deckname: Oskar Jürgens), der erste Chef des Bundesverfassungsschutzes, der 1954 unter nie restlos geklärten Umständen in die DDR überwechselte, ein Jahr später zurückkehrte und eingesperrt wurde. „Einmal ein Verräter, immer ein Verräter“, meinte damals General Gehlen. Tom, der zu jener Zeit schon wieder für Lord Beaverbrook arbeitete, verfocht dagegen die These von Johns Unschuld.

Das war die Zeit, in der meine Freundschaft zu Tom begann, die bis zu seinem Tode 1979 währte. Er lebte in jenem Vierteljahrhundert, das uns gemeinsam blieb, auf Valley Farm, auf 300 Morgen schattigem Weideland Ostangelns, wo einst Gainsborough und Constable gemalt hatten. Valley Farm war ein spitzgiebeliges Haus aus dem 16. Jahrhundert mit hohen Kaminen, in dem während des Krieges ein Teil von Toms Team untergebracht gewesen war. Am Teich schnatterten die drei chinesischen Gänse „Mao“, „Tse“ und „Tung“. In der Küche pickte das humpelnde Küken „Mr. Zucker“ Krümel auf, und vor der offenen Feuerstelle in der Halle grunzte glücklich „Sir Isaac Izz Whizz“, das Lieblingsferkel von Toms damals noch kleinen Kindern Felix und Eana, beides Pferdenarren wie ihre Mutter, Peggy, eine ehemalige Turnierreiterin, die im Krieg vom weiblichen Hilfsdienst einem gewissen Sefton Delmer als Fahrerin zugeteilt worden war.

Nach ihrer Heirat war Peggy Herrin auf Valley Farm geworden, stellte die kostbare Epstein-Büste von Toms schöner geschiedener Frau Isabel auf den Hühnerhof (wo sie alsbald unwirklich weißlich aussah). Peggy war für das Landleben geboren. Wenn sie einer Kuh auf den Huf trat, sagte sie: „Sorry, Dear“. Ich erzählte ihr einmal, daß die „Times“ 1898 an einem Nebeltag, der den Schiffsverkehr über dem Kanal lahmlegte, mit der Schlagzeile erschienen sei: „Kontinent abgeschnitten".

„Wo ist die Pointe?" fragte sie.

Tom hatte sie ein anderes Mal auf eine Reise nach Paris mitgenommen. Als die Maschine die Wolkendecke durchstieß und und der Eiffelturm in der Ferne auftauchte, legte sie „Country Life" beiseite, schaute aus dem Fenster auf die Erde und befand: „Sieht nicht aus wie eine gute Gegend für die Fuchsjagd." Fortan ließ Tom sie auf Valley Farm.

Der Deutschenfresser Sefton Delmer fühlte sich in Wirklichkeit von den Deutschen sein Leben lang angezogen. Er kannte deutsche Geschichte und Literatur besser als die meisten deutschen Politiker, über die er schrieb. Die deutsche Küche und die deutsche Sprache hatten es ihm besonders angetan. Nur, so fand er, paßten deutsche Nahrungs-Bezeichnungen lautmalerisch oft so schlecht zu den von ihnen bezeichneten Speisen wie das Wort „Schmetterling" zum luftig leichten Falter. Viele Gerichte hätten eher martialische Namen. Als Beweis baute er mir Sätze wie diesen: „Wir lagen in den Sümpfen vor Labskaus, als eine feindliche Karbonade über uns hereinbrach, daß uns die Buletten um die Ohren pfiffen."

Außer seiner Wertschätzung des Bommerlunders – ich war nicht sicher, ob er nicht auch ihn um des Namen willen liebte – hatte Tom eine seltsame Schwäche für Champagner, der mehr als zehn Jahre alt und so gut wie hinüber war. „Meine nekrophile Neigung", entschuldigte er.

Jeder Tag mit Tom bescherte einem etwas Neues. Er lehrte mich Martinis nicht zu stark zu rühren ("It bruises the gin"), englische Butler nicht bei ihren Vornamen zu rufen und Haggis zu essen, ein britischer Brei aus Getreide und Innereien, den ein Franzose unübertroffen definiert hat: „Beim ersten Bissen fürchtete ich, es sei Kot, beim zweiten Bissen hoffte ich es." Tom empfahl mir ein Hausboot zum Übernachten in Kaschmir, einen Schumacher in Jermyn-Street und eine Kneipe in Piräus. Er brachte mich zum Hausherrn von Downing Street Nr. 10 und zu Otto John, nahm mich mit in seinen ehrwürdigen Garrick-Club und in einen etwas weniger ehrwürdigen Spielclub, aus dem sein Freund Ian Fleming einige Anregungen für James Bond bezogen hatte. Nachts, während man schlief, tauschte der Butler das Geld, mit dem man gespielt hatte, gegen frische Scheine und Münzen der Bank von England um. Und morgens zum Frühstück gab es eine „Times“ ohne Knick in der Mitte. Er war herausgebügelt.

Bevor ich nach Afrika reiste, riet mir Tom, dort als Begleiter einen Nubier zu nehmen. „Sie waren bereits bei den Pharaonen die beliebtesten Sklaven“, sagte er, „und schon die ersten englischen Forschungsreisenden berichteten warum: Auch bei größter Hitze bleibt die Haut der Nubier trocken und kühl wie bei Kröten.“

Es war Toms Instinkt, Menschen auf dem Weg nach oben auszumachen und ihr Vertrauen zu erringen. Wenn sie dann oben angelangt waren und die Welt voller Mißtrauen betrachteten, vertrauten sie ihm. So verdanke ich Tom auch ein Mittagessen im Grill der „Vier Jahreszeiten“ mit einem unscheinbaren englischen Vizekonsul aus Hamburgs Generalkonsulat namens David J. M. Cornwell, der gerade unter Pseudonym einen seiner ersten Spionageromane veröffentlicht hatte: „The spy who came in from the cold“ von John le Carré.

Später erhielt ich von Toms Freund Richard Hughes aus Hongkong einen Brief „im Jahr des Affen am fünften Tag des fünften Monats“. Hughes hatte le Carré als Vorbild für den unnachahmlichen alten Agenten „Craw“ im „Honourable Schoolboy“ gedient. Wir waren einander auf einer Dschunke begegnet und hatten Gefallen aneinander gefunden. „Ich stehe in Tom Delmers Schuld“, schrieb er mir, „weil er uns bekannt gemacht hat.“

Wir standen alle in Toms Schuld, auch der „Spiegel“. Das Magazin war damals noch jung an Jahren. Wir konnten Mitarbeiter weder mit fetten Honoraren noch mit Prestige locken, wollten aber Winston Churchills jungen Enkel für einen Beitrag gewinnen. Da lud Tom ihn für uns nach Hamburg ein und führte ihn am Abend aus auf die Reeperbahn. Das „Cafe Lausen“ hatte damals die attraktivsten Mädchen, und das hübscheste von ihnen sagte zum Churchill-Enkel: „Sie sehen aus wie Winston Churchill.“ Natürlich hatte Tom sie am Vorabend instruiert. Doch Jung-Winston ahnte davon nichts. Ihm gefiel Hamburg von nun an so gut, daß er uns mit Freuden einen nicht zu teueren Artikel versprach – und einen sehr guten lieferte.

Im Frühjahr 1954 flog ich von Bonn aus mit Rudolf Augstein nach Kairo, um nach der dortigen Revolution zu sehen. Eine Gruppe junger Offiziere, die den fetten König Faruk mit seiner kostbaren Pornographie-Sammlung ins Exil geagt hatte, mühte sich nun, jenen General loszuwerden, den sie statt des Monarchen auf den Schild gehoben hatte: General Nagib. Wir sprachen mit jedem von ihnen, vom Kavallerie-Major Chalid Mohieddin bis zum späteren Staatspräsidenten Anwar el Sadat. Doch an einen kamen wir nicht heran, an den Kopf, an Oberstleutnant Gamal Abd el Nasser. „It's easy", sagte jeder, wenn wir unseren Wunsch vorbrachten. Nur klappen tat es nie. Zu guter Letzt entsann ich mich eines Namens, den Tom mir aufgeschrieben hatte. „Ein Reporter, netter Bursche", war sein Kommentar gewesen. Haikel hieß er.

Haikel entpuppte sich als Chefredakteur der einflußreichsten Wochenzeitung Ägyptens, mit einem Napoleongesicht unter rotem Fez. Er hatte in der rechten unteren Schublade seines Schreibtisches ein Telefon, von dem aus er für uns einen Duzfreund anrief – Gamal Abd el Nasser. Wenig später fuhr er uns in seinem Opel-Kapitän zur früheren Dienstwohnung des Königlichen Generalstabschefs, wo jetzt der Revolutionschef residierte.

Im Garten jagte Nassers vierjähriger Sohn Khaled einen Truthahn. Im ebenerdigen Haus reichte uns sein Vater Feuer mit einem US-Feuerzeug. Wir hatten unser Interview. Tom hatte uns einmal mehr den Weg geebnet. „Wir müssen für Ägypten die rechte Dosis Demokratie finden", sagte uns Nasser. 16 Jahre stand er bei dieser Suche an der Spitze des Staates, bis er 1970 einem Herzinfarkt erlag. Sein Informationsminister war einige Zeit Haikel, Toms „netter Bursche".

Im Herbst 1956, als ich mich anschickte, nach vier Jahren Bonn meine Koffer zu packen, um für den „Spiegel" nach Washington zu gehen, erhielt ich von Tom einen Brief aus dem „Duna-Hotel" in Budapest, wo die Russen gerade den ungarischen Aufstand zertraten. „Mein lieber Claus ... unten pirschen sich einige Jungs mit Gewehren durch die Straßen und schießen auf alles. Wirklich interessant ... Eben ist ein verwundeter Russe in die Hotelhalle geschafft worden, und ein etwas Telavivisch aussehender Arzt gibt ihm eine Spritze. Es wird jetzt auch mit Kanonen geschossen. Nicht schlecht. Sollte eine gute Story werden ..."

9. Kapitel

AMERIKA

„Ist der liebe Gott für Jackson schwarz?“

Sylvester 1956 feierte ich auf dem Weg in die Neue Welt an Bord der „United States“. Tom Delmer hatte mir einen Rat fürs Leben mit aufs Meer gegeben: „Tip deinen Steward beim Auslaufen; beim Einlaufen hast du nichts mehr davon.“ Der US-Liner, der das Blaue Band für die schnellste Atlantik-Überquerung hielt, konnte über Nacht in einen Truppentransporter umgewandelt werden. Das einzige brennbare Stück Holz des Schiffes war das Hackbrett des Kochs in der Küche. Selbst die Bar bestand aus Plastik, statt aus Mahagoni. Bei den dort üblichen Wetten über die in den letzten 24 Stunden zurückgelegte Seemeilen hielt ich mich zurück: Der Dollar stand damals bei vier Mark.

„An 4 zu 1 wirst du dich gewöhnen müssen“, sagte mir Axel von dem Bussche von der deutschen Botschaft in Washington nach der Ankunft: „Hier ist alles viermal so groß: Steaks, Autos und Eisschränke, aber auch Einwohnerzahl und Kakerlaken, Verbrechen und Wolkenbrüche. Nimm den Rhein und den Mississippi, nimm die Rocky Mountains und die Alpen – alles 4 zu 1. Nimm ‚Time‘ und den ‚Spiegel‘, nimm Washington und Bonn – immer 4 zu 1.“

Die zweite Hälfte der glücklichen Amtszeit von Präsident Dwight D. Eisenhower hatte gerade begonnen. Und während Amerikas Hindenburg im Weißen Haus schlief, schlief die Schönheit mit dem Geist: Norma Jeane Baker, genannt Marilyn Monroe, hatte in dritter Ehe den Dramatiker Arthur Miller geheiratet. Der Korea-Krieg war vorbei, der Vietnam-Krieg nicht in Sicht. Die USA schnarchten selbstzufrieden vor sich hin. Den Autos wuchsen vor Überfluß Heckflossen. Grace Kelly war Fürstin von Monaco geworden. Für den Konzern General Electric warb im Fernsehen ein Schauspieler namens Ronald Reagan: „Fortschritt ist unser wichtigstes Produkt." Der US-Spitzweg Norman Rockwell malte für die Titelblätter der „Saturday Evening Post" Amerika wie es war: Heile Welt vom Atlantik bis zum Pazifik mit Doris Day als Zelluloid-Idol. Und irgendwann irgendwo (ich glaube bei J. K. Galbraith) entdeckte der Deutsche, der seine Jugend in der Diktatur verbracht hatte, das hohe Lied auf die Volksherrschaft: „Demokratie ist wie Sex. Ist sie gut, ist sie sehr gut. Ist sie nicht so gut, ist sie immer noch ganz gut."

An meinem ersten US-Wochenende zeigte mir Axel von dem Bussche die Hauptstadt. Erst trafen wir Präsident Eisenhower mit Ehefrau Mamie beim Kirchgang. Ohne Begleitwagen und Gorillas hielten sie bei rot an einer Ampel neben uns. Dann stand ich zwischen dem Weißen Hause und dem Potomac vor den Denkmälern für drei seiner Vorgänger: George Washington, Thomas Jefferson und Abraham Lincoln. Alle drei haben ihre Spur in der Geschichte hinterlassen, alle drei sind untrennbar mit Amerikas Erbsünde verbunden, mit den 650 000 importierten Sklaven, aus denen inzwischen über 27 Millionen schwarze US-Bürger geworden sind.

Das Washington-Monument, ein 170 Meter hoher Pfeiler, spiegelt sich Tag und Nacht in einem der schönsten Gewässer Washingtons, das seine unromantischen Schöpfer „Reflecting Pool" getauft haben (so wie die US-Städtebauer den Straßen Nummern gaben, phantasielos und praktisch zugleich, ein wichtiger Wesenszug der Neuen Welt). General George Washington, Feldherr der amerikanischen Revolution und erster Präsident der Vereinigten Staaten, hatte mich fasziniert, seit ich als Junge in seinen Tagebüchern unter dem 18. Februar 1786 eine auf seiner Plantage Mount Vernon niedergeschriebene Eintragung entdeckte: „Machte eine Liste aller meiner Neger . . . Insgesamt 216." Nicht schlecht für einen Freiheitshelden? In jedem Fall eindrucksvoller Beleg für die heutzutage zuweilen in Vergessenheit geratene Erkenntnis, daß geschichtliche Figuren besser vor dem Hintergrund ihrer Zeit bewertet werden. Wer Dschinghis Khan mit der Elle von Amnesty International mißt, kommt leicht zu schiefen Resultaten.

Eine Statue unter der Kuppel einer hübschen kleinen neogriechischen Rotunde erinnert an Thomas Jefferson (1743–1826), Haupt-

Autor der amerikanischen Unabhängigkeitserklärung und 3. Präsident der USA. Als er einmal mit seinem Enkel in der Kutsche an einem Sklaven vorbeirollte, zog der Neger den Hut und beugte das Haupt. Jefferson grüßte zurück, sein Enkel nicht. „Willst du einem Sklaven erlauben, mehr Gentleman zu sein als du es bist?" fragte der Großvater der Legende zufolge. Schon 1778 setzte Jefferson in Virginia ein Verbot für Sklaven-Importe durch. Er starb auf seinem herrlichen Landsitz Monticello, ausgerechnet am 4. Juli 1826 – dem 50. Geburtstag seiner Unabhängigkeitserklärung, der vielleicht schönsten Verfassung der Welt, in der das „Streben nach Glück" als unveräußerliches Menschenrecht aufgeführt ist.

Das dritte und für mich anrührendste Denkmal zeigt den im Blockhaus eines Hinterwäldlers geborenen Abraham Lincoln unter einem von 39 Säulen gehaltenen Dach auf einem Armstuhl sitzend. Der weise Sieger des amerikanischen Bürgerkriegs und 16. Präsident der USA befreite die Sklaven. Eine Schönheit war er nicht. Eines Tages begegnete er im Wald einer Dame zu Pferde. Das Tier scheute bei seinem Anblick. Die Reiterin tätschelte beruhigend den Gaul: „Bei Gott", entfuhr es ihr, „Sie sind der häßlichste Mensch, der mir je begegnet ist."

„Mag sein", erwiderte Lincoln: „Doch dafür kann ich wirklich nichts."

„Natürlich nicht, lieber Mann", sagte die Lady, „aber Sie könnten wenigstens zu Hause bleiben."

Ob häßlich oder nicht – die hagere Pionier-Gestalt des bärtigen Lincoln wurde zum Vorbild der amerikanischen Symbolfigur „Uncle Sam": Lang, dünn und sehnig. Noch der magere Woodrow Wilson und der hagere Rockefeller, der schlanke Alger Hiss und der schlaksige Gary Cooper entsprachen diesem Typ. Noch meine erste Reise nach Kalifornien war die Reise zu einem ungewöhnlich gutgewachsenen Menschenschlag. Doch innerhalb einer Generation wurde alles anders. Fast-Food und Junk-Food, Pommes, Proteine und TV-Dinner ließen in weniger als einem Menschenalter Schenkel, Busen und Hinterteile von Millionen zu imponierenden Umfängen aufquellen. Nie zuvor hat ein Volk sein physisches Erscheinungsbild durch Ernährung so geschwind verändert wie die Amerikaner. Ich sah sie verfetten.

Alle Denkmäler der drei großen Präsidenten lagen südlich vom Weißen Haus. Nördlich davon gleicht Washington einem Schachbrett: Die horizontal verlaufenden Straßen sind mit Buchstaben, die vertikalen Straßen mit Zahlen benannt, etwa „E-Street“ oder „16th-Street“. Schräg hindurch führen einige große Avenuen auf das Weiße Haus oder auf das Capitol zu. Wo sie auf dem Schachbrett eine Straßenkreuzung schneiden, ist ein Platz entstanden, mit einem kleinen Park in der Mitte, um den der Verkehr kreist.

So lieblich der Anblick, so niederträchtig sein Ursprung. Als der in Paris geborene Architekt Major Pierre Charles L'Enfant 1791 von George Washington den Auftrag erhielt, eine Hauptstadt aus der Retorte zu entwerfen, war die Französische Revolution gerade zwei Jahre jung. Seither wußten die Städteplaner, was im Falle einer Volkserhebung geschieht: Die Massen rotten sich zusammen und ziehen auf den breitesten und kürzesten Wegen zu den Bastionen der Macht. In Washington wurden das nun die Avenuen. Hätten aber Marschsäulen von Revolutionären auf ihnen einen der Kreuzungs-Plätze erreicht, hätten die Aufrührer um den kleinen Park in der Mitte herumbranden müssen und wären von dort verschanztem Militär leicht niederkartätscht worden.

Wenige Monate nach meiner ersten Fahrt mit Axel von dem Bussche quer durch Washington brach ich in einem gebrauchten Buick zur ersten Fahrt quer durch Amerika auf; vom Atlantik zum Pazifik, 4800 Kilometer durch ein weites offenes Land, weithin frei von Neid, Philosophen und bissigen Hunden. Die oberflächliche Freundlichkeit der Amerikaner war ein angenehmer Begleiter. Wenn das Fräulein in der Telefonzentrale, der Liftboy und der Portier mir „Have a nice day, Sir“ gewünscht hatten, wußte ich zwar, daß ihnen mein Tag herzlich gleichgültig war, aber ich fühlte mich dennoch prächtig.

In Miami erhielt mein europäisches Überlegenheitsgefühl seinen ersten Stoß. Ich mußte zum Zahnarzt. Er rief alle Kollegen in seiner Praxis zusammen und ließ sie in meinen Mund auf meine Brücken und Plomben starren. Ich fürchtete das Schlimmste. Aber der Dentist beruhigte mich und erklärte die Aufregung: „Wir haben so selten Gelegenheit, einen Blick in die Vergangenheit zu werfen.“

In einem namenlosen Nest Neumexicos, wo ich (was inzwischen

längst verboten ist) Stücke versteinerter Baumstämme auflas, begegnete ich der Kraft der USA. Es war ein gottverlassener Fleck; zwei Highways schnitten sich in der Mitte von Nirgendwo. Vier Häuser standen an den Ecken der Kreuzung: Kirche mit Schule, Tankstelle, Drugstore und Supermarkt. Drumherum Sand und Kakteen bis zum Horizont. Die Hitze ließ alle Konturen flimmern. Ein blondes Mädchen hinter der Theke des Drugstores schob mir eine Cola zu. „Nett haben Sie's hier", sagte ich und hoffte, nicht zu dick aufzutragen. Sie strahlte mich an, ihre blauen Augen blitzten, ihre Nase krauste sich, daß ihre Sommersprossen tanzten: „Sure. It's a great place to live in." Da war er pur, der Stolz der Amerikaner auf Amerika.

In Idaho wurde ich Opfer des gesunden Menschenverstandes des Landes. Ein Polizist stellte mich, weil ich eine leere Zigarettenschachtel aus dem Buick auf die Landstraße geworfen hatte: 50 Dollar Strafe. Das war für mich ein Vermögen. „OK", sagte der Cop: „Dann laufe eine halbe Meile weit zurück und sammle dabei allen Müll auf, der auf der Straße liegt." Auf seinem Motorrad sitzend sah er mir grinsend zu. Ich habe nie wieder eine Zigarettenschachtel aus dem Fenster geworfen.

Beim Hauptquartier der Zerstörung traf ich auf die Nächstenliebe. 15 Kilometer südlich von Omaha in Nebraska fuhr ich 15 Meter tief in die unterirdische Befehlszentrale des Strategic Air Command ein. In der fast noch raketenlosen Zeit war dort das Hirn von Amerikas atomarer Vergeltungswaffe, deren Bomber Tag und Nacht am Himmel kreuzten. Alle dreieinhalb Minuten wurde einer von ihnen in der Luft aufgetankt, um nicht am Boden überrascht und ausgeschaltet werden zu können. Die Rollbahnen aller 70 SAC-Basen in fünf Erdteilen aneinandergereiht, hätten eine vierspurige Autobahn von Madrid bis Moskau ergeben. Tägliche Operationskosten: 300 Millionen Dollar. Mein „White-House-Pass", der mir Tag und Nacht Zugang ins Weiße Haus ermöglichte, machte auf die Wächter des Strategic Air Command so viel Eindruck wie eine ungültige Bahnsteigkarte.

Nicht weit westlich dieses kafkaesken Bunkers lag „Boystown", eine Siedlung für vernachlässigte und verlassene Jungen, gleich welcher Rasse und Hautfarbe. Der aus Irland eingewanderte Pater

Edward I. Flanagan hatte „Boystown“ gegründet und starb 1948 bei einem Besuch in Berlin. Heute betreut die Organisation in mehreren US-Bundesstaaten weit über 10 000 Kinder in Not (inzwischen auch Mädchen). Damals aber war „Boystown“ bei Omaha noch klein und einmalig. Die 900 Jungen hatten dort nach Pater Flanagans Ideen ihr Schicksal weitgehend selbst in die Hand genommen. Sie regierten sich selbst, backten ihr eigenes Brot, melkten ihre eigenen Kühe und besohlten sich in einer eigenen Schusterwerkstatt selbst die Schuhe. Von der Welt mißhandelt, hatten sie sich eine eigene, bessere Welt geschaffen, in der einer für den anderen da war. Das Mißtrauen, daß sich so früh in ihre kleinen Gesichter eingenistet hatte, verschwand nach wenigen Wochen in „Boystown“. Die Kameradschaft dieser Gemeinschaft war geeignet, auch harte Augen feucht werden zu lassen. Pater Flanagan fragte einmal in „Boystown“ einen 12jährigen Jungen, der auf seinen schmalen Schultern seinen verkrüppelten Freund Howard durch einen Schneesturm schleppte, ob jener nicht zu schwer für ihn sei. „Er ist nicht schwer, Pater“, war die Antwort: „Er ist mein Bruder.“ Einen schöneren Heiligenschein kann sich kein Priester wünschen.

In Virginia fiel die Rassenfrage vor mir ins Wasser. Peter von Zahn hatte sich dort auf seiner Farm ein Schwimmbad gebaut, damals noch eine Rarität. Und wann immer ich ihn besuchte, war der Pool gefüllt mit lärmenden, tobenden Nachbarskindern. Doch eines Sonntags erblickte ich nur noch fünf rote Haarschöpfe im Wasser: Die Zahn-Töchter und ihr zufriedener Vater. „Wie hast du das gemacht?“ fragte ich. „Ach“, meinte er: „Ich habe nur Jackson einmal gebeten hineinzuspringen.“ Jackson war sein Pferdepfleger – und schwarz wie die Nacht. Wo er baden ging, da schwamm kein Virginier mehr. „Ist es wahr, daß Jackson glaubt, der liebe Gott ist schwarz“, fragte die katholische Nurse meiner Kinder, die uns in die USA begleitet hatte. Ich konnte es ihr nicht beantworten. Den Unterschied zwischen Nordstaaten und Südstaaten in der Rassenfrage erklärte mir ein Freund mit zwei Zitaten. Der Weiße im Süden sagt zum Neger: „Du kannst mir so nah kommen wie du willst, aber du bist nicht gleich.“ Der Weiße im Norden sagt zum Neger: „Du bist mir gleich, aber komm mir nicht zu nah.“ Im Herbst jenen Jahres 1957 kam es in Little Rock zu schwarz-weißen Zusammenstößen: Der Kampf der Bürgerrechtler begann. Bis dahin konnte man sich noch nachts in New Yorks Harlem herrlich vergnügen; das war nun bald vorbei.

Der mir vertrauteste Landstrich wurde Neu-England. Manchen Indian Summer, wenn der erste Frost das Laub verfärbt und den Ahorn rot erglühen läßt, habe ich dort verbracht. Wer je einen Elch im Mondschein durch einen See in Maine hat schwimmen sehen, der wird dessen Rampfnase, wie sie das Wasser teilt, so schwer vergessen können wie das Lächeln der Mona Lisa im Louvre.

Neu-England ist der Europa ähnlichste Teil Amerikas. Die bewaldeten Hügel könnten in Bayern liegen, die Häuser in Schweden stehen. Europäer wie Zuckmayer und Solschenizyn wählten das neu-englische Vermont als Exil. Es erinnert an die Alte Welt. Seine Einwohner sind für ihre lakonische Logik bekannt. Ein Fremder fragte einen Farmer in Vermont, der im Schaukelstuhl auf seiner Porch saß: „Na, das ganze Leben so geschaukelt?"

„Noch nicht", war die Antwort.

Neu-England war die Keimzelle der Neuen Welt. In Neu-England begann der Freiheitskampf der Kolonien. Aus Neu-England stammte die erste herrschende Kaste Amerikas, die WASP (White-Anglo-Saxon-Protestant). Heute gehört Neu-England zu den ärmeren Gegenden der USA, und die Herrschaft der WASP-Elite von der Atlantikküste ist Vergangenheit (auch wenn mit Präsident Bush noch einmal ein WASP ins Weiße Haus einzog).

Dem Lauf der Sonne folgend, war die abendländische Kultur einst von Osten nach Westen gewandert, von Griechenland über Rom, Paris und London nach Amerika. Die USA wurden für Europa, was Rom für Athen war. Und auch in Amerika hat die Zivilisation ihren Weg in der gleichen Richtung fortgesetzt. Das Land wurde von Ost nach West von ihr erobert. „Go west young man and grow up with the country", sang Horace Greely (1811–1872). Und so geschah es. Die Entwicklung zog über Neu-England hinweg. Heute ist Kalifornien an der Pazifikküste der reichste und volkreichste Bundesstaat; zwei der fünf letzten Präsidenten stammen von dort. Silicon Valley wurde Vorposten des Abendlandes.

Das Tempo der Geschichte nahm auf dieser Wanderung von

Osten nach Westen ständig zu. Andere Staaten wie England, China oder Rußland waren lange Großmächte, ehe sie Weltmächte wurden. Die Vereinigten Staaten legten die Distanz vom Entwicklungsland zur Superpower in nur einem Jahrhundert zurück. Nie wurde eine Zivilisation so rasch so mächtig. Nie hat eine Zivilisation anderen Staaten dabei soviel Gutes getan und so wenig Dank geerntet. Nie existierte ein größeres Zerstörungspotential, nie ragten Bauten höher himmelwärts, nie wurden mehr Schätze angesammelt, nie war das Laster besser organisiert. Manhattan, das ist Sodom und Babylon, Rom und die Pyramiden in einem.

Womöglich noch rasanter vollzogen sich die demographischen Verwerfungen in dem 250-Millionen-Volk. Der ersten weißen Einwanderungswelle von Engländern und Iren, Skandinaviern und Deutschen (1820–1880) folgte ein zweiter Schub von Italienern, Polen und Ukrainern (1880–1920). US-Schulen wurden benötigt, den Kindern fremde Sprachen auszutreiben, nicht sie zu lehren. Zu den Millionen schwarzen US-Bürgern kamen Asiaten (erst Chinesen, dann Vietnamesen) und heute vor allem Lateinamerikaner. Amerika wird ständig farbiger; jeder vierte ist schon nicht mehr ganz weiß, was immer das heißen mag.

Doch wie schnell und wie stark der Vielvölkerstaat sich auch wandelte – das Land war und ist, wurde und blieb die Heimat der Geschundenen und Beladenen, die kamen, weil sie sich „sehnen, frei zu atmen“ (wie es in der Inschrift der Freiheitsglocke heißt). So sind die USA heute noch die Zitadelle der Freiheit auf diesem Planeten, wenn uns auch manche Erscheinungsformen des American way of life primitiv oder brutal anmuten. Zuweilen genügen schon zwei Martinis, um jenseits des Atlantiks den dünnen Lack der Zivilisation abzusprengen.

Rußland ist mir immer als friedfertiges Volk mit einem gewalttätigen System erschienen, Amerika als gewalttätiges Volk mit einem friedfertigen System. Gewalt stand Pate bei der Geburt dieses Gemeinwesens, Gewalt nahm den Rothäuten das Land, bahnte dem großen Treck nach Westen den Weg, trieb die Grenzen der Zivilisation voran und verhalf dem vermeintlich Guten zum Sieg. Das alles ist kaum 200 Jahre her. Gewalt blieb daher bis heute in den USA allgegenwärtig. „Gewalt“, so befand der militante Schwarzenführer

Malcolm X, „ist so amerikanisch wie Apfelkuchen." Sie spiegelt sich überall wider, in den Mordrekord-Statistiken der Großstädte genauso wie in der Gewaltverherrlichung durch Hollywood. Und Grobheit, die kleine Schwester der Gewalt, regiert sogar bis hin zu so sensitiven Bereichen wie Sex und Diplomatie. „Wang, bang, thank you M'am" könnte auch über dem Marmorportal des State Department als Motto der US-Außenpolitik stehen. „Amerikanische Staatsmänner sind die einzigen Elefanten der Welt, die ihre Porzellanläden mitbringen", sagte mir Randolph Churchill.

Es wäre jedoch unfair zu übersehen, daß die oft an den Tag gelegte grobschlächtige Tolpatschigkeit bei der Abwicklung zwischenmenschlicher und zwischenstaatlicher Beziehungen häufig in naiver Unschuld wurzelt. „So schön", schrieb einst Italiens eleganter Außenminister Graf Carlo Sforza (1873–1952) über die Amerikanerinnen: „Aber selbst im Augenblick der Hingabe sehen sie dich aus großen, ehrlichen Augen an." Was den Aristokraten bei den jungen US-Damen erstaunte, hätte er auch in der US-Außenpolitik entdecken können: Statt Durchtriebenheit und Raffinesse arglose Einfältigkeit, oft zu Recht Idealismus genannt. Nein, für die Erotik und die Weltherrschaft hat Gott dieses formidable Volk sicher nicht geschaffen.

Selbst das Handwerkzeug des Imperialismus ist den Amerikanern fremd. Mit der ihm eigenen Juristen-Entschlossenheit hatte Eisenhowers Außenminister John Foster Dulles 1954 in Manila als Gegenstück der NATO die SEATO gegründet. Dieser Southeast Asia Treaty Organization gehörten allerdings vornehmlich europäische Nationen an, außerdem Pakistan und – als einziger südostasiatischer Staat – Thailand. Amerikas berühmtester Kolumnist meiner US-Zeit, Walter Lippmann, erzählte mir bei einem Besuch in Bonn, daß er sich darüber gegenüber Dulles mokiert habe.

„Paß auf, Walter", sagte da der Außenminister, „ich brauche echte Kämpfer im Süden Asiens. Die einzigen Asiaten, die wirklich kämpfen können, sind die Pakistani. Darum brauchen wir sie in der Allianz. Ohne die Gurkhas würden wir es nie schaffen..."

„Aber Foster", unterbrach ihn Lippmann, „die Gurkhas sind doch keine Pakistani. Sie sind Inder."

„Well“, antwortete Dulles, „sie mögen keine Pakistani sein, aber sie sind Moslems.“

„Nein. Ich fürchte, sie sind auch keine Moslems. Sie sind Hindus.“

„Macht nichts“, beendete Dulles den in Lippmanns hervorragender Biographie von Ronald Steel wörtlich wiedergegebenen Dialog und fuhr fort zu schwärmen, welch fabelhaften Deich die SEATO gegen den Kommunismus bilden würde.

Daß die USA – auch wenn sie nicht nach Weltherrschaft streben sollten – zur reichsten Weltmacht aufstiegen, dafür waren vor allem zwei amerikanische Eigenschaften mitverantwortlich: Pragmatismus und die Fähigkeit „to get things done“.

Der Pragmatismus ist angelsächsisches Erbe. Intellektueller Qualm, wie er in Deutschland aus allen Medien dringt, ist den Amerikanern zuwider. Sie bevorzugen die Praxis vor der Theorie, verlassen sich auf Emperie und Experiment.

Wenn sie herausfinden wollen, ob Neger anders riechen, nehmen sie schwarze und weiße Studenten, ernähren sie identisch, jagen sie in Gummianzügen um den Sportplatz und lassen dann 200 Kommilitonen mit verbundenen Augen an ihnen schnuppern. Ergebnis: Neger und Weiße riechen gleich.

Um zu verhindern, daß Kaliforniens schöne Berghänge durch Häuser verunziert werden, wurde ein Gesetz erlassen, wonach der Bau nur auf Grundstücken mit nicht mehr als zehn Prozent Steigung erlaubt ist. Ergebnis: Der Fuß der Berge wurde besiedelt, die Hänge blieben frei.

Als der Wildbestand in einigen Staaten gefährdet war, wurden Kauf und Verkauf von Wildbret verboten. Ergebnis: In dem Land, in dem der Dollar Meßlatte aller Dinge ist, verringerte sich die Lust am Töten drastisch, als damit nichts mehr zu verdienen war, obgleich jeder die notwendige Lizenz dafür für ein paar Dollar an der nächsten Tankstelle erwerben konnte.

Ich selbst habe mich für „killing for fun“ nie begeistern können. Das Argument von Jägern, der Wildbestand müsse reguliert und das Wildbret ohnehin erlegt werden, überzeugt mich nicht sehr. Warum dann nicht durch Profis wie im Schlachthaus? Und der von Jägern zuweilen geäußerte Hinweis, bei der Jagd handele es sich um einen

Urtrieb der Menschen, scheint mir eher Schutzbehauptung. Das Wesen der Zivilisation besteht nun einmal unter anderem darin, Urtriebe zu unterdrücken. So hört man auch Jäger in unseren Breiten nach Tisch nur noch selten aufstoßen (von anderen abgelegten Urtrieben ganz zu schweigen). Dennoch muß ich gestehen, daß Jäger oft eine angenehmere Gesellschaft sind als fanatische Jagd-Gegner. In Wyoming nahm mich ein alter Mann zur Bärenjagd mit und lieferte mir in der Wildnis noch ein, wenngleich unwaidmännisches Beispiel für den US-Pragmatismus. Wir sprachen am Lagerfeuer über die rauhen Sitten der Pionierzeiten, deren Ausläufer er noch erlebt hatte. „Menschen wurden nicht gehängt, weil sie Pferde gestohlen hatten", erzählte er und sog an seiner Pfeife: „sondern damit keine Pferde gestohlen wurden."

Dem Pragamatismus eng verwandt ist der zweite bemerkenswerte Wesenszug der Amerikaner. Seit Henry Ford das Fließband erfand und Amerika auf Räder setzte, wurden die USA in der Organisation menschlicher und maschineller Arbeit unschlagbar. In „getting things done" kam ihnen niemand gleich. Diese Fähigkeit ist es, die sie jede Nacht das Wunder vollbringen läßt, eine Million Supermärkte bis zur letzten Banane genau mit frischem Nachschub zu versehen, durch Arbeitskräfte, die zu einem erheblichen Teil aus Analphabeten bestehen. Und diese Fähigkeit war es auch, die es Amerika ermöglichte, vor den Russen auf dem Mond zu landen, obgleich sie im Weltraumrennen erst gestartet waren, als schon ein „Sputnik" am Himmel piepte.

Allerdings, je perfekter die Organisationsstrukturen menschlicher und maschineller Arbeit in den USA wurden, um so unbeweglicher wurden sie. Die Verkrustung hat begonnen. Probleme, die in den ausgefeilten Rastern und Schablonen nicht vorgesehen sind, bleiben ungelöst. In einem Restaurant, das mit 160 Gerichten wirbt, Bratkartoffeln zu bestellen, die nicht auf der Karte stehen, ist ein aussichtsloses Unterfangen.

Auf dem Höhepunkt der Panama-Krise soll Amerikas Geheimdienst ein Team gedrillt haben, um den Diktator des Kanal-Staates, der in den USA wegen Rauschgifthandel gesucht wurde, aus seiner Residenz zu entführen. Alles sei bis auf die Minute geplant gewesen, von der Überwindung der elektronischen Sperranlagen und der

Ausschaltung der Wachmannschaften bis zum Eindringen ins Gebäude, dessen Grundriß den Agenten vertraut war. Jeder von ihnen ein As. Das Unternehmen konnte nicht fehlschlagen und lief angeblich auch an. Da seien hinter dem Zaun plötzlich einige Hunde aufgetaucht, die nicht im Plan vorgesehen waren. Was nun? Die Operation wurde abgebrochen; Rückzug der Super-Agenten; die Schablone hatte gesiegt – wenn es so stimmt.

Ich war von Amerika angezogen gewesen, seit ich Tom Sawyer gelesen und mein Vater mir von den fünf Rockefeller-Enkeln erzählt hatte. Später hörte ich mehr über sie, so auch dies:

Als Buben ruderten sie auf dem See des Central Parks von New York. Ein Boot mit Außenbordmotor überholte sie. Der Besitzer riet ihnen im Vorbeituckern herablassend, sich doch auch so ein neues Gefährt zuzulegen. „Für wen halten Sie uns", rief da ein kleiner Rockefeller empört zurück: „Für die Vanderbilts?"

Das fand ich gut. Dort wollte ich irgendwann hin. Und als ich endlich da war, bin ich nie enttäuscht worden.

Der „Spiegel hatte mich nach Amerika entsandt, um den Deutschen einen Blick in ihre Zukunft zu ermöglichen. Denn wer immer damals über die amerikanische Gegenwart berichtete, berichtete gleichzeitig über das, was auf die Deutschen erst noch zukommen sollte – ob Drogen- und Verkehrsprobleme oder Kreditkarten-Manie und TV-Kultur.

Ich fürchte, ich habe diese Aufgabe höchst mangelhaft erfüllt. Es gab so viel zu sehen und zu hören, daß nur wenig Zeit zum Arbeiten blieb. Es waren herrlich faule Jahre. Ein Kabel, das ich eines Freitags an die Redaktion schickte, erlangte eine gewisse traurige Berühmtheit im „Spiegel": „Sorry, no article this week." Mein Versuch, das Telegramm nachträglich als Indiz dafür zu werten, daß ich offenbar an allen anderen Wochen fleißig und gewissenhaft gearbeitet haben mußte, fand nicht viele Anhänger.

Drei Jahre lebte ich in den USA und habe sie seit meiner Rückkehr nach Europa in den letzten 30 Jahren jedes Jahr mindestens einmal wieder besucht. Ich setzte meinen Fuß in 48 ihrer 50 Bundesstaaten, wenn auch in einen – in Montana – am Ausgang des Yellowstone Parks nur meinen rechten. Manche Wette konnte ich unterwegs mit der Frage nach dem südlichsten, dem nördlichsten, dem westlichsten und dem östlichsten Staat gewinnen: Hawaii ist der südlichste, Alaska zugleich der nördlichste, westlichste und östlichste Staat – weil seine Ausläufer über den 180. Längengrad (die Datumslinie) reichen.

Inzwischen, so fürchte ich, hat sich diese Antwort in einigen Bars herumgesprochen.

10. Kapitel

NEUN PRÄSIDENTEN

„Ich will, dass Sie sehen, was Sie getan haben“

Paul F. Boller jr. beschreibt einen Abendspaziergang, den der 29. US-Präsident Calvin Coolidge (1872–1933) und Senator Selden P. Spencer durch Washington unternahmen. Als das Weiße Haus wieder vor ihnen auftauchte, fragte Senator Spencer scheinheilig: „Wer mag da wohl leben?“

„Niemand“, antwortete der einsilbige Coolidge aus Vermont: „Die da kommen und gehen.“

Die da kamen und gingen hatten frühzeitig mein Interesse geweckt. Sind sie doch die wirklichen Wahlkaiser unserer Zeit, Majestäten der Volksgunst, Souveräne der Verführung, Monarchen der Masse, Buhlende und Herrschende zugleich. Ungleich mächtiger als Kanzler oder Premierminister – und doch kann jeder in den USA geborene Hosenmatz versuchen das Zepter zu ergreifen (Kennedy war der erste Katholik, Reagan der erste Geschiedene; nur Juden und Farbige haben den Thron bisher noch nicht erklommen).

Seit dem Ende des Zweiten Weltkriegs konnte ich neun US-Präsidenten im Weißen Haus beobachten, vier Demokraten und fünf Republikaner. Von dem ersten, Harry S. Truman, dem wohl größten kleinen Mann des Jahrhunderts, der die Bombe warf, erhielt ich nur einen Brief. Die anderen acht aber konnte ich intensiver studieren.

Schon Trumans Nachfolger, Dwight D. Eisenhower, sollte mich auf einem Golfplatz in Kalifornien das Grübeln über jene Momente der Geschichte lehren, in denen die Entscheidung eines Einzelnen Sein oder Nichtsein von Millionen beeinflußt.

Als mein Freund Conrad Ahlers und ich ihn in seinem hölzernen Cottage auf dem privaten Golfplatz der Cochran-Ranch beim kalifornischen Palm Springs aufsuchten, da erfuhren wir, daß die erste Atombombe beinahe auf Deutschland statt auf Hiroshima gefallen wäre – wenn Eisenhower nicht einen einsamen Entschluß gefaßt hätte.

„Ike" Eisenhower, dessen zähnezeigendes Lächeln während meiner US-Jahre wie ein guter Mond über dem Land hing, war Spross einer Farmerfamilie, die 1741 aus Deutschland in die USA auswanderte. 1911 trat er als 20ähriger in die Militärakademie Westpoint ein. 30 Kriegs- und Friedensahre später war er General. Im Zweiten Weltkrieg unterhielt der verheiratete Feldherr eine innige Beziehung zu dem jungen geschiedenen irischen Wuschelkopf in Uniform, Kay Summersby. Sie diente erst als Chauffeur, später als Sekretärin treu unter ihm, obgleich – wie sie kurz vor ihrem Krebstod gestand – der einmalige Versuch einer körperlichen Vereinigung an seinem Unvermögen scheiterte.

Eisenhower liebte Westernromane und haßte Berichte, die länger als eine Seite waren, hielt abstrakte Bilder für „unmoralisch" und war sowohl als Heerführer einer Bündnisarmee wie auch als Staatschef einer Vielvölkernation eine Vaterfigur von seltener Integrationskraft.

Im Sommer 1944 kommandierte Eisenhower als Oberbefehlshaber der Alliierten Expeditions-Streitkräfte in Europa das größte Landungsunternehmen der Weltgeschichte: Die Invasion in der Normandie mit 5000 Schiffen, die Hitlers Untergang besiegelte.

Die Operation trug den Decknamen „Overlord". Sie war zunächst für Mai festgesetzt, dann aber auf den Juni verschoben worden, weil Eisenhower auf Änderungen der Planung bestanden hatte.

„Man kann eine solche Landung nicht improvisieren", sagte er uns in seinem Golf-Cottage. Zwischen den Blüten vor dem geöffneten Fenster sirrte ein Kolibri. Und schon kam die erste Überraschung: „Deshalb hatte Hitler recht, daß er es 1940 (in England) nicht probiert hat." Das hatte mir gegenüber noch kein anderer alliierter Heerführer behauptet.

In jedem Monat gab es nur einige wenige Tage, in denen Mondphasen, Gezeiten und Sonnenaufgang in einer Kombination auftraten, wie sie für eine Landung in der Normandie erforderlich war. Im

Juni 1944 wurden diese Bedingungen lediglich am 5., 6. und 7. des Monats erfüllt. An diesen drei Tagen kam nun alles auf das Wetter an: Würde es eine Landung möglich oder unmöglich machen?

Zunächst war Montag, der 5. Juni als Angriffstag vorgesehen. Doch am Vortag prophezeiten die Meteorologen: Niedere Wolkendecke, starker Wind, hochgehende See. Das bedeutete: Luftunterstützung unmöglich, Luftlandungen schwierig, Schiffsartillerie wegen des Seegangs fast wirkungslos, Landungsboote weitgehend manövrierunfähig. Eisenhower beschloß die Invasion zu verschieben.

Am nächsten Morgen begann Eisenhowers Tag gegen 3.30 Uhr in der Früh. Ein Sturm, der fast Hurricane-Stärke erreichte, ließ sein Quartier in Südengland schwanken – einen 3½-Tonnen-Wohnwagen. Über verschlammte Straßen fuhr er eine Meile zum Marine-Hauptquartier Southwick House bei Portsmouth. Der Wind peitschte den Regen nahezu waagerecht durch die Luft. Unter der kalifornischen Sonne erinnerte sich Eisenhower an jene Fahrt: „Eine Landung an diesem Morgen wäre eine Katastrophe gewesen."

Was nun? Die langfristige Wettervorhersage der Meteorologen in Southwick-House war weiterhin ungünstig. Allerdings: Für den morgigen 6. Juni prophezeiten die Wetterfrösche eine Art Zwischenhoch, eine kurze Periode relativ ruhigen Wetters.

Was nun? Das Risiko, den Angriffsbefehl zu geben, war enorm – aber das Risiko einer neuen Verschiebung auch. Der nächste denkbare Termin war der 19. Juni. Doch die ihm vorangehende Nacht war ohne Mondschein, den die Luftlandeverbände dringend benötigten. Alle notwendigen Voraussetzungen von Gezeiten und Gestirnen waren erst wieder im Juli erfüllt. Aber eine so lange Verzögerung mußte so bittere Folgen haben, daß sich – so Eisenhower – „der Gedanke daran nicht ertragen ließ".

Denn: Für die Moral der in Südengland auf engstem Raum eingepferchten Invasionstruppen in Stärke von 3 Millionen Mann wäre der zusätzliche Monat eine nahezu unerträgliche Belastung gewesen.

Außerdem: Die deutschen „Vergeltungswaffen" waren fast einsatzbereit; am 13. Juni sollte die erste V 1-Rakete in England einschlagen.

Vor allem aber: Die vorgesehen Landungsplätze und Angriffsziele konnten jeden Tag an die Deutschen verraten werden; sie kannten durch den Spion Cicero schon den Decknamen der Operation „Overlord". Damit drohte das Scheitern der Invasion.

Wäre die Invasion im Sommer 1944 jedoch gescheitert, hätte das NS-Reich kaum im Mai 1945 kapituliert – und die erste Atombombe der Welt dürfte im Sommer jenen Jahres auf Deutschland statt auf Japan abgeworfen worden sein. Ich glaube, viele Deutsche haben bis heute nicht realisiert, wie nah sie dem Atomtod waren.

Die Entscheidung, ob die Landung während der günstigen Frist am 6. Juni versucht werden sollte, lag in diesen frühen Morgenstunden des Vortages allein bei Eisenhower. Gespannt sahen seine in Southwick-House versammelten Generale zu ihm auf. Welches Risiko würde er wählen. Er zögerte einen Moment. Dann sagte er ruhig aber klar: „OK. Let's go".

„Ich würfelte mit dem Schicksal", erzählte der Golfer mit dem rosig-gesunden Teint eines englischen Landedelmannes 20 Jahre später auf der Cochran-Ranch. Er würfelte und gewann. Die Invasion gelang, das NS-Reich kapitulierte im Mai, die erste Atombombe fiel auf Hiroshima statt auf die Deutschen. Zufall? Schicksal?

„Vielleicht standen meine Sterne günstig", fügte Eisenhower damals mir gegenüber nachdenklich hinzu, auch wenn er nicht wie einst sein Berufskollege Wallenstein an die Astrologie glaubte.

Im Herbst 1957 erlitt Präsident Eisenhower einen leichten Schlaganfall, und eines Abends stand ich mit einem seiner Mediziner auf der Ranch des Patienten bei Gettysburg inmitten einer Herde von Black Angus Rindern. Ich weiß nicht mehr, wieso wir auf die Einstellung des Präsidenten zur Astrologie zu sprechen kamen. Aber: „Was halten Sie eigentlich von Astrologie?" fragte ich die Leuchte der Wissenschaft neben mir.

„Als Krebs glaube ich natürlich kein Wort davon", sagte er lachend (bei mir zündete der Witz erst mit Verspätung). „Aber wissen Sie", fuhr er dann ernst fort, „wenn an der Astrologie soviel dran wäre, wie die Anhänger glauben, gäbe es kaum noch eine andere Wissenschaft." Er machte eine Pause. „Und wenn so wenig dran wäre, wie die Gegner glauben, gäbe es die Astrologie nach 6000 Jahren nicht immer noch."

Ich habe nie etwas besseres über die Sterndeuterei gehört, als von diesem Medizinmann Eisenhowers.

Im letzten Amtsjahr Eisenhowers sollte ich Zeuge des Duells jener zwei Männer werden, die von Amerikas neun Nachkriegs-Präsidenten meine Neugier am stärksten weckten: John F. Kennedy und Richard Nixon.

Beide wollten Eisenhowers Nachfolger werden, beide schafften es ins Weiße Haus einzuziehen (der eine gleich, der andere später), und keiner von ihnen sollte dort das Ende seiner Amtszeit erleben (der eine wurde ermordet, der andere gestürzt).

Gegenspieler waren sie und Gegensätze: Neu-Engländer und Kalifornier, Millionärssohn und Aufsteiger, Demokrat und Republikaner.

Raum einer sollte so hochsteigen wie der eine, kaum einer sollte so tief stürzen, wie der andere.

Kennedy als Präsident war immer at ease, entspannt, gelassen, wenn nicht Herr, so doch nie Opfer einer Situation. Ein Gentleman tut nichts angestrengt.

Nixon als Präsident war ständig angespannt, mißtrauisch, wachsam auf der Hut und dadurch oft verkrampft. Nach der Ermordung seines Rivalen schrieb er in seinem Kondolenzbrief an Jacqueline Kennedy von ihrer „mistique".

Kennedys politische Substanz war dünn. Aber er wurde geliebt, sein Charisma wirkte weltweit, und er verlieh der Präsidentschaft mehr Glanz als je zuvor.

Nixon war ungleich politischer. Er war der einzige Nachkriegs-Präsident, der global (wenn nicht imperialistisch) dachte. Aber er fügte dem Ansehen der Präsidentschaft schweren Schaden zu.

Kennedy profitierte von den Medien, die sein für damalige US-Moral anstößiges Privatleben vorsätzlich verheimlichten. Nixon wurde ein Opfer der Medien, die ihn verfolgten, lange bevor er gefehlt hatte.

Die meisten von uns deutschen Korrespondenten hatten Kennedy schon kennengelernt, als er noch Senator für Massachusetts war, obgleich er für Deutsche nicht viel übrig hatte. Die Deutschen seien einfach anders als alle anderen, so pflegte er Dean Acheson zu zitieren, und darum müsse man sie auch anders behandeln als alle anderen. Seine Libido, seine Erfolge beim anderen Geschlecht waren bereits in seiner Zeit als Senator sagenumwoben. Er war in jeder Beziehung umwerfend. Jeder hatte ihn gern zum Freund. Sein Zauber schlug Männer und Frauen gleichermaßen in den Bann, aber die Frauen eben doch ein bißchen mehr.

Nixon, der bei mir in Spring Valley um die Ecke wohnte, war damals Eisenhowers junger Vizepräsident; eine seiner Töchter heiratete später einen Enkel von „Ike". Seine Ausstrahlung war mit der Kennedys nicht zu vergleichen. In einem früheren Wahlkampf hatten sie auf einem Plakat ein unvorteilhaftes Foto von ihm mit der Unterschrift versehen:

„Würden Sie von diesem Mann einen Gebrauchtwagen kaufen?"

Eisenhower hätte 1960 gern Nixon als seinen Nachfolger gesehen. Aber Kennedy gewann um Haaresbreite – mit 0,2 Prozent der abgegebenen Stimmen. Vieles spricht dafür, daß dabei das erste TV-Duell in einem US-Wahlkampf den Ausschlag gab: Nixon war schlecht rasiert und geschminkt; sein blauschwarzes Kinn erinnerte an den Mann, von dem man keinen Gebrauchtwagen kaufen sollte. Kennedy dagegen wirkte locker, vertraueneinflößend und selbstbewußt, wie immer nach einem Schäferstündchen, das er angeblich unmittelbar vorher eingelegt hatte. Ein enger Freund von ihm behauptete, Kennedy brauche einmal am Tag tätige Liebe, sonst bekäme er Migräne.

Die Familiensaga der Kennedy war aus dem Stoff griechischer Tragödien. Sie fesselte Amerika, sie fesselte auch mich. Da war der Vater, der rücksichtslose Selfmade-Millionär, ein Schürzenjäger und Botschafter am Hof von St. James, der das Leben, das Geld und seine Familie liebte und seine neun Kinder gelehrt hatte: „Sei Erster; der zweite Platz ist für Versager."

Und da waren die vier Söhne, von denen jeder das Zeug hatte Erster zu werden – und sei es Präsident der Vereinigten Staaten. Jedem hatte eine gute Fee Reichtum, Mut und Kraft in die Wiege gelegt, gutes Aussehen, Intelligenz und Charme. Und doch sollten die Brüder untergehen in einem häßlichen Strudel von Unglück, Gewalt und Tod.

Der Älteste der vier, Joseph jr., war der erste, für den der Vater von der Präsidentenschaft geträumt hatte. Und er war der erste, der starb. Er fiel als Marinepilot 1944. Sein „Liberator"-Bomber explodierte beim Feindflug gegen deutsche V 1-Stellungen. Der Zweitälteste, Navy-Held John F. Kennedy, schlüpfte in seine Schuhe, wurde tatsächlich Präsident Amerikas – und tausend Tage später, 1963, in Dallas ermordet.

Nach kurzem Zögern trat der Dritte an: Generalstaatsanwalt Robert („Bobby") Kennedy. Noch 1967 hatte er mir auf einem gemeinsamen Flug nach Bonn beteuert: „Ich werde 1968 weder für die Präsidentenschaft noch für die Vizepräsidentenschaft kandidieren." Aber im nächsten Frühjahr kandidierte er dann doch und wäre mit Gewissheit gewählt worden, wenn nicht auch ihn im „Ambassador"-Hotel in Los Angeles die tödliche Kugel eines Attentäters getroffen hätte. „Sind alle in Sicherheit?" war die letzte Frage des Sterbenden.

Die Nation schaute nun auf den vierten, den jüngsten und letzten der Brüder, auf Senator Edward M. („Teddy") Kennedy. Würde er es wagen, würde er es schaffen? Ich glaube, auch er hätte es schaffen können; ganz so sicher wie bei seinem Bruder Bobby war ich allerdings nicht (meine persönliche Bekanntschaft mit ihm beschränkte sich damals auf einen gemeinsamen Ausflug auf Hamburgs Reeperbahn mit der späteren Frau von Curd Jürgens). Doch gewaltsamer Tod machte 1969 auch seine Hoffnungen zunichte, der Tod der 28ährigen Mary Jo Kopechne, die nach einer Party in einem von ihm gesteuerten Chrysler unter einer Holzbrücke von Chappaquiddick ertrank.

John F. Kennedy waren als Präsidenten verhängnisvolle Fehler unterlaufen: Er vermasselte die Invasion in Kubas Schweinebucht; verstrickte die USA fatal in Vietnam, und Kreml-Herr Chruschtschow war nach einer Begegnung mit ihm in Wien überzeugt, „dem jungen Mann das Fürchten gelehrt" zu haben. Aber Kennedys Tod erschütterte die Welt wie der Tod keines anderen Menschen zu meinen Lebzeiten.

Als der Tatar Boris Godunow gekrönt wurde, da hatte sich das Volk Speichel in die Augenhöhlen geschmiert, um Tränen der Rührung vorzutäuschen. Doch als Kennedy in Dallas erschossen wurde, konnte man in den Straßen Warschaus, Rios und Neu Delhis echte Tränen fließen sehen. Der Präsident Amerikas war den Bewohnern von vier Kontinenten 1963 näher als 1598 der Zar den eigenen Russen. Selbst meine Vaterstadt Hamburg, die nun wirklich nichts mit Kennedy verband, benannte eine ihrer prachtvollsten Brücken nach dem Toten. Denn John F. Kennedy hatte den Menschen noch einmal den Glauben an „Camelot“ wiedergegeben, an die edle Ritterrunde des König Artus um den heiligen Gral (wenn auch mit Marilyn Monroe statt mit Lady Guinevere).

Nachfolger des ermordeten Präsidenten wurde sein Vizepräsident Lyndon B. Johnson. Noch vor dem Rückflug vom Tatort Dallas leistete er an Bord der „Air Force One“ den Amtseid. Neben ihm stand Kennedys schöne junge Witwe, an ihrem blutbeschmierten erdbeerfarbenen Kostüm kleine graue Stücke vom Hirn ihres Mannes, auch sie eine Gestalt wie aus der attischen Antike. Sie lehnte es ab, sich umzuziehen oder das Blut ihres Mannes abzuwaschen. „Ich will, daß sie sehen, was sie getan haben“, flüsterte sie leidenschaftlich (so berichtete Mrs. Johnson). Im Weißen Haus verbarg sie ihr Gesicht im Sternenfeld des über den Sarg gebreiteten Sternenbanners. Vier Jahre später sollte sie einen reichen, alten Griechen heiraten, der sie zum zweiten Mal zur Witwe machte.

Der neue Präsident Johnson, zuvor zehn Jahre lang Führer der demokratischen Mehrheit im Senat, war ein großartiger Manipulator politischer Macht, war das Beste, was die Schule der Berufspolitiker hervorbringen kann. Doch nach dem Peter-Prinzip kletterte er eine Stufe zu hoch. Er war ein texanisches Vollblut. Als er auf einem Militärflughafen voller Hubschrauber einmal auf einen falschen Helikopter zuging, machte ihn ein junger Offizier auf sein Versehen aufmerksam: „Ihr Hubschrauber steht da drüben Sir.“

„Mein Sohn“, erwiderte Präsident Johnson: „Das sind alles meine Hubschrauber.“

Nationalökonom John Kenneth Galbraith hat überliefert, was ihm widerfuhr, als er eine Rede über Wirtschaftsprobleme für seinen Präsidenten geschrieben hatte, eine fabelhafte Rede, wie er meinte. Johnson belehrte ihn eines besseren. Eine Rede über Wirtschaftsprobleme, so meinte der Präsident, sei „a lot like pissing down your leg: It seems hot to you but never does to anyone else.“ Und auch die Definition eines kugelförmigen Hurensohnes stammt angeblich von Lyndon B. Johnson: Das sei ein Hurensohn, der immer ein Hurensohn bliebe, aus welchem Blickwinkel man ihn auch betrachte.

Die Erde war für den Texaner ein Texas in klein, ihre Probleme schienen ihm lösbar wie Streits im Saloon. Aus 16000 von Kennedy nach Vietnam entsandten Militärberatern wurden unter Johnson 560000 kämpfende Soldaten. Und doch mußte er an diesem Krieg scheitern, den er weder begonnen hatte noch beenden konnte und schon gar nicht zu gewinnen vermochte.

Erst dem Mann, der ihm folgte, gelang es, diesen Krieg zu begraben, der Mann mit der Sattelnase, den zu hassen sie liebten: Richard Nixon.

Vor Nixons Wahl zum 37. US-Präsidenten 1968 hatte Frankreichs General-Staatschef Charles de Gaulle gegenüber dem späteren US-Botschafter in Bonn, Vernon Walters, geäußert, er sei überzeugt, daß Nixon gewinnen würde. Schon das war eine erstaunliche Prognose. Aber, so fügte er dann noch hinzu: „Mr. Nixon wird wie ich einmal ein Verbannter im eigenen Lande sein." Nur eine Redensart? Oder eine Vision des in vieler Hinsicht so seltsamen Generals? Er habe es nie ergründen können, sagte Nixon zu mir.

Daß Nixon es acht Jahre nach seiner Niederlage gegen Kennedy schaffte, doch noch ins Weiße Haus einzuziehen, war für das staunende Washington „das größte Comeback seit Lazarus". Doch mehr als das: Vier Jahre später wurde er durch einen der triumphalsten Wahlsiege in der Geschichte der Vereinigten Staaten im Amt bestätigt. Und dennoch war sein Untergang zu jenem Zeitpunkt schon besiegelt. Er war einem seit Jahrhunderten diagnostizierten Feind aller Herrschenden erlegen. Er wurde von Hybris geschlagen. Er verwechselte entlehnte Macht mit absoluter Macht. Er glaubte im Oval Office über dem Gesetz zu stehen. Er steckte die Ehrengarde des Weißen Hauses in Phantasie-Uniformen und setzte ihr gepuderte Perücken auf. Er schnitt heimlich Gespräche in seinem Arbeitszimmer mit und übergab der Justiz später manipulierte Bänder. Er versuchte einen Einbruch von Mitarbeitern im Hauptquartier der feindlichen Demokraten im „Watergate"-Hotel mit zu vertuschen. So mußte er als erster Präsident der Vereinigten Staaten zurücktreten. Sonst wäre er vermutlich abgesetzt oder sogar angeklagt worden. Und doch war ausgerechnet dieser Präsident von allen Nachkriegs-Staatschefs der USA wohl der bedeutendste Außenpolitiker. Er wußte, daß die Kunst der Außenpolitik darin besteht, jenseits der Grenzen eines Staates Bedingungen zu schaffen, die den Einfluß dieses Staates größer werden lassen als die Summe seiner politischen, wirtschaftlichen und militärischen Macht. Und er beherrschte diese Kunst. Er schloß Frieden in Vietnam. Er begründete die sowjetisch-amerikanische Detente auf der Grundlage der Stärke. Er versöhnte die USA mit China und stellte damit die Weltpolitik auf drei Beine, damit sie so wenig wackeln könne wie ein dreibeiniger Schemel. Und er machte Amerikas Metternich, Henry Kissinger, zu seinem Außenminister.

„Unsere goldene Regel“ für internationale Beziehungen, so verriet Nixon einmal Israels Ministerpräsidentin Golda Meir, lautet: „Tu anderen an, was sie dir antun.“

„Plus zehn Prozent“, fügte Henry Kissinger hinzu.

Nixon kam mir gegenüber nur einmal auf seinen Sturz zu sprechen. An seinem letzten Abend im Weißen Haus hatten er und sein Außenminister gemeinsam in Lincolns Schlafzimmer gebetet. Die Geschichte werde ihn weniger streng beurteilen als seine Zeitgenossen, suchte Kissinger den Weltbeweger zu trösten. „Es kommt darauf an, wer die Geschichte schreibt“, meinte Nixon zweifelnd. Doch Kissinger hat schon heute recht behalten. Zum zweiten Mal ist Nixon ein kaum vorstellbares Comeback gelungen. Er wurde zum respektierten „elder statesman“ der Nation. Er, der unter demütigenden Umständen Abschied von der Macht nehmen mußte, hat nun Platz in der Geschichte genommen. Sein Kampfgeist blieb ungebrochen.

„Lieber Claus“ schrieb er mir, als 1985 sein Buch „No more Vietnams“ erschien: „‚No more Vietnams‘ könnte bedeuten, daß wir es nicht wieder versuchen sollten. Es soll bedeuten, daß wir nicht wieder scheitern dürfen.“

Nach Nixons Sturz griff abermals das Peter-Prinzip: Vizepräsident Gerald Ford wurde Staatschef, ein durch und durch ehrenhafter und nicht ganz so bedeutender Politiker. In den Worten von Präsident Lyndon B. Johnson: „Er kann nicht gleichzeitig furzen und Kaugummi kauen.“ Nach ihm regierte zur allgemeinen Überraschung der Erdnußfarmer Jimmy Carter. Als seine Mutter gehört hatte, daß er Präsident werden wolle, fragte sie: „Präsident von was?“ Amerikas Macht bröckelte.

Erst der Republikaner Ronald Reagan gab dem gebeutelten Land seine in Vietnam verlorene Kraft und Herrlichkeit zurück, und den Bürgern ihren Stolz. Er war ein Präsident nach ihrem Herzen. Von der Gedanken Blässe nicht angekränkelt, unterschied er zwischen „Gut“ und „Böse“. Unbeirrt verfolgte er die Politik der Stärke, bis der Kommunismus in die Knie ging. Er rüstete die Sowjets nieder. Den Deutschen wurde damit ihre Wiedervereinigung beschert. Die Figur von Ronald Reagan hat mich nie zu fesseln vermocht, aber er hat der westlichen Welt unglaublich gut getan. Und ich verdanke ihm einen unverwüstlichen Anfang für Tischreden jeder Jahreszeit. In Axel Springers getäfelter Bibliothek in Berlin begann Reagan einen kurzen Toast mit der Bemerkung, der einzige Trost, den er für seine Zuhörer bereithalte, seien die Worte, die Heinrich VIII. an seine Gemahlinnen zu richten pflegte: „I won't keep you long ...“

Reagans Stellvertreter George Bush wurde sein Nachfolger und hielt Kurs, wachsam, wissend und wohlerzogen. Als ich ihm und Kanzler Kohl nach der Revolution in der DDR in einer Sonderausgabe der „Berliner Illustrierten“ zwei Seiten für eine Botschaft an die Deutschen anbot, nahmen beide die Chance wahr, aber lediglich einer von ihnen bedankte sich: „Danke, daß Sie an mich gedacht haben“, schrieb mir George Bush. Im Golfkrieg bewies er dann, daß er nicht nur höflich sein konnte. „Das Gespenst Vietnam ist für immer im Wüstensand der arabischen Halbinsel begraben“, sagte er nach dem Sieg.

11. Kapitel

HARRY HERMSDORF,

„Die Welt ist alles, was der Fall ist“

Aus dem Neuengland-Staat, New Hampshire, stammte jener Mann, der unter den Amerikanern wurde, was Tom Delmer unter den Engländern war: Mein Freund.

Die Vorfahren von Harry Hermsdorf hatten in Sachsen gelebt. Der letzte von ihnen diente dort dem König als Unteroffizier, bis Majestät die angetretene Truppe erst zwei Stunden warten ließ, dann vor ihrer Front pinkelte. Zeit zum Auswandern.

Als Angehöriger des amerikanischen Geheimdienstes OSS (Office of Strategic Services) kehrte Nachfahre Harry 1945 mit den US-Truppen in das besiegte Land seiner Ahnen zurück. Er half den Deutschen in der Stunde Null, als sie aus Deckung und Verstecken krochen. Und mancher der späteren Träger von Würde und Wichtigkeit der Republik war einst von Harry Hermsdorf mit Schokolade gefüttert und mit Zigaretten versorgt worden, manche Mächtigen und Möchtegerne von Bonn waren einst in seinem Jeep gefahren oder hatten seinen Whiskey getrunken.

Den Engländern gelang es, Tom Delmers Schützling Otto John als ersten Chef des Bundesverfassungsschutzes zu installieren; die Amerikaner machten ihren Protegé General Gehlen zum ersten Chef des Bundesnachrichtendienstes. Kein anderes Mitglied der Geheimdienst-Branche aber war in den Bonner Gründerjahren wohl so gut Freund mit so vielen deutschen Politikern wie Harry Hermsdorf. Ob CDU-Bundestagspräsident Eugen Gerstenmaier oder Annemarie Renger, die Lebensgefährtin des SPD-Führers Kurt Schumacher – alle schätzten und mochten ihn.

Das war die Zeit, in der auch ich Harry kennenlernte. Wir wohnten beide in der amerikanischen Siedlung zwischen Bonn und Bad

Godesberg. Er war ein Bär von einem Kerl, mit einer mächtigen Nase und Pranken wie ein Einhandsegler. Seine Frau Johanna, die ihm kaum bis zur Schulter reichte, hatte ihm zwei wohlgeratene Kinder geschenkt: Ronnie und Marcia, Freude ihres Vaters.

Damals gehörte Harry bereits der CIA (Central Intelligence Agency) an, der Nachfolgeorganisation des OSS, und mein erster Blick in die Kulissen des zu jener Zeit noch geheimnisvollen Dienstes machte mich zum Zaungast des Falles der drei tapferen Bulgaren. Das Trio war von der CIA sorgsam ausgewählt und unter strengster Geheimhaltung langfristig und kostspielig ausgebildet worden, zur Spionage in ihrer kommunistisch beherrschten Heimat. Am Abend vor ihrem Einsatz erhielten sie standesgemäß eine Henkersmahlzeit und Mädchen ihrer Wahl. Dann hieß es springen. An Fallschirmen schwebten sie ins Abenteuer, samt eingenähten Goldstücken, unsichtbarer Tinte, Geld, Waffen und Funkgerät. Niemals wieder sollten sie sich melden. In der CIA wurde nur mit belegter Stimme von dem beklagenswerten Schicksal der drei Freiheitskämpfer gesprochen. Harry aber war überzeugt: „Sie haben sich mit unseren Goldstücken eine Kneipe gekauft, und wie ich sie kenne, geht es dort urgemütlich zu." Ich bin sicher, daß er recht hatte. Er war ein großer Mennschenkenner. Von ihm erhielt ich den Rat: „Nimm nie irgend etwas von einem Geheimdienst an, und sei es ein Flugticket. Nicht, weil sie dich damit später erpressen wollen, sondern weil Geheimdienste die schlimmsten aller Buchhalter sind. Sie hüten jeden Beleg Jahrzehnte, und irgendwann taucht er dann auf." Wie vierzig Jahre später bei der Stasi.

In Bonn hatte ich Harry manche Geschichte für den „Spiegel" zu verdanken. In Amerika trafen wir uns wieder. Er war vorübergehend in ein Unternehmen eines Verwandten eingestiegen. Aber weil ihn das Geschäftsleben langweilte, übernahm er zwischendurch immer wieder Aufträge seiner alten „Firma", zu der er denn auch schließlich ganz zurückkehrte. Nun interessierte ihn Lateinamerika. Auch ich hatte dort gelegentlich zu tun, so in der unzugänglichen Hauptstadt von Honduras, Tegucigalpa, eine der wenigen Metropolen der Welt ohne Eisenbahn und Bahnhof. Denn ein Präsident hatte sie im vergangenen Jahrhundert hoch oben in den rauhen Bergen zum Regierungssitz erkoren, angeblich aus Rache, weil die feine Gesellschaft der alten Hauptstadt in der fruchtbaren Ebene seine Mätresse schnitt. General Francisco Morazàn, einem 1792 geborenen und später an die Wand gestelltem Vorkämpfer für die Einheit Zentralamerikas, sollte Anfang dieses Jahrhunderts ein Denkmal in Tegucigalpa gesetzt werden. Eine Delegation wurde nach Frankreich entsandt, um dort ein Ehrfurcht einflößendes Standbild anfertigen zu lassen. Welchen Zwecken die für das Monument mitgenommenen Mittel in Paris zugeführt wurden, läßt sich nur erahnen. Aber den Erinnerungen von Hitlers Finanzminister Graf Schwerin von Krosigk verdanke ich des Rätsels Lösung, wie die Abgesandten die Gefahr bannten, ohne Geld und ohne Denkmal nach Tegucigalpa zurückzukehren. Sie erwarben auf einem Schrottplatz eine ausrangierte Statue von Napoleons Marschall Ney mit Dreispitz, Degen und Roß, die fortan im Herzen Tegucigalpas als Abbild des unglücklichen Morazàn aufgestellt und bewundert wurde – wohl auch von mir.

Später reisten Harry und ich zusammen nach Caracas (wo ich den regierenden Admiral Larrazabal noch arglos interviewte, während Harry schon mit dessen Nachfolger Pläne schmiedete) und nach Haiti (wo wir in dem von Graham Greene in „The Comedians" verewigten „Grand Hotel Oloffson" abstiegen). Zu guter Letzt flogen wir gemeinsam nach Kuba.

Im Dezember 1956 war der junge Anwalt Fidel Castro Ruz mit Getreuen auf der Zuckerinsel gelandet und hatte den Kampf gegen den Insel-Diktatoren Batista aufgenommen. Zwei Jahre später, am Neuahrstag 1959, mußte der korrupte Tyrann, von dem es hieß, er habe einmal einer verstockten Gefangenen auf einem silbernen Tablett die Augäpfel ihres Bruders servieren lassen, ins Exil fliehen. Amerika feierte den Freiheitshelden Castro. Bei einem Besuch in Washington wurde er im April 1959 begeistert empfangen. Er beteuerte im National Pressclub, er suche Freundschaft mit den USA und in seiner Regierung befänden sich keine Kommunisten. Nur einer seiner US-Gesprächspartner warnte nach einer Drei-Stunden-Unterredung mit ihm in einem 12seitigen Memo, Castro müsse „entweder unglaublich naiv gegenüber dem Kommunismus sein, oder unter kommunistischem Einfluß stehen": Vizepräsident Richard Nixon. Doch Washington war dessen dauernder Kommunisten-Riecherei überdrüssig. Sein Memo landete in der Ablage von White House und State Department.

Indes: Amerikas Geheimdienst CIA wollte es zu jener Zeit längst genau wissen. Schon kurz nach Castros Machtergreifung hatte mir Harry darum vorgeschlagen, mit ihm nach Havanna zu fliegen, um herauszufinden, wohin die Reise der Kubaner führte.

Der Kundschafter des US-Geheimdienstes in Castros Reich war meisterhaft getarnt: Er reiste mit mir als freier US-Fotograf deutscher Abstammung unter falschem Namen. Alle Papiere waren auf diesen Namen ausgestellt: Paß und Kreditkarten, Führerschein und Fotografenausweis, Rentenversicherungskarte und gefälschte Korrespondenz. Ich war tief beeindruckt – bis der Meisterspion am kubanischen Zoll seinen Koffer hochhob. Am Handgriff baumelte ein Anhänger: „Harry Hermsdorf, Washington". Dieser Mann in Havanna hatte das Indianerspiel der Branche nie so ganz mitgemacht.

Laster und Luxus waren aus Castros Kuba verbannt. Das Land marschierte in den Sozialismus. Über die Sonnendeck-Planken des einst fashionablen Yachtclubs platschten die nackten Sohlen barfüßiger Schulklassen, denen gezeigt wurde, wie die Reichen gelebt hatten und daß nun alles dem Volk gehöre. In Havanna, einst Bordell und Spielhölle der Karibik, herrschten jetzt Anstand und Armut.

Gangsterboss Meyer Lansky, der am selben Tag wie der Tyrann Batista von dem Eiland geflohen war, hatte ein einträgliches Imperium von Glücksspiel, Prostitution und Drogenhandel auf Kuba zurücklassen müssen und verloren.

In den nächsten Monaten schmiedete daher nicht nur die CIA, sondern auch die Mafia Pläne gegen den neuen Insel-Herren. Die Mafia setzte einen Preis auf Castros Kopf aus, und der amerikanische Geheimdienst experimentierte mit vergifteten Zigarren. In den bizarrsten Attentatsversuch, von dem ich erfuhr, waren möglicherweise beide verwickelt.

Im Februar 1959 hatte ein Kreuzfahrten-Dampfer des Norddeutschen Lloyd die Zuckerinsel angelaufen. Castro ging in Havanna an Bord und fand Gefallen an der 18jährigen, dunkeläugigen Kapitänstochter. Sie wurde bald darauf seine Geliebte.

Später kehrte sie in die USA zurück und schloß sich einem Abenteuerer an, der einst Kampfgefährte Castros gewesen war, dann für die CIA arbeitete und dem die Mafia nach eigenen Aussagen damals 100000 Dollar für Castros Tod geboten hatte.

Dieser Mann, so berichtete wiederum die dunkeläugige Kapitänstochter, habe ihr eines Tages zwei Giftkapseln ausgehändigt, die sie in einem Topf Cold Cream versteckte. Damit sei sie nach Havanna zurückgekehrt. Castro habe sie in seinem Quartier herzlich empfangen, den Telefonhörer ausgehängt und Speisen mit Kaffee bestellt, sei aber bald eingeschlafen.

Seine Besucherin begab sich ins Bad und packte ihre Cold Cream aus. Indes: „Ich konnte die Kapseln nicht finden", erinnerte sie sich 1976: „Sie waren geschmolzen ... Ich dachte: Zum Teufel, soll die Geschichte doch ihren Lauf nehmen."

Die Geschichte nahm ihren Lauf. Der Name des Abenteurers tauchte Jahre später noch einmal in der Watergate-Affäre auf. Und Fidel Castro erfreut sich trotz CIA und Mafia noch heute bester Gesundheit.

Eines Tages machte mich Harry Hermsdorf mit Fritz Kolbe bekannt, einem freundlichen älteren Herrn mit gelichtetem Blondhaar, von intensiver Unauffälligkeit. Er war einer der erfolgreichsten Spione des Zweiten Weltkrieges gewesen und gehörte zu den sogenannten „Kronjuwelen" des OSS.

Fritz Kolbe war um die Jahrhundertwende als Sohn eines Sattelmachers geboren und zunächst Reichsbahnangestellter geworden. Nach einem Abendstudium wechselte er in den mittleren Dienst des Auswärtigen Amtes über und wurde dort Mitarbeiter von Botschafter Ritter.

Karl Ritter war der Verbindungsmann von Außenminister Ribbentrop zum Oberkommando der Wehrmacht. Sein Sitz war in Hitlers Führerhauptquartier „Wolfsschanze". Dort erhielt er per Kurier Kopien aller wichtigen Berichte und Telegramme des Auswärtigen Amtes von seinem Berliner Büro. Und der zuverlässige Vorsteher dieses Büros war Fritz Kolbe. Durch seine Hände liefen so die meisten diplomatisch-militärischen Geheimnisse des Dritten Reiches.

Fritz Kolbe haßte die Nazis. Harry sagte mir, sie hätten seinen

Bruder zu Tode geprügelt; Kolbe selbst sprach mit mir nie darüber. Aber im Sommer 1943 band er sich 186 „Geheime Reichssachen“ ans Bein und reiste als Kurier des Auswärtigen Amtes in die Schweiz.

Dort versuchte er es erst bei der britischen Botschaft in Bern. Ein Oberst Cartwith ließ ihn abblitzen: „Ich glaube Ihnen nicht“, sagte er und fügte mit der englischen Verachtung für Verräter hinzu: „Und wenn Sie die Wahrheit sagen, sind Sie ein ordinärer Kerl (cad).“

Bei den Amerikanern hatte Kolbe mehr Glück. Der Berner Repräsentant des US-Geheimdienstes OSS, Allen Welsh Dulles, hatte als junger Diplomat im Ersten Weltkrieg in der Schweiz einmal eine Verabredung mit einem spitzbärtigen russischen Emigranten ausgeschlagen, weil doch nichts dabei herauskommen konnte. Der Name des Russen war Vladimir Ilyich Ulyanow gewesen, später bekannter als Lenin. Das sollte Allen W. Dulles nie wieder passieren. Er empfing Kolbe, gab ihm den Decknamen „George Wood“ und wurde reich belohnt, obgleich Washington lange Sorge hatte, Kolbe könne Doppelagent sein.

Auf insgesamt fünf Reisen nach Bern überbrachte Kolbe in 18 Monaten über 1600 geheimste Dokumente, darunter vier Kabel des deutschen Botschafters in der Türkei, Franz von Papen, an Außenminister Ribbentrop, in denen er die Erfolge „eines wichtigen deutschen Agenten“ in der britischen Botschaft rühmte und damit dessen Geheimnis lüftete, das Geheimnis von „Cicero“, der Kammerdiener des englischen Botschafters, der den Deutschen sogar den Decknamen „Overlord“ der bevorstehenden Invasion in der Normandie verriet und von ihnen mit 300000 Pfund bezahlt wurde – zur Hälfte in gefälschten Noten.

Im Gegensatz zu „Cicero“ hatte Kolbe es während des Krieges abgelehnt, für seine Tätigkeit Geld zu nehmen. Erst nach dem Krieg half ihm die US-Regierung bei der Gründung einer Existenz in New York, um ihn vor möglichen Racheakten in Deutschland zu bewahren. Lange wurde seine Identität verschleiert. Fotos von ihm wurden nie veröffentlicht. Der „Spiegel“ konnte noch 1960 nur seine Initialen nennen: „F.K.“ Inzwischen ist sein Fall als „Berne Report“ zwar in der einschlägigen Spionage-Literatur verzeichnet, der breiten Öffentlichkeit aber wurde sein Name kaum bekannt. Kolbe selbst hat nie Belohnung erhofft, Rache gefürchtet, Publizität gesucht. Ihm war es genug, getan zu haben, was er tun mußte.

„Lieber Freund Jacobi“, schrieb er mir, als ich während der „Spiegel“-Affäre ein paar Tage in Untersuchungshaft gesessen hatte: „Hoffe sehr, diese Zeilen erreichen Sie trotz angehender Anwartschaft als Mitglied im Ringverein bei bester Gesundheit.“

Ringvereine waren in der Weimarer Republik gesellig getarnte Zusammenschlüsse von Knastbrüdern gewesen. Der Mann, der Hitlers Geheimnisse unter den Augen der Gestapo an Amerika verriet, vermochte die Staatskrisen der Bundesrepublik nicht mehr allzu ernst zu nehmen. „Solche Typen sterben aus“, sagte Harry über ihn.

Englische Nachrichtendienst-Offiziere, deren Kollege Fritz Kolbe in Bern hochnäsig abgewiesen hatte, stuften ihn – laut OSS-Direktor Donovan – als die „beste Nachrichtendienst-Quelle des Krieges“ ein. Und für seinen Chef Allen W. Dulles war er „der Traum jedes Geheimdienst-Offiziers ... Zweifellos einer der besten Geheimagenten, über die je ein Nachrichtendienst verfügte.“

Ein Verdienst seines Agenten ließ Allen W. Dulles dabei unerwähnt: Ohne Kolbe und dessen Erfolge wäre er selbst nach dem Krieg möglicherweise nie Chef des Geheimdienstes CIA geworden, einer der mächtigsten Männer Amerikas – mit dem ich ausgerechnet an einem seiner trübsten Tage zu Mittag essen sollte.

Damals wurden die Vereinigten Staaten noch von einer überschaubaren Elite regiert. Ein Onkel von Allen W. Dulles war US-Gesandter am Hofe von St. James gewesen; ein anderer Onkel, Robert Lansing, und sein Großvater, John Watson Foster, hatten ihrem Land als Außenminister gedient, genau wie es Allens älterer Bruder John Foster Dulles später tun sollte.

Allen W. Dulles selbst studierte in Princeton, wurde erst Diplomat, dann Anwalt und schließlich im Zweiten Weltkrieg 1942 Repräsentant des amerikanischen Geheimdienstes OSS in Bern, wo er nicht nur Kolbe, sondern auch den großen Psychiater C.G. Jung kennenlernte, der ihn als „harte Nuß“ einstufte.

Die Ruchlosigkeit des Spionage-Metiers war dem amerikanischen Naturell nicht angeboren. Noch in den zwanziger Jahren hatte US-

Außenminister Henry L. Stimson im State Department eine geheime Entschlüsselungs-Abteilung für fremde Codes mit der Bemerkung geschlossen: „Gentlemen lesen nicht die Post von anderen Leuten." Und als im Zweiten Weltkrieg die Idee auftauchte, für eine Aufgabe im homosexuellen Milieu Berlins einen Agenten „mit einem hübschen Hintern" auszuwählen, zeigte der presbyterianische Pastorensohn Allen W. Dulles als OSS-Chef in Bern Bildungslücken. „Was *tun* diese Leute eigentlich?" fragte er seine enge Vertraute und Mitarbeiterin Mary Bancroft, Tochter des Verlegers vom „Wall Street Journal". Nachdem die hübsche Mary Bancroft aus Boston es übernommen hatte, den Superagenten der Supermacht über Schwule aufzuklären, dankte er ihr: „Du solltest dich schämen ... Trotzdem, ich bin froh, daß ich es nun weiß. Ich habe mich immer gefragt, was diese Leute eigentlich *tun*."

Von Bern aus gelang es Allen W. Dulles – mit einem guten Draht zur Abwehr von Admiral Canaris – mehr Geheimnisse des Dritten Reiches auszuspionieren, als von irgendeinem anderen Vorposten erkundet wurden, nicht nur – aber doch nicht zuletzt – wegen Fritz Kolbe. Kurz vor Kriegsende nahm Dulles geheime Verhandlungen mit dem SS-General Karl Wolff auf, die zur Kapitulation der deutschen Streitkräfte in Italien führten. Das alles trug Allen W. Dulles 1946 Amerikas höchsten Orden, die Medal of Merit, ein und 1953 die Leitung des neugegründeten US-Geheimdienstes CIA. Im gleichen Jahr übernahm sein Bruder John Foster Dulles das Außenministerium.

So viel Einfluß die Geschwister gemeinsam ausübten, so verschieden waren sie. Eisenhowers Secretary of State war ein missionarischer Eiferer; Eisenhowers Geheimdienst-Chef ein sportlicher Gelehrtentyp, halb Merker, halb Täter mit einem Faible für die Psychoanalyse. Er schmiedete die CIA zum modernen Spionageapparat einer Weltmacht. Eines seiner wertvollsten Geräte wurde 1956 das Spionage-Flugzeug U2.

Als Vorläufer der Spionage-Satelliten überflog die Maschine die Sowjetunion in 20 Kilometer Höhe, wo weder Radar noch Raketen der Russen sie erreichen konnten. Vier Jahre ging alles gut. Aber am 1. Mai 1960 wurde die U2 Nr. 360 über Swerdlowsk abgeschossen. Am Fallschirm hängend zog ihr Pilot, Oberleutnant

Francis Gary Powers, eine mit Kurare-Gift getränkte Selbstmord-Nadel aus einem Silberdollar. Doch dann steckte er sie wieder ein. Er wollte leben. Und lebend fiel er in die Hände des sowjetischen KGB.

15 Tage später, am Montag den 16. Mai 1960, hatten sich die „Großen Vier" dieser Welt zur Gipfelkonferenz in Paris versammelt: Eisenhower und Chruschtschow, Frankreichs de Gaulle und Englands Macmillan. Aber würde der Gipfel nun überhaupt noch stattfinden können? Der Kreml-Herr schäumte vor Wut über den U2-Zwischenfall. Der Weltfrieden stand auf dem Spiel und auf der Tagesordnung.

Harry Hermsdorf und ich waren am gleichen Tag zur gleichen Stunde in Washington zum Lunch mit jenem Mann verabredet, der das Spionageflugzeug in den Sowjethimmel geschickt hatte, mit CIA-Direktor Allen W. Dulles.

Das CIA-Hauptquartier lag damals noch an Washingtons E-Street; aus dem Fenster des Allerheiligsten sah man auf die lehmigen Fluten des Potomac. Wenig im Zimmer des Direktors erinnerte an sein zwielichtiges Gewerbe. Tabakdosen, Bücher und ein grünlederner Sessel mit hoher Fußstütze – wenn die Gicht den Hausherrn plagte. Auf dem Tisch stand ein Foto seines im Vorjahr an Krebs verstorbenen Bruders John Foster Dulles, daneben das Modell eines Atom-U-Bootes, und an der Querwand hing eine Weltkarte in polarer Projektion, auf der nachtschwarz die Flugroute der jüngsten interkontinentalen Rakete der Sowjets eingetragen war. Abschuß hinter dem Ural, Aufschlag im Pazifik.

Amerikas 67jähriger Geheimdienstchef sah aus, wie man sich seinen Großvater wünscht: Tweed, Flanell und Pfeife; prüfende Augen hinter einer randlosen Brille über einem kurzgestutzt-eisgrauen Schnauzbart. Im Korea-Krieg, in dem Mao einen Sohn als Freiwilligen verlor, war der einzige Sohn von Allen W. Dulles im Kampf gegen die Kommunisten am Kopf verwundet und als unheilbar in ein Sanatorium eingewiesen worden. Aber der Kummer hatte den Vater nicht zum haßerfüllten Fanatiker werden lassen. So wie er Mächtige wie Mossadegh in Persien und Arbenz in Guatemala gestürzt hatte, ohne machttrunken zu werden.

Wir aßen an jenem Montag in seinem Büro und sprachen über

Wimbledon und die U2, über C.G. Jung und über Winston Churchill. Von Dulles wurde erzählt, er sei der Mann gewesen, den der große alte Weltbeweger einmal mit offenem Hosenschlitz empfangen hatte. Diskret darauf aufmerksam gemacht, habe Churchill, damals schon weit über 80, an sich herunter geblickt und gemurmelt: „A dead bird needs no cage".

In Paris trafen die „Großen Vier" in jenen Minuten unseres Gesprächs in Washington letzte Vorbereitungen für ihre erste Sitzung, deren Beginn auf 11 Uhr MEZ anberaumt war. Da wurde Allen W. Dulles eine maschinengeschriebene Notiz hereingereicht. Sie betraf, was Chruschtschow zwei Stunden später im tabakfarbenen Kabinettssaal des Elysée-Palastes wegen des fatalen U2-Zwischenfalles fordern sollte. Denn bereits vor Konferenzbeginn hatte der Russe es dem Gastgeber de Gaulle verraten, und der hatte es seinem alten Kriegskameraden Eisenhower brühwarm weitererzählt. Chruschtschow schlug auf der Eröffnungssitzung eine Vertagung des Gipfels um sechs bis acht Monate vor und lud den zu einem Besuch in die Sowjetunion gebetenen US-Präsidenten Eisenhower wieder aus; er verlangte von Eisenhower „die unmittelbar Schuldigen ... streng zur Verantwortung zu ziehen" und sich selbst zu entschuldigen. Der Friedens-Gipfel war damit geplatzt. Kriegsfurcht sollte die Welt ergreifen.

Den „unmittelbar Schuldigen" ließ die Spannung der Stunde kalt wie der Kuß einer Tante. Obgleich sein Schicksal und die Beziehungen zwischen den Supermächten in diesem Augenblick auf einem schmalen Grad balancierten, meinte er, seine Pfeife rauchend, zu Harry und mir: „Das Ergebnis aller U2-Flüge war das Risiko des letzten Fluges wert." Wenn Eisenhower es wolle, könne Chruschtschow jederzeit seinen Skalp haben, es wäre nur schade darum. Er verabschiedete sich von mir nach dem Lunch auf deutsch mit einem Wort des Philosophen Ludwig Wittgenstein: „Die Welt ist alles, was der Fall ist." Präsident Eisenhower entschuldigte sich nicht und ließ den „unmittelbar Schuldigen" nicht fallen: Allen W. Dulles blieb CIA-Direktor. Die Axt traf ihn erst unter Präsident Kennedy im nächsten Jahr nach einer mißglückten Landung von Castro-Gegnern in Kubas Schweinebucht, für die die CIA verantwortlich war. Dulles starb 1969.

Harry Hermsdorf fuhr mich nach unserem Lunch zum National Airport. An einer Ampel zuckte er zusammen. Stechende Bauchschmerzen quälten ihn seit einiger Zeit gelegentlich. „It eats me up“, sagte er. Er starb noch im selben Herbst an Krebs, nur 41 Jahre alt. Amerika hatte einen großen Sohn verloren und ich einen großen Freund. Er hätte ein imposanteres Denkmal verdient als diese Zeilen, aber ich kann ihm kein anderes setzen. Seine Witwe Johanna, der ich das Manuskript dieses Kapitels vor der Veröffentlichung zugeschickt hatte, sagte, was ich hatte sagen wollen: „Er war ein guter Mann.“

12. KAPITEL

DREI CHURCHILLS

„UNTERBRICH MICH NICHT, WENN ICH DICH UNTERBRECHE"

1959 kehrte ich aus den USA nach Deutschland zurück, erwarb Wittensand am Mözener See (das heute meiner Tochter gehört) und besuchte im Sommer jenes Jahres Randolph Churchill in Suffolk. Er wohnte mit Captain und Mrs. Boykott, einem schwarzen Mopsehepaar, auf Stour am Stour, einem rosafarbenen Herrenhaus mit 20 Zimmern und 7 Bädern.

Das Anwesen liegt bei East Bergholt, dem Geburtsort von John Constable, und der Blick aus meinem Schlafzimmer fiel auf jene sanften Hänge und Weiden, die Englands größter Landschaftsmaler wieder und wieder eingefangen hat. Viele Menschen in der Gegend haben Gesichter, die an Pferde erinnern. Im Gästebuch trug ich mich direkt unter „Erna Hanfstaengl" ein, die Schwester von Hitlers ersten Auslandspressechef „Putzi" Hanfstaengl.

Ich habe das Vergnügen gehabt, drei Generationen Churchill live zu erleben: Winston Churchill, der während meines Aufenthalts in Stour gerade mit Onassis im Mittelmeer kreuzte, hatte ich zuletzt 1956 in Aachen nach dem Empfang des Karlspreises gesehen. Mit seinem Enkel Winston Churchill jr. verbindet mich mittlerweile bereits ein Vierteljahrhundert: 1963 kam er zum erstenmal zu mir nach Wittensand. Mein Gastgeber auf Stour war der Sohn des einen und der Vater des anderen.

Randolph Churchill war damals 48 Jahre alt, ein Hüne mit wässerig-blauen Augen, die er nur vor seiner Königin niederschlug. Wenn er brummte, eilten zur Sicherheit Köchin, Sekretärin und Zimmermädchen herbei. Wenn er lachte – Ho! Ho! Ho! – zitterten die im Treppenhaus hängenden Aquarelle, die sein

Vater gemalt hatte. Er war ungeduldig, arrogant und jähzornig, aber auch mutig, witzig und gescheit, ein Mann, mit dem Pferde zu stehlen sich lohnte.

„Ich wurde", so beginnt seine Autobiographie, „als Sohn armer, aber ehrbarer Eltern geboren." Die Eltern waren Weltbeweger Winston Churchill, Enkel des 7. Duke of Marlborough, und dessen Gemahlin Clementine, Enkelin des 9. Earl of Airlie. Ihr einziger Sohn hatte Weltgeschichte mitgehört, seit er mit am Tisch essen durfte. Zwei seiner drei Schwestern heirateten Minister Ihrer Majestät.

„Als Jüngling" – so erzählte mir die in den dreißiger Jahren in London lebende Fürstin Ann Mari Bismarck – „sah Randolph aus wie ein griechischer Gott." Ein paar Jahre saß er als konservativer Abgeordneter im Unterhaus. Im Zweiten Weltkrieg sprang er als Verbindungsoffizier mit dem Fallschirm über Titos Hauptquartier in Bosniens Bergen ab. Später, als Tito und Vater Winston Churchill einander in Neapel begegneten, bedauerte der Briten-Premier, daß sein Alter es ihm unmöglich gemacht habe, Jugoslawiens kämpfende Partisanen aufzusuchen. „Aber Sie haben uns doch ihren Sohn geschickt", sagte Tito und beobachtete: „In diesem Augenblick glänzten Tränen in Churchills Augen."

Den 70. Geburtstag seines Vaters feierte Randolph Churchill mit Roosevelt und Stalin 1944 auf der Konferenz von Teheran. Roosevelt mixte die Cocktails, Randolph reichte sie herum. 120 Zeitungen druckten nach dem Krieg seine Artikelserie „Europa heute".

Irgendwann hatte er die Idee aufgegeben, wie William Pitt mit 24 Premierminister zu werden, und wurde es statt dessen eine der gefürchtetsten Federn Englands. „Die Peitsche unserer Gesellschaft" nannte „Punch"-Chef Malcolm Muggeridge ihn. „Auf allen gesellschaftlichen Veranstaltungen läßt sein Eintreffen jedermann in Deckung fliehen."

Einen Neureichen, der sich über den Geschmack gewöhnlicher Leute erhob, wies Randolph Churchill zurecht: „Gewöhnlich ist der Gebrauch des Wortes gewöhnlich". Labour-Premier Attlee war für ihn „eine träge kleine Marionette". In Korea, wo er als Kriegsberichterstatter auf einer nächtlichen Patrouille durch ein Schrapnell am Bein verwundet wurde, lehnte er es ab, eine US-Montur zu tragen: „Ich pflege mich manierlich anzuziehen". Im Suez-Krieg ließ er in der jordanischen Hauptstadt Amman das Personal seines Hotels aufreihen und verteilte als Trinkgeld israelische Pfunde.

Bei einem Besuch in New York wagte ein gefürchteter TV-Moderator den Briten nach dessen schauspielernder Schwester Sarah zu fragen, die gerade in Malibu Beach wegen Trunkenheit zu 50 Dollar Strafe verurteilt worden war. Der arme Fernsehschaffende, wie deutsche Talkmaster gewohnt, seine Gäste nach Belieben herumschubsen und bloßstellen zu können, war diesmal an den Falschen geraten. Er kenne offenbar nicht den Unterschied zwischen „angemessen" und „impertinent", wurde er von Randolph Churchill belehrt: „Ich würde nicht daran denken, Sie nach Ihrer Schwester zu fragen. Ich denke nicht daran, nachzuschnüffeln, was Ihre Schwester getan hat oder was Ihr Vater war. Ich weiß nicht einmal, ob Sie einen Vater haben oder ob Sie wissen, wer Ihr Vater war." Wie ein Sommergewitter über einer Schar Debütantinnen ohne Schirm entlud sich Churchills Zorn über dem TV-Inquisitor: „Ich pflege niemals Familienangelegenheiten mit Fremden zu diskutieren. Ich habe nicht die Absicht, es mit Ihnen zu tun . . . Nächste Frage bitte."

Nachdem Randolph Churchill im Brompton Chest Hospital ein Stück Lungengewebe entfernt worden war, das sich als nicht krebsverdächtig erwies, bemerkte sein Freund, der Schriftsteller Evelyn Waugh an der Bar vom „White's"-Club erleichtert: „Das bringen nur die närrischen Ärzte fertig, das einzige Stück aus Randolph herauszuschneiden, das nicht bösartig ist."

In Wortduellen fand Randolph Churchill seinen Meister lediglich in seinem Vater. Als Winston Churchill einmal seinem Sohn bei Tisch unterbrochen hatte, versuchte Randolph den Faden wieder aufzunehmen. Da tadelte ihn sein Vater milde: „Unterbrich mich nicht, wenn ich dich unterbreche."

Beim ersten Abendessen während meines Aufenthalts auf Stour bereitete der Hausherr an der Tafel selbst ein Omlette zu. Doch noch ehe es gegessen war, warf er sich neben dem Tisch auf die Knie und hoppelte auf ihnen auf dem Teppich auf und ab: Er stellte nun den reichen und einflußreichen, aber etwas kurz geratenen Presselord Beaverbrook dar.

Der aus Kanada stammende Beaverbrook („Daily Express",

„Sunday Express“, „Evening Standard“), der 1964 verstarb, war der langjährige Freund, Minister und politische Weggefährte von Vater Winston Churchill gewesen. Gemeinsam hatten die beiden 1936 versucht, die Abdankung von König Edward VIII wegen der zweimal geschiedenen Wallis Warfield Simpson zu verhindern, bis Beaverbrook Churchill verärgert mitteilte: „Our cock won't fight.“ („Unser Hahn will nicht kämpfen.“)

Wie viele große Kleine zeichnete sich Beaverbrook durch ein ausgeprägtes Ego aus. Damen, die ihm nahestanden, erhielten Geschenke an seinem, nicht an ihrem Geburtstag. Als Randolph Churchill eines Tages Beaverbrook in dessen Residenz Stornoway House aufsuchen wollte, teilte ihm Butler Nockels mit: „Der Lord (englisch auch ‚Jesus‘) geht spazieren.“ Darauf mutmaßte der Besucher: „Auf dem Wasser, nehme ich an.“

Die Beaverbrook-Darstellung auf dem Teppich des Eßzimmers in Stour hatte allerdings andere Gründe: Randolph Churchill war in jenen Tagen tief in eine Fehde mit Englands Presse-Lords verstrickt. „Macht ohne Verantwortung“, so definierte er ihre Position. „Das ist seit Jahrhunderten das Vorrecht der Huren.“

Randolph Churchill zürnte: „Es ist der absolute Mißbrauch der sogenannten Pressefreiheit, wenn reiche Leute versuchen, dadurch reicher zu werden, indem sie ihren Chefredakteuren erlauben, unterbezahlte Reporter in die Wohnungen von Menschen zu senden, um unverschämte Fragen zu stellen.“

Es war ihm ernst mit diesem Kreuzzug. Er prozessierte gegen ein Boulevardblatt, bis es ihm Schmerzensgeld zahlen mußte, und hielt drei Reden über das Presse-Thema, die er dann zusammen mit Gerichtsprotokoll und -urteil als Buch herausgab. Aber die mit dem Zeitungsvertrieb verzahnten Buchgroßhändler weigerten sich, das Buch zu verkaufen. Da gründete Randolph Churchill die „Dorftrottel GmbH“, erwarb zwei Kioske an den Londoner Bahnhöfen Paddington und Liverpool Street, und innerhalb weniger Tage war die erste Auflage vergriffen. Neben dem Portal von Stour prangte seither ein Firmenschild der „Dorftrottel GmbH“ aus Messing: „Registered offices of Country Bumpkins Ltd.“ Demokratie von oben oder Bürgerinitiative eines Priveligierten – auch etwas, das wir noch lernen könnten.

Randolph Churchill hatte in Gesicht und Gestalt eine verblüffende Ähnlichkeit mit seinem Vater. In Gang und Gesten imitierte er ihn, bewußt oder unbewußt. Sogar die schwarze Hornbrille rutschte ihm – wie bei Winston Churchill – auf die Nasenspitze, wenn er sein Gegenüber mustern wollte. Sein Vater hatte ihn von klein auf adoriert (und unbarmherzig verzogen), und er seinerseits vergötterte seinen Vater. Die beiden waren stets einer Meinung (außer in der Beurteilung von Winston Churchills Nachfolger Anthony Eden, von dem Randolph Churchill wenig hielt).

Wie bei so vielen Kindern berühmter Väter war die mächtige Gestalt des Erzeugers eine süße Last für Randolph Churchill, ein Problem, das den Menschen nicht erst seit Sigmund Freud geläufig ist, ohne je gelöst worden zu sein. Söhne pflegen sich selbst, Töchter ihre Liebhaber an der Figur des überlebensgroßen Vaters zu messen. Manche zerbrechen daran, manche wachsen über sich hinaus, kaum einer bleibt unberührt. Ich habe mehrere solcher Beziehungen beobachtet. Mein Freund Axel Springer jr. bezog die Kraft, die er besaß, aus dem Bewußtsein, ohne Hilfe des erfolgreichen Vaters eigenen Erfolg erzielt zu haben. „Das war das drittwichtigste in meinem Leben", sagte er mir: „Nach Einatmen und Ausatmen." Und an Stalins außergewöhnlicher Tochter Svetlana, die ich in Amerika traf, wo sie ihre dritte glücklose Ehe eingehen sollte, hat mich stets angerührt, wie sie ihren monströsen Vater verteidigte. Er sei für sie „niemals die Verkörperung des Bösen" gewesen; sie bekannte, „daß mein Vater mich und daß ich ihn geliebt hatte".

Für Randolph Churchill war sein Vater Stolz und Vorbild zugleich. Er wollte sein wie der Vater war: So unerschrocken, so unbekümmert und so tollkühn, so originell, so klug und, wenn möglich, auch so ruhmbedeckt. Das war naturgemäß schwierig. „Im Schatten einer großen Eiche kann nichts großes wachsen", erkannte Randolph Churchill schließlich. Und bei anderer Gelegenheit resignierte er: „Zwei Churchills sind einfach zu viel."

Dazu kam: Im Zeitalter von Wohlfahrtsstaat und Mittelmaß waren eben jene Eigenschaften nur noch bedingt gefragt, die sich die Familie Churchill durch die Jahrhunderte im Übermaß bewahrt hatten: Abenteuerlust und Freiheitsdrang, Draufgängertum, Unabhängigkeit des Geistes und Treue zur Krone.

Ich war ein unersättlicher Zuhörer, wenn Randolph Churchill – später der offizielle Biograph seines Vaters – in Stour von dieser Familie und ihren Frauen, ihren Fehden und ihren Fehlern, ihren Tugenden und ihrer Tapferkeit erzählte. Was für eine Familie! Ihr Blut war dunkelblau, und zweimal rettete sie England: Ein Churchill schlug Frankreichs „Sonnenkönig", ein anderer Deutschlands „Führer".

Ahnherr John Churchill, der erste Herzog von Marlborough, hatte 1704 zusammen mit Prinz Eugen in der Donauniederung dem Heer von Louis XIV eine vernichtende Niederlage bereitet. Diese Schlacht bei Höchstädt – für die Engländer: die Schlacht bei Blenheim – machte ihn zum Fürsten von Mindelheim und zwang Frankreich den Traum von der absoluten Vorherrschaft in Europa zu beerdigen. Aus Dankbarkeit ließ die Queen für Marlborough Blenheim Palace erbauen, Englands größtes Schloß, dessen Grundfläche mit Innenhof 14 Morgen bedeckt. Auf das Dach stellte der Herzog eine Büste des geschlagenen Ludwig, und Henry Wise, der Gärtner der Queen, pflanzte 686 Ulmen nördlich des Palastes, nach der (unbewiesenen) Überlieferung in der Schlachtordnung von Blenheim. Die Ulmen-Krankheit raffte dort in diesem Jahrhundert die zweite Ulmen-Generation dahin; die Bäume wurden durch Linden ersetzt.

Der Sieger von Blenheim war in seiner Jugend für seine Amouren berühmt gewesen. Mit seiner Cousine, Lady Castlemaine, unterhielt er ein Verhältnis, während sie die offizielle Mätresse von König Charles II war. Doch mit 27 Jahren gab er sein wildes Leben auf und heiratete die schöne Sarah Jennings, lange Jahre die engste Vertraute von Queen Anne. Nach einem seiner Feldzüge auf dem Kontinent notierte die glückliche Gemahlin: „Der Herzog kam aus dem Krieg nach Hause und erfreute mich gleich zweimal, noch in seinen Stulpenstiefeln."

„Du solltest ein Buch über sie schreiben", riet mir ihr Nachkomme Randolph Churchill auf Stour, als ob er mir für morgen ein Interview mit ihr besorgen könne. Und er zeigte mir eine Botschaft seiner Ahnfrau, die ich bis heute nicht vergessen habe, auch wenn ich kein Buch über sie schrieb. Nach dem Tod von Marlborough hatte der Herzog von Somerset der Witwe einen Heiratsantrag gemacht, aber sie antwortete: „Wenn ich jung und hübsch wäre, wie ich war, statt alt und welk, wie ich bin, und Sie würden mir das Erdenreich zu Füßen legen, so könnten Sie doch nie die Hand und das Herz besitzen, die einst John, Duke of Marlborough gehörten."

Mehr als hundert Jahre später, als im Balliol College der Spottvers gesungen wurde

> „My face is pink,
> my hair is sleek,
> I dine at Blenheim
> once a week",

da wurde 1874 in einem imposanten Messingbett des Palastes ein neuer Churchill geboren, der die Welt verändern sollte. Nach den Spielregeln der Genealogie des englischen Adels – Kontinental-Europäern etwa so geläufig und einleuchtend wie die Spielregeln des Krickets – bedarf es zweier Generationen, um die Familien von nachgeborenen Söhnen eines Herzogs bürgerlich zu machen. Daher war der dritte Sohn des 7. Duke of Marlborough noch Lord Randolph Churchill, dessen Sohn aber, der im Messingbett von Blenheim das Licht der Welt erblickte, hieß einfach Winston Spencer Churchill (erst im hohen Alter wurde er wieder geadelt und „Sir"; den „Lord" lehnte er ab, um seinen Sitz im Unterhaus nicht aufzugeben). Er war es, der zum zweiten Retter Englands werden sollte und dessen Ruhm den Ruhm des Urahn noch überstrahlte.

In Stour (und später in Bonn) habe ich Randolph Churchill stundenlang mit Fragen nach seinem Vater genervt, die dem alten Herrn selbst schlecht zu stellen waren. Und nach und nach gewann mit Hilfe des Sohnes ein Profil schemenhaft Kontur, das sich in mancher Hinsicht von den Churchill-Abziehbildern der Geschichts- und Lesebücher unterschied.

Durch Geburt gehörte Winston Churchill zur englischen Oberschicht und obgleich seine finanziellen Mittel stets begrenzt waren, hat er sich in seinem 90jährigen Leben nie selbst ein Bad einlaufen lassen oder – wie William Manchester schrieb – sich allein angekleidet.

Winston Churchills Vater starb mit 45 Jahren wohl an der Syphilis in geistiger Umnachtung. Winston Churchills amerikanische Mutter war die Urur-Enkelin einer Irokesin. Sie hatte eine eindrucksvolle Zahl eindrucksvoller Liebhaber, darunter den Sohn der Queen Victoria, Prinz Albert, und den Sohn des Eisernen Kanzlers, Herbert von Bismarck. „Für mich strahlte sie wie der Abendstern", erinnerte sich ihr eigener Sohn an sie. Sie wurde von ihm zärtlich geliebt und war ihm zugleich unerreichbar fern.

In Harrow, nicht in Eton, ging Winston Churchill zur Schule. Er vergaß selten, darauf hinzuweisen. Als er einmal im Unterhaus den Ausdruck „primus inter pares" benutzte und einige Labour-Abgeordnete „Übersetzen" riefen, versicherte er: „Gewiß werde ich das übersetzen." Dann wandte er sich zu den Konservativen: „Für den Fall, daß einige Absolventen von Eton zugegen sind."

Anfang des Jahrhunderts war er als junger Held des Buren-Krieges erstmals ins Unterhaus gewählt worden. Bald darauf lernte er seine spätere Frau Clementine kennen. An jenem Abend, da er ihr begegnete, hatte er Violet Asquith zu Tisch. Die beiden sprachen über den Sinn des Lebens: „Wir sind alle Würmer", sinnierte Churchill, „aber ich glaube, daß ich ein Glühwürmchen bin."

1908 heiratete er Clementine Hozier und – so schrieb er Jahrzehnte danach – "lebte fortan im Glück". Den Schlußsatz englischer Märchen als Ehebeschreibung zu benutzen, dafür allein hätte er den Nobelpreis für Literatur verdient, der ihm erst im Alter für seine historischen Werke verliehen wurde.

Bei Ausbruch des Ersten Weltkrieges war Winston Churchill Erster Lord der Admiralität und entwarf den Plan, im Rücken der Deutschen auf den Dardanellen zu landen; strategisch eine der brillantesten Ideen des Krieges, deren Ausführung verpfuscht wurde und scheiterte. Churchill trat zurück und übernahm (bis zu seiner Rehabilitierung) als Oberstleutnant ein Batallion in den Schützengräben der Front in Frankreich. Er begrüßte seine Offiziere mit den Worten: „Wer für mich ist, den werde ich beschirmen. Wer gegen mich ist, den werde ich zerbrechen. Guten Tag, meine Herren."

Bis zum Ausbruch des Zweiten Weltkrieges saß Winston Churchill insgesamt zehnmal als Minister, Schatzkanzler oder Erster Lord der Admiralität in einer Regierung Großbritanniens. Aber niemals gelang ihm zu erreichen, was er begehrte: das Amt des Premierministers. Denn Englands Establishment mißtraute ihm zutiefst. Er hatte die Konservativen verlassen und zwanzig Jahre (1904–1924) bei den Liberalen verbracht, ehe er wieder Tory wurde. Das machte ihn der herrschenden Klasse suspekt. Er erschien sprunghaft und unberechenbar, liebte die Macht, das Risiko und die Gefahr, war von Scherben mißachtendem Ungestüm, halb Pirat, halb Poet, dessen überragende Bildung und Intelligenz, Tapferkeit und Wortgewalt alles nur noch verschlimmerte. Die zivilisierten Löwen des britischen Empire mit gefönten Mähnen, manikürten Pranken und dritten Reißzähnen betrachteten die vor Kampfeslust zitternde Bulldogge mit unverhülltem Argwohn.

Doch als Englands dunkelste Stunde anbrach, da war es die Stunde des Winston Churchill. 1940 hatte die deutsche Wehrmacht Europa überrannt. England stand allein, entmutigt und verzweifelt. Nur noch ein Wunder konnte die Insel retten. Das Wunder hieß Winston Churchill. Der König berief ihn zum Premier. Im Alter von 65 hatte er das Ziel seiner Sehnsucht erobert.

Hitler bot England nach der Kapitulation Frankreichs und der Flucht des britischen Expeditionskorps aus Dünkirchen Frieden an. Die Führung der Konservativen war zu Verhandlungen bereit. Aber Churchill ließ es nicht zu. „Gebt niemals auf", rief er den Briten in ihrer hoffnungslosen Lage zu: „Niemals, niemals, niemals." Er versprach ihnen „Blut, Schweiß, Mühsal und Tränen". Und er hielt sein Versprechen – bis die Deutschen im Staub lagen.

Als Pamela, die Braut seines Sohnes Randolph, 1940 fragte, was sie denn schon im Fall einer deutschen Invasion tun könne, grollte ihr späterer Schwiegervater: „Du kannst dir immer noch ein Bratenmesser aus der Küche holen und einen von ihnen mitnehmen, oder nicht?"

Churchill, nicht Roosevelt oder Stalin, war der eigentliche Gegenspieler Hitlers. Andere mochten über größere Heere und Länder gebieten. Aber der Engländer mit dem Babygesicht und der empfindlichen Haut der Rotblonden war es, der Hitler den Weg zum Sieg versperrte. Denn ohne Churchill hätte Hitler eventuell mit England Frieden schließen und Europa beherrschen, Amerika neutral halten, Rußland niederwerfen und den Krieg gewinnen können.

Churchill war sentimental und wie Bismarck leicht zu Tränen gerührt, oft von den eigenen Worten. Wie Stalin liebte er es im Krieg abends einen Spielfilm zu sehen. In Chequers, dem Landsitz der Premierminister Englands, gab es eines Nachts „Oliver Twist". Als die Stelle kam, da Bill Sikes seinen Hund ertränkt, hielt Churchill seinem Pudel Rufus, der auf seinem Schoß lag, die Augen zu: „Schau jetzt nicht hin, mein Lieber", murmelte er: „Ich erzähl' dir alles hinterher."

Er liebte dramatische Situationen. Im Weißen Haus – so überlieferte es Roosevelts Vertrauter Harry Hopkins – trat er gerade in jenem Moment splitternackt aus dem Bad in sein Zimmer, als Franklin Delano Roosevelt in seinem Rollstuhl zur anderen Tür hereinrollte. Der prüde US-Präsident war verlegen. Churchill aber verkündete feierlich: „Der Premierminister Großbritanniens hat vor dem Präsidenten der Vereinigten Staaten nichts zu verbergen." Und er konnte kaltschnäuzig sein. Auf einen diplomatischen Protest der Schweiz gegen das Überfliegen ihres Territoriums durch englische Kampfflugzeuge schrieb er für das Foreign Office an den Rand: „Sagt ihnen, sie sollen ihre Kühe melken." Ein Kamel, so definierte er bei anderer Gelegenheit, sei ein Pferd „designed by a committee".

Kaum hatte Winston Churchill England gerettet und den Krieg gewonnen, da wählten die vorsichtigen Engländer den ihnen unheimlichen Helden im Sieges-Sommer 1945 wieder ab. Labour-Premier Clement Attlee zog in Downing Street 10 ein. Ein „Schaf im Schafspelz" knurrte Winston Churchill. Sein Leibarzt Lord Moran berichtete von einer Begegnung der beiden auf der Toilette des Unterhauses. Churchill nahm dort soweit wie möglich entfernt Aufstellung. „Auf Abstand bedacht, Winston", frozzelte der Sozialist Attlee. „Ja", brummte Churchill: „Immer, wenn ihr was Großes seht, wollt ihr es gleich verstaatlichen."

Winston Churchill ist einer der wenigen Menschen, ohne die die Weltgeschichte nicht nur etwas anders verlaufen wäre, sondern möglicherweise Kopf gestanden hätte. Die abendländische Zivilisation verdankt ihm vermutlich ihr Überleben und die Rettung vor dem NS-Regime – auch wenn das Empire dabei draufging und die Russen bis ins Herz Europas vorstießen. Um die „Hunnen“ in die Knie zu zwingen, war Churchill jedes Opfer und jedes Mittel recht, sogar der Pakt mit den Bolschewisten. So vertrieb er Hitler mit Stalin, so trieb er den Teufel mit dem Belzebub aus. Das ist ihm oft und lange vorgeworfen worden. Zu Unrecht, wie es heute scheint. Denn 25 Jahre nach seinem Tod zogen sich die Russen wieder aus Europa zurück. Hätte eine Herrschaft des Hakenkreuzes über die alte Welt auch so schnell wieder geendet?

Für Winston Churchill, der von 1951 bis 1955 noch einmal als Premier diente und als erster englischer Staatsmann nach dem Krieg die Vision eines vereinten Europas beschwor, war die eigene Größe so selbstverständlich, wie wohl für keinen anderen seiner Zeit – mit möglicher Ausnahme von General Charles de Gaulle. Als die Franzosen ihrem Staatschef 1961 in einem Referendum einen überwältigenden Vertrauensbeweis ausgestellt hatten, schlug ein Freund dem General vor, er solle der Nation in einer Adresse danken. Erstaunt musterte Charles de Gaulle ihn mit seinen kurzsichtigen Augen und fragte zurück: „Wie kann Frankreich Frankreich danken?“

Eine vergleichbare Episode im Leben Churchills ereignete sich im Krieg auf Chequers. In der Halle des Landsitzes des Premierministers hing damals „Der Löwe und die Maus“ von Peter Paul Rubens aus dem 17. Jahrhundert, die ins Bild gesetzte Aesopsche Fabel von der kleinen Maus, die das Netz durchnagt, in dem der mächtige Löwe gefangen ist. Zwei Jahrhunderte in einem mit offenen Kaminen geheizten englischen Haus hatten das Bild so dunkeln lassen, daß die tapfere Maus kaum noch erkennbar war. Aber eines Morgens leuchtete sie wieder in strahlendem Silbergrau. Hausherr und Hobbymaler Winston Churchill hatte nachts, als er keinen Schlaf finden konnte, den Rubens restauriert. „Dear Claus“, schrieb mir 1990 sein Enkel Winston Churchill jr. (auch er längst Unterhausabgeordneter): „Mein Großvater hatte die Maus ‚gestärkt‘, weil er sich sorgte, sie könne nicht mehr genug Kraft haben, das Netz durchzubeißen.“

1965 starb Winston Churchill im Alter von 90 Jahren an Gehirntrombose. Sein Sohn Randolph wurde beauftragt, die offizielle Biographie zu schreiben. Doch er konnte nur die ersten zwei Bände fertigstellen und nicht alles Papier bringen, wovon er mir erzählt hatte. Dann nahm auch ihm der Tod 1968 die Feder aus der Hand. Als der nur 57jährige erfahren hatte, daß seine Kankheit tödlich verlaufen würde, behielt er es für sich. Er war kein Mann, der Mitleid brauchte. Auf Stour hatte er mir gesagt, was ihn sein Vater als Bub gelehrt hatte: „Es ist auch für einen Churchill keine Schande, Angst zu empfinden. Aber es ist eine Schande, sie zu zeigen.“

13. Kapitel

REPORTER

„Die Gäste werden gebeten, ihre Waffen abzugeben“

Von 1959 bis 1961 bereiste ich als Reporter des „Spiegel“ fremde Länder und Kontinente und erlebte das Erwachen der Dritten Welt. Zwei Ärzte, mit denen ich Anfang und Ende 1960 einige Zeit verbrachte, hinterließen dabei bei mir einen nachhaltigen Eindruck. Der eine hatte eine Hauptstadt in der Wildnis Südamerikas errichtet, der andere ein Hospital in der Wildnis Afrikas: Brasiliens Präsident Juscelino Kubitschek war der eine, Urwalddoktor Albert Schweitzer der andere.

Zu Beginn des letzten Jahrhunderts hatte sich Portugals Kronprinz Pedro (angeblich auf Anraten seines verschlagenen königlichen Vaters) an die Spitze der brasilianischen Unabhängigkeitsbestrebungen gesetzt. Er führte das Land aus der portugiesischen Kolonialherrschaft und wurde 1822 in Rio zum Kaiser unter dem Zuckerhut proklamiert. Seither existierte der Gedanke an „die Errichtung einer neuen Hauptstadt im Inneren“ (so Pedros Mitstreiter José Bonifacio).

Die Monarchie von Kaiser Pedro I und Kaiser Pedro II hielt nur 67 Jahre. Der Hauptstadtplan aber überlebte in vier verschiedenen Verfassungen, bis sich Diktator Vargas 1955 eine Kugel ins Herz jagte und ein Dr. med. Juscelino Kubitschek zum demokratischen Präsidenten Brasiliens gewählt wurde. Noch in seinem ersten Amtsjahr unterzeichnete Kubitschek ein Dekret über die Verlegung der Hauptstadt in den Bundesstaat Goiás, fast 1000 Kilometer landeinwärts von Rio. Brasiliens Städteplaner Lúcio Costa entwarf „Brasilia“, sein Schüler Oscar Niemeyer dessen Architektur. Und wenig später begann der rote Staub der aufgewühlten Erde des Hochlandes von Goiás sich auf eine Baustelle von der Größe des Dreiecks

Bonn–Köln–Aachen niederzusenken. Er setzte sich beißend in Zahnfleisch und Augen, in Motoren und Kleider. Rot waren sogar die Welpen, die sich kläffend im Schmutz der Straße balgten. Und rosa war – als Tarnfarbe gegen den alles durchdringenden Staub – meine Bettwäsche im Palace-Hotel von Brasilia.

Die 80 000 Erbauer Brasilias, die tagsüber in ihren Sandalen durch die Skelette der neuen Staatspaläste und Wolkenkratzer trapsten, wie einst die Sklaven der Pharaonen durch die Tempel von Karnak, schliefen und lebten damals etwa 15 Kilometer vom neuen Machtzentrum entfernt in einer namenlosen Free City, einer mit Schlamm, Autos und allen Rassen der Erde angefüllten Bretterbuden-Stadt. Auf acht Männer kam in der Free City eine Frau. Der schwarze Wirt von „Abrahams Bar" thronte hinter einer Theke, die mit zwei Plakaten geschmückt war: „I like Ike" und „Die Gäste werden gebeten, ihre Waffen abzugeben." Durch die ungepflasterten Straßen bahnten sich hupend Lastwagen ihren Weg, auf denen Indios zur Arbeit gekarrt wurden. Sie hockten auf ihre Fersen; ihre Körper schwangen im Rhythmus der Schlaglöcher hin und her wie Ähren im Wind.

Ich war mit Kubitschek zum Frühstück in seinem schon fertiggestellten Präsidenten-Palais verabredet, einem gläsernen Flachbau auf Betonstelzen. Zwei steinerne Nixen, die ihr Granithaar auswrangen, und zwei oliv-grüne Militärposten, die mit der gleichen saugend-schraubenden Grazie ihre Maschinenpistolen im Hüftanschlag hielten, wachten vor dem Portal. Eine mit Marmor ausgelegte Empfangshalle im Tennisplatzformat wurde links von zehn Meter hohen Spiegeln begrenzt, rechts von einer ebenso hohen Wand aus Messingkacheln. In der Mitte führte statt einer Treppe eine kardinalrote Velours-Rampe in den ersten Stock. James Bond hätte seine Freude daran gehabt. Durch die Fenster am Ende der Rampe fiel mein Blick auf ein Schwimmbad mit Zementinsel zum Sonnen. Dahinter: Wildnis – 1200 Kilometer Vogelflug bis zum nächsten elektrischen Licht.

Der Hausherr des seltsamen Palastes und ich frühstückten im Speisesaal gemütlich an einem zwei Meter breiten und acht Meter langem Kaffeetisch. Juscelino Kubitschek de Oliveira war ein schmächtiger Mann. Schwer hingen seine Lider über dunklen Augen. Sein Pferdegebiß erinnerte an den französischen Filmkomiker Fernandel. „Als Brasiliens Kaiser Pedro als zweite Frau eine österreichische Prinzessin nahm“, erzählte er mir und schob seine Kaffeetasse fort, „folgten ihr eine Menge Untertanen nach Brasilien, darunter auch die Eltern meiner Mutter“ (aus dem früher österreichischen, heute tschechoslowakischen Dorf Jaita). Die blauäuige Tochter wurde Lehrerin und Ehefrau in der verödeten Stadt Diamantina, die Existenz und Namen einem kurzfristigen Edelsteinrausch im vergangenen Jahrhundert verdankte.

Ihr Mann, ein heiterer und mittelloser Poet, starb, als Sohn Juscelino noch nicht einmal zwei Jahre war. Da zog sie den Jungen und dessen ältere Schwester von ihrem kümmerlichen Gehalt allein groß und ließ ihn studieren. „Ich bin wirklich mehr meiner Mutter als meines Vaters Sohn“, sagte mir der Präsident. Aus Dankbarkeit nannte er sich nicht nach seinem Vater Oliveira, wie es der Landessitte entsprochen hätte, sondern führte den Namen seiner Mutter, Kubitschek, obgleich sich seine Landsleute die Zunge daran abbrachen.

Dieser Abkömmling bettelarmer böhmischer Auswanderer, dessen Anfangsbuchstabe „K“ nicht einmal im brasilianischen Alphabet vorgesehen war, hatte sich nun darangemacht, dem viertgrößten Land der Erde eine neue Hauptstadt zu bauen. Er verließ Rio wie Echnaton Theben verlassen hatte. Er schuf Brasilia aus der Retorte, wie George Washington Washington erschaffen hatte. Und so wie einst Peter der Große mit Petersburg „ein Fenster zum Westen“ aufstieß, so öffnete Kubitschek sein Land durch die neue Hauptstadt nach innen.

Bis dahin hatten sich die Nachkommen der brasilianischen Einwanderer-Gesellschaft wie Krabben an die Küste geklammert und ihr Leben lang nach der alten Welt geschielt, von der sie träumten. Jetzt schwang das Tor zum Innern des Riesenreiches und seinen Rohstoff-Reserven auf. Dort sollten sich fortan die Träume des Volkes erfüllen. In dieser Kehrtwendung vom Ozean fort in das Landesinnere lag die eigentliche Bedeutung der Neugründung. „Ich habe den schlafenden Riesen geweckt“, sagte mir Kubitschek. „Und an dieser Stelle wird er seine Glieder recken.“

Die künstliche Hauptstadt hätte nicht in Lateinamerika gelegen, wenn bei ihrer Geburt nicht Korruption und Spekulation Pate gestanden hätten; der Bodenpreis stieg in zehn Jahren (nicht inflationsbereinigt) um das Anderthalbmillionenfache. Doch diese häßlichen Paten sind längst verblichen. Der Riese aber reckte sich und ließ seine Muskeln spielen: Nur neun Nationen der Welt erwirtschafteten 1990 ein größeres Bruttosozialprodukt als Brasilien.

In seiner Vickers Viscount, einer viermotorigen Turboprop-Maschine, nahm mich Kubitschek am nächsten Morgen mit zurück nach Rio. Im violetten Frotteehemd war Brasilia-Architekt Oscar Niemeyer zum Abschied auf dem Rollfeld erschienen, ein scheuer kleiner Bursche, Kommunist und Millionär zugleich, der mich fragte, ob ich den Unterschied zwischen Amerikaner und Russen kennen würde. Ich schüttelte den Kopf.

„Sie verkaufen beide ihre Großmutter. Aber die Russen liefern nicht."

Die Maschine gewann schnell Höhe und nahm Kurs auf Rio. Kubitschek studierte Akten und die Niederschrift eines offenbar abgehörten Telefongesprächs; seine Leibwache im Nebenabteil stimmte brasilianische Wirtinnen-Verse an. Endlos dehnte sich unter uns das smaragdfarbene Tuch von Busch, Gras und Krüppelwald, das das Hochland Goiás bedeckt. Plötzlich wies es lange schmale Scharten auf, so, als ob betrunkene Riesen versucht hätten, hier eine Partie Billard zu spielen und dabei mit ihren Queues unter den grünen Filz ihres Spieltisches gefahren wären. Bulldozer hatten zukünftige Zufahrtsstraßen freigeschnitten. Rot leuchtete die aufgerissene, tonhaltige Erde der Savanne zu uns herauf. Klaffenden Wunden gleich, in denen Blut geronnen war, führten die Schneisen auf eine Fata Morgana zu, die Wirklichkeit geworden war und hinter uns im Dunst versank: Die Wolkenkratzer-Skyline Brasilias in Brasiliens Wildnis.

Kubitschek sah von dem Protokoll auf, deutete mit dem Daumen zurück und sagte: „Dort fühle ich mich jung, als hätte ich das ewige Leben." Sechzehn Jahre später starb er im Alter von 73 Jahren bei einem Autounfall zwischen Rio und Sáo Paulo.

Seit den Sauriern hat nie jemand so umfassend über die Welt geherrscht, wie die sogenannte weiße Rasse. In der Handhabung von Macht und Materie (nicht unbedingt im Umgang mit der Moral) erwies sie sich allen anderen Erdbewohnern überlegen. Von einem Kontinent (Europa) aufbrechend, eroberte sie zwei andere dazu (Amerika und Australien) und machte zwei weitere tributplichtig (Asien und Afrika).

Spätestens nach Ende des Zweiten Weltkrieges aber überschritt die abendländische Zivilisation den Zenit ihrer Macht. Wie Lateinamerika ein Jahrhundert zuvor, streiften nun auch Asien und Afrika die Ketten des Kolonialismus ab. Daß einige Völker dabei vom Regen in die Traufe gerieten, störte Betroffene und Unbetroffene wenig. Man sieht es heutzutage durchweg lieber, wenn Menschen von ihren eigene Landsleuten malträtiert werden, als daß Fremde sie einigermaßen verwalten.

Mit dem Rückzug der Kolonialmächte schmolz in der weißen Welt der Stolz auf die eigene Geschichte. Auch das ist ein Indiz dafür, daß eine Hochkultur talwärts marschiert. So wie Deutsche neuerdings über Friedrich den Großen und Bismarck die Nase rümpfen, so schämen sich Europäer für Kolonisatoren oder Missionare und Amerikaner für die Ausrottung der Indianer. Für eine zweifelnde Generation im Westen wurden Verlierer von gestern zu Helden von heute. Sieger waren suspekt, Versager wurden gefeiert – von Film und Fernsehen, in Magazinen und Büchern, auf Schulen und Universitäten. Denen, die in der Vergangenheit von der abendländischen Zivilisation bekehrt, unterworfen oder ausgebeutet worden waren, galt zunehmendes Mitgefühl. Selbst Rassismus wird von manchen westlichen Intellektuellen heute nachsichtig beurteilt, solange er nur gegen Weiße gerichtet ist.

Das schlechte Gewissen der Alten Welt gegenüber den jungen Nationen wurde durch ihre Regierungen verkörpert. Nicht eine von ihnen traute sich, Buch darüber zu führen, was die Entlassung ihrer Kolonien in die Unabhängigkeit an Opfern gekostet hat, wieviele Europäer getötet, mißhandelt oder vertrieben, vergewaltigt, beraubt oder enteignet wurden. Es existieren darüber weder in London noch in Paris, weder in Den Haag, Brüssel oder Lissabon brauchbare Statistiken. Dabei handelte es sich gewiß um ansehnliche Größenordnungen, vor allem in Afrika.

Noch für Georg Wilhelm Friedrich Hegel war Afrika „das Kinderland, das jenseits des Tages der selbstbewußten Geschichte in die schwarze Farbe der Nacht gehüllt ist". Als ich es durchstreifte, war im „Kinderland" die Morgendämmerung angebrochen. Ein Kontinent lag in den Wehen. Nation auf Nation wurde geboren und wuchs mit Schmerzen heran.

Ostafrika ist schöner als Westafrika, aber der Kongo (heute: Zaire) ist für mich das Herz Schwarzafrikas. Ende Juni 1960 war er unabhängig geworden. Im Herbst stand er in Flammen. Die neuen Herren stritten untereinander. Ihre Untertanen plünderten. Weiße Söldner töteten für ihre schwarzen Auftraggeber. Schwarze UNO-Soldaten versuchten unter ihrem weißen Kommandeur vergeblich Frieden zu stiften.

In einem Fährboot setzte ich im September vom einst französischen Brazzaville zum einst belgischen Leopoldville (heute Kinshasa) über. Schlammbraun und träge wälzte der Kongo sich dahin. Auf seinem Rücken trieben Tausende Inseln blühender Wasser-Hyazinthen, die der zweitlängste Fluß Afrikas an seinem Oberlauf abgerissen hatte, dem Meer und der Vernichtung entgegen.

Am anderen Ufer angelangt, wurde ich von einem Hüter der neuen Unordnung als Spion festgenommen, aber wenig später wieder freigelassen, und als ich ihn ins „Hotel Memling" zum Gin Tonic einlud, lehrte er mich freundlicherweise die aktuellen Landessitten: In Leopoldville niemals mit dem Finger nach „le boy" schnippen, wie es die Belgier taten; beim Besuch eines Baluba-Dorfes an der Grenze zur abgefallenen Provinz Katanga Churchills V-Zeichen machen; zur Begrüßung im Lulua-Land einen Zeigefinger heben. Sollte ich diese Signale des neuen Kongo-Knigge auch nur einmal miteinander verwechseln, seien alle weiteren Ratschläge ohnehin überflüssig. In der Nacht ballerte in meinem Hotel eine Faust gegen die Zimmertür einer dort wohnenden UNO-Sekretärin, und eine Stimme begehrte: „Aufmachen, ich bin der Justizminister." Die Tür blieb geschlossen. Die kongolesische Gerechtigkeit mußte diese Nacht anderweitig ihren Lauf nehmen.

Es war die letzte koloniale Sünde der Belgier gewesen, ihren Kongolesen die Freiheit zu schenken, ohne sie darauf vorbereitet zu haben. Die jungen Führer des jungen Staates und seiner 200 Stämme standen jeden Tag vor mehr Problemen als ihre Bantu-Dialekte Worte hatten. Darum ebnete schließlich Gewalt den Weg in die Zukunft, genau wie früher bei uns. Mein Freund Henry Taylor, Sohn des US-Botschafters in Bern, der damals für Scripps-Howard-Blätter berichtete, wurde in jenem September, während ich sicher in Leopoldville saß, in einem Gefecht bei Lukolela erschossen. Er war lediglich eines, wenngleich das mir nächste Opfer des häßlichen Bürgerkrieges.

Vier Männer, deren Namen sich die Nachrichtensprecher in Amerika und Europa auf der Zunge zergehen ließen, rauften damals im Kongo um Macht und Beute: Lumumba und Kasavubu, Mobuto und Tschombe. Nur einer von ihnen überlebte.

Patrice Lumumba starb als erster. Der ziegenbärtige Mann vom Stamme der Bateteles war in seiner Jugend von den Belgiern wegen Unterschlagung und Urkundenfälschung zu Zwangsarbeit verurteilt worden. Haß gegen Weiße brannte seither in ihm. Am Tag der Unabhängigkeit wurde er Ministerpräsident.

Um sich auf eine solide Parlamentsmehrheit stützen zu können, versprach er 60 Abgeordneten sie zu Botschaftern zu machen. Er war der Mann Moskaus. Der amerikanische Geheimdienst CIA schmiedete (vergeblich) Pläne für seine Ermordung.

Als ich seine Residenz zwischen Mango-Bäumen und Gladiolen aufsuchte, biwakierte eine Kompanie ghanesischer UNO-Soldaten im Garten, und der Hausherr selbst war sich nicht sicher, ob sie ihn nun beschützten oder gefangenhielten. Wenig später wurde er von Truppen seines Generalstabschefs Mobuto verhaftet, gefoltert und an Tschombe ausgeliefert, den Herren der abgefallenen Provinz Katanga, in der Lumumba Anfang nächsten Jahres unter nie geklärten Umständen verschied; seine Leiche wurde angeblich durch Säure vernichtet.

Auch Lumumbas Gegenspieler, der Staatspräsident Kasavubu, scheiterte an Mobuto. Er wurde von dem Offizier abgesetzt, unter Hausarrest gestellt und starb 1969 in dem flußabwärts gelegenen Boma, nur 59 Jahre alt. Der dritte, Tschombe, überlebte ihn um genau zwei Monate. Der Katanga-Häuptling floh 1965 vor Mobuto ins Exil. 1967 wurde er auf einem Flug von Ibiza nach Mallorca gekidnapt und nach Algier entführt. Dort erlag er als 50jähriger im Juni 1969 angeblich einem Herzversagen.

Übrig blieb Mobuto. Seit 1965 ist er Staatspräsident. Seine 32

Millionen Untertanen zählen mit einem durchschnittlichen Bruttosozialprodukt von 200 Dollar pro Kopf und Jahr zu den ärmsten Völkern der Welt. Er selbst gilt, nach einem Vierteljahrhundert Amtszeit, als eines der wohlhabenden Staatsoberhäupter der Erde. Bis dieses vorläufige Endergebnis erreicht war, ist reichlich Blut in den Kongo geflossen.

In derselben Maschine wie ich verließ eine hochbeinige Mulattin den heimgesuchten Kongo: Madame Blouin. Der attraktive Mischling war in Moskau geschult worden, hatte dann unter dem Kommunistenfreund Sékou Touré in Guinea gearbeitet und war anschließend in Leopoldville Lumumba als Protokollchefin Tag und Nacht zu Diensten, bis in seiner Nähe Tod zu riechen war. Ich weiß nicht, woher sie vorher kam, ich bekam auch nicht heraus, wohin sie hinterher ging, aber wenn sie eine Agentin des KGB war, dann war der Dienst besser, als ich bis zu unserer gemeinsamen Reise angenommen hatte.

Nördlich des Kongo-Beckens liegt die Zentralafrikanische Republik, zeitweilig Reich des Kaisers und Kindermörders Bokassa. In jenem Herbst 1960 traf ich dort erstmals Babinga-Pygmäen, die damals nicht zur Bevölkerung gezählt wurden und meist schwarzen Farmern gehörten. Sie lebten nackt im Wald, scheuten die Sonne und heirateten vom 12. Lebensjahr an, oft durch Schwestern-Tausch. Hatten Pygmäen mit Giftpfeilen einmal einen Elefanten erlegt, so aß, liebte und schlief die glückliche Sippe angeblich tagelang in dem Tier. Ein französischer Priester vom Orden des Heiligen Geistes erzählte, als er seine schwarzen Schäfchen einmal gebeten habe, auch für die Pygmäen zu beten, „da wieherten alle vor Lachen; für Afrikaner sind Pygmäen keine Menschen“. Eher galten sie als eine Art von Mischung zwischen Haustier und Leibeigenen. Auch für diese primitiven, durchweg liebenswerten Geschöpfe ohne erkennbaren Drang zu Bosheit und Besitz war das neue Afrika zunächst ein schwieriges Afrika; später wurde es besser. Da niemand für sie demonstriert, möge Gott seine kleinen Kreaturen behüten. Von Kongo und Zentralafrikanischer Republik etwa gleichweit entfernt, kauert am Atlantik der Mini-Staat Gabun. Und in Gabun, an den Ufern des Ogowe war es, wo ich Albert Schweitzer begegnete.

14. Kapitel

ALBERT SCHWEITZER

„Der Schmerz ist ein furchtbarerer Herr als der Tod“

Meine Weggefährtin, eine komponierende Dame aus Denver, trug eine bayerische Trachtenjacke über ihrem weißen Seidenkleid und auf dem Kopf einen Tropenhelm. „Tragen Sie immer einen Tropenhelm, wenn Sie IHN nicht verärgern wollen“, belehrte sie mich verträumt. „Und rauchen Sie nicht; ER hat es nicht gern.“

Ich nahm ihr ein paar ihrer zahlreichen Gepäckstücke ab. „Vorsicht“ mahnte sie, „es sind ein paar Leckerbissen für IHN darin.“ Schließlich versprach sie mir: „SEINE Augen, die werden Sie nie vergessen.“

Am Spätnachmittag des gleichen Tages musterten mich diese Augen, mißtrauisch unter dem Rand eines Tropenhelms hervorspähend, zum erstenmal. Dann senkte Albert Schweitzer den Blick wieder in einen verbeulten Marmeladeneimer.

Der 85jährige, den Einstein für „den größten Menschen dieses Jahrhunderts“ hielt, war damit beschäftigt, in der Hocke Zement für das Fundament einer Eingeborenen-Hütte anzurühren und aus Sparsamkeit mit zerkleinerten Feldsteinen zu strecken.

Seine Werke über Jesu und Bach, über die indischen Denker und das Abendland waren mit mir als Übergepäck in den Urwald geflogen. Jetzt hielt er mir zur Begrüßung einen Vortrag über die sinnvollste Art, Hartholzbalken zu verzapfen und Trocken-Latrinen anzulegen.

„Woher wissen Sie das alles,“ fragte ich. Zum zweitenmal sah Albert Schweitzer vom Marmeladeneimer zu mir hoch: „Weil ich gebildet bin.“ Er ließ die Kelle sinken: „Kommen Sie, wir machen einen Rundgang durch das Hospital.“

Rundlauf wäre das treffendere Wort gewesen. Trotz der Äquatornähe schlug der alte Herr ein Tempo an, als gelte es noch am gleichen Tag eine Million (für wohltätige Zwecke) zu verdienen.

Sein Urwald-Hospital Lambarene, südlich des Ogowe, bestand aus zwei Siedlungen mit etwa 50 Holz-Häusern auf 100 Hektar, die sich über drei Hügel erstreckten. In den unmittelbar am Ufer gelegenen Hospital-Gebäuden hausten rund 400 Kranke; einen halben Kilometer landeinwärts lag das Lepra-Dorf mit 250 Bewohnern.

Die Patienten kamen mit ihren Familien nach Lambarene, mit Frauen, Hühnern und Kochtöpfen. Sie schliefen auf hölzernen Pritschen ohne Bettzeug, umgeben von Kranken ihres Stammes. Denn kein Galoa hätte freiwillig das Dach mit einem Pahonin geteilt. Gekocht wurde im Freien, über offenen Feuerstellen, vor denen die Familienangehörigen stundenlang auf ihren Fersen kauerten.

Räudige Hunde strichen durch die Krankensäle; unter den Fenstern des Operationssaals flossen in einer offenen Zementrinne die Exkremente der Patienten zum Fluß hinab; Unrat und Abfälle hüllten das Hospital in eine Glocke süßlichen Gestanks. Aber die Kindersterblichkeit war hier so gering wie in irgendeinem Chrom-Krankenhaus der Ford-Foundation. Täglich wurde Leben gerettet und Leid gemindert. Und wenn einer unter der malerischen Primitivität zu leiden hatte, dann nicht die schwarzen Kranken, sondern die weißen Samariter. Während meines Besuchs waren es fünf Ärzte, zehn Pflegerinnen und etwa ein halbes Dutzend freiwillige Helfer. Deutsch war die Umgangssprache der friedvollen Gemeinschaft.

Das holländische Fräulein Ali Silver lebte damals schon 17 Jahre im Hospital, das schweizer Fräulein Mathilde Kottmann sogar 36 Jahre. Kein Mann hatte vermocht, so lange das opfer- und entsagungsreiche Leben Albert Schweitzers zu teilen.

Die „sanftmütigesten Menschen“, denen er begegnet sei, nannte der Urwald-Doktor den japanischen Augenarzt Dr. Takahashi und dessen Frau. Seit drei Jahren betreuten sie seine Lepra-Kranken. Der Japaner erzählte, die Entwicklungszeit der Krankheit, deren Name noch immer Entsetzen war, könne bis zu sechs Jahren betragen. „Vielleicht habe ich es schon“, sagte er und stimmte ein hohes japanisches Stakkato-Gekicher an. Doktor Schweitzer riet mir, in dem Dorf keine Hände zu schütteln.

„Was hat das Hospital gekostet?“ fragte ich unter 30 Meter hohen Rotholz- und Kapok-Bäumen hinter meinem rüstigen Gastgeber herjapsend. „Meine Nerven“, sagte er ohne anzuhalten.

In welchen Winkel des Hospitals wir auch wanderten, stets fanden uns Boten, die eine mündliche oder schriftliche Weisung des Chefs mit der weißen Löwenmähne einholen wollten, sei es die Reihenfolge der Operationen am nächsten Tag, sei es die Festsetzung des Einkaufspreises für das Hauptnahrungsmittel Bananen.

Bei den Hütten mit den Geisteskranken tauchte eine Schwester auf. Sie hielt in ihren Händen einen kleinen Vogel, dessen eines Bein nur noch an einer Sehne hing. Ob es geschient werden könne oder ob der Vogel getötet werden müsse. „Unsinn“, grollte Schweitzer, „schneid es ab und verbinde ihn. Möchtest du nicht auch mit einem Bein weiterleben, wenn du zwei Flügel hättest?“ Seine Barmherzigkeit kannte keine Wehleidigkeit.

Wie alle Gebäude hatte Doktor Schweitzer auch die Quartiere für die irren Schwarzen selbst geplant. Bei einem Anfall wurden sie in Zellen gesperrt, die hölzernen Käfigen glichen und abfallende Böden hatten, um die Notdurft herausspülen zu können. So jammervoll das Dasein der Bewohner erschien – es gab damals kaum eine andere Station für Geisteskranke in Schwarzafrika. Doktor Schweitzer besuchte den Leidensort täglich.

Er hatte im Urwald eine Lichtung der Nächstenliebe gerodet und bepflanzt. Und er herrschte auf diesem Herrensitz des Humanismus mit der Allmacht eines Plantagenbesitzers. Sein Wort war in Lambarene Gesetz. Er traf alle wichtigen und die meisten unwichtigen Entscheidungen.

Er hatte seinem Reich sogar eine eigene Uhrzeit verordnet: Um jede Minute des Tages nutzen zu können, ehe die frühe Tropennacht einbrach, hatte er die Uhren um 20 Minuten nachstellen lassen.

Die Schwarzen, ob Patienten oder Arbeiter, rissen den Hut vom Kopf, wenn „der große Doktor“ vorbeistapfte, wie sie ihn eher respekt- als liebevoll nannten.

Die Weißen, ob Gäste oder Mitarbeiter, warteten vor den Mahlzeiten im Speisesaal stehend auf ihn, ehe sie Platz nahmen. Selbst seine damals 41jährige Tochter Rhena, die als Cheflaborantin im

Hospital arbeitete, traute sich erst nach Tisch eine Zigarette zu entzünden, als der Vater den Raum verlassen hatte.

„Niemand, der mich nicht in Afrika erlebt hat, kennt mich", hatte Albert Schweitzer einmal gesagt. Wer ihn in Afrika erlebte, war von seiner Ausstrahlung benommen.

Er sah aus wie ein naher Verwandter des lieben Gottes, und er benahm sich so. Er war ein Großtyrann der Nächstenliebe. Sein Herz war gut, sein Denken erhaben, seine Kunst begnadet.

Er zählte zu den bedeutenden Kulturphilosopen Europas; Frankreichs Existentialist Jean Paul Sartre war sein Großneffe. Sein Orgelspiel konnte seine Zuhörer zu Tränen rühren. Als erster hatte er den Orgelbau normiert. Mit einem 800 Seiten-Buch schenkte er der Welt die Wiederentdeckung von Johann Sebastian Bach. Sein Standardwerk über die Leben-Jesu-Forschung sprengte die herkömmlichen Vorstellungen der Theologie. „War Jesus wirklich Gottes Sohn?" fragte ich ihn. „Natürlich", antwortete er ohne Zögern. „Aber Sie und ich, wir sind auch seine Söhne."

In Afrika hat Albert Schweitzer Tausende gerettet oder geheilt, ihnen geholfen oder sie getröstet; statistisch war jeder sechste Einwohner Gabuns einmal sein Patient.

So sühnte der Urwald-Missionar Sünden seiner Rasse im dunklen Kontinent und wurde zum idealen Alibi des Abendlandes. Man konnte ihn feiern, ohne ihm folgen zu müssen. Er war nicht nach Afrika gekommen um zu nehmen, sondern um zu geben. Nicht Gier, sondern Güte trieb ihn an. Doch statt eines Büßerhemdes trug er den Tropenhelm, Symbol des Kolonialismus, und war nie bereit, die Rolle der Europäer in Afrika modisch zu verdammen: „Die Belgier haben es im Kongo ganz gut gemacht."

Er war nicht der Heilige, den seine Jünger in ihm suchten, und nicht der Narr, zu dem seine Kritiker ihn gern gestempelt hätten. Er liebte die Schöpfung und ihre Geschöpfe. Seine selbstbewußte Demut verachtete Weinerlichkeit. Er war streng, aber hart nur gegen sich selbst. Pflichtgefühl und Disziplin dünkten ihm selbstverständliche Tugenden. Er war stark und sanftmütig, milde und dickköpfig zugleich. Er war ein weiser, wunderbarer Mann.

Auf einen Brief von Joseph Goebbels, der „mit Deutschem Gruß" endete, entgegnete er höflich „mit Zentralafrikanischem

Gruß". Als ein Redner nach dem Zweiten Weltkrieg die abendländische Kultur feierte, murmelte er: „Abendländische Kultur? Gar keine schlechte Idee." Und für den Fall, daß er unter Kannibalen fallen sollte, hatte er seine eigene Grabinschrift bestimmt: „Wir haben ihn gegessen, den Doktor Albert Schweitzer. Er war gut bis zu seinem Ende."

Albert Schweizer war 1875 als Pastorensohn im Oberelsaß geboren worden. Eines der ersten theologischen Probleme, das ihn als Kind beschäftigte, galt den Geschenken der drei Könige aus dem Morgenlande: „Was haben die Eltern Jesu mit dem Gold und den Kostbarkeiten gemacht, die sie von diesen Männern bekamen? fragte ich mich."

Er studierte Philosophie und Theologie, Musik und Medizin, steckte beim Lernen die Füße nachts in einen Kübel kalten Wassers, um nicht vor Übermüdung über seinen Büchern einzuschlafen, und erwarb dreifache Doktorwürden, ehe er 1913 mit seiner jungen Frau Helene Breßlau und 2000 Gold-Mark in den Urwald zog, um ein Hospital zu bauen. Und dort im Urwald war es auch, wo dieser ungewöhnliche Mann sich auf eine ungewöhnliche Suche machte. Während der Vorarbeiten für eine zweibändige „Kulturphilosophie" wollte er herausfinden, ob es einen gemeinsamen Nenner der Menschheit für das gab, was „gut" und was „böse" war.

Er näherte sich dem Problem zunächst auf ebenso einfache wie einleuchtende Weise. Er legte alle bestehenden und vergangenen Kulturen, Religionen und Philosophien schablonenartig wie auf einem Raster übereinander und klopfte sie auf ihre Haltbarkeit ab, prüfte was ihnen gemein war und zog aus allen den Extrakt: Vom Koran bis zur Bibel, vom Stoizismus bis Laotse, von Plato bis Shaftesbury, von den lebensbejahenden bis zu den lebensverneinenden Weltanschauungen, von der jüdischen bis zur brahmanischen Mystik.

Schließlich wurde er bei seiner Suche fündig. Auf einer mehrtägigen Bootsfahrt auf dem Ogowe zu einer erkrankten Missionarin entwickelte der Urwald-Doktor zwischen Sandbänken und einer Nilpferdherde die Formel, die er fortan als sittliche Maxime für alle Menschen ansah: „Ehrfurcht vor dem Leben".

Nach dieser Ethik ist gut: „Leben erhalten, Leben fördern, entwickelbares Leben auf seinen höchsten Wert bringen."

Nach dieser Ethik ist böse: „Leben vernichten, Leben schädigen, entwickelbares Leben niederhalten."

Das gelte für das Leben von Menschen, Tieren und Pflanzen.

Albert Schweitzer: „Dies ist das denknotwendige absolute Grundprinzip des Sittlichen." Er war überzeugt, damit die Liebes-Ethik von Jesus Christus ins Universelle erweitert zu haben.

Natürlich war Schweitzer klar, daß auf dieser Welt ständig Leben von Leben lebt, daß ständig Leben genommen werden muß, um anderes Leben zu erhalten. Er nannte es „die Selbstentzweiung des Lebens". Aufgabe jedes Einzelnen sei es, eben diese „Selbstentzweiung des Lebens aufzuheben, soweit der Einfluß meines Daseins reicht".

So imponierend die Kraft des Gedankens war, sie allein hätte nicht ausgereicht jene Lawine loszutreten, die sich nun in Bewegung setzte und etwa Mitte des Jahrhunderts zu Tal donnerte: der Schweitzer-Kult.

Der Zeitgeist, zu dem sich der Urwald-Doktor nach eigener Aussage „im vollständigen Widerspruch befand", erhob ihn zum Mythos. Über 600 Bücher, Filme und Broschüren wurden über den Urwald-Doktor geschrieben. Er erhielt den Friedensnobelpreis. Winston Churchill taufte ihn „Genie der Menschlichkeit". Schulen, Straßen und Schiffe, Dörfer und Hospitäler wurden nach ihm benannt.

Ursache der globalen Verehrung war etwas, was in unserer Welt der Heuchelei und der verlogenen Moralisten wohl seltener ist als die Kronjuwelen der Queen: Die Identität von Leben und Lehre. Albert Schweitzer lebte vor, was er lehrte. Er war wahrhaftig. Er predigte nicht nur die Ehrfurcht vor dem Leben, er praktizierte sie. Er half und heilte Menschen, Tiere, Pflanzen Jahrzehnt um Jahrzent in tropischer Glut unter härtesten Bedingungen, jeden Tag bis zur körperlichen Erschöpfung. Er trat über jede Ranke in seinem Weg; ich sah, wie er seinen altmodischen Federkasten offenließ, um die darin kriechenden Ameisen nicht einzusperren; er reiste stets dritter Klasse, „weil es keine vierte gibt".

18 Stunden Arbeit und 6 Stunden Schlaf füllten seinen Tag, als ich

ihn besuchte. Um 6 Uhr stand er auf, um halb 8 war Frühstück. Den von der Morgenwäsche noch nassen Haarschopf ungewohnt glattgekämmt, löffelte er stumm seinen Frühstücksbrei. Butter gab es nur zweimal die Woche. Mit einem Taschenmesser schälte er eine frische Frucht. Um 8 Uhr rief der Gong zum Morgenappell. Genesende Patienten und eingeborene Hilfskräfte schlürften mürrisch und träge heran, mußten antreten und wurden zur Arbeit eingeteilt, vom Wasserholen bis zum Wegeausbessern. „Nimm den, der andere ist ein Idiot", war der erste Satz, den ich an diesem Morgen dabei vom „Genie der Menschlichkeit" hörte.

Ein Schlingel, der sich bei der Arbeit heimlich eine Pfeife ansteckte, wurde von ihm geknufft, gepufft und geschubst, bis der Übeltäter das Lasterwerkzeug endlich fallen ließ.

Albert Schweitzer hatte sein Dasein der Wohlfahrt der Schwarzen gewidmet. Doch das machte ihn nicht blind bei deren Beurteilung. Entwicklungshilfe-Sentimentalität war ihm fremd. Jedes Paddel, jede Wolldecke, jede Gabel in Lambarene hatte er mit den Initialen A.S.B. seiner 1957 verstorbenen Frau versehen, weil er zu Recht annahm, daß seine Patienten stahlen wie die Raben. Und während im benachbarten Kongo Weiße wie Hasen gejagt wurden, sah ich ihn einem Schwarzen eine Backpfeife verabreichen, weil der einem Pelikan des Doktors auf den Fuß getreten hatte. „Ist er nicht Ihr Bruder?" fragte ich nicht ganz fair.

„Ja", schnaubte Albert Schweitzer, daß sich sein weißgelber Schnurrbart sträubte, „aber ich bin der Ältere."

Mit einem Bulldozer, den die Regierung von Gabun leihweise zur Verfügung gestellt hatte, wurde eine Furche durch den Dschungel gepflügt, um Lambarene durch eine Straße mit der Außenwelt zu verbinden. Bisher war es nur über den Fluß zu erreichen. Auf der Baustelle stieß ich mit dem Fuß gegen einen der Steine, mit denen der hier zuvor verlaufende Trampelpfad befestigt war, ehe der Bulldozzer sie beiseite geschoben hatte. Albert Schweitzer hob den Stein auf. „Jeden von ihnen habe ich vor Jahren einmal aufgelesen und an seinen Platz gelegt", erinnerte er sich.

Ich war unversehens über die Tragik gestolpert, die den Lebensabend der Urwald-Doktors überschattete: Die Zivilisation hatte ihn eingeholt.

Einst war Albert Schweitzer 37 Tage gereist, ehe er Lambarene erreichte; jetzt waren es nur noch ein paar Flugstunden von Europa nach Afrika.

Keine zwei Kilometer vom Hospital entfernt gab es elektrisches Licht, fließend Wasser und Telefon – nichts davon im Krankenhaus.

„Ich bin traurig, unsere Einfachheit bedroht zu sehen“, sagte mir der Doktor. Ändern konnte er es nicht.

Während seine mächtige Stimme von Sonnenaufgang bis zur Abenddämmerung durch das Hospital drang wie das Bellen eines schlechtgelaunten Bernhardiners, klang sie wie Melodie gewordene Zärtlichkeit, wenn er ein Tier liebkoste. Albert Schweitzer, so schien mir, liebte *alle* Menschen aber *jedes* Tier. Er lachte, wenn sein Pelikan die Küchenboys ins Bein zwickte, er fütterte seinen Hund vom gedeckten Tisch, er trug stets einen Beutel mit Getreidekörnern für das Federvieh bei sich.

Den Menschen galt der gütige Ton erst beim Abendbrot. Vor dem Essen sprach er mit geschlossenen Augen ein Tischgebet. „Danket dem Herrn, denn er ist freundlich“, sagte er an meinem ersten Abend. Bei der Mahlzeit – er hatte verboten, daß ihm jemand etwas anbot – beteiligte er sich nur selten an der Unterhaltung von Mitarbeitern oder Gästen.

Nach Tisch setzte er sich an das Harmonium und spielte einen Choral; die Anwesenden sangen. Dann las er ein Stück aus der Bibel und interpretierte es, freigeistig und ergreifend.

Schwer lag nun die Müdigkeit des Tages auf seinen Lidern. Sein Gesicht war eingefallen. Sein Schritt von der Tafel fort verriet erstmals sein biblisches Alter. Aber noch war der Tag nicht zu Ende. Bis Mitternacht saß er in seinem Zimmer, las, arbeitete und schrieb, bis Fräulein Mathilde Kottmann ihn mit jener Floskel mahnte, die zum Film-, Buch- und Theaterstück-Titel wurde: „Es ist Mitternacht, Doktor Schweitzer.“

Ein paar Abende durfte ich mit ihm gehen. Die Petroleumlampe mit dem grünen Schirm erhellte das Zimmer nur undeutlich: Ein Bett unter einem Moskitonetz, ein Waschtisch mit Schüssel und Kanne, Bücherborde und ein Schreibtisch, auf dem Werkzeug, Briefe, Bücher, Medizinampullen, Zeitungen und Röntgenaufnahmen aufgehäuft waren. Davor zwei Hocker, einen für ihn, einen für mich.

Der Tag war der Tat gewidmet gewesen, der Abend gehörte dem Denken. Das Wissen Albert Schweitzers war universell, seine Neugier noch ein wenig größer. Ihn interessierte, was „die Welt im Innersten zusammenhält“ bis hin zur Tagespolitik.

Der Urwald-Doktor, der mit Indiens Pandit Nehru korrespondierte, nach dem Tod seines Freundes Einstein erfolgreich einen Stopp aller Atomtest gefordert hatte und mir aus dem Kopf aus den letzten Abrüstungsvorschlägen der Großmächte zitierte, war nicht zufrieden mit dem Zustand des Planeten. „Ich finde nicht“, knurrte er, „daß die Situation gut genug ist, um Golf oder Boccia zu spielen“ (was Eisenhower und Adenauer taten).

Albert Schweitzer hat im Denken und Tun um mehr als ein halbes Jahrhundert vorweggenommen, was heute die politischen Grundstrukturen der Gegenwart entscheidend mitbestimmt: Die Verantwortung der reichen für die arme Welt, der grüne Kampf um die Umwelt, die Zweifel an der Kernkraft, den Traum vom einfachen Leben ...

Am Tag meiner Abreise stieß ich durch Zufall, abseits des Weges im Dschungel, auf einen versteckten Friedhof, von dem mir niemand erzählt hatte. Sieben ungepflegte Gräber ehemaliger Mitarbeiter waren von Schlingpflanzen, Moos und Unkraut überwuchert. Die Eingeborenen mieden diesen Ort. Aber offensichtlich mieden ihn auch die Europäer. Keine Blume war dort gepflanzt, kein Kranz schmückte die Kreuze, kein Zaun hielt Ziegen oder Hühner fern. Für die Toten, derer sich ein Größerer angenommen hatte, blieb Albert Schweitzer keine Zeit. Er half den Lebenden. „Leben ist Leiden“, sagte er. „Schmerz ist ein furchtbarer Herr als der Tod.“

Als ich vom Friedhof zu seinem Haus ging, um mich zu verabschieden, sah ich ihn schon von fern auf den Stufen der Treppe stehen, die in sein Quartier führte. Vor ihm, am Fuß der Stiege, gestikulierten zwei Schwarze und schwatzten auf ihn ein. Den mächtigen Kopf ein wenig schräg geneigt wie sein Pelikan – das Alter hatte ihn auf einem Ohr harthörig werden lassen – lauschte Doktor Schweitzer dem Palaver. Dann scheuchte er die beiden mit ungeduldiger Geste zurück in den Busch und kam auf mich zu. „Weiber“, murrte er entrüstet. „Ihnen sind die Weiber gestohlen worden, und ich soll sie wieder holen. Vor 40 Jahren hätte ich mich darüber aufgeregt. Jetzt hab ich dazu keine Zeit mehr."

Er schenkte mir zum Abschied einen Mahagoni-Kasten, den er selbst geschreinert hatte. Vier Aussätzige aus seinem Lepra-Dorf paddelten mich zurück in die näherrückende Zivilisation. Albert Schweitzer starb fünf Jahre später in Lambarene. Die Welt, die ihn so lärmend gefeiert hatte, verdrängte ihn schnell aus ihrem Bewußtsein. Aber wie es mir meine Weggefährtin aus Denver prophezeit hatte, habe ich seine Augen nicht vergessen: Ihre Iris war graugrün mit einem braunen Rand um die Pupillen.

15. Kapitel

DIE „SPIEGEL"-AFFÄRE

„Wish you were here"

1961 wurde ich 34 Jahre alt und Chefredakteur des „Spiegel". Mein Co-Pilot im Cockpit der Chefredaktion war Johannes K. Engel, der professionellste Profi, mit dem ich je zusammengearbeitet habe. Er war unscheinbar und unschlagbar. Er konnte schreiben und redigieren, hatte ein traumwandlerisches Gefühl für Fotos, Themen und Mischung, war neugierig, stilsicher und gewissenhaft, beherrschte die Kunst von Layout und Illustration. Acht Jahre saßen wir Zimmer an Zimmer bei offener Tür nebeneinander und siezen uns noch heute. Ich kann mich an keine bedeutende Meinungsverschiedenheit in journalistischen Bewertungen mit ihm entsinnen. Zum Kummer und zur Freude Rudolf Augsteins waren wir – nach Augsteins Worten – "die einzige Chefredaktions-Gewerkschaft der Welt".

Wir wischten dem „Spiegel" den Schaum vom Mund, machten ihn zum Nachrichtenmagazin und konnten die Auflage weit mehr als verdoppeln. Sie stieg von rund 400 000 auf rund 900 000 verkaufte Exemplare pro Woche.

„Innerhalb von sechs Jahren peitschte ‚Jaco' die Auflage mit bunten wie banalen Geschichten hoch", heißt es dazu erklärend in einem jüngst erschienenen Medienwerk von zwei kritischen Journalisten (trotz des vertraulichen „Jaco" habe ich nicht das Vergnügen, auch nur einen der beiden zu kennen).

Beim Erstellen der „bunten wie banalen Geschichten", von denen eine zur „Spiegel"-Affäre führte, half so mancher Neuling, der in meiner Zeit als Chefredakteur zum „Spiegel"-Verlag fand. Darunter

o Conrad Ahlers, später Bundespressechef;
o Hermann Schreiber, später „Geo"-Chefredakteur;

o Dieter Schröder, später Chefredakteur der „Süddeutschen Zeitung“;
o Peter Koch, später „Stern“-Chefredakteur;
o Felix Schmidt, später „HÖR ZU“-Chefredakteur;
o Albrecht Kunckel, später Chefredakteur vom „Spektrum der Wissenschaft“;
o Joachim Fest, später FAZ-Herausgeber.

Auch meinen Freund Sefton Delmer holte ich eine Weile als Berater. Er schrieb uns eine unvergessene Titelgeschichte über den englischen Verteidigungsminister Profumo, der wegen seiner Beziehungen zu dem Callgirl Christine Keeler zurücktreten mußte. Überschrift: „Keeler Woche“. Sein dazugehöriger Limerick lautete:

> There was a young lady, Christine,
> who upset the party machine.
> They knew it was lewd.
> To lie in the nude,
> but to lie in the house is obscene.

Delmer brachte es außerdem fertig, Frankreichs Elendsmaler, Bernard Buffet, zu überreden, für uns ein Titelbild vom Wirtschaftswunder-Dicken Ludwig Erhard anzufertigen. Schließlich stießen zu uns Gesellschaftsreporter Peter Brügge, der als neue deutsche Maßeinheit „eine Nerzlänge“ einführte, und der Prozeßberichterstatter Gerhard Mauz, der über einen ohnmächtig gewordenen Sittenstrolch schrieb, er „streckte alle fünfe von sich“.

Wenn der stellvertretende Chefredakteur Conrad Ahlers und ich gemeinsam einen Beitrag verfaßten – ich formulierte, was er wußte –, schaute Engel durch die Tür und bemerkte: „Aha, die Ameise melkt wieder die Blattlaus.“ Wir hatten Spaß und Arbeit satt.

Am Abend des 26. Oktober 1962, einem Freitag, saß ich allein in meinem Büro und korrigierte Seitenabzüge mit einer Besprechung der Memoiren von Sefton Delmer. Rudolf Augstein und Johannes Engel hatten schon die Redaktion verlassen; Conrad Ahlers machte Urlaub in Spanien; im Atlantik dampften mit Raketen beladene Sowjet-Frachter in Richtung Havanna, einer US-Blockade entgegen.

Kurz nach neun meldete der Pförtner den Besuch von zwei Herren. Da standen sie auch schon im Zimmer: Oberkommissar Karl Schütz und sein Mitarbeiter Gerhard Boeden vom Bundeskriminalamt („Sicherungsgruppe Bonn"). Mit der deutschen Polizisten eigenen Höflichkeit zeigten sie mir einen Durchsuchungsbefehl und verlangten die Räumung der Redaktion. Die „Spiegel"-Affäre hatte begonnen.

Der damalige Verteidigungsminister Franz Josef Strauß war seit Jahren Rudolf Augsteins liebster Feind. Die beiden hatten sich aneinander gerieben wo und wie sie konnten. Jüngster „Spiegel"-Angriff auf den Minister war die Titelgeschichte „Bedingt abwehrbereit" im „Spiegel" vom 10. Oktober 1962 gewesen. Aufgrund der Ergebnisse des NATO-Herbstmanövers „Fallex 62" hatte Conrad Ahlers darin Kampfkraft und Strategie der Bundeswehr analysiert. Dabei hatten ihm geheime Unterlagen zur Verfügung gestanden.

Nun witterte Strauß seine Chance zum Gegenschlag. Unter dem Verdacht des Landesverrats liefen ohne unser Wissen Ermittlungen der Bundesanwaltschaft gegen uns an. In dem Artikel waren angeblich Staatsgeheimnisse preisgegeben worden, in deren Besitz wir durch Bestechung gelangt sein sollten.

Tagelang wurde die Redaktion heimlich überwacht und abgehört, mit verblüffenden Resultaten. In einem Telefongespräch aus seinem Urlaubsort in Spanien hatte Conrad Ahlers mich am 25. Oktober gefragt, ob er wegen der Kuba-Krise seine Koffer packen und nach Hamburg zurückkehren solle. Ich entgegnete, das sei nicht nötig; Augstein habe schon etwas geschrieben. Das war offenbar Grundlage für eine wenig später von Strauß aufgestellte Behauptung, Augstein sei in Kuba. Am Tage darauf, am 26. Oktober, wurde gegen halb sieben Uhr abends ein Verlagsangestellter in Düsseldorf festgenommen; die Sicherungsgruppe hielt ihn irrtümlich für Augstein.

Zweieinhalb Stunden später waren die Häscher bei mir in der Redaktion. Die Leitung der Aktion hatte Staatsanwalt Buback, der später als Bundesanwalt erschossen wurde. Von ihrem Ansinnen, die Redaktion zu räumen, ließen die Besetzer ab, als sie von mir auf mögliche Schadensersatzforderungen hingewiesen wurden. Unter Aufsicht von 11 Kriminalbeamten durften 11 „Spiegel"-Mitarbeiter die kurz vor dem Andruck stehende Ausgabe abschließen.

Gegen halb elf fuhren zwei Kriminalbeamte mit mir nach Wittensand. Sie durchsuchten mein Haus, sahen unter die Matratzen der schlafenden Kinder, stocherten im Heu des Ponystalls und beschlagnahmten eine Reihe Privatpapiere, darunter ein Notizbuch mit geheimnisvollen Figuren. Es waren Strichmännchen, die mein damals sechs Jahre alter Sohn Tom gemalt hatte. Was mich in den Augen der beiden Beamten besonders suspekt erscheinen ließ, war, daß ich keinen Schreibtisch besaß; das schien ihnen nicht mit rechten Dingen zuzugehen.

Lange nach Mitternacht fuhren wir zurück nach Hamburg – ins Untersuchungsgefängnis. Der bleiche Ermittlungsrichter Buddenberg erklärte mich für verhaftet. Die Tür einer Zelle schlug hinter mir zu. Ich war müde und schlief wie ein Murmeltier.

In der gleichen Nacht wurde Conrad Ahlers etwas jenseits der Legalität im spanischen Torremolinos festgenommen. Rudolf Augstein, den die Häscher verpaßt hatten, stellte sich am nächsten Mittag freiwillig der Bundesanwaltschaft.

An jenem Tag hatte ich bereits begonnen, mich mit meiner neuen Welt vertraut zu machen. Meine Zelle war klein, das Bett war hart, aber ich hatte auf See und im Krieg schon schlechter geschlafen. Als Untersuchungshäftling durfte man seine zivile Kleidung anbehalten, was ich tat, und sich Essen aus einem Restaurant kommen lassen, worauf ich verzichtete. Ich hielt mich fit mit „Canadian Air Force Exercise", einer damals populären Gymnastik. Meistens las ich, zunächst eine Biografie von Francis Drake, später „Die Deutschen und ich" von Sefton Delmer. Meine Kerkermeister waren zuvorkommend und ließen andere Häftlinge meine Zelle fegen, obgleich ich es eigentlich hätte tun sollen. Nachts hörte ich meine Nachbarn mit dem Löffel gegen die Heizungsrohre schlagen und einander Morsezeichen senden. Verstehen konnte ich sie nicht; sie benutzten einen Code.

An diesem ersten Wochenende sah ich schwarz. Aber schon am Montag schien die Welt wieder freundlicher. Und obgleich mein Fenster zum Hof hinausging, hörte ich am Mittwochabend die Sprechchöre einer Demonstration: „Spiegel raus und Strauß hinein". Die Öffentlichkeit nahm Anteil. Das hatte ich nicht erwartet.

Die Gattin eines Industriellen, deren Enkelin mein erstes Patenkind war, gab beim Pförtner einen Flakon Rasierwasser für mich ab, obgleich das Untersuchungsgefängnis sicher nicht der Ort ist, an dem eine Dame gesehen zu werden wünscht. Ich habe ihr die hanseatische Zivilcourage nie vergessen.

FDP-Chef Thomas Dehler, jahrelang Bundesjustizminister unter Konrad Adenauer, und Bankier Alwin Münchmeyer, jahrelang Präsident des Industrie- und Handelstages, stellten sich als Bürgen für mich zur Verfügung. Dabei konnten sie weiß Gott nicht wissen, ob wir nun Staatsgeheimnisse verraten hatten oder nicht. Ich war ihnen für diesen Freundschaftsdienst bis zu ihrem Tode dankbar.

Mainhardt Graf Nayhauß, der um die Welt bummelte, schickte mir eine bunte Postkarte aus Alcatraz: „Wish you were here . . .“ Ich erhielt einen Brief meiner neunjährigen Tochter: „Mäusi hat acht kleine Kinder bekommen. Sie haben kein Fell und sehen nicht hübsch aus.“ Mein Sohn schickte mir eine Zeichnung: Ein Ritter mit Lanze auf Straußen-Jagd.

Zunächst wurde ich jeden Tag einmal, später seltener vernommen. Die Vernehmungsbeamten gingen angenehm plump vor. Sie wollten wissen, woher der „Spiegel“ sein Material hatte. Jeder Stein und jede Spesenrechnung wurde von ihnen umgedreht, und mancher Unschuldige geriet in Verdacht. So auch Gebhardt von Walther, bis in jenes Jahr hinein Bonns Botschafter bei der NATO (später in Moskau). Ich hatte ihn durch meinen Freund und Bankier Enno von Marcard kennengelernt, und eines Tages, als Conny Ahlers und ich fanden, wir hätten eine schöpferische Pause in Paris verdient, frühstückten wir mit Walther im „Hotel Crillon“ am Place de la Concorde. Die Abrechnung fand die Bundesanwaltschaft und grillte mich und ihn. „Das haben Sie davon, wenn Sie mit dem Herrn Jacobi Tee trinken“, sagte Adenauer ihm später.

Das Beunruhigende der Situation war, daß ich sie nur bedingt beurteilen konnte. Ich kannte zwar Quellen von Conrad Ahlers, aber ich war nicht sicher, ob und wenn wieviele Staatsgeheimnisse daraus in den inkriminierten Beitrag geflossen waren. Augstein hat lange Jahre danach geschrieben: „Als Conrad Ahlers 1962 seine Titelgeschichte ‚Bedingt abwehrbereit‘ abgeliefert hatte, ging ich zu Claus Jacobi und sagte: ‚Geht denn das gut?‘ Seine

Antwort: ‚Conny will in'n Bau'." Ich kann mich an den Ausspruch nicht erinnern, muß jedoch zugeben, daß ich es in meiner Zelle für möglich hielt, wir würden nicht ungeschoren davonkommen.

Der Zeitpunkt der Aktion gegen den „Spiegel" war klug gewählt. Die Kuba-Krise hatte ihren Höhepunkt erreicht. Krieg lag in der Luft. Wenn, dann würde die verängstigte Öffentlichkeit in dieser Lage einen Schlag gegen die Presse am willigsten ehinnehmen, zumal der erhobene Vorwurf besonders verabscheuungswürdig klang. Kanzler Adenauer sah im Bundestag „einen Abgrund von Landesverrat".

Der „Spiegel", damals noch auf einer dünnen Kapitaldecke operierend, stand vor dem Ruin. Wären nur ein paar Nummern ausgefallen, hätte die Redaktion ihre Federn ins Korn geworfen, hätten die Anzeigenkunden ihre Anzeigen zurückgezogen und die Leser sich abgewandt – es wäre das endgültige „Aus" gewesen. Was statt dessen geschah, damit hatte keiner gerechnet: In Deutschland erhoben sich Bürger, und im Ausland flammte Mißtrauen auf. Die Pressefreiheit schien in Gefahr. Eine Welle des Empörens schwappte durch die Bundesrepublik. Professoren verfaßten Petitionen, Wirtschafter protestierten, Künstler demonstrierten, Studenten randalierten. Die Medien zogen auf die Barrikaden. Und in Bonn tanzten die Puppen. Die FDP zog ihre Minister aus der Regierung ab. Die „Spiegel"-Krise wurde zur Staatskrise.

Wie die Aktion gegen uns, so war nun die Reaktion für uns übertrieben. Wie sagte doch die hanseatische Verlegersgattin, die mit den Worten haderte, mit denen der Gatte handelte? „Wir Deutschen fallen immer von einem Exkrement ins andere Exkrement." In diesem Fall war es mir lieb. Es war unsere Rettung. Ohne nationale Aufregung hätten wir leicht vom Räderwerk einer staatstreuen Justiz zerstückelt werden können.

In der U-Haft bekam ich allerdings nicht alles mit. Aus den Zeitungen, die ich erhielt, waren alle Berichte über die „Spiegel"-Affäre ausgeschnitten. Doch aus den ständig größer werdenden Lücken konnte ich die wachsende Erregung ablesen. Verzweifelt suchte die Bundesanwaltschaft ihr Heil in der Flucht nach vorn. Sie verhaftete weiter – noch einen Redakteur, zwei Offiziere, einen Konsul und schließlich sogar Augsteins Bruder, den Anwalt Dr.

Josef Augstein. Insgesamt wurden neun Personen in U-Haft genommen.

Von der mich am meisten beunruhigenden Festnahme erfuhr ich acht Tage nach meiner eigenen auf dem Wege von Hamburg ins Rheinland. Um eine mögliche Kontaktaufnahme zwischen den Beschuldigten zu erschweren, wurden wir in verschiedene Städte verlegt. Augstein kam nach Koblenz, Ahlers nach Bonn, und mich brachten zwei Kripo-Beamte im PKW nach Düren bei Aachen. Bei Köln tranken wir einen Kaffee in der Raststätte am Kreisel vor der Autobahn nach Bonn. Dort gaben mir meine Begleiter eine Zeitung, vermutlich um meine Reaktion zu testen. Schlagzeile: Becker verhaftet. Hans Detlev Becker war einer der Schöpfer des „Spiegel". Er hatte Organisation, Form und Stil stärker geprägt als Augstein und war vor mir Chefredakteur gewesen. Dann war er Verlagsdirektor geworden. Er war Herz und Hirn unser aller Verteidigung. Nun hatten sie auch ihn unschädlich gemacht.

Bedrückt bezog ich mein neues Quartier in Düren bei Aachen. Es war ein gemütliches Landgefängnis. Jeden Tag durfte ich allein im ummauerten Garten spazieren und konnte in meiner Zelle auf dem Bett liegend Durants Weltgeschichte lesen. Wenn ich von draußen die Stimmen spielender Kinder hörte, überlegte ich, was wohl meine Beiden in der Dorfschule wegen ihres Vaters auszuhalten hätten.

Am 17. Tag meiner Untersuchungshaft erschien mein Hamburger Anwalt Dr. Labin zum Haftprüfungstermin vor einem Bundesrichter. Ich machte mir keine Hoffnung. Denn Fluchtgefahr, Verdunkelungsgefahr, dringender Tatverdacht – alle Voraussetzungen für eine U-Haft bestanden so sehr oder so wenig wie bei meiner Verhaftung. Der Ansicht schien mir auch Dr. Labin zu sein. Denn statt auf meinen Fall einzugehen, begann er dem Bundesrichter eine rechtsphilosophische Vorlesung zu halten. Nach vier Minuten konnte ich nicht mehr folgen und versuchte mit offenen Augen zu schlafen. Nach 12 Minuten merkte ich verblüfft, daß der Richter wie gebannt an Labins Lippen hing, und nach 26 Minuten – als Labin geendet hatte – schlug der Richter vor, eine kleine Pause zu machen. Es war klar: Er wollte mit Karlsruhe telefonieren. Als er wiederkam, machte er strenge Miene zum guten Spiel und erklärte meine Untersuchungshaft für beendet, weil kein dringender Tatverdacht mehr bestände.

Noch am selben Abend fuhren Labin und ich vom Untersuchungsgefängnis in Düren nach Köln und von dort im Schlafwagen nach Hamburg, wo wir in den frühen Morgenstunden eintrafen. Ein fröhliches Empfangskomittee wartete auf dem Bahnsteig: Freunde, Redakteure und Neugierige. Ein „Morgenpost"-Verkäufer rief die Schlagzeile aus: „Chefredakteur des ‚Spiegel' frei!" Wir fuhren in das Haus von Enno und Maren von Marcard in der Blumenstraße und nahmen einen tiefen Schluck. Bei Anbruch der Dämmerung – noch nicht Tag und nicht mehr Nacht – war ich in Wittensand und weckte wenig später meine Kinder. Es war der 10. Geburtstag meiner Tochter.

Die Verteidigungs-Schlacht begann. Sie endete mit einem umfassenden Sieg. Alle Untersuchungs-Gefangenen wurden nach und nach auf freien Fuß gesetzt. Der ohne den Schatten eines Beweises erhobene Vorwurf der Bestechung zerplatzte wie eine Nova in der Milchstraße. Ein angebliches Staatsgeheimnis nach dem anderen erwies sich als kein Staatsgeheimnis. Die Ermittlungen gegen sämtliche Spiegel"-Redakteure wurden eingestellt. Der Bundesgerichtshof lehnte es ab, ein Hauptverfahren gegen einen von uns zu eröffnen. Verteidigungsminister Strauß mußte im Dezember zurücktreten, Kanzler Adenauer im nächsten Jahr.

Die „Spiegel"-Affäre war eine Wendemarke im Strom der Geschichte der Bundesrepublik. Mit ihr brach das Ende der Ära Adenauer an, eine neue Zeit nahm ihren Anfang. Die Epoche von Wirtschaftswunder, Kanzler-Demokratie und obrigkeitsgläubigen Untertanen versank. Von Mitte der sechziger Jahre bis Mitte der siebziger Jahre folgte das Jahrzehnt des Umbruchs mit Studentenrevolte, Außerparlamentarischer Opposition (Apo) und Terrorismus, Vietnam-Krieg, Machtwechsel in Bonn und neuer Ostpolitik.

Ein Linksruck ging durch die Republik. Die Straße erhob ihr Haupt. Die Umwertung der Werte begann. Knechte wurden zu Herren, Jäger zu Gejagten. Reichtum, bisher bewundert, wurde verteufelt. Sozialismus, bisher belächelt, wurde salonfähig. In der Wirtschaft hieß „Gewinn" plötzlich „Profit". Aus Erhards „formierter Gesellschaft" wurde eine „permissive society". Über Goethe wuchs Grass. An Hochschulen verdrängte ordinäre Macht die Ordinarienmacht. Das Aussehen der Masse wurde zu einem neuen Schönheitsideal, Grün zur Modefarbe in der Politik. Ostpolitik ersetzte die Westpolitik. Neid machte sich breit. Eines Tages fand ich eine brennende Zigarettenkippe auf dem angesengten Ledersitz meines offen geparkten Wagens. Ich stellte den Roadster fortan in eine Garage, die SPD bald darauf den Kanzler.

Die Republik übte Kopfstand, allen voran die Großmogule der Presse. Axel Springer hatte – nach seinen eigenen Worten – in den ersten Nachkriegsjahren der Sozialdemokratie „nähergestanden als jeder anderen Partei“. Jetzt aber war er ein Kliff in der Brandung des Zeitgeistes, Wahrzeichen der herkömmlichen Ordnung, Personifizierung des Establishments und Freund Amerikas. Je weiter die Republik nach links rutschte, um so weiter rechts standen plötzlich Axel Springer und seine Blätter.

Anders Gerd Bucerius. Er hatte als kreuzbraver CDU-Abgeordneter und ergebener Gefolgsmann Konrad Adenauers begonnen, der – wie er sagte – „mich nach meinem Vater am meisten beeindruckte“. In der Dekade des Wandels aber orientierte er sich um, trat aus der CDU aus, wählte 1969 SPD und stellte Geld für die Verteidigung von Rudi Dutschkes Mitkämpfern zur Verfügung.

Mit ihm drehte sich seine „Zeit“: Als Rechtsaußen der Nachkriegs-Presse gestartet, entwickelte sie sich zum linksliberalen Blatt, das Verständnis für Gewalt gegen Sachen zeigte, milde Worte für Terroristen fand und dessen sonst so kluger Chefredakteur Theo Sommer über den in der DDR verhaßten SED-Chef Erich Honekker schrieb: „Die Bürger des anderen deutschen Staates bringen ihm fast so etwas wie Verehrung entgegen.“

Auch im zweiten Blatt des Verlegers Bucerius war der Kobolz der sechziger Jahre abzulesen. Für „Stern“-Chef Henri Nannen hatte noch 1959 die sowjetische Politik „jenseits aller Moral“ gestanden. 1968 kommentierte er dann den sowjetischen Einmarsch in Prag und die Erdrosselung der tschechoslowakischen Freiheit verständnisvoll so: „Such is life“.

Sogar der „Spiegel“ sollte sein Hemd wechseln. Aber noch hatte ich es an. Der „Spiegel“ war im Zweifelsfall nicht links geboren worden. „Was in ihm am frühesten als Gesinnung Ausdruck findet“, diagnostizierte der linke Erich Kuby, „ist Augsteins nationale Gesinnung." Augstein hatte Adenauer mangelndes Eintreten für die Wiedervereinigung vorgeworfen und seine Politik in die Nähe des Separatismus gerückt. Die Wirtschaftsredaktion unterstützte Erhards freie Marktwirtschaft und verspottete die Gewerkschaften. Ausland und Internationales wurden von zwei Redakteuren betreut, die dem Reichssicherheitshauptamt der SS angehört hatten. Dann wurde auch noch „der Tory Jacobi" (Zitat von Conrad Ahlers) Chefredakteur. So konnte Kuby den „Spiegel" 1967 bedrückt „rechts stehen sehen" unter einer Chefredaktion, die „de facto das Blatt bestimmte". Das hörte Augstein nicht gern. Bei einem Vortrag in einer Universität hielten Studenten ihm zu jener Zeit ein Plakat entgegen: „DER SPIEGEL – BILD am MONTAG". Das schmerzte ihn. Obwohl ich gerade erst einen neuen langfristigen Vertrag unterschrieben hatte, war es Zeit zum Gehen. Denn ich glaube nicht, daß es Aufgabe von Angestellten ist zu versuchen, ihre Eigner gegen deren Willen zu weiteren Erfolgen zu führen; außerdem hatte ich ein finanziell besseres Angebot.

„Als wir uns trennten, er und ich", schrieb Rudolf Augstein 1977 darüber, „war im Hause zu hören: ‚Ihr versichert uns immer wie lieb Ihr Euch habt. Sagt uns doch bitte die wahren Gründe.' Ich konnte sie nicht nennen, und er, soweit ich mich erinnere, auch nicht. Es gab ein Gerangel um Kleinigkeiten, das war alles. Ein Jahr später, als die 68er Bewegung ausbrach, war uns beiden klar, daß wir aus einem nicht faßbaren Instinkt heraus gehandelt hatten. Jetzt gab es Gründe, einander adieu zu sagen."

Nach meinem Fortgang machte Augstein einen Sozialdemokraten zum Chefredakteur, nannte selbst den „Spiegel" ein „im Zweifelsfalle linkes Blatt" und das Kabinett Brandt „die Regierung, die wir gewollt haben". Das Hemd war gewechselt.

Richard Gruner, einst geschäftsführender Gesellschafter von „Spiegel" und „Stern", blickte 1987 auf die Purzelbäume zurück, die die Herren der veröffentlichten Meinung damals schlugen: „Axel Springer stand einst der Sozialdemokratie nahe und starb als Konservativer. Rudolf Augstein griff früher Adenauer von rechts an und steht heute im Zweifelsfalle links. Henri Nannen war erst antikommunistisch, dann anti-amerikanisch. Und Gerd Bucerius ist so oft hin und hergesprungen, daß man nur schwer folgen kann. Claus Jacobi ist einer der wenigen Medienmacher, die ihre Blätter wechselten, aber nicht ihre Überzeugungen."

Das gefiel mir, auch wenn es etwas dick aufgetragen war.

16. Kapitel

CONRAD AHLERS

„Trouble is my business“

Gewinner der „Spiegel“-Affäre war Rudolf Augstein. Sie mehrte seine Macht, sein Vermögen und sein Ansehen. Held der Affäre war Conrad Ahlers. Während andere ihre Haut zu retten suchten, suchte er die Haut anderer zu retten. Zu einer Zeit, als noch niemand den glückhaften Ausgang des Abenteuers absehen konnte, waren die meisten Beteiligten bemüht, mögliche Mitschuld von sich zu weisen, und einige, mögliche Mitschuld auf andere zu verlagern. Conrad Ahlers handelte umgekehrt. Er nahm – um Dritte zu decken – mehr Verantwortung auf sich, als er zu vertreten hatte.

So war er. Über 30 Jahre kannte ich Conny, und über 30 Jahre habe ich in der Gewißheit leben können, daß, wann immer ich einmal schuldig oder unschuldig in Not geraten sollte, einer versuchen würde, mich herauszuholen.

Der Mann, der durch den falschen Verdacht des Landesverrats zur nationalen Figur wurde, war der Sohn eines Mannes, der wegen Landesverrat zum Tode verurteilt worden war. Adolph Ahlers, ein Freund Albert Ballins, lebte vor dem Ersten Weltkrieg als Handelsherr und Wahlkonsul im englischen Sunderland. Bei Ausbruch der Feindseligkeiten besorgte er zwei jungen militärpflichtigen Landsleuten Passagen auf neutralen Schiffen. Dafür wurde ihm der Prozeß gemacht. Die Anklage warf Adolph Ahlers vor, er habe „verräterischerweise dem deutschen Kaiser angehangen“. Die Schlußworte seiner Verteidigungsrede lauteten: „Einmal ein Deutscher, immer ein Deutscher.“ Er wurde zum Tode verurteilt und in den Tower gesperrt. Ein Berufungsgericht sprach ihn zwar frei, aber er blieb bis 1919 interniert. Drei Jahre später, am 8. November 1922, gebar ihm seine Frau Gertrud, eine evangelische Pastoren-Tochter,

Charlotte Kirms-Krackow, die Patentante meines Vater um 1900 in Weimar: Sie saß als Kind auf Goethes Schoß, mein Vater auf dem ihren. Ich lutschte als Junge oft heimlich an einem Besteck, das der Geheimrat in ihrem Haus benutzt hatte, in der Hoffnung, noch etwas Goethe zu schmecken.

Mit meinem Bruder Peter (rechts) 1935 in der Platanenallee: Wir tragen die blau-gelbe Kluft des F.C. Victoria. Meine Strümpfe sind runtergerutscht, meine Ärmel aufgerollt, meine Haare ungekämmt, meine Knie dreckig. Peter war nicht nur älter und klüger als ich, sondern sah auch stets manierlicher aus.

Meine Eltern um 1927 in Hamburg: Als mein Vater das elterliche Pfarrhaus in Weimar verließ, hatte seine Mutter ihm einen Rat auf den Lebensweg nach Hamburg mitgegeben: „Mein Sohn, bitte denke daran: Auch reiche Mädchen können nett sein.“

Mit Sekretärin Eva Kühn und Chefredakteur Richard Tüngel 1951 auf einer Weihnachtsfeier der „Zeit“: Sekretärinnen, die in der Redaktion Tschaikowsky pfiffen, wurden von Tüngel entlassen. Er liebte die Antike und konnte Kitsch nicht ausstehen.

Mit Conrad Ahlers 1964 bei General Dwight D. Eisenhower in dessen Golf-Cottage auf der Cochran-Ranch in Kalifornien: Wäre die Invasion unter ihm 1944 in der Normandie gescheitert, wäre die erste Atombombe vermutlich auf Deutschland gefallen.

Adolf Hitler mit Sefton Delmer 1932 auf Wahlkampf-Reise: Ein Jahr später stapften beide durch den brennenden Reichstag. Dann wurden sie Feinde. Im Krieg leitete Delmer eine der geheimsten Operationen Londons gegen Deutschland. Wir waren 20 Jahre Freunde.

Bei Konrad Adenauer 1964 in Bonn: Gemeinsam mit Hans Detlev Becker übergab ich ihm die Originalbeiträge einer Sonderausgabe des „Spiegel" zu seinem Rücktritt. „Der Schnee, das Eis, es schlägt mir ins Gesicht", sagte er drei Jahre später auf seinem Totenbett.

Mit Rudolf Augstein (l.) 1967 beim Kanzler Kurt Georg Kiesinger in Berlin: Wir interviewten ihn im „Hotel am Zoo“. Augsteins Abneigungen entzündeten sich mit Vorliebe an Menschen, die er für erfolgreicher und weniger intelligent als sich hielt, von Konrad Adenauer bis Axel Springer.

Flug mit Robert Kennedy 1967 nach Bonn: Ich war sicher, daß er im nächsten Jahr zum Präsidenten gewählt worden wäre. Aber wie seinen Bruder traf ihn die Kugel eines Attentäters.

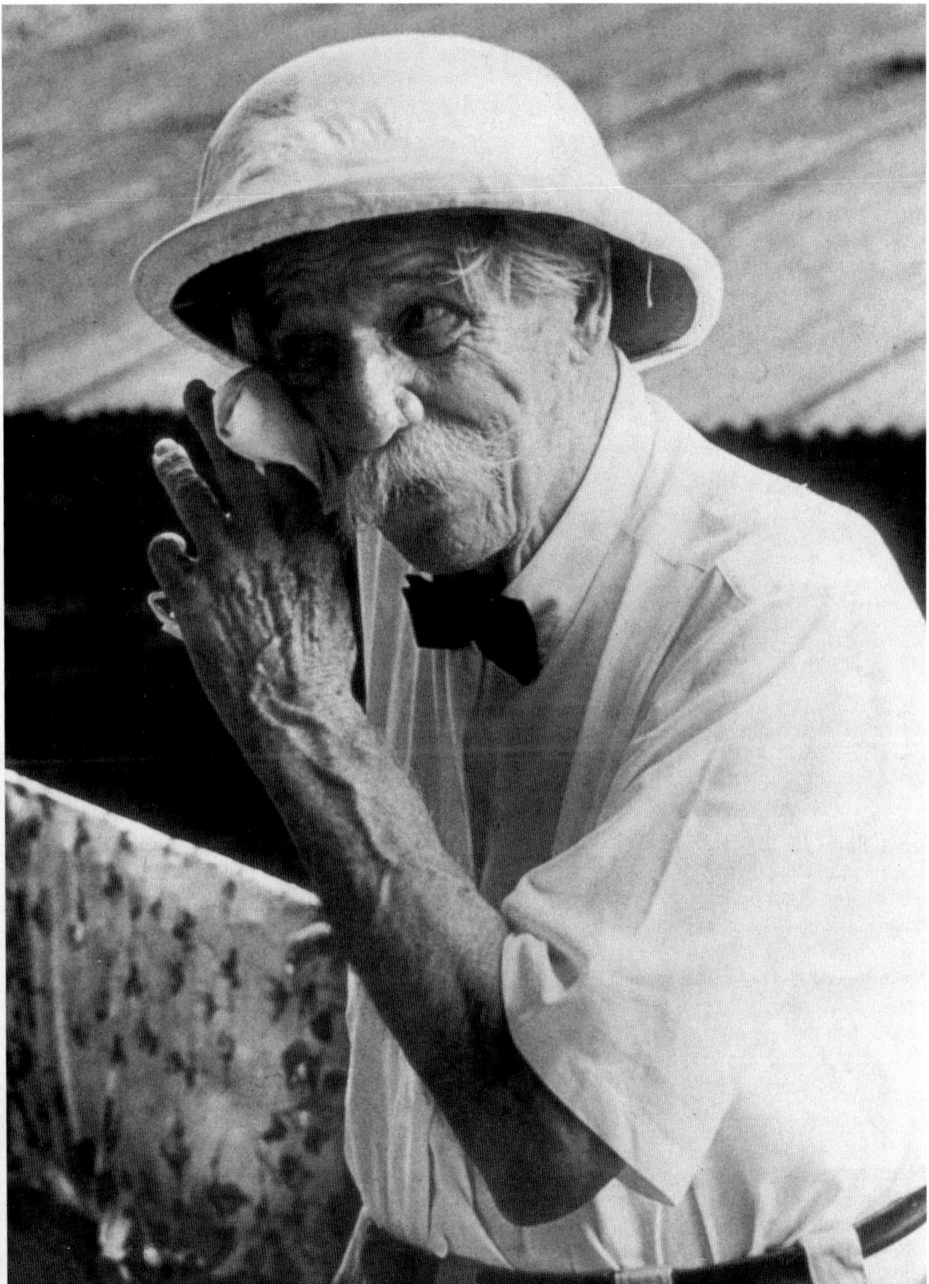

Albert Schweitzer 1965 in Lambarene: Während Weiße im benachbarten Kongo gejagt wurden, trug er noch den Tropenhelm, Symbol des Kolonialismus. Den schwarzen Mann sah er als seinen „Bruder“ an: „Aber“, fügte er hinzu, „ich bin der Ältere.“

Randolph Churchill mit seiner Tochter Arabella 1967 auf Stour: Wie Axel Springer jr. trug er schwer an der süßen Last, Sohn eines großen Vaters zu sein. Der Einfluß der Presselords glich für ihn dem Jahrhunderte alten „Vorrecht der Huren: Macht ohne Verantwortung“.

Hamilton Fish Armstrong 1970 in East Hampton: 44 Jahre redigierte er „Foreign Affairs“, die Bibel der Staatsmänner. „Sie haben mich erfunden“, sagte Henry Kissinger über ihn. Ham heiratete die Frau, die mir die Tür zum Journalismus geöffnet hatte.

Harry Hermsdorf 1945 in US-Uniform: Als Photograph getarnt, reiste der CIA-Agent mit mir durch Castros Kuba, brachte mich zu Allen Dulles und stellte mir Fritz Kolbe vor, einen der größten und unbekanntesten Spione des Zweiten Weltkrieges.

Mit Stalins Tochter Svetlana 1967 auf Long Island: Als Kind hatte sie ihrem Vater ein Foto geschenkt, das sie lachend zeigte. Er schickte es zurück. „Du hast einen frechen Gesichtsausdruck", schrieb er: „Früher war Bescheidenheit darin."

Ankunft auf dem Hamburger Hauptbahnhof am 14. November 1962: Ich war aus der Untersuchungshaft entlassen worden. Oben rechts: „Hamburger Morgenpost“ vom gleichen Tag. Verteidigungsminister Strauß mußte im nächsten Monat zurücktreten.

Mit Richard Gruner (r.) 1968 bei Henri Nannen auf dessen Motoryacht „Positano“ im Mittelmeer: An Nannen war alles überdimensional, vom Ego bis zum großen Zeh.

„Welt“-Werbung mit Gerd Bucerius 1975: Der Verleger der „Zeit“ hatte einst Axel Springer den „Stern“ zum Kauf angeboten. Früher wählte er CDU, später SDP.

Jet-Reinigung mit Besen: Ich halte die Leiter für Richard Gruner. Auf dem Flug nach USA waren wir in Island mit seiner Mystere 1971 überraschend eingeschneit.

Mit Kanzler Brandt (m.) und Conrad Ahlers (r.) in Erfurt: Am 20. März 1970 kam es im Hotel „Erfurter Hof" zur ersten Begegnung von zwei deutschen Regierungschefs. Ahlers holte den zögernden Willy Brandt ans Fenster. Die Menschen vor dem Hotel jubelten.

Mit Axel Springer und Herbert Kremp (m.) 1975 in der „Welt“ in Bonn. Springer schrieb an Bundespräsident Scheel: „Der zutiefst provinzielle Habitus der Mehrheit unserer für die Politik Verantwortlichen läßt sie nicht einmal die Absurdität Bonns als Hauptstadt fühlen“.

Mit Axel Springer jr. 1975 in Bonn: Er zeigt mir die neue Fotoredaktion der „Welt“.

Mit Venezuelas Junta-Chef Admiral Larrázabal 1958 in Caracas: Während ich den Offizier interviewte, schmiedete mein mitgereister Freund Harry Hermsdorf vom amerikanischen Geheimdienst CIA schon Pläne mit dem Mann, der die nächste Wahl gewinnen sollte.

Mit dem Präsidenten von Honduras, Ramon Villeda Morales, 1958 in Tegucigalpa: Einer seiner Vorgänger verlegte die Hauptstadt aus der fruchtbaren Ebene in die unwegsamen Berge, weil die reichen Familien des Flachlandes seine Mätresse geschnitten hatten.

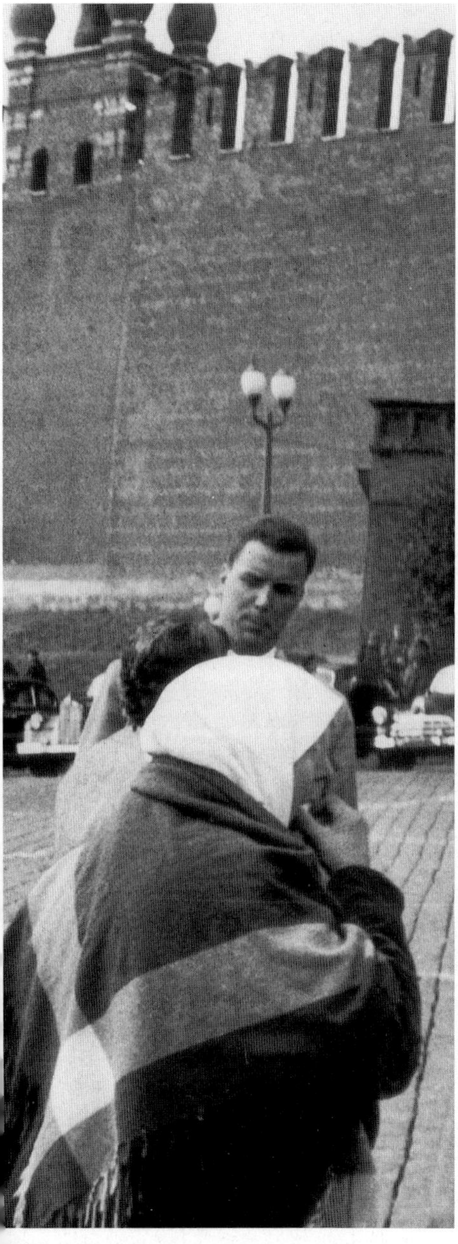

1956 auf Moskaus Rotem Platz: Stalin und Lenin lagen damals noch einträglich im Mausoleum an der Kreml-Mauer.

Mit Conrad Ahlers 1975 auf dem Bundespresseball in Bonn. Für ihn war und blieb ich immer „der Tory“.

Mit Gunter Sachs 1989 in seiner Pariser Wohnung: Er erwarb einige der wichtigsten Bilder des Jahrhunderts zu einem Bruchteil ihres heutigen Wertes, darunter auch den „Superman“ von Andy Warhol, der hinter uns hängt und uns ins Genick pustet.

Mit Österreichs Bundespräsident Kurt Waldheim 1988 in Fuschl: Ich war damals Gast der Fürstin Marianne Sayn-Wittgenstein, eine der großartigen Frauen Österreichs. Der umstrittene Politiker kam zum Essen. Die Hausfrau schoß das Foto.

Mit Karl Carstens 1987 im Berliner Verlagshaus: Ich bin dem Ex-Bundespräsidenten zu Dank verpflichtet, weil er die erste Schirmherrschaft über den Sven-Simon-Preis übernahm, der dem Andenken an meinen Freund Axel Springer jr. gewidmet ist.

Fürstin Ann Mari Bismarck 1985. Ihr Mann war der Enkel des Reichsgründers, ihr Trauzeuge Hindenburg, ihre Schönheit Spiegel ihrer Seele. „Eine wahrlich bemerkenswerte Persönlichkeit", schrieb mir Richard Nixon, nachdem er sie bei uns zu Tisch hatte.

General Reinhard Gehlen 1978: Der Geheimdienstgründer lebte in einem Quelle-Haus am Starnberger See. Neben dem Globus auf seinem Schreibtisch stand ein Foto des Königs von Jordanien mit Widmung. BND-Chef Gehlen hatte ihm einmal sehr geholfen.

Mit Richard Nixon 1980 in Hamburg: In seiner Suite in den „Vier Jahreszeiten" besprechen wir einen gemeinsamen Flug nach Berlin. „Wer an die Spitze der Sowjetunion gelangt ist", meinte damals Nixon, „ist dorthin über einen Haufen Leichen geklettert."

Curd Jürgens mit meiner Frau an seinem 60. Geburtstag 1975 in Berlin: Bei einem Essen, das ich ihm auf Sylt gab, hatte er einige Jahre zuvor Margie, die Mutter meines Patenkindes Miriam, kennengelernt – und machte sie zu seiner letzten Ehefrau.

Mit General Kießling 1991 in meinem Hamburger Büro: An meinem 57. Geburtstag vertraute er mir an, was die Öffentlichkeit noch nicht wußte. Am nächsten Tag begann die Affäre, die die Republik erschütterte. Kießling dachte an Selbstmord – und siegte.

Axel von dem Bussche mit Richard von Weizsäcker 1989 in Dänemark: Der Mann, der sich mit Hitler in die Luft sprengen wollte, ist der beste Freund des Bundespräsidenten und der Einzige, dem ich glaube, wenn er sagt: „Unsere Schuld ist es, überlebt zu haben."

In Kampen 1989: Das von meiner Frau gemalte Bild über unserem Kamin zeigt meinen Sohn Sven Christopher auf Sylt. Unser Haus ist klein. Wenn die Sonne hereinscheint, ist es voll. Dafür schaut man aufs Watt. Einmal im Jahr läuft mir das Meer in die Garage.

Meine drei Kinder Ninika, Sven und Tom: Dieses Buch entstand bei dem Versuch, ihnen aufzuschreiben, was ihr Vater in der Vergangenheit tat und wem er begegnete. Ich wäre glücklich, wenn sie in ihrem Leben so gute Freunde finden würden, wie ich sie fand.

Mit meiner Frau 1969 auf Long Island: Fotografiert von Christa Armstrong. Damals schrieb ich mein erstes Buch über die Bevölkerungsexplosion. Ich fürchte, ihre Gefahren werden noch immer unterschätzt, und wäre froh, falls ich Unrecht hätte.

in Hamburg einen Sohn: Conrad Ahlers. Er wuchs mit seiner Schwester Ruth in Harvestehude zwischen dem HSV und dem Club an der Alster in der gutgelüfteten Kinderstube eines Bürgerhauses heran. Mit seinem Schulkameraden Jürgen Ponto besuchte er das Heinrich-Hertz-Gymnasium und lernte von seinem Vater hanseatische Lebensweisheiten wie diese: „Mein Sohn, wen du vor neun auf der Straße siehst, der ist nichts und der wird auch nichts." Oder auch diese: „Mein Sohn, besser immer eine als eine immer."

Im Krieg meldete sich Conrad Ahlers freiwillig zu den Fallschirmjägern. Zwei Winter kämpfte er in Rußland. Dann lag er vor Monte Cassino. Bei Kriegsende trug er das EK I an der Brust und Leutnantssilber auf den Schultern.

Nach der deutschen Kapitulation studierte er mit seinem Kommilitonen Helmut Schmidt Volkswirtschaft an Hamburgs Uni, wurde stellvertretender AstA-Vorsitzender und Mitbegründer der Jungen Union. Ein Jahr arbeitete er als Nachfolger des deutschen Widerstandskämpfers Axel von dem Bussche beim Deutschen Dienst der BBC in London und trat anschließend in das evangelische „Sonntagsblatt" Hans Zehrers ein.

Aus jenen ersten Nachkriegsjahren, in denen auch ich ihm begegnete, stammten drei menschliche Bindungen, die sein Leben entscheidend prägen sollten:

o Er lernte die junge Heilwig von der Mehden kennen, damals Redakteurin bei der Jugendzeitschrift „Benjamin". 1949 heiratete sie ihn und schenkte ihm drei prächtige Kinder, die alle längst erwachsen sind: Ulrike, Detlev und Sibylle.

o Er lernte den Rechten Günter Diehl kennen, damals Redakteur bei Springers „Hamburger Abendblatt" und Untermieter der Witwe Ahlers im Haus Hallerstraße 22. Es wurde eine Freundschaft fürs Leben.

o Er lernte den Linken Herbert Wehner kennen, damals Redakteur beim sozialdemokratischen „Hamburger Echo" und Pate des Ahlers-Sohnes Detlev. Es wurde eine Freundschaft auf Zeit.

1951 übersiedelte Conrad Ahlers nach Bonn. Freund Diehl war dort Pressesprecher des Auswärtigen Amtes geworden. Conny wurde erst Chef vom Dienst im Bundespresseamt, dann – wiederum als Nachfolger von Axel von dem Bussche – Pressereferent des ersten Sicherheitsbeauftragten und späteren Verteidigungsministers Theodor Blank.

Das war die Zeit, als auch ich nach Bonn zog. Wir waren viel zusammen. Einen Sommer fuhren wir nach gemeinsamen Ferien mit Augstein in Spanien durch Frankreich zurück, der katholischen Residenz unter Reben entgegen. Noch tief in der Champagne kehrten wir am Abend in ein kleines Restaurant ein. Die einzigen anderen Gäste waren vier katholische Priester. Sie saßen nicht weit von unserem Tisch. Müde und überdreht begannen wir in Vertrauen auf die Sprachbarriere zu frozzeln. „Ich habe die vatikanischen Leibgardisten erst in Bonn erwartet", sagte einer. Und: „Ist man denn nirgends vor den Schwarzröcken sicher?" Ich glaube, die Sottisen stammten von Conny, aber ich fürchte, seine Frau Heilwig hat mich in Verdacht. Wie auch immer: Die frommen Zecher, tief in eine französische Diskussion vertieft, schenkten uns ohnehin keine Aufmerksamkeit. Doch als sie aufbrachen, da drehte sich der letzte von ihnen in der Tür um und wünschte mit akzentfreiem Deutsch: „Guten Abend".

1954 wechselte Conny wieder zurück in den Journalismus: Erst wurde er Außenpolitiker der „Welt" unter seinem alten Chefredakteur Hans Zehrer (der inzwischen Springers politischer Mentor geworden war). Dann war er mein Nachfolger, als Bonner Korrespondent des „Spiegel" in Bonn, später Blattmacher der „Frankfurter Rundschau" und schließlich – als ich Chefredakteur geworden war – stellvertretender Chefredakteur des „Spiegel". Nun waren wir wieder zusammen, enger denn je.

Mit Conrad Ahlers zog ein politisches Schwergewicht in das Blatt ein, das es vorher nicht besessen hatte. Er konnte snobbish sein wie eine englische Nurse. Als ein Redakteur ihm mit dem Hinweis widersprach, er glaube ein Sachverhalt sei anders, als Conny ihn beschrieben habe, konterte Conny: „Sie glauben, ich weiß." Er liebte den Anfang einer Ansprache von Feldmarschall Montgomery an seine Soldaten: „Wie Gott einmal sagte, und ich meine mit Recht..." Er erfand das „Spiegel"-Gespräch: Statt des herkömmlichen Interviews eine argumentierende Diskussion. Auch die oft kopierte Schluß-Formel stammt von ihm: „Wir danken Ihnen für dieses Gespräch." Und er war es, der erkannte und aussprach, daß

„Lebenshilfe“ eine der großen Aufgaben des Journalismus sei, die „Lebenshilfe“ beim Zurechtfinden in einer immer komplizierter werdenden Welt. Die Narren seiner Zunft fielen über ihn her. „Lebenshilfe“! Sie rümpften die Nase. Wo bliebe denn da der kritische Journalismus?

Im Spätsommer 1962 begann Conny mit den Vorarbeiten zu seinem 17seitigen Beitrag „Bedingt einsatzbereit“, der im Oktober erschien und die „Spiegel“-Affäre auslöste.

Nach einer Lagebesprechung bei Minister Strauß glaubte ein Oberregierungsrat im Bundesverteidigungsministerium namens Wunder als Gutachter für die Bundesanwaltschaft, in dem Artikel insgesamt 41 „zum Teil äußerst wichtige“ militärische Geheimnisse zu entdecken. Die Staatsmacht schlug los. Conny wurde unter Mitwirkung von Strauß rechtswidrig im Urlaub in Spanien verhaftet und mit seiner Frau Heilwig in die Bundesrepublik zurückgebracht. Fast zwei Monate saß er in Untersuchungshaft und wurde vernommen. Er gab keine Namen seiner Informanten preis und schützte jeden, der an dem Artikel mitgewirkt hatte.

Seine Figur verfehlte ihren Eindruck auf die „Sicherungsgruppe Bonn“ nicht. Als er zwischen zwei Verhören in ihren Räumen wartete, waren Beamte damit beschäftigt, das Telefonbuch irgendeines Verdächtigen irgendeines anderen Falles zu überprüfen. Sie drehten jede darin enthaltene Nummer und notierten, wer sich meldete. Wie üblich herrschte Mangel an Mitarbeitern; den drehenden Beamten drohten Überstunden. Es dauerte nicht lange, da drehte der potentielle Landesverräter Ahlers mit und schrieb die Namen der Angerufenen auf.

Während Connys Untersuchungshaft durfte seine Frau Heilwig ihn gelegentlich besuchen. Die Gespräche wurden überwacht, einmal von einem höheren Richter. Als Heilwig in dem Gespräch mit ihrem Mann von „Adenauer“ sprach, unterbrach sie der Repräsentant der unabhängigen Justiz: „Frau Ahlers, es heißt ‚Der Herr Bundeskanzler‘.“ So obrigkeitsergeben waren damals die Sitten; wer kann es sich heute noch vorstellen?

Zwei Tage vor Heiligabend – ich war gerade mit seinen Kindern auf dem Hamburger Weihnachts-Dom gewesen – wurde Conny aus Untersuchungshaft entlassen. Ich erinnere mich noch an meine erste

Frage an ihn: „Kriegen wir 10 oder 20 Jahre?“ Nun ging es darum nachzuweisen, daß das, was wir veröffentlicht hatten, keine Staatsgeheimnisse waren. Denn was ein Staatsgeheimnis war, konnte nicht die Regierung allein entscheiden, sondern erst die Justiz unter Würdigung aller Umstände.

Das Material von Conny und die Sichtung von 34900 Zeitungsausschnitten und 49 Fachbüchern mit 8731 Seiten durch die „Spiegel“-Dokumentation belegten, daß die meisten angeblichen militärischen Geheimnisse schon vorher irgendwann einmal irgendwo veröffentlicht worden waren. Aber es blieb eine Grauzone für das Ermessen der Richter.

In dieser Situation gewannen neben der Rückendeckung durch die Öffentlichkeit flankierende Maßnahmen an Bedeutung. Der Philosoph Karl Jaspers ergriff im Fernsehen für uns Partei, der britische Abrüstungsminister Alan Gwynne Jones erklärte sich bereit für uns als Gutachter aufzutreten, und der als „scharfer Hund“ bekannte Senatspräsident beim Bundesgerichtshof, Heinrich Jagusch, der jahrelang dem für uns zuständigen Staatsschutz-Senat vorgesessen hatte, ließ im „Spiegel“ eine Bombe explodieren. Er schrieb: „Schon einmal ... hat der Bundesgerichtshof entschieden, der Zweck der Strafvorschriften ... werde ins Gegenteil verkehrt, wende man sie auf jemanden an, der der freiheitlich-demokratischen Ordnung nicht schaden, sondern vielmehr nützen will. Genau das trifft im ‚Spiegel‘-Fall zu.“

Eine der schillerndsten Erscheinungen, die uns Flankenschutz gewähren sollten, wurde der jüdische US-General Julius Klein, Besitzer einer gleichnamigen PR-Firma. Die Kombination von Rang und Religion war schon Konrad Adenauer in den fünfziger Jahren unschlagbar erschienen. Er hatte Klein als Lobbyisten für die deutschen Interessen in den USA angeheuert. Das war die Zeit, als ich Klein kennenlernte. Er war der Enkel deutscher Einwanderer und mit einer Wiener Soubrette verheiratet. Er startete als Reporter und wurde schließlich Generalmajor der Nationalgarde. Er war ein name dropper, aber er brachte Ergebnisse. Er war von allen US-Ehrenmännern das größte Schlitzohr, von allen US-Schlitzohren der größte Ehrenmann. „Julius Klein hat mehr Freunde im Senat und im Repräsentantenhaus als irgendein Mann, den ich kenne", sagte US-Vizepräsident Hubert Humphrey über ihn. Nun machte ich Klein mit Conny bekannt, und wir sicherten uns seine Dienste.

Julius Klein arrangierte ein Interview von Conny und mir mit Ex-Präsident Eisenhower. „Wer Foto und Text sieht", so argumentierte er, „kann nicht umhin zu denken: Landesverräter empfängt der Schutzpatron des Westen bestimmt nicht." Er inspirierte uns bei Adenauers Rücktritt 1963 zu einer Adenauer-Sonderausgabe des „Spiegel" mit Würdigungen von Ex-Präsident Truman bis Englands Premier Harold Macmillan, deren Originale Verlagsdirektor Becker und ich dem alten Herrn in Bonn überreichten. „Wer Foto und Text sieht", so meinte Julius Klein, „wird verunsichert, wenn er nun noch gegen den ‚Spiegel' weiter ermittelt."

Klein erledigte seine Aufträge auf seine Art: Durch persönliche Beziehungen. So hatte er einst das erste geheime Treffen zwischen Adenauer und Israels Premier David Ben Gurion im New Yorker „Waldorf Astoria" eingefädelt und die Tochter von Adenauers Staatssekretär Hans Globke in seiner Firma angestellt. So hatte er auch das Ohr Ludwig Erhards gewonnen. Und hohe deutsche Generäle, deren Urteil zur Zeit der „Spiegel"-Affäre viel galt, waren ihm zu Dank verpflichtet: Er hatte sie nach dem Krieg in der damals noch von den Amerikanern finanzierten Geheimdienst-Organisation Gehlen komfortabel untergebracht. Noch besser waren seine Beziehungen naturgemäß in Washington. „Dear Claus", schrieb er mir Jahre später, als ich um eine Auskunft über Vorkommnisse in jener Zeit bat: „Du wirst verstehen, daß die Angelegenheit sehr delikat ist und entsprechend behandelt werden muß."

Der höchste Gerichtsoffizier der US-Streitkräfte in der Bundesrepublik hatte in jener Zeit dem Bundesgerichtshof auf Anfrage mitgeteilt, die Interessen der amerikanischen Truppen seien durch die „Spiegel"-Veröffentlichung nicht berührt. Das war ein schwerer Schlag für die Bundesanwaltschaft. Dennoch stand die Partie bis zuletzt auf des Messers Schneide. Sieben Richter gehörten dem 3. Senat des Bundesgerichtshofes an, der im Mai 1965, zweieinhalb Jahre nach unseren Festnahmen, darüber zu befinden hatte, ob er aufgrund der Anklage der Bundesanwaltschaft das Hauptverfahren gegen Conrad Ahlers und Rudolf Augstein eröffnen sollte oder nicht. Vier Senatsmitglieder waren nach Spiegel-Informationen eher für einen Prozeß, drei eher dagegen. An den Sitzungen des Senats nahmen im wöchentlichen Wechsel nur jeweils fünf Richter teil, während zwei sich laufenden anderen Geschäften widmeten. Die Entscheidung über den „Spiegel" fiel an einem Tag, an dem ausgerechnet zwei der vier angeblichen Prozeß-Anhänger anderweitig beschäftigt waren; alle drei angeblichen Prozeß-Gegner nahmen dagegen an der Sitzung teil. So wurden Ahlers und Augstein „außer Verfolgung gesetzt". Der Kalender hatte als flankierende Maßnahme mitgeholfen.

Conny hatte wie so oft das letzte – vielleicht nicht richtige, sicher witzige – Wort in der „Spiegel"-Affäre. „Rudolf Augstein", so meinte er, „ist von tiefem Mißtrauen gegen die politische Justiz der Bundesrepublik erfüllt, seit er in der ‚Spiegel'-Affäre außer Verfolgung gesetzt wurde."

Nach Einstellung der Ermittlungen entschuldigte sich Strauß beim Ehepaar Ahlers für seine Rolle. Außerdem besuchte Conny den Ex-Kanzler Konrad Adenauer zweimal in dessen Büro im Bundeshaus, einmal mit mir, einmal ohne mich, um die Friedenspfeife zu rauchen. Das erste Gespräch eröffnete der alte Herr mit der überraschenden Frage: „Waren Sie denn wirklich im Gefängnis, Herr Ahlers?" Beim zweiten Besuch widmete Adenauer Conny seinen ersten Memoiren-Band: „Herrn Ahlers zur Erinnerung". Mündlich fügte er hinzu: „Damit ist ihre Spanien-Reise beendet."

Das Ermittlungsverfahren der „Spiegel"-Affäre, das am allerlängsten dauerte und am allerwenigsten beachtet wurde, war das Verfahren gegen den späteren SPD-Bundeskanzler Helmut Schmidt. Er war als Verteidigungsexperte der SPD einer der Gesprächspartner von Conny für den Artikel gewesen, und Conny hatte ihm eine erste Fassung des Beitrags vor der Veröffentlichung zu lesen gegeben.

Schmidt selbst hatte diese Begegnung während der Affäre so dargestellt: „Dabei ist mir, ohne daß Herr Ahlers dazu an mich eine Frage gerichtet hätte, von mir aus das Bedenken aufgetreten, daß der eine oder andere Punkt geheim sein könnte. Ich habe Herrn Ahlers auf diese Stellen von mir ausdrücklich aufmerksam gemacht und habe ein Kreuz jeweils an den Rand seines Manuskriptes gemacht, wo ich das Gefühl hatte, das ist aber geheim oder vielleicht ist es geheim. Ich habe Herrn Ahlers gesagt, Sie müssen prüfen, ob hier nicht ein Geheimnis verletzt wird. Ich habe abschließend, als wir zu Ende waren mit diesem Gespräch, darauf hin gewiesen, daß der ganze Artikel unter diesem Gesichtspunkt geprüft werden muß."

Die Darstellung war nicht unbedingt geeignet, die Verteidigung von Conny zu erleichtern. Dennoch hat er ihr nie öffentlich widersprochen. Das Ermittlungsverfahren gegen Schmidt wurde erst im Dezember 1966 eingestellt, im gleichen Monat als die Große Koalition in Bonn die Macht übernahm und der Sozialdemokrat Gustav Heinemann Bundesjustizminister wurde.

Mit dieser neuen Regierung zog auch Conny in Bonn ein. Ahlers-Freund Herbert Wehner war es gewesen, der die überraschende Wendung der Dinge zu verantworten hatte. Der ehemalige Kommunist hatte in jenen Jahren die SPD verbogen, hatte Kreide gefressen und in Hamburgs Michaeliskirche gepredigt, um die Partei der Arbeiter und Kleinbürger salon- und regierungsfähig zu machen und als Partner der bürgerlichen Union in einer Großen Koalition an die Macht zu bringen. Im letzten Augenblick, als es nach 20 Jahren auf den harten Bänken der Opposition fast soweit war, gab es eine Komplikation: Eine Große Koalition war ohne CSU-Beteiligung nicht möglich, und eine CSU-Beteiligung nicht ohne Strauß als Minister. Diese Kröte aber mochten selbst jene Genossen nicht schlucken, die lammfromm jahrelang Asche auf ihr Haupt gestreut hatten.

Da kam Wehner die rettende Idee. Wenn Strauß Minister werden wollte, dann sollte hinter ihm auf der Regierungstribüne als Stellvertretender Bundespressechef jener Mann Platz nehmen, den die SPD jahrelang als Strauß-Opfer gefeiert hatte: Conrad Ahlers. Mit diesem Zuckerguß versehen, ging die Strauß-Pille den Genossen glatt runter. Die Große Koalition war da, die völlige Machtergreifung nur noch eine Frage der Zeit.

Herbert Wehner war klug gewesen. Er wußte, daß sein Freund Ahlers ihn nicht im Stich lassen würde. „Der Außenstehende", so sagte der Philosoph Karl Jaspers im Elfenbeinturm über Conny, „kann die Motive der opportunistischen Handlung nicht durchschauen." Hier sind sie: Gestern unter dem Verdacht des Landesverrats verhaftet, heute einer der ranghöchsten Beamten desselben Landes – das war jenseits des juristischen Freispruchs eine ehrenhafte Wiedergutmachung, die Conny schon um seiner Familie willen nicht ausschlagen konnte und mochte.

Sechs Jahre diente Conrad Ahlers zwei Kanzlern: Erst unter dem letzten CDU-Kanzler Kurt Georg Kiesinger als Stellvertreter seines Freundes, des Bundespressechefs Günter Diehl. Dann wurde er unter dem ersten SPD-Kanzler, Willy Brandt, Nachfolger von Diehl. Wie denn nun sein Status sei, wurde er da von Journalisten gefragt. Staatssekretär? Regierungssprecher? Bundespressechef? Die Antwort des Hamburgers: „Mein Status ist Herr Ahlers." Als ihm das Bundesverdienstkreuz 1. Klasse verliehen werden sollte, lehnte er getreu hanseatischer Tradition ab: „Ich nehme es nicht an, weil ich Hamburger bin."

Die Presse liebte Conny, und er liebte sie. „Trouble is my business" kündete ein Schild auf seinen Schreibtisch. Hatte er keinen Ärger, machte er sich welchen. Keiner politischen Rauferei, der er ausgewichen wäre, oft grob, stets fair. Er war immer ein Kämpfer, manchmal ein Spieler, niemals ein Funktionär. Anfang 1970 bezeichnete er die Springer-Presse als „Kampfpresse". Wenige Wochen danach verweigerte das „DDR"-Regime „Bild"-Reportern die Einreise zur ersten Begegnung von zwei deutschen Regierungschefs, dem Treffen von Willy Brandt und Willi Stoph in Erfurt. Da bot Conrad Ahlers der „Bild"-Zeitung an, als Bundespressechef aus Erfurt für sie zu berichten.

Ich fuhr mit ihm hin. Die historische Reise begann an einem naßkalten Märzabend des Jahres 1970 kurz vor acht auf Gleis 1 des Bonner Backstein-Bahnhofes. Bett, Bar und Bad und jede Menge Beamte, Fernschreiber, Fernseher und Fernsprecher standen im Sonderzug für den Kanzler auf Rädern bereit. Der mattgetäfelte Salonwagen war entsprechend dem Geschmack der Reisenden mit rot-weißen Nelken dekoriert. An ihm baumelten Schlaf- und Speisewagen für 48 Reporter. Ratternd eilte der Zug durch die einbrechende Nacht nach Osten, der deutsch-deutschen Grenze und politischem Neuland entgegen. Bei einem Glas Chateauneuf du Pape 1966, mit einem Zigarillo in der Hand geriet Willy Brandt ins Sinnieren: „Wir Deutschen machen alles 150prozentig, wir mit den

Amis, unsere Landsleute drüben mit den Russen." Conny, der zwischen Kanzler-Wagen und Journalisten-Wagen hin und her pendelte, antwortete auf die Reporterfrage nach der Stimmung im anderen Teil des Zuges: „Prima, wie beim Einmarsch in Polen."

Um 0.39 Uhr hielt der Zug 20 Kilometer vor Bebra für 6 Stunden auf einem Abstellgleis. Denn, so hatte Brandt schon vor seiner Abreise verraten: Er könne im Schlafwagen nur schlafen, solange der Zug nicht fährt. „Bei mir ist es umgekehrt", meinte sein Wirtschaftsminister Schiller: „Ich wache immer auf, wenn der Zug stoppt."

Zwischen Bebra und Eisenach passierte der Kanzlerzug am nächsten Morgen Grenze und Todesstreifen. In Gerstungen, der ersten Station, stiegen DDR-Staatssekretär Kohl und DDR-Protokollchef Haym zu. Brandt ließ ihnen Kaffee und Rühreier servieren und zog sich zurück. Er war in diesen ersten Minuten, da sein Zug in das andere Deutschland hineinrollte, zu bewegt, um sich Fremden zu zeigen. Tränen standen in seinen Augen.

Seit Kriegsende war Deutschland geteilt. 1949 hatten zwei deutsche Staaten das Licht der Welt erblickt, Kinder des Kalten Krieges, die zu feindlichen Brüdern erzogen wurden: Speerspitzen der Supermächte im Streit um die Vorherrschaft. Hier Freiheit und Kapitalismus, Demokratie und Wohlstand; dort Unfreiheit und Kommunismus, Diktatur und Mißwirtschaft. 20 Jahre hatten CDU-Kanzler das blühende Gemeinwesen im Westen regiert und das SED-Regime im Osten bekämpft. Dann, im Herbst 1969, vier Monate vor unserer Fahrt nach Erfurt, wurde Willy Brandt zum ersten SPD-Kanzler der Republik gewählt.

Einst in Berlin war er ein engagierter Anti-Kommunist und Frontoffizier des Kalten Krieges gewesen. Nun suchte er Versöhnung, Verständigung und Verträge mit den Völkern im Osten und – zwangsläufig mit deren Unterdrückern. Dabei ging er (vermutlich schweren Herzens) auch auf das Regime zu, das SPD-Genossen eingekerkert hatte und Deutsche an der Mauer töten ließ. So wurde er zum Hoffnungsträger für die DDR. Das SED-Regime lechzte damals nach völkerrechtlicher Anerkennung wie Kashoggi nach dem Dollar. Bisher war sie ihr von Bonn verweigert worden. Brandt aber hatte in seiner ersten Erklärung zur „Lage der Nation" von

„einem geregelten Nebeneinander zwischen den beiden Staaten in Deutschland" gesprochen. Statt auf Adenauers „Politik der Stärke" vertraute er auf „Wandel durch Annäherung".

Einer ersten dramatischen Annäherung dieser Art preschte der Staatsmann auf Schienen nun entgegen. Obgleich die etwa 80 Kilometer lange Strecke über Eisenach und Gotha nach Erfurt in den Ortschaften durch Volkspolizei abgeschirmt war, hatte sich dazwischen ein Spalier winkender Menschen gebildet: Bauern auf dem Felde, Arbeiter vor ihren Fabriken, Frauen in ihren Häusern. Ein alter Mann stand an einem geöffneten Fenster und hatte die gefalteten Hände flehentlich erhoben.

„Manche Menschen wirkten verhalten, andere waren enthusiastisch und winkten mit Tisch- oder Bettüchern", erinnerte sich Willy Brandt später in seinen Memoiren. Conny und ich starrten aus dem verschmierten Zugfenster auf die anderen Deutschen. „Verdammt", sagte er leise, „verdammt."

Den Hut in der Hand, einen roten Schal gegen den Märzwind um den Hals, so begrüßte DDR-Ministerpräsident Willi Stoph um halb zehn auf einem roten Kokosläufer in Erfurts Hauptbahnhof seinen barhäuptigen Gast aus Bonn, der ihn um fast einen Kopf überragte. Nach einem Händedruck marschierten sie Seite an Seite durch die Halle zum Bahnhofsvorplatz.

Volkspolizisten in ihren grünlichen Uniformen mit pelzbesetzen Mützen russischen Zuschnitts hatten ihn seit Stunden weiträumig abgeriegelt und menschenfrei gefegt. Nur an seinem Nordende drängten vielleicht zweitausend Thüringer gegen eine Absperrkette untergehakter Uniformierter.

Keine 60 Meter lang war der Weg, den die beiden Regierungschefs und ihre Delegationen von den Stufen des Bahnhofs zum Konferenz-Hotel „Erfurter Hof" zurücklegen mußten. Er war begrenzt von roten Kordeln an weißen Ständern und führte zwischen zwei kleinen provisorischen Pressetribünen hindurch. Während Willy-West und Willi-Ost diese Strecke zurücklegten – von den Menschen in der Ferne eher erahnt als gesehen – passierte es.

„Aaaarrroh!"

Ein heiserer Urschrei aus tausend Kehlen stieg am Nordende des Platzes zum Himmel. Wer ihn gehört hat, kann ihn kaum vergessen.

Der Schrei von Erfurt, so schrieb der Amerikaner David Binder in seinem Buch „The other German", „schien aus dem tiefsten Innern zu kommen, ein dunkles, heiseres, wütendes Gebrüll, der Schrei einer schwer verwundeten Kreatur, der Kreatur der deutschen Nation in rasenden Schmerzen, einer Nation, die gegen ihren Willen geteilt ist . . ."

Willy Brandt und Willi Stoph beschleunigten die Schritte. Ein Schweißfilm erschien ihnen auf Stirn und Oberlippe. Conny und ich hatten Mühe, Schritt zu halten. Die Absperrung brach. Aber noch vor der heranbrandenden Menschenwoge wurden wir von den nachdrängenden Delegationen, Reportern und Polizisten durch die Doppeltür in die Marmorhalle des „Erfurter Hofs" und in Sicherheit gespült. „Willy, Willy", dröhnte es vor der Tür.

Als einziger Zeitungsmann war ich so zufällig mit in das Hotel geraten und sah mich um. Die zweite Etage war für die Bonner Delegation reserviert, die Suite 249, deren Fenster sich nicht zum Bahnhofsplatz öffneten, für den Kanzler. Das Bett im Schlafzimmer und die Sessel im Salon waren mit weißer Pelzimitation aus Kunstfaser überzogen. Auf dem Tisch: Rotstern-Pralinen. Kaum hatte Brandt den Mantel abgelegt, erklang auf dem Flur die mir so vertraute Stimme von Conny: „Herr Bundeskanzler, Sie müssen mal kommen."

Willy Brandt fragte noch etwas verstört: „Was ist denn?"

Ahlers: „Die Leute sind ganz außer sich. Ich habe mich eben gezeigt und bin bejubelt worden wie noch nie."

Zögernd folgte Brandt seinem Vertrauten: „Wir wollen hier doch keine Sachen machen."

Conny eilte voraus, zu einem Erkerzimmer der Vorderfront: „Nur für eine Minute. Das müssen Sie tun." Draußen skandierten Sprechchöre „Willy Brandt ans Fenster".

Da wagte es der Sozialdemokrat. Mit einem zagen, dünnlippigen Lächeln trat er ans Fenster. Ein Ruf der Freude gellte über den Platz. Und wieder: „Willy! Willy!" Brandt erhob beide Hände, zu einer dämpfenden, beschwichtigenden Geste.

„Ich hatte das Geschick dieser Menschen zu bedenken", erinnert er sich später. „Ich würde anderntags wieder in Bonn sein, sie nicht."

Während drinnen die Verhandlungen zwischen freien und unfreien Deutschen begannen, räumten Volkspolizisten den Platz und stellten die sozialistische Ordnung wieder her. Ein olivbrauner Ehrenzug der Volksarmee löste nun alle halbe Stunde den Doppelposten vor dem „Erfurter Hof" ab. Und jedesmal, wenn der Leutnant mit gezogenen Säbel und 12 Mann im Stechschritt anrückte, erfüllten ein paar hundert eilig angekarrte Jubelgenossen freudig ihre Pflicht. Eine Mädchenklasse piepste:

„Forderung an Willy Brandt:
Die DDR wird anerkannt."

Ein Männerchor rief:

„Herr Ahlers unsere Forderung:
Wir warten auf Entschuldigung."

Denn vor der Reise hatte Conny in einer Pressebesprechung über journalistische Arbeitsbedingungen in Erfurt beiläufig gesagt, man solle sich keine unnötigen Sorgen machen: „Wir fahren ja in eine halbwegs zivilisierte Gegend." Nur skandierten die Staats-Schreier:

„Herrn Ahlers geben wir bekannt,
wir sind ein zivilisiertes Land."

Das war so recht nach seinem Geschmack. Sofort verließ er das Hotel und ging auf die Rufer zu, ließ sich anbuhen, auspfeifen, anrempeln. „Zivilisiert, zivilisiert", sagte er lachend und kehrte winkend ins Hotel zurück.

Um halb eins wurde gegessen. Auf den Tischkarten der Bonner stand „Herr" vor dem Namen, bei den Gastgebern „Genosse". Bei der Vorspeise – Harzer Bachforelle und Serschin-Wodka – gab Conny ein Zitat aus dem Band „Mit Goethe durch das Jahr" zum besten. Unter dem 19. März, dem Datum des Konferenz-Tages, stand dort: „Man feiere nur, was glücklich vollendet ist; alle Zeremonien zum Anfang erschöpfen Lust und Kraft."

Willi Stoph trug daraufhin einen Vers Goethes mit dem Verb „genossen" vor und kalauerte: „Er ist der erste Dichter, der von ‚Genossen' spricht."

Am Nachmittag legte Brandt im ehemaligen KZ Buchenwald unter den Klängen beider Nationalhymnen einen Kranz nieder; Tausende DDR-Bürger säumten seinen Weg. Small-Talk beim Abendimbiß. Stoph: „Sind Sie Jäger?" Brandt: „Nein Angler."

Dann stand fest: Nächster deutsch-deutscher Gipfel in zwei Monaten in Kassel.

Dreizehn Stunden nach ihrem ersten Händedruck nahmen am Abend Brandt und Stoph auf dem Bahnhof von Erfurt wieder Abschied voneinander. Der eine war der Anerkennung ein Stück näher gekommen, der andere dem Friedensnobelpreis.

Dreizehn Minuten schaute der Kanzler aus einem heruntergezogenen Fenster des Salonwagens auf seinen Gastgeber herab, eingehüllt in jene wortkarge Verlegenheit, wenn Adieu gesagt und sonst nichts mehr zu sagen ist. Dann endlich ruckte der Zug an.

„Nochmals: Gute Reise", rief Stoph.

Brandt winkte zurück: „Danke schön."

Stoph: „Und auf Wiedersehen."

Eines langen Tages Reise in die Nacht hatte begonnen.

Für Conny und mich war die gemeinsame Fahrt nach Erfurt ein Schlüsselerlebnis gewesen. Wir hatten das Volk aus der Deckung kommen sehen an der Bahnstrecke, vor dem Hotel, auf dem Weg nach Buchenwald. Das Volk hatte seine Stimme erhoben, das Volk hatte alle Propaganda-Schleier zerrissen und, wie der Amerikaner David Binder notierte, „bloßgelegt worden war eine echte, tief sitzende Sehnsucht nach nationaler Einheit", die von Zwang, Schleim und Lüge einer kommunistischen Diktatur 20 Jahre in den Untergrund verbannt worden war. Als Kanzler Brandt sich fünf Monate später in Moskau nach Unterzeichnung des deutsch-sowjetischen Vertrages mit seiner Delegation auf dem Roten Platz für die Nachwelt aufnehmen ließ, blieb Conny dem Gruppenfoto in der Hauptstadt des Kommunismus demonstrativ fern.

„Erfurt", so sagte Willy Brandt im Bundestag über seine Reise, „war ein Anfang." Aber ein Anfang von was? Von einem Irrweg, von einem Umweg oder von einer Abkürzung der deutschen Geschichte. Sicher ist, daß es der Anfang einer neuen Politik war, die das SED-Regime international aufwertete und mit Milliarden DM stabilisierte. SPD-Kanzler Brandt hatte 1970 in Erfurt die Tür aufgestoßen, SPD-Kanzler Schmidt ließ sich 1981 auf dem Bahnhof von Güstrow zum Abschied von SED-Chef Honecker schon vertraulich einen Hustenbonbon zustecken, und CDU-Kanzler Kohl empfing den SED-Vorsitzenden 1987 in Bonn mit militärischen Ehren wie den Staatschef eines souveränen Staates. Zwei Jahre später sollte die Wiedervereinigung über die Deutschen hereinbrechen – kaum wegen, sondern eher trotz der Politik, die in Erfurt ihren Anfang genommen hatte. Willy Brandt wurde Ehrenvorsitzender der in der DDR wiedererstandenen SPD; Willi Stoph schrieb in Untersuchungshaft an einem Buch über Gemüsebau.

Conrad Ahlers war 1969 in die SPD eingetreten. Er hatte aber seine Unabhängigkeit nicht in der Baracke abgegeben. Das sollte ihm zum Verhängnis werden. Sein Förderer, der düstere Herbert Wehner, wandte sich von ihm ab.

Wehner hatte als einer der ersten in der Bundesrepublik die Kraft des Obszönen im politischen Kampf erkannt. Bei einer Rede des CSU-Politikers Jaeger zur Sexualstrafrechtsreform rief er: „Glied ab." Dem CDU-Abgeordneten Todenhöfer taufte er „Hodentöter". Adenauers Regime war für ihn eine „Nachgeburt des Führers." Wehner mag ein großer Mann gewesen sein; mein cup of tea war er nie.

Schon zu Zeiten der Großen Koalition hatte es dem von Natur eifersüchtigen Wehner mißfallen, daß sein Schützling Ahlers so eng im Team mit dem Konservativen Günter Diehl zusammenarbeitete und sich in erster Linie als Gehilfe des Kanzlers und nicht Wehners fühlte. Der Mißmut verdichtete sich zu Mißtrauen, als Conny Sprecher und Vertrauter von Willy Brandt wurde, gegen den Wehner eine fast physische Abneigung hatte.

Die Bundestagswahl 1972 bot Wehner Gelegenheit, Conny zu entmachten. Er verbündete sich dafür mit dem starken Mann der SPD-Regierung, Super-Minister Helmut Schmidt, den Conny in der „Spiegel"-Affäre weniger stark gesehen hatte. Ergebnis: Der damals kränkelnde Brandt verzichtete auf Conny, der als einfacher Abgeordneter für den Wahlkreis Bad Kreuznach/Birkenfeld im Bundestag Platz nehmen mußte. Die Rachsucht des Paten seines Sohnes aber verfolgte ihn auch dort. Keinmal durfte Conny in der vierjährigen Legislaturperiode sprechen. Mehr als das: Zweimal hatte er bereits eine Jungfernrede ausgearbeitet, wurde dann aber im letzten Moment wieder von der Rednerliste gestrichen. Und im Verteidigungsausschuß erhielt der Abgeordnete Ahlers – einer der wenigen Genossen die etwas von Strategie verstanden – den Fachbereich „Fernmeldewesen“ zugeteilt. So wirkte Wehner. Nach dem Tode von Conny schickte er der Witwe keine Zeile und kein Wort, erschien weder zur Beerdigung in Hamburg noch zur Trauerfeier in Bonn.

Acht Jahre saß der Abgeordnete Ahlers im Bundestag, schrieb nebenher Kolumnen in „Stern“ und „Wirtschaftswoche“, leitete die Öffentlichkeitsarbeit bei der Krupp-Stiftung und rettete der Partei als kommissarischer Chefredakteur die „Hamburger Morgenpost“ vor dem Untergang. Im März 1980 wurde er Intendant der Deutschen Welle, Chef von 1400 Mitarbeitern, die in 34 Sprachen 93 Kurzwellen-Programm rund um den Globus ausstrahlte. Bald hatte er sie zur Ahlers-Welle getrimmt.

Seine politische Urteilskraft und seine Charakterstärke hätten Conrad Ahlers zu hohem Staatsamt befähigt. Doch die Zeit, in der Mittelmäßigkeit auf den Thronen der Macht hockte, war nicht seine Zeit. Karrieristen zogen an ihm vorbei. Denn er ging aufrecht, wenn sich die anderen bückten. Anständigkeit, die sich den Umständen anpaßte, verdiente für ihn ihren Namen nicht. Seine Scherben mißachtende Aufrichtigkeit machte keinen Unterschied zwischen Stunden, die für die Wahrheit geeignet oder ungeeignet waren. Sein Haar war weiß geworden, sein Herz mutig geblieben.

Zwei der meist verbreiteten deutschen Eigenschaften waren ihm zeitlebens fremd: Selbstmitleid und Wichtigtuerei. Die weinerliche Generation, die ihre Ängste kultivierte, blieb ihm ein Rätsel; den Bonner Kampf ums Dabeisein brauchte er so nötig wie ein Frosch einen Frack. Er war ein Mann in einer Welt voller Staatsmänner und Mickymäusen.

Acht Tage vor dem Heiligen Abend des Jahres 1980 besuchte Conny mich in meinem Kontor, trank einen Whisky (ohne Wasser und Eis), verabredete mit mir einen Artikel, sprach über die Zukunft seiner Kinder. Beim Abschied am Fahrstuhl sagte er, er wolle bald zur Kur gegen sein Asthma nach Bad Reichenhall.

Zwei Tage danach, am 18. Dezember, kam er mit seiner Frau Heilwig kurz vor Mitternacht von einem Essen beim Kanzler. Der Plattenweg von der Ippendorfer Landstraße hinauf zu seinem am Hang gelegenen Haus Nr. 8 war lang und steil, mehrmals von ein paar Stufen unterbrochen. Die Nacht war kalt, es lag Schnee. Heilwig Ahlers, die dünne Abendschuhe trug, lief vor. Conrad Ahlers besprach noch mit dem Fahrer die für den nächsten Tag vorgesehene Reise nach Bad Reichenhall.

Heilwig Ahlers wartete im Haus vergeblich auf ihren Mann. Sie wurde unruhig, rief. Dann eilte sie zurück und fand ihn draußen auf einer Treppenstufe zusammengesunken. Seine Augen waren geschlossen, sein Antlitz war voll Frieden. Er muß sofort tot gewesen sein, sagte später der herbeigerufene Notarzt. Sein überanstrengtes Herz hatte einfach aufgehört zu schlagen.

Es war das Herz meines Freundes.

„Ich möchte am Ende meines Lebens nur sicher sein", so hatte er es mir als junger Mann einmal gesagt, „daß meine Kinder auf mich stolz sein können."

Sein Wunsch hat sich erfüllt.

17. Kapitel

RUDOLF AUGSTEIN

„O Gott, ich habe Grosses gewollt"

Rudolf Augstein besaß frühzeitig im Übermaß, wovon Millionen träumen. Er war reich, erfolgreich, einflußreich. Ich kenne ihn fast 40 Jahre, habe 17 Jahre für ihn gearbeitet, saß acht Jahre nur durch ein Sekretariat von ihm getrennt, bin mit ihm gereist, suchte ihn als Paten meiner Tochter aus, sah ihn nüchtern und weniger nüchtern, aber ich habe nie von ihm gehört, daß er glücklich sei, und wäre es auch nur für einen Augenblick. Lange war mir das ein Rätsel.

Es beschäftigte mich, denn ich habe ihn damals bewundert, wie ich es heute immer noch tue.

Der bedeutendste Journalist der Bundesrepublik ist klein von Wuchs, kam mit einem Silberblick zur Welt und entstammt einer katholischen Familie. Sein Vater hatte eine Photozubehör-Fabrik in Hannover. Dort wurde Rudolf 1923 als sechstes von sieben Kindern im Zeichen Skorpion geboren. In der Prima des Kaiserin-Auguste-Victoria-Gymnasiums schrieb er Gedichte:

> Oh Gott, ich habe Großes gewollt.
> Ich wollte den Himmel offenbaren,
> der über den dunkelsten Tiefen schwebt.
> Ich wollte die weite Welt durchfahren
> und das Schöne preisen, das darin lebt,
> wie im Stein das Gold.
> Ich wollte Dein glühendster Herold sein.

Im Krieg wurde er verwundet und geriet als Leutnant kurz in US-Gefangenschaft. Wieder in Hannover arbeitete er erst in dem „Hannoverschen Nachrichtenblatt", das von der britischen Militärregierung lizensiert worden war. Dann machte er mit, als Presseoffiziere der Besatzungsmacht auf eigene Faust ein Nachrichtenmagazin herausbrachten: „Diese Woche“. Aber schon nach sechs Wochen kam aus London der Befehl, das Blatt wieder einzustellen. Militärisch korrekt wurde die Order umgangen: „Diese Woche“ verschwand, aber das Blatt erschien weiter – unter deutscher Leitung und unter einem anderen Titel. Rudolf Augstein wurde Chefredakteur und einer der drei neubestellten deutschen Lizenzträger. Er war nun 23 Jahre alt und Mitbesitzer einer Zeitschrift, die ihm ihren Namen verdankte: „Der Spiegel“. Die erste Ausgabe erschien am 4. Januar 1947, an meinem 20. Geburtstag, im Innern mit einer Kurve der Schwarzmarkt-Preise: „Butter zieht an, Kaffee fällt“.

Vier Jahre später sagte Augstein zu unserem gemeinsamen Freund Michael Thomas (so steht es in dessen interessanten Erinnerungen „Deutschland, England über alles“): „Ich habe alles erreicht, was man im Leben erreichen kann. Der ‚Spiegel‘ fängt an mich zu langweilen.“ Überdruß am Überfluß war fortan sein Problem. Er war jetzt 27, zum zweitenmal verheiratet, besaß einen amerikanischen Straßenkreuzer, einen Kayser-Fraser mit Chauffeur, und begann eine rastlose Suche nach neuen Gebieten, auf denen er sich betätigen und bestätigen konnte.

Zunächst versuchte er naturgemäß seine Presse-Basis zu verbreitern. Bei mir auf Wittensand bot er Kohls späterem Regierungssprecher Boenisch die Chefredaktion einer zum „Spiegel“ gehörenden „Star Revue“ an, doch Boenisch nahm lieber Springers „Bild“; die „Star Revue“ wurde eingestellt. Dann brachte Augstein einige Ausgaben eines todgeweihten „Sport-Spiegel“ auf den Markt und plante später die Herausgabe einer Tageszeitung. Er verhandelte über eine „Deutsche Zeitung“, über den Düsseldorfer „Mittag“, die „Frankfurter Rundschau“, den Berliner „Kurier“ und den „Telegraf“. Alles zerplatzte.

Ende 1960 schlug er den drei Verlegern John Jahr, Gerd Bucerius und Richard Gruner brieflich die Bildung eines Anti-Springer-Konzerns vor: „Wir repräsentieren persönlich und quantitativ ein Verlagspotential, das sich sehen lassen kann, sogar verglichen mit dem Springers, dessen schöpferisches Ingenium uns allerdings allen abgeht. Wir sind verrückt, wenn wir nicht alles tun, um den Konzern auf die Beine zu bringen." Doch auch daraus wurde nichts. Später kaufte und verkaufte er die Mehrheit am „Filmverlag der Autoren", erwarb das Magazin „Transatlantik" und stellte es ein.

Ähnlich unbefriedigend – nach seinen hohen Maßstäben – verliefen Ausflüge in Politik und Literatur. Schon 1957 hatte er für die FDP in den Bundestag einrücken sollen, aber der Partei nach Ausbruch des Ungarn-Aufstandes dann doch abgesagt. Erst 1972 zog er ins Parlament ein. Indes, bereits nach drei Monaten legte er sein Mandant wieder nieder, weil der „Spiegel" ihn brauchte.

Drei bemerkenswerte Bücher stammen aus seiner Feder. In Jugendjahren hatte er das Drama „Die Zeit ist nahe" geschrieben, dessen Aufführung er mit der ihm eigenen Toleranz 1947 durch den „Spiegel" verreißen ließ ("Die Figuren erinnern an personifizierte Zeitungsartikel"). 1968 veröffentlichte er „Preußens Friedrich und die Deutschen", 1972 „Jesus Menschensohn". Beide Bücher erzielten beflissene Rezensionen und erreichten Auflagen, die andere Autoren beglückt hätten. Doch ihr Einfluß auf Religionsforschung und Geschichtswissenschaft war begrenzt. Und daran maß er sich.

So blieb alles Tun im fremden Terrain flüchtig. Immer wieder kehrte Rudolf Augstein zum „Spiegel" zurück, an die Quelle seiner Kraft, die ständig kräftiger sprudelte und aus der er mittlerweile Geld und Ansehen nach Belieben schöpfen konnte. Beide wußte er zu schätzen, beide wurden für ihn niemals Götzen. „Er ist der anspruchsvollste anspruchslose Mann, den ich kenne", sagte seine kluge, zweite Frau Kathrin. Er konnte sich leisten, einen Hubschrauber zu chartern, wenn andere mit der Taxe fuhren, aber wenn andere ein Menü einnahmen, löffelte er eine Suppe. Wenn ich mit ihm essen ging, bestellte ich nach Möglichkeit, was er gewählt hatte. Sonst probierte er gern von meinem Teller. Er war immer scharf auf das, was andere gerade hatten. Eroberungen des anderen Geschlechts waren ihm stets wichtig, aber jede eroberte Frau hat nur eine verhältnismäßig kurze Rolle in seinem Leben gespielt.

Die Stärke seines Geistes verlieh ihm frühzeitig außergewöhnliche äußere und innere Unabhängigkeit. Ich fürchte, ich bin einige Male errötet, wenn ich Redewendungen hörte, die er zuweilen auch in Gegenwart von Damen gebrauchte, und sah, wie er sich angreifbar vor Leuten aufführte, die ihm nicht das Wasser reichen konnten. Er kannte solche bürgerlichen Hemmungen nicht. Wann und vor wem er sich schämte, auch das entschied er souverän allein.

Rudolf ist einer der intelligentesten Menschen, die ich kenne, obgleich ich eine Reihe gescheiter Exemplare traf. Sein Zorn entzündete sich mit Vorliebe an jenen, die er für dümmer und erfolgreicher hielt: Springer, Adenauer, die Amerikaner ... Wer seinem Verstand begegnet, muß auf Überraschungen gefaßt sein.

Eine erste Kostprobe erhielt ich Anfang der fünfziger Jahre, als wir zu zweit zu Nasser und Nagib an den Nil reisten, Neuland für uns beide. Wir verbrachten die Tage gemeinsam, wir sahen dasselbe, wir hörten dasselbe, wir trafen dieselben Akteure. Aber jeden Abend, wenn wir Bilanz zogen, war er ungleich tiefer in die Materie eingedrungen als ich. Immer waren seine Schlüsse scharf, zuweilen verwegen, manchmal seherisch. „Es muß Krieg um den Suez-Kanal geben", sagte er, als niemand daran dachte und wir beide einer Bauchtänzerin zuschauten. Vier Jahre später war der militärische Konflikt da.

Michael Thomas hatte in jenen Tagen ein Augstein-Erlebnis anderer Art. Sie sprachen im Urlaub in Italien über Klimmzüge. „Wetten, daß ich mehr schaffe", prahlte Rudolf. Beide zogen ihre Jacken aus. Rudolf ließ Thomas den Vortritt. Thomas brachte ächzend sechs Klimmzüge zustande. Da zog Rudolf seine Jacke wieder an: „Danke, du hast gewonnen."

In der „Spiegel"-Affäre waren es dann die Bundesanwälte, die unversehens Opfer seiner Intelligenz wurden. Er übernehme die volle Verantwortung für den angeblich länderverräterischen Artikel, war der erste Satz, den er ihnen ins Protokoll diktierte. Die Jäger frohlockten. So leicht hatten sie es sich nicht gedacht. Im Zuge der Vernehmungen erfuhren sie jedoch von Rudolf Augstein, daß er zur Zeit der Erstellung des Beitrags unter „Drehschwindel" gelitten hätte und den Artikel daher vor dem Druck nicht richtig zur Kenntnis habe nehmen können. Für etwas, was einer nicht kennt, kann er aber strafrechtlich schlecht verantwortlich gemacht werden, selbst wenn der die „volle Verantwortung" übernimmt. Die Staatsanwälte hüpften im Karree. „Das hätte für den ‚Spiegel' schief gehen können", schrieb Gerd Bucerius über die „Spiegel"-Affäre, „nicht für Rudolf Augstein, der zu seiner

Verteidigung beteuerte, er habe von dem Artikel ... nichts gewußt."

Während meiner Zeit als Chefredakteur pflegte der „Stern" Leute vom „Spiegel" abzuwerben und wir Leute vom „Stern". Schließlich hatte Rudolf es satt. „So geht es nicht weiter", sagte er zu seinem damaligen Partner Richard Gruner, der zugleich Teilhaber beim „Stern" war.

„Du hast recht", antwortete Gruner. „Wir machen einen Deal. Von heute an wirbt der ‚Stern' nicht mehr beim ‚Spiegel' ab und der ‚Spiegel' nicht mehr beim ‚Stern'."

„Nein", korrigierte Rudolf, „das wäre nicht richtig. Du bist Teilhaber beim ‚Stern' und beim ‚Spiegel', ich aber nicht beim ‚Stern'. Also kannst du nicht mehr beim ‚Spiegel' abwerben, aber ich natürlich weiter beim ‚Stern'."

Unwiderlegbare Logik, wenngleich wohl nicht jeder hanseatische Kaufmann auf sie verfallen wäre.

Dem „Spiegel" bescherte Rudolf Augsteins Scharfsinn und Wortgewalt immer wieder unvergessene Zitate, die er gefunden hatte, oder Formulierungen, die er fand: „Die Hand, die den Wechsel fälscht, darf nicht zittern", schrieb er einmal. „Ich wünschte, ich wäre Jude, damit ich [dem Kolumnisten] Schlamm an den Pelz könnte", seufzte er in einem anderen Heft. „Mir fällt zu Adenauer nun nichts mehr ein", begann er und legte dann los. Der Phallus war für ihn „dieser fleischstrotzende Knüppel der Unterwerfung", die „Frankfurter Allgemeine", „Deutschlands weihnachtlichste Zeitung". Er las mehr als jeder andere, den ich kannte, und behielt das meiste in seinem erstaunlichen Gedächtnis.

In den sechziger Jahren begann Rudolf Augstein auf seinem ruhelosen Streben nach neuen Ufern als backfrischer Star der „Spiegel"-Affäre Vorträge mit anschließenden Diskussionen an den unruhig werdenden Universitäten zu halten und wollte die Protokolle der Veranstaltungen gern im „Spiegel" veröffentlicht sehen. Engel und ich verfielen auf die Idee, die Texte ohne Illustration als Bleiwüste auf gelbem Papier in der Mitte beizuheften, um so unseren wohltemperierten, wohlaustarierten „Spiegel" möglichst unbeschädigt zu erhalten. Der nächste Copy-Test ergab: Die gelben Seiten gehörten zu den meistgelesenen Beiträgen. Einmal mehr war der kleine König klüger gewesen als seine Großwesire.

Natürlich hat Rudolf Augstein politisch auch daneben gelegen, so mit seinem Hohn für die Verfechter einer Politik der Stärke von Adenauer bis Reagan. Natürlich würde es auch ohne ihn heute ein Nachrichtenmagazin in Deutschland geben, aber eben nicht den „Spiegel", halb Staatsanwalt (von Barschel bis zur Neuen Heimat), halb Volkshochschule (im meisterhaften Wissenschaftsteil). Das Blatt ist wichtig für die geistige Hygiene der Nation geworden. Ein Lebenswerk, wie es nur wenigen gelingt. Und doch: als Lebenswerk eines Mannes von Rudolf Augsteins geistigem Zuschnitt wäre vielleicht noch mehr denkbar gewesen.

1961 kam es zu einem Briefwechsel zwischen Rudolf Augstein und Gerd Bucerius, wie er unter deutschen Verlegern 1991 kaum noch vorstellbar ist. Rudolf war damals gerade dabei, selbst Teilhaber der „Zeit" zu werden und die „Stern"-Verleger Bucerius und Richard Gruner als Partner beim „Spiegel" aufzunehmen.

Unter dem 9. Februar 1961 schrieb der CDU-Abgeordnete Gerd Bucerius aus dem Bonner Bundeshaus:

> Lieber Herr Augstein,
> die Grippe gab mir die Zeit, Heft 6 und 7 vom „Spiegel" wirklich zu lesen: großartige journalistische Leistungen ... Deshalb steigt die Auflage. Interessieren Sie auch meine Einwendungen? ...
>
> Ich mache mir Sorgen um die „Berliner Illustrierte", wenn sie wirklich kommt, weil sie mir einen ärgerlichen Streit mit Springer eintragen würde. Aber ich finde den Spott über die Sonderausgabe falsch ... Zugegeben: man sollte Springer empfehlen, seine Person mehr hinter die Sache zurückzustellen (Temperaments-Frage, deshalb bin ich selbst anfällig). Aber daß da einer eine halbe Million für eine öffentliche Sache ausgibt: das attackiert nur ein Selbstmörder (auch wenn man anderer Meinung ist) ... Deshalb wurde, glaube ich, auf Axel Cäsar Springer aus Altona (herrlich!) zu Unrecht Schande gehäuft ...
>
> Beitz habe ich etwa dreißig Mal gesehen – in Gesellschaften, in Besprechungen. Oft hatte ich Ansuchen an ihn, manchmal wollte er etwas von mir. Immer hat mich seine respektvolle Höflichkeit

beeindruckt. Nie habe ich ihn selbstgefällig gesehen, immer bereit, die Leistungen anderer (auch die Ihren) anzuerkennen. Beitz ist rastlos, wenn Sie seinen Fleiß so nennen wollen, aber die Wendung „Nach seiner – hohen – Meinung von sich selbst kleidet ihn die Attitüde des Rastlosen" scheint mir schlicht falsch; der Glanz der Formulierung rechtfertigt nicht die Wunde, die dem Mitmenschen zugefügt wird ... Nur am Beispiel lassen sich Meinungen austragen; bitte revanchieren Sie sich heftig, ich bin hart im Nehmen und glaube ich – auch einsichtig.

Herzlich Ihr Gerd Bucerius

Bereits am nächsten Tag, am 10. Februar 1961, revanchierte sich Rudolf:

Lieber Herr Dr. Bucerius!
Wenn Sie mir jemals dazu Gelegenheit geben, werde ich Ihnen zeigen, wie man „Die Zeit" mit seriösem Journalismus hochbringen kann. Der SPIEGEL ist und bleibt schillernd und zwiespältig, was zu ändern ich nicht der Mann bin. Im einzelnen wäre zu Ihren Beanstandungen allerdings einiges zu sagen ...

Axel Springer, den ich persönlich sehr mag und den ich für den tüchtigsten Geschäftsmann der Bundesrepublik halte, ist politisch eine fatale Erscheinung ... Daß Springer eine Million für öffentliche Zwecke ausgibt, beeindruckt mich nicht im mindesten. Er hat nicht genug Keller, das Geld zu scheffeln, was wir ihm gönnen wollen ...

Beitz war zwar zu mir immer sehr nett, wiewohl mir seine Art auf die Nerven fällt. Er hatte mir (in Kampen) ein Grundstück versprochen, auf das ich Wert legte und das ich nun wohl nicht kriegen werde. Aber Sie kennen ihn wohl doch nicht gut genug, wenn Sie behaupten, er sei nicht selbstgefällig ...

Im übrigen: bitte, fragen Sie mich nicht, ob Dinge, die im „Spiegel" stehen, wirklich meine Meinung seien. Meine Meinung schreibe ich in namentlich gezeichneten Artikeln. Wollte ich anfangen, den Redakteuren meine Meinung aufzuoktroyieren, so müßte ich einpacken. Erschrecken Sie nicht über die Abgründe, die sich hier vor Ihnen auftun. Wenn Sie sich stark und gesund genug glauben, den „Spiegel" anders zu führen, so sagen Sie es mir. Ich bin selbstverständlich der Gefangene meines Systems, das mich zwingt, das Handwerk über die Politik und über die Meinung zu stellen ...

Ihnen beiden gute Besserung. Ihr Rudolf Augstein

P.S.: Bitte seien Sie nicht allzu oft krank, damit Sie nicht allzu oft Gelegenheit nehmen, den „Spiegel" so ausführlich zu lesen.

Drei Tage nahm sich Bucerius Zeit. Dann, am 13. Februar 1961, schrieb er an Rudolf zurück:

Dear Partner,

Sie schreiben Briefe wie Artikel – brillant ...

Sie haben – mit Recht und der Ihnen eigenen Sicherheit die Einzelheiten beiseitegeschoben und die Grundsätze herausgestellt.

1. *Grundsatz*: „Der Spiegel ist und bleibt schillernd und zwiespältig, was zu ändern ich nicht der Mann bin." Pardon: ich habe die Unterhaltung an jenem Sonnabendabend in meiner Wohnung noch nicht vergessen (als wir die handschriftliche Vereinbarung machten). Sie klagten schon damals: „Ich bin der Gefangene meines Systems" – aber Sie sagten: „Ich will da heraus." ... Ihnen wurde die (seltene) doppelte Gabe der Analyse und der Aussage gegeben; es gibt in der Bundesrepublik nur weniger Schriftsteller Ihrer Kraft. Das verpflichtet Sie, diese Gabe zum Guten zu verwenden. Sonst werden Sie „des Teufels Schriftsteller". Das leitet gleich zum

2. *Grundsatz*: Sie fühlen sich als „Gefangener Ihres Systems" gezwungen, „das Handwerk über die Politik und über die Meinung zu stellen". Um Gottes willen: *wer* zwingt Sie dazu? Und: können Sie das überhaupt ertragen? Die meisten lesen den SPIEGEL doch, weil sie an ihn (und an Sie) glauben (siehe die Leserbriefe). Und diesen Leuten strecken Sie (in Gedanken) die Zunge heraus: was schert mich Politik und Meinung – Handwerk! Der SPIEGEL macht auch Meinung; hundertfach schallt uns in Diskussionen die vom SPIEGEL geprägte Meinung entgegen. Dieser Einfluß verlangt Verantwortung, nicht Handwerk. Daraus *kann* ich Sie nicht entlassen, Partner.

3. *Grundsatz*: „Wollte ich anfangen, den Redakteuren meine Meinung aufzuoktroyieren, so müßte ich einpacken." Nun: das gilt sicher für Einzelheiten, nicht aber für die politische Linie (die Sie bestimmen müssen) und schon gar nicht für die „Grundsätze" (insbesondere 1 und 2).

Nicht ich, wohl aber Sie sind „stark und gesund genug, den SPIEGEL anders zu führen". Sie *müssen* aus den Abgründen heraus. Wie können Sie mit Abgründen am SPIEGEL und ohne Abgründe an der ZEIT arbeiten? Diese Bewußtseinsspaltung nimmt uns doch niemand ab. Vergessen Sie nicht: für die (informierte) Öffentlichkeit heißt SPIEGEL = Rudolf Augstein.

Riskieren Sie etwas – so wie Sie es vorhatten, als wir uns fanden. Es wird der Auflage nicht schaden. Und wenn: wir tragen das, wir alle können es uns leisten. Arbeit und Leben werden Ihnen mehr Freude machen.

Herzliche Grüße

Ihr Bucerius.

Ton und Tempo verschärften sich nun. Am 15. Februar 1961 diktierte Rudolf seine Antwort:

Lieber Herr Bucerius!

Dear Partner – die Anfangsbuchstaben klingen nach ‚displaced person' . . .

Ich will den SPIEGEL qualitativ besser machen, als er jetzt ist. Dabei sind mir Ihre Anregungen immer erwägenswert und wertvoll. Aber Sie dürfen versichert sein, daß ich all die Jahre hindurch die Verantwortung wohl gefühlt habe, aus der Sie mich nicht entlassen wollen. Daraus kann mich auch niemand entlassen, am wenigsten ich selbst. Noch weniger kann ich mich Ihnen oder Herrn Gruner zuliebe ändern. Sie haben mich so eingekauft, wie ich bin, die Geschäftsgrundlage war nicht etwa, daß ich ein anderer zu werden hätte. Das hat mit der Auflage bislang nie etwas zu tun gehabt. Das Angenehme am SPIEGEL ist, daß wir noch nie auf die Auflage schielen mußten. Freilich verstehe ich nicht, wie leicht Sie die Aufspaltung in veranwortungsloser „stern"-Verleger und verantwortungsvoller „Zeit"-Verleger bewältigen. Werfen Sie das beides bitte in einen Topf, und dann ahnen Sie, welchen Problemen wir im SPIEGEL gegenüberstehen. Sie machen sich über die Natur unseres Berufes die herrlichsten Illusionen, weil Sie, wenn es um Auflage geht, „stern"-Verleger sind, wenn es aber um Verantwortung geht, „Zeit"-Verleger. Diese wohltätige Schizophrenie war mir bisher nicht gegönnt, leider noch nicht!

Ich bin nun ernster und „deutscher" geworden als erträglich. Es war wohl nur, weil ich nun auch von Ihnen den wohlfeilen Rat hören mußte, den ich nur dem Außenstehenden nicht verargen kann: wir können es uns leisten, daß die Auflage sinkt. Lieber Herr Bucerius, das können wir uns ganz und gar nicht leisten, nicht aus geldlichen Erwägungen, sondern weil die Luft aus einem Blatt ist, wenn es nicht mehr vorwärts marschiert. Das ist so, als wollten Sie dem Herrn Bundeskanzler empfehlen, er solle im Wahlkampf fair und anständig sein, auch wenn er dann die Wahl vielleicht verlieren würde. Sie alle profitieren seit Jahren davon, daß er nicht so denkt ...

Sehr herzliche Grüße,
Ihr Rudolf Augstein.

Postwendend kam am 18. Februar 1961 die Entgegnung von Bucerius aus Arosa, wo er Urlaub machte:

Lieber Herr Augstein
... was mich noch verfolgt, ist Ihre Meinung „DER SPIEGEL ist und bleibt zwiespältig, was zu ändern ich nicht der Mann bin", und: „Handwerk steht über Politik und Meinung" – weil Sie der „Gefangene Ihres Systems" sind. Sie sprechen selbst von „Abgründen", die sich vor mir „auftun".

So darf selbst ein Stümper nicht Zeitung machen, am wenigsten einer unserer besten Journalisten, der die Meinung und – wichtiger noch – die moralische Haltung der Nation beeinflußt. Wozu soll ich überhaupt noch den SPIEGEL lesen und darüber mit Ihnen diskutieren, wenn ich erfahre, daß jeder „Fehler" (in Politik und Meinung) damit beantwortet wird, das sei eben „Handwerk"?

Heft 8, Seite 48, schildert, daß sich der SPD-Abgeordnete Wittrock um die Begnadigung eines Mannes kümmert, der heute noch daran leidet, daß er Ende 1944 den verlorenen Krieg für seine Person aufgab und in Abwesenheit (!) zum Tode verurteilt wurde. Da zu helfen ist typische Pflicht des Abgeordneten. Wittrock, den ich nun schon seit Jahren als Kollegen im Bundeshaus beobachten konnte, war mir immer sehr ordentlich vorgekommen. Deshalb verblüffte mich, ihn im SPIEGEL (der im übrigen dieselbe Meinung hatte wie W.) so charakterisiert zu sehen: „Gewohnt, sich als Hüter des Rechts und der Schwachen zu geben ...“ – sich zu geben, es also nicht zu sein; und: „Der *geschäftige* SPD-Mann unterbreitete den Fall...“ und: „Wittrocks neuester Protegé...“ Ich wollte mich schon erkundigen, ob der „Spiegel“ einen karrieresüchtigen Poseur entdeckt hätte. Aber die Vorstellung, daß das vielleicht nicht „Meinung“ sondern „Handwerk“ sei, würgt mich.

So *kann* ich einfach nicht...

Auch bei Nannen habe ich immer meine Meinung gesagt – habe mich durchgesetzt und bin auch unterlegen. Nur wäre Nannen heute nicht mehr Chefredakteur des „stern“ oder ich nicht mehr sein Verleger, hätte er mir jemals Ihre Grundsätze entgegengehalten.

Schade: wir beide zusammen, wir könnten ein kleines Stück unserer (deutschen) Welt aus den Angeln heben. Sie wissen, wie sehr ich mich darauf gefreut hatte. Daß wir (über Politisches) oft verschiedene Meinungen haben würden – was hätte es geschadet? Glauben Sie, ich wäre immer mit Marions Politik in der „Zeit“ einverstanden? Aber die Maßstäbe stimmen zwischen ihr und mir. Das „Schillernde“ und „Zwiespältige“ suchen wir klarzustellen, nicht zu pflegen. Die Welt soll (nach unseren bescheidenen Kräften) klarer und eindeutiger werden.

Viele Grüße

Stets Ihr Gerd Bucerius.

Erstmals lag der Geruch von Trennung in der Luft. Unter dem 24. Februar 1961 versuchte Rudolf durch einen 10 Seiten langen

Brief, die Entwicklung in seinem Sinne zu lenken und sein Handwerk, die Magazin-Technik, zu erklären.

Dear Partner,
Ihre Briefe vom 9., 13. und 18. Februar, die ich ursprünglich mehr als beiläufiges Geplänkel aufgefaßt hatte, haben nun doch eine Grundsätzlichkeit angenommen, die es mir nahelegt, über den SPIEGEL einige grundlegende Ausführungen zu machen...

Die politische Linie des Blattes tritt hinter den Erfordernissen der Magazintechnik zurück. Es ist dienlicher, einen vom Standpunkt der Magazintechnik her druckbaren Artikel in Händen zu haben als eine lesenswerte politische Meinung...

Ich selbst bin unter meinen Redakteuren insofern ein Fremdkörper, als es mich drängt, meiner politischen Meinung in Artikeln Ausdruck zu geben. Diese Artikel sind aber ebenfalls ein Fremdkörper im SPIEGEL, womit nicht gesagt sein soll, daß sie dem Blatt geschadet hätten.

Wäre ich ein junger Mann von 23 Jahren, würde ich, sofern ich Journalist werden wollte, schwerlich zum SPIEGEL gehen, sondern viel eher zur „Zeit". Damit glaube ich beantwortet zu haben, wieso ich meine oder überhaupt eine politische Meinung im SPIEGEL nicht durchsetzen kann. Sie wird von meinen Mitarbeitern zur Kenntnis genommen, aber nicht verarbeitet. Dies ist das Gefängnis, aus dem ich manchmal gern ausbrechen würde. Wohin ausbrechen? In die Politik oder in den Meinungs-Journalismus. Denn solange ich im SPIEGEL bin, bleibe ich an die Magazintechnik geschmiedet wie Prometheus an den Kaukasus ...

Wenn es Sie schon „würgt", wenn der Abgeordnete Wittrock „geschäftig" genannt wird, warum würgt es Sie dann nicht, wenn in der „sternchen"-Serie (von Will Tremper) die Schwangerschaftsunterbrechung eines 12jährigen Mädchens unter vollem Namen geschildert wird oder wenn die Beischläfer einer nun immerhin 40jährigen Frau (Lys Assia) über eine ganze Fortsetzung lang namentlich aufgeführt werden? Dient das dazu, die Welt klarer und eindeutiger zu machen? Wohl kaum, vielmehr sind das die Schattenseiten eines im Positiven großartigen Zeitungsobjekts. Ich betone noch einmal: Das, was der „stern“ mitunter tut, kann mir, so oder anders, auch unterlaufen. Ich möchte nur, daß Sie den SPIEGEL mit gerechten Augen sehen lernen, denn das ist für uns lebenswichtig... Sie müssen mir schon die gleiche journalistische und politische Moral unterstellen, die Sie selbst für sich in Anspruch nehmen – bis zum Beweis des Gegenteils in der „Zeit“. Sonst handeln Sie wie jener Redakteur, der den Bundestagabgeordneten Wittrock ohne Begründung „geschäftig“ nannte...

Was würden Sie wohl von mir denken, wenn ich über die „Zeit“ so harte Worte schreiben wollte, wie Sie sie mir gegenüber gebraucht haben? „Stümper“, „des Teufels Schriftsteller“, solche Ausdrücke sollten wir vermeiden. Sie haben mich völlig eindeutig wissen lassen, ein Mann mit meinen Grundsätzen könne niemals mit Ihnen zusammenarbeiten. Dies, obwohl Sie nicht das mindeste von meinen Grundsätzen gewußt haben und obwohl Sie den SPIEGEL von innen her nicht im geringsten kennen...

Sie haben mir geschrieben, Sie seien hart im Nehmen. Wie soll ich Ihnen jemals noch unangenehme Dinge sagen oder schreiben können, wenn ich befürchten muß, daß Sie mir am nächsten Tag zu verstehen geben, ich hätte nun mal nicht Ihre Maßstäbe, und deshalb könne, Gott sei's geklagt, aus unserer Zusammenarbeit nun auch nichts mehr werden...

Sie müssen mir konzedieren, daß ich bei allem, was ich tue, etwas für den SPIEGEL Gutes und etwas für die Allgemeinheit Moralisches erreichen will. Sie müssen weiter glauben, daß ich gut für den SPIEGEL und gut als Ihr Partner bin – noch sind wir nicht so eng zusammen, daß wir nicht wieder auseinander könnten...

Mit herzlichen Grüßen
Ihr Rudolf Augstein.

Und auseinander gingen sie.

Der Mann, der Einfluß auf „Die Zeit“ zu nehmen suchte, um sein Lebenswerk zu erweitern, hatte im Briefwechsel mit Bucerius nicht von ungefähr für sich in Anspruch genommen, „daß ich bei allem, was ich tue ... etwas für die Allgemeinheit Moralisches erreichen will". Rudolf Augstein war und ist ein Denker, der wirken will, ein Moralist, wie der sprachgewaltige Jean-Jacques Rousseau, der Wegbereiter der Französischen Revolution und Mitbegründer der modernen Kulturkritik.

Begegnungen mit Karl Jaspers, Martin Heidegger oder Alexander Solschenizyn schienen mir für Augstein denn auch stets wichtiger als mit Brandt, Kohl oder Breschnew. „Ganz erfreulich", notierte Heidegger nach dem Gespräch. Und Jaspers schrieb an Hannah Arendt über Augstein: „So ein Mann ist mir noch nicht begegnet. Es war mir, als ob ich Verwandschaft spüre und dann den Abgrund."

Beim Interview im Kreml hielt Augstein Gorbatschow Kants „Zum Ewigen Frieden" vor. „Mir waren diese Gedankengänge Kants bisher nicht bekannt", gestand der Gastgeber.

Wie bei jeder außergewöhnlichen Erscheinung sind in Augsteins Persönlichkeitsstruktur die Gipfel höher und die Schluchten tiefer als bei vielen anderen Menschen. Für Franz Josef Strauß, den er stürzte, war er der „böse Geist in der deutschen Politik"; für den Astrologen Hans Genuit war das Horoskop des Skorpions frei „von irgendwelchen charakterlichen Mängeln". Augstein ging vier Ehen ein und wurde von drei Universitäten mit akademischen Ehren überhäuft, er trat aus der Kirche aus und wurde zur vielleicht unabhängigsten Macht in Deutschland, geschmäht, gefürchtet und gepriesen.

Doch alle äußeren Daten und öffentlichen Wertungen sagten wenig über sein Wesen. Seine Kompliziertheit ist mit den Normen von Allensbach oder Oggersheim schwer auszumessen. Gegensätze stapeln sich in ihm: bescheiden und hochmütig, sparsam und generös, tolerant und aggressiv, bürgerlich und bohemien, liebenswert und tiefgekühlt, vornehm und verletzend. Nur zwei Seelen würden sich in seiner Brust wohl einsam fühlen.

Wichtig aber ist die eine Konstante: Rudolf Augstein ist ein Wahrheitssucher. Empfindsam reagiert er auf jeden falschen Ton. Als ich ihm einmal erzählte, ich hätte den Kindern eines Freundes den Tod ihres Vaters mitteilen müssen, fügte ich gedankenarm hinzu: „Das war etwas, was ich nie wieder tun werde."

„Unsinn“, sagte Rudolf, „das wirst du wieder tun, wenn du es tun mußt.“

Es gibt wenig, was der Verstand des Wahrheitssuchers nicht in Frage stellt. Das bürgerliche Koordinatenkreuz herkömmlicher Wertvorstellungen von Gut und Schlecht hat er deshalb nie in toto akzeptiert. Er behält sich vor, von Fall zu Fall zu entscheiden. „Ich achte sie für das (was) und wie sie es getan hat“, befand er über die Terroristin Ulrike Meinhoff.

Dabei macht Augstein es sich nicht leicht bei dem, was er als richtig und als falsch erkennt, was er stützt und was er stürzt. Herbert Wehner, dem er sich „so verbunden und befreundet“ fühlte, wie keinem deutschen Politiker außer Wolfgang Döring, forderte er 1974 auf, vom Amt des SPD-Fraktionsvorsitzenden zurückzutreten. Und den CDU-Kanzler Kohl, der sicher nicht ganz oben in seiner Beliebtheitsskala rangiert, beglückwünschte er 1990 in einem Artikel zur Wiedervereinigung.

Allerdings ist schwer zu übersehen: Eine negative Komponente scheint ausgeprägter Wesenszug von Augsteins überrragender Intelligenz. Er ist der Geist, der meist verneint. „Verehrungsverweigerungstalent“ hat ihm sein Freund, der Schriftsteller Martin Walser bescheinigt. Und Augstein selbst nennt „Zynismus“ seine „Lieblingstugend“: „Wer mich Zyniker nennt, der ehrt mich. Ich bin gern Zyniker.“ Da macht ihm das Leben nicht unbedingt leichter. Denn es läßt ihn das Häßliche schnell vor dem Schönen sehen, das Schlechte vor dem Guten, das Niedrige vor dem Erhabenen. Aber als ausgleichende Gerechtigkeit wurde dieser Wesenszug zugleich auch Wurzel seines Erfolges. Die destruktive Kraft des Zweifels hat ihm Triumph auf Triumph beschert. Denn sie ist das Fundament seines „Spiegels“. Rudolf Augstein hat der Redaktion die negative Kritik als Sittengesetz vorgegeben. Halbgötter zu demaskieren, Tempel einzureißen, Denkmäler zu stürzen, Großes klein zu hacken und zu zerstören, ist dem Blatt Lust und Bedürfnis zugleich, mal zu Recht, mal zu Unrecht.

„Er kann nur Gift säen“, zürnte Bischof Dibelius über Augstein. Doch ob Gift oder Arznei, daß ist bei Medien wie in der Medizin oft eine Frage der Dosierung. Das, was Augstein an Gift in den „Spiegel“ träufelt, dient häufig der Gesundung der Allgemeinheit. Bei kleineren Geistern freilich mißrät die Giftmischerei wieder und wieder. „Wie leicht artet Kritik in Mäkelei und Besserwissen aus", erkannte Rudolf selbst über die Gefahren der „Spiegel"-Technik: „Die Kritik läuft immer Gefahr, in einem gestaltlosen Negativismus auszuarten." Kritik wird dann zur „Spiegel"-Sauce, zu einem Brei von Überheblichkeit und Häme, Vorbild dessen, was manchem als „kritischer Journalismus" gilt.

Rudolf Augstein, der die Hälfte seines Magazins seinen Mitarbeitern schenkte, ist heute einer der bekanntesten Deutschen; „Manager-Magazin" und „Spiegel TV" ergänzen seinen „Spiegel". Sein Stern steht im Zenith. Bald wird er 70. Doch bereits 1978 klang Resignation aus seinen Worten, er habe „gelegentlich das Gefühl, Deutschland wäre nicht ein Fitzelchen anders, wenn ich nie gelebt hätte". An seinen Freunden schätzte er 1980 „das es wenige sind"; Einsamkeit wurde Begleiter seines Ruhmes. Im gleichen Jahr gab er im Fragebogen der „FAZ" auf die Frage nach seinem „Traum vom Glück" zu Protokoll: „Nicht wünschbar". Und 1987 präzisierte er: „Ich glaube nicht, daß man Anspruch auf Glück hat, und größere Leute haben das vor langer Zeit schon erkannt. Damit muß man sich doch wohl abfinden." Preis der Begnadung?

Rudolf Augstein, von dem ich daher nie hören konnte, daß er glücklich sei, ist bestimmt ein bedeutender, vielleicht ein genialer Mann. Ich bin dankbar, daß ich ein Stück des Weges mit ihm ging. Seine Welt ist heute nicht mehr meine Welt. Aber wann immer ich ihm begegne, freue ich mich.

Ich unterrichtete ihn von meiner Absicht, ihm ein Kapitel in diesem Buch zu widmen. „DER SPIEGEL", schrieb er in seiner Antwort, „ist eine einzige Erfolgsgeschichte, an der Du, wie Du ja wohl selbst weißt, einen gehörigen Anteil hast. So laß uns denn, Kapitel hin, Kapitel her, Freunde bleiben."

So ist er eben: Ein großer Geist, der nicht nur stets verneint.

18. Kapitel

UM DIE WELT

„Seine Excellenz wurde letzte Nacht von Seiner Majestät erwürgt“

Bei meinem Ausscheiden aus dem „Spiegel“ hatte Augstein auf einem „sabbatical year“ bestanden: 1969 wurde ich dafür bezahlt, daß ich nichts (für die Konkurrenz) tat. Man kann es schlechter treffen.

Im Vorjahr war ich in drei Wochen um die Welt gereist. Auf dem Schlachtfeld Vietnam hatte ich mir dabei statt einer rühmlichen Kugel einen unrühmlichen Sonnenbrand im Mekong-Delta eingefangen. In Tokio fütterte mich der deutsche Botschafter Krapf mit Meeresdelikatessen, die sich noch zu bewegen schienen. In Hawaii nahm ich im vorgeschrittenen Alter von 41 Jahren Unterricht im Wellensurfen. Das alles war mir gut bekommen. Deshalb beschloß ich, nun in meinem „sabbatical year“ noch einmal den Globus zu umrunden, wenn auch etwas gemächlicher und auf einer anderen Route. Ich wollte Material sammeln für ein Buch über die Bevölkerungsexplosion; die Weltbank unterstützte mein Vorhaben.

Bei der vorangegangenen Reise hatte ich auf dem Wege nach Saigon in Thailand gestoppt. In Bangkok führte mich eine Empfehlung zu einem alten Herrn mit einem Hexenschuß: Leopold von Plessen, ein Vetter des damaligen Fürsten Otto Bismarck, wohnte in einem flachen Bungalow an der Yen Akas Road, jenseits der Klonks. Er war ein ehemaliger Diplomat, gebildet und abenteuerlustig zugleich, der auf ein erfülltes, unkonventionelles Leben zurückblicken konnte und sich entschlossen hatte, seinen Lebensabend im „Land der Freien“ zu verbringen, bevor es von deutschen Touristen heimgesucht werden sollte. In seinem Garten hatte er einen kleinen See angelegt, mit einer Insel, auf der ein

Pavillon stand, zu dem eine Brücke führte. Und dort war es, wo Leopold Plessen mir beim Tee von Afghanistan erzählte.

Als junger deutscher Legationsrat war er Anfang 1929 als einziger deutscher Diplomat in Kabul stationiert gewesen. König Amanullah war geflohen. Räuberhauptmann Habibullah hatte auf dem Thron Platz genommen. Eines Tages wollte Plessen den Staatssekretär im Außenministerium aufsuchen. Er war nicht auffindbar. Krank? Urlaub? „Nein“, bedauerte der Stellvertreter des Abwesenden schließlich: „Seine Excellenz wurde letzte Nacht von Seiner Majestät erwürgt.“

In einem Brief an mich bedauerte Leopold von Plessen später, daß er wegen seines Hexenschusses „verhindert war, hier mehr für Sie zu tun als ich tun konnte“. Mehr zu tun! Er hatte die afghanische Zündschnur in mir angesteckt.

Eine zweite afghanische Erzählung, die meine Phantasie beflügelte, stammt von Cyrus L. Sulzberger, dessen Familie die „New York Times“ kontrolliert. Der sowjetische Geheimdienst hatte im Zweiten Weltkrieg dem afghanischen Botschafter in Moskau eine Zigeunerin als Mätresse verpaßt. Der Afghane, ein Mitglied der königlichen Familie, kam ihr auf die Schliche; bald darauf war die Mätresse spurlos verschwunden. Nach einer gewissen Zeit machte ein hoher sowjetischer Beamter dem Botschafter seine Aufwartung in dessen Residenz und erkundigte sich höflich, ob er vielleicht etwas von dem Verbleib der Verschwundenen wisse. „Kommen Sie mit“, sagte der Afghane. Er führte seinen Besucher in seinen Garten und deutete auf ein paar blühende Büsche: „Dort ist sie“, zürnte er: „Da drunter.“ Auch das fand ich ungewöhnlich. Meine zweite Weltreise sollte unbedingt über Afghanistan führen.

Das Land ist fast doppelt so groß wie die Bundesrepublik, aber hat nur 15 Millionen Einwohner. Die Nomaden leben in Zelten, die Bauern in Häusern aus Lehmziegeln. Das Pro-Kopf-Einkommen wird auf 300 Mark im Jahr geschätzt (Deutschland: 15 000 Mark), die Lebenserwartung beträgt 35 Jahre (Deutschland: 73 Jahre). Die dunkelhaarigen Afghanen, die ihre Herkunft von Saul ableiten, machen etwa die Hälfte der Bevölkerung aus; die zweitgrößte Gruppe bilden die hellhäutigen Tajiks, von denen viele blonde Haare und blaue Augen haben. Der Islam ist die herrschende Kraft;

90 Prozent der Menschen sind Sunniten. Bestseller-Autor James Michener („Die Kinder von Torremolinos“) hatte in den fünziger Jahren noch die Steinigung einer ungetreuen Ehefrau erlebt.

Der Regen des Frühjahrs läßt Afghanistan lichtgrün erblühen. Im Sommer wird es von einer glühenden Sonne versengt, und im Winter liegt es unter tiefem Schnee begraben. Leben und Überleben in dieser Umwelt fordern Härte und Zähigkeit. Wie die Natur, so die Kreatur. Unerbittlich wie Berge und Wüsten Afghanistans sind seine Bewohner.

„Kühn wie Falken, grausam wie Leoparden“, hatte Winston Churchill sie beschrieben.

Wild, arm und verführerisch, so bot sich ihr Land seit Jahrhunderten den gierigen Blicken der Eroberer dar. Es war Einfallstor nach Europa, Ausfallstor nach Asien. Alexander der Große zog mit seinem Heer ostwärts hindurch, Dschingis Khan mit seiner Horde westwärts. Timor der Lahme aus Samarkand, genannt Tamerlan, rastete in Afghanistan, ehe er im indischen Delhi Pyramiden aus den abgeschlagenen Schädeln von 80 000 Feinden aufschichten ließ.

Im Norden des Landes ragt der Hindukusch als Riegel zwischen Rußland und Indien mehr als sieben Kilometer hoch in den Himmel. Im Süden des Landes liegen Steppen, Salzsümpfe und Wüsten, in denen Herodot, der griechische Vater der Geschichtsschreibung, seltsame „Ameisen“ entdeckte – “nicht so groß wie Hunde, aber größer als Füchse“ (vermutlich Murmeltiere). Und im Osten bildete der zerklüftete Khyber-Paß den Zugang zum Pandschab.

Um 1000 n. Chr. war der Eroberer Mahmud von Ghazni Jahr für Jahr mit seinem Heer über den Paß gezogen, um die indischen Städte, die „wie fette Kühe in der Sonne lagen“, metzelnd zu melken. Im 19. Jahrhundert waren es dann die Engländer, die von Indien aus versuchten, Rußlands wachsenden Einfluß hinter dem Paß zurückzudrängen. 1842 rückte eine britische Armee über den Khyber-Paß und wurde in der verschneiten Schlucht von Khurd Kabul vernichtet. „Mit 13 000 der Zug begann, einer kam heim aus Afghanistan“, sang im fernen Preußen Theodor Fontane.

Als Junge hatte ich bei Kipling verschlungen, wie der afghanische Pferdehändler Mahbub mit seinem scharlachroten Bart Kim in das „große Spiel“ einweihte, das Englands Geheimdienst seit jener Zeit in jener Region spielte. Nun zog ich selbst mit einem afghanischen Begleiter durch den öden eisigen Hindukusch. Ayub hatte mir Lapislazuli gezeigt, den dunkelblau und goldgesprenkelten Edelstein seines Landes, und mich in den Spielregeln von Buzkashi und Ghosai unterwiesen, das eine ein Reiterkampf um ein enthauptetes Kalb, das andere eine Art Mannschaftsringen auf einem Bein. In einem herrlichen Bergtal überfuhr ich mit dem Jeep ein mageres Schaf. Wir fanden den Besitzer in einer ähnlich elenden Hütte. Geld zu nehmen, lehnte er ab. „Du hast mir Essen gebracht“, sagte er und tätschelte das tote Tier. Dann zeigte er auf einen hinter seinem Garten wolkenwärts wachsenden Gipfel, der selbst Reinhold Messner Tränen in die Augen getrieben hätte. „Kannst du mir einen größeren Berg kaufen?“ Ayub verneinte für mich. Außerdem, so fügte unser Gastgeber hinzu, besitze er schon das Schönste der Welt. Er winkte uns, ihm zu folgen. Hinter dem Haus saßen drei Halunken beim Würfelspiel. Einer war offensichtlich voll gepumpt mit Opium. Der zweite besaß nur noch ein Auge und hatte in der leeren Höhle des anderen einen kleinen Spiegel angebracht. Wann immer er mich ansah, sah ich mich in seinem toten Auge. Der dritte trug den Rock eines pakistanischen Polizisten. Augenscheinlich ein Beutestück, denn dort, wo sein Herz schlug, war ein nur oberflächlich zugenähter Einschuß sichtbar. Ihre Dolche hatten die drei verkehrt herum in einen mit Erde gefüllten Topf gesteckt: Die Griffe im Erdreich, die Klingen in der Luft. So konnte im Falle einer Meinungsverschiedenheit keiner schnell nach seiner Waffe greifen ohne sich jämmerlich zu schneiden. „Das Schönste der Welt“, sagte unser Gastgeber mit einer Handbewegung auf die drei Halsabschneider: „Meine Freunde.“ Ayub übersetzte, ohne eine Miene zu verziehen, hockte er sich zu den dreien und würfelte mit, bis er etwa den Preis für zwei magere Schafe verspielt hatte.

„Nicht die Mutigen, die Feigen mußt du fürchten“, lehren die Afghanen ihre Söhne. Weihnachten 1979 fielen 100000 Russen in Afghanistan ein. Mit Giftgas, Panzern und Raketen versuchte die kommunistische Weltmacht jahrelang, in einem brutalen Krieg eines der ärmsten kleinen Völker der Erde zu unterwerfen. Sie scheiterte, wie vor ihr die Assyrer der Königin Semiramis, Araber und Türken, Perser und Engländer, scheiterte wie die Amerikaner in

Vietnam. Denn in ihrem Elend und ihrer Not haben sich die Afghanen durch die Jahrhunderte etwas bewahrt, was sie von den im Wohlstand versunkenen Nationen unterscheidet: Die Liebe zur Freiheit und die Bereitschaft, dafür zu sterben.

Wer über die Bevölkerungsexplosion schreiben will, kommt an Indien schwer vorbei. Jeden Monat wimmeln eine Million Inder mehr auf Erden als vier Wochen zuvor. Jedes Jahr nimmt das Land um mehr Menschen zu, als New York Einwohner hat. Bald wird es mehr Inder geben als Chinesen. Auf dem Nachtflug nach Neu Delhi saß ich neben einem pensionierten Obristen der englischen Garde. Wann immer ich einen Drink nahm, hatte er zwei. Ich erzählte ihm von meinem Interesse an der Bevölkerungsexplosion. Das Problem beschäftigte ihn sichtlich. „Wissen Sie, was da unten ist?" fragte er mich nach einer Weile intensiven Nachdenkens und deutete auf das dunkle Fenster. Ich sah hinaus: Tausende kleiner Lichter aus Hunderten kleiner Dörfer blinzelten aus der Tiefe zu uns herauf.

„Keine Ahnung", sagte ich und zog die Schultern hoch.

Er nahm noch einen Schluck: „Da unten sind Weiber, Millionen von Weibern. Und Sie denken, Sie hätten die richtige zu Haus."

Seit Jim Lord wissen wir, daß die Pracht der Maharadschas, die einst über Indien herrschten, den Glanz europäischer Höfe überstrahlt hat. Sie spielten im Dunkel der Nacht mit glühenden Holzbällen Polo. Läufer-Stafetten brachten Stücke vom ewigen Eis des Himalaya für ihre Tafel. Manche Fürsten wurden schon als Kind mit Gift gefüttert, um sie später vor Thronräubern zu schützen; Insekten, die sie bissen, starben noch auf ihrer Haut. Das Zeltlager des Mogul Akbar (1542–1605) war bei Jagdausflügen größer als das London seiner Zeit. Der Thron seines Enkels war aus Gold. Wenn Khande Rao von Baroda gähnte, mußten alle Anwesenden mit den Fingern schnippen, damit sich keine Fliege in seinen Mund verirrte. Und noch in diesem Jahrhundert lud der Herrscher von Junagadh 50 000 Gäste zur Hochzeit seiner Lieblingshündin Roshana mit einem Golden Retriever.

Für ihre Untertanen waren die Maharadschas einst Wesen aus einer anderen Welt. Heute ist Indien eine Demokratie. Und das Tadsch Mahal, Grabmahl für eine Ehefrau, an dem 20 000 Mann 22 Jahre arbeiteten, dient nun als Touristenfalle, durch die auch ich ergriffen trottete. Aber noch immer klaffen Abgründe zwischen den herrschenden Schichten und den bemitleidenswerten Massen. Indische Intellektuelle sind zuweilen von schwer verständlicher Arroganz, während ihr Volk in oft jammervoller Armut lebt.

In Kalkutta zeigte mir ein einarmiger Bettler das schwärzliche Pulver, mit dem er die Wunde seines eitrigen Armstumpfes künstlich offen hielt, weil das bessere Einnahmen versprach. Er hatte neun Kinder, die alle seinem Gewerbe nachgingen, und als wir über sie sprachen, lehrte er mich eine der Ursachen der Bevölkerungsexplosion. „Neun bringen mehr als einer", sagte er stolz.

Das war (und ist) das Teufelskarussell der unterentwickelten Welt: Armut schafft Übervölkerung, Übervölkerung schafft Armut. Die Menschen nehmen an vielen Orten immer wieder schneller zu als das Bruttosozialprodukt. Dann überholt der Storch den Fortschritt. Die Babys essen das Wirtschaftswachstum auf. Alle Versuche, die Entwicklung durch Aufklärung und Kondome, Pille und Sterilisierung zu stoppen, sind in Indien bisher gescheitert. In der Regel beginnen die Eltern erst dann selbst ihre Fruchtbarkeit zu kontrollieren, wenn sie einen Lebensstandard erreicht haben, auf dem sie erkennen können, daß viele Kinder nicht mehr, sondern weniger Wohlstand bedeuten. Doch ausgerechnet die Bevölkerungsexplosion macht es schwierig, eben diesen Wohlstand zu erreichen, der ihr Ende wäre? Sam Keeny, einer der klügsten Weltbank-Experten für Familienplanung in Asien, sagte es damals so: „Erst wenn eine Frau den Wassereimer nicht mehr auf dem Kopf trägt, um ihre Frisur nicht zu ruinieren, dann ist das Schwerste geschafft." Aber noch heute, mehr als 20 Jahre später, tragen Hunderte von Millionen den Eimer auf dem Kopf.

Jede Stunde, jeden Tag, jedes Jahr werden auf Erden mehr als doppelt so viele Menschen geboren wie sterben. Das kann auf die Dauer nicht gutgehen. Aber es beunruhigt kaum jemanden. Am Ende von Weltkrieg II, dem bisher blutigsten Waffengang der Geschichte, lebten mehr Menschen auf der Welt als bei seinem Ausbruch. Die wenigsten wissen darum. In den letzten 30 Jahren hat die Weltbevölkerung um mehr Menschen *zugenommen* als Anfang des Jahrhunderts überhaupt auf Erden lebten. Das interessiert die meisten herzlich wenig.

Die Erde stirbt. Alle jammern über Umweltzerstörung und Ozonloch, Vergiftung der Meere, der Kontinente und der Atmosphäre. Nur über die Ursache aller Ursachen regt sich selten einer auf: Unaufhaltsam steigt die Flut der menschlichen Leiber, gegenwärtig um etwa eine Viertelmillion an jedem Tag.

Der Feind kam schleichend, wie der „Große Boyg" aus Ibsens „Peer Gynt", die schleimige konturenlose Wolke, die niemals zuschlägt und doch alles überwältigt, die „tot ist und gleichwohl lebendig", die „siegt ohne zu streiten". So beginnen die Menschen jetzt erst aufzuwachen, da es vielleicht schon zu spät ist.

Im Gegensatz zum Menschen kontrollieren fast alle Tierarten ihren Bestand rechtzeitig selbst. Die Sicherheitsvorkehrungen der Natur sind ausgeklügelt und zahlreich. Sie reichen von Anti-Baby-Düften bei Mäusen bis zur Verlängerung sexueller Enthaltsamkeit bei Elefantenkühen (bei großer Dichte verdreifachen sie einfach den Zeitraum zwischen Geburt und neuer Paarung). Baßtölpel, Waldvögel und Libellen lassen nur einen gewissen Prozentsatz von ihresgleichen zur Fortpflanzung zu. Tonnenschwere Heuschreckenschwärme fliegen zum Selbstmord in die Wüste. Der Zug der Lemminge stürzt sich ins Wasser. Der Guppy frißt Millionen der eigenen Nachkommen und läßt lediglich genug übrig, um die Art zu erhalten. Bei ihm wirkt, was Konrad Lorenz „das sogenannte Böse" nannte: Aggression gegen die eigene Art zur Erhaltung der Art. Eine Kraft, die Böses tut und dennoch Gutes schafft.

Doch alle Lehren der Natur fruchteten beim Homo sapiens bisher wenig. Die Menschen werden immer mehr. Anfang des Jahrhunderts lebten keine zwei Milliarden auf Erden. Heute sind es über fünf Milliarden. Selbst die Prognosen der UNO-Demographen, die von langsam sinkenden Zuwachsraten ausgehen, sehen eine neue Verdoppelung der Menschheit in etwa 65 Jahren vor. Das aber heißt im Prinzip nichts anderes als dies: In 65 Jahren muß doppelt soviel produziert und geerntet werden wie heute. Doppelt so viele Regenwälder müssen abgeholzt und doppelt so viele Atomabfälle müssen eingelagert werden. Doppelt so viele Chemikalien werden auf die Felder gesprüht, doppelt so viele Abgase in den Himmel geblasen, doppelt so viele Abwässer in die

Ozeane geleitet werden. Kann man sich wirklich ausmalen, was das für die jetzt schon bedrohte Umwelt bedeutet?

Die Zahl der Häuser und Straßen, Rinder und Autos, Kernkraftwerke und Mülldeponien, Fließbänder, Fabriken und Gefängnisse, Schulen und Schlote, kurz der gesamte Besitzstand der Menschheit muß in 65 Jahren verdoppelt sein, damit sie dann nicht schlechter lebt als heute. Eine Horrorvorstellung? Kein bisher bekannter Weg führt daran vorbei, es sei denn, AIDS erweist sich als neue Pest, ein globaler Atomkrieg bricht aus, oder eine Klimakatastrophe schlägt zu. Entweder vernichtet die Schöpfung den Überfluß an Menschen, oder der Überfluß an Menschen wird die Schöpfung vernichten.

Dabei würde bei einer Verdoppelung der Bevölkerung eine Verdoppelung ihres Besitzstandes die Menschheit noch keinen Schritt weiterbringen, sondern den gegenwärtigen Zustand nur festschreiben (einschließlich des Todes von jährlich 12 Millionen Kindern unter fünf Jahren durch direkte oder indirekte Folgen des Hungers). Jeder Fortschritt beginnt erst jenseits der monströsen Verdoppelungs-Leistung. Und je erfolgreicher es uns gelingen sollte, die unterentwickelten Länder, in denen sich die Masse der Weltbevölkerung rasant vermehrt, zu entwickeln, um so stärker werden wir den Planeten plündern und beschädigen. Das mögen wir bedauern, wir können es nicht ändern. Es darf uns nicht daran hindern, den hungernden Völkern zu helfen. Aber es sollte unseren Blick für die Bedrohung durch die Bevölkerungsexplosion schärfen.

Wir haben den Globus angezapft, ausgelaugt und ausgebeutet. Wir haben eine Welt geschaffen, in der die Adler sterben und die Quallen gedeihen. Wir hätten – so sang der Poet – angefangen, die Fähre aufzuessen, auf der wir durch Raum und Zeit reisen. Für zu viele Menschen reichen Platz, Rohstoffe und Nahrung nicht. Zu große Dichte, Kants „ungesellige Geselligkeit“, bringt Hunger, Armut und Gewalt. Zu viele Menschen trägt und erträgt diese Erde nicht. Zu viele Menschen verseuchen die Luft, die Ozeane und das Land. Zu viele Menschen, so sagte ein kluger Mann, seien selbst ein Element jener Umweltverschmutzung, die sie beklagen.

Sind es schon zu viele?

Vieles spricht dafür. Sicher ist, daß es noch viel mehr werden.

Sogar die eher optimistische UNO rechnet damit, daß sich unter normalen Bedingungen die Erdbevölkerung frühestens in etwa 100 Jahren bei etwa elf Milliarden Menschen stabilisieren kann. Elf Milliarden Menschen würden nach dem heutigen Stand von Landwirtschaft und Wissenschaft gut zu ernähren sein. Doch die Welt, in der sie leben würden, hätte mit unserer Welt sicher nicht mehr viel gemein.

Übervölkerung ist das Übel der Übel. Ist sie der Anfang vom Ende? Brütet die Menschheit dem eigenen Untergang entgegen? Tod durch Leben, Vernichtung durch Liebe?

Von Asien aus reiste ich über das herrlich leere Australien nach Amerika, um dort in der Nähe der Archive von UNO und Weltbank meine Vorarbeiten für mein erstes Buch über die Bevölkerungsexplosion abzuschließen. Solange ich in New York Material sammelte und sichtete, wohnte ich in Greenwich Village als Hausgast bei Hamilton Fish Armstrong, dem Herausgeber von „Foreign Affairs". Er war einer der Menschen, die ich am meisten bewunderte, und er hatte Christa von Tippelskirch geheiratet, jene junge Dame mit weizenblonden Haaren, pechschwarzen Brauen und fjordblauen Augen, die mir zwei Jahrzehnte zuvor als Sekretärin vom Chefredakteur der „Hamburger Allgemeinen" die Tür zum Journalismus geöffnet hatte und Patentante meiner Tochter geworden war.

Hamilton („Ham") Fish Armstrong entstammte einer angesehenen amerikanischen Familie von Soldaten und Künstlern, Politikern und Diplomaten. Hams Urgroßvater väterlicherseits hatte noch als Oberst der britischen Armee gegen den Revolutionär George Washington gekämpft und sich später in New York niedergelassen. Er war ein guter Schütze gewesen, seine Duell-Waffen waren berühmt. US-Vizepräsident Aaron Burr lieh sich 1804 das Pistolen-Paar aus und tötete mit einer davon im Zweikampf Alexander Hamilton, einen der Gründerväter der Nation. Ein kleines Kreuz wurde in den Knauf der Waffe geritzt, um sie identifizieren zu können. Es habe „die Balance zerstört", zürnte Hams Urgroßvater. Aber die Familie besitzt das Pistolen-Paar noch heute. Hams Großvater baute den Landsitz der Familie „Danskammer" am Hudson, den nach seinem Tod zeitweilig Warren Delano pachtete, der Großvater von US-Präsident Roosevelt.

Hams Vater, obgleich eigentlich Künstler, vertrat die USA beim Vatikan. Wieder jenseits des Atlantiks, schuf er einige der schönsten farbigen Kirchenfenster Amerikas und kaufte zwei romantische Häuser in New Yorks Greenwich Village, die er miteinander verband. Dort in der Tenth Street wurde Ham für etwa 20 Dollar ans Licht der Welt geholt, vom Hausarzt Dr. Stimpson, einem Onkel des späteren Außenministers.

Als Jüngster von sieben Kindern wuchs Hamilton Fish Armstrong auf in einer wundersamen, sich liebenden Sippe mit breitgefächerten Interessen, rastlosen Aktivitäten und unentwegter sprühender Konversation. Ermahnt, nicht immer gleich darauflos zu schwadronieren, antwortete seine Schwester Margaret mit einer Frage, die ihr schon vor dem Ersten Weltkrieg als junges Mädchen einen Platz im „Oxford Dictionary of Quotations" sicherte: „Wie soll ich wissen, was ich denke, wenn ich nicht höre was ich sage?"

Seither ist New York ständig weiter über Greenwich Village nach Norden hinausgewachsen. Ein Versuch von Ham und einem Freund, einen Club älterer New Yorker zu gründen, die noch in dem Haus wohnten, in dem sie das Licht der Welt erblickt hatten, mußte wegen Mitgliedermangel aufgegeben worden. Aber 58 West Tenth Street mit seinen zwölf Kaminen und seiner Mahagoni-Haustür, seinen knarrenden Bohlen, verschwiegenen Treppen und einem lichtdurchfluteten Studio hatte nichts von seinem Charme und seiner Atmosphäre verloren, als Ham und Christa mich aufnahmen. Es war eines der schönsten Häuser New Yorks.

Hamilton Fish Armstrong, Zeit seines Lebens ein gutaussehender Mann, war damals 76 Jahre alt. Sein volles Haar war weiß geworden, sein Schnurrbart grau. Doch Herz und Hirn, Augen und Gang waren nie gealtert. Immer hatte er zu tun, immer gab es für ihn Neues zu ergründen. Christa schien ihm die ewige Jugend geschenkt zu haben, und wenn sie nach einem Wochenende auf dem Lande seine Hosentaschen ausleerte, konnte sie tatsächlich glauben, der Inhalt gehöre einem Zwölfjährigen: ein abgebrochener Bleistift, Bindfaden und Kaugummi, ein paar Steine und Streichhölzer, ein Stück Angelschnur und getrockneter Mais; auch ein Frosch war einmal dabei.

Jedes Vierteljahr gab dieser Mann die von ihm redigierte Bibel der Staatsmänner dieser Welt heraus: „Foreign Affairs", die Zeitschrift des „Council on Foreign Relations", ohne Fotos und Illustrationen, eingebunden in einen unansehnlichen blau-grauen Umschlag. Schon 1922, als „Foreign Affairs" gegründet wurde, war Hamilton Fish Armstrong dabei gewesen. 1928 wurde er Chef – und blieb es für die nächsten 44 Jahre. Er interviewte Hitler und Mussolini in einer Woche, er zahlte 100 Dollar für einen Beitrag, gleichgültig, ob er von Deutschlands Stresemann, Frankreichs Poincaré oder Englands Harold Nicolson stammte, von Rußlands Trotzki oder Amerikas Nixon. Botschafter George F. Kennan entwarf unter dem Pseudonym „X" in „Foreign Affairs" die US-Strategie des Kalten Krieges. Präsident John F. Kennedy wurde durch einen Aufsatz von Dean Rusk in „Foreign Affairs" auf den Autoren aufmerksam und machte ihn zu seinem Außenminister. Henry Kissinger, dessen Stern als außenpolitischer Denker in „Foreign Affairs" aufging, sagte zu Ham: „Sie haben mich erfunden."

Eines Abends fragte ich Ham beim Nachtessen in Tenth Street nach seinem Tag im Büro.

„Trist", sagte er, „Tito schickte einen Artikel."

Ich schluckte. Seit Ham im Weltkrieg I in Serbien gewesen war, hatte ihn der Balkan fasziniert. Er kannte Tito gut, hatte über den Bruch des jugoslawischen Staatschefs mit Moskau das Buch „Tito gegen Goliath" geschrieben und sich seit langem um einen Beitrag des Partisanen der Weltpolitik bemüht. Nun war er eingetroffen.

„Und das nennst du trist", fragte ich irritiert.

„Ja", seufzte Ham, „ich mußte ihn zurückschicken. Er war nicht gut genug; sehr traurig."

Das war Ham. Kein Produkt irgendeiner Propagandamaschine, für das ein Staatsmann seinen noch so großen Namen hergeben mochte, hatte jemals eine Chance, Gnade unter seinen Augen für sein Magazin zu finden.

Ham steckte voller Geschichten, die oft ein helleres Licht auf die Weltbeweger warfen, als alle Fußnoten der Geschichtsbücher. Eine seiner Anekdoten kreiste um Englands hochmütigen Lord Curzon. Bevor er Vizekönig von Indien wurde, besuchte er Athen. Dort aß er im „Club Athénien" der britischen Kolonie zu Abend. Am Kopfende der langen Club-Tafel saß, wie jeden Abend, ein pensionierter englischer Diplomat, der in Griechenland seinen Lebensabend verbrachte, ein gutmütiger Langweiler, den jeder gern hatte. Am anderen Ende des Tisches nahm Lord Curzon Platz. Während des Essens erzählte der Pensionär ausführlich und umständlich eine pointenlose Geschichte. Und vergeßlich wie er war, gab er das Ganze während des Desserts noch einmal weitschweifig zum Besten.

„Das“, sagte da der junge Lord Curzon eisig, „erinnert mich an eine außerordentlich interessante Begebenheit.“ Und ohne die Miene zu verziehen, erzählte er die langweilige Geschichte Wort für Wort zum dritten Mal.

Der alte Herr begriff, was passiert war, verließ still den Raum und kehrte nie in seinen geliebten Club zurück.

Eines Tages, als ich von der UNO zurück nach Tenth Street kam, berichtete ich Ham und Christa von einem jungen Burschen, dem ich auf der Fifth Avenue begegnet war und der seine Haare strahlend blau gefärbt hatte, damals noch ein eher ungewohnter Anblick.

„Was mag ihn dazu getrieben haben“, rätselte ich.

„Getting a little attention“, sagte Ham beiläufig; er war schon wieder mit einer alten Taschenuhr beschäftigt: „Um ein bißchen Aufmerksamkeit zu erregen, sind viele Menschen zu vielem bereit. Der Wunsch ist eine der stärksten Schubkräfte der menschlichen Geschichte.“

Seither kann ich keinen Leutnant im bunten Rock und keinen krakeelenden Demonstranten, keinen sich wichtig nehmenden Pförtner und keinen sich spreizenden TV-Moderator mehr sehen, ohne daran zu denken: „Getting a little attention ...“ Und was treibt genauso häufig die Mächtigen an, die schon ein bißchen Aufmerksamkeit erlangt haben, die Manager, Minister, Millionäre? „Getting a little more attention.“

Auf dem Höhepunkt der amerikanischen Rassenunruhen, als niemand einen Ausweg sah, beruhigte mich Ham: „Don't worry. It will work out.“ Als ich ihn zweifelnd anblickte, fügte er als einzige Erklärung hinzu: „Because it has to“. Und wieder sollte er recht behalten.

Mitte der zwanziger Jahre hatte Hamilton Fish Armstrong Freundschaft mit Walter Lippmann geschlossen, der bald Amerikas bedeutendster Kolumnist wurde. Die beiden reisten zusammen, saßen zusammen im „Council on Foreign Relations“, lunchten ein oder zweimal in der Woche zusammen im „Century Club“, telefonierten fast täglich miteinander. „Damon und Phintias“ wurden sie genannt, nach den beiden Freunden, deren Geschichte auf Deutsch in Schillers „Bürgerschaft“ nacherzählt ist. Auch ihre Frauen Faye und Helen waren Freundinnen. Im Frühjahr 1937, als sie sich etwa ein Dutzend Jahre kannten, begann Lippmann hinter dem Rücken seines Freundes ein Verhältnis mit Helen Armstrong. Im Sommer jenes Jahres schrieb er ihr in einer Woche vier Briefe nach Kitzbühel, wo sie mit ihrer Tochter Ferien machte. Doch als die Briefe dort eintrafen, hatte Helen Armstrong den Ort schon wieder verlassen. Die Liebesbriefe wurden an die einzig bekannte Adresse nachgeschickt – an Hams Büro. Der erste kam dort im August an. Hams Sekretärin öffnete ihn und gab ihn ihrem Chef. Lippmanns Biograph Steel hat die Affäre taktvoll und meisterhaft beschrieben.

Die Freunde ließen sich beide scheiden. Lippmann heiratete Helen Armstrong. Ham vergab ihm nie. Er lehnte es ab, ein Schreiben zu lesen oder auch nur in Empfang zu nehmen, in dem Lippmann ihn „um Verzeihung bat“. 35 Jahre lang, die er noch Chefredakteur von „Foreign Affairs“ war, erlaubte Ham nicht, daß Lippmanns Name in der Zeitschrift erwähnt würde. Erst in den späten 60er Jahren, als er glücklich mit Christa verheiratet war, brachte er es über sich, ein paar Worte mit Lippmann zu wechseln, nachdem er dem ehemaligen Freund zufällig auf einer Gesellschaft begegnete.

1973 starb Hamilton Fish Armstrong im Alter von 80 Jahren. Christa fand in seinen Papieren ein schmales Päckchen mit dem Vermerk: „Für Helen, nach meinem Tod“. Christa brachte ihr das Päckchen. Helen Lippmann öffnete es. Es enthielt die vier zusammengebundenen Kitzbühel-Briefe und eine Notiz von Ham für Helen: „Ich habe nur die ersten drei Zeilen von einem gelesen.“ Die drei anderen Briefe waren ungeöffnet.

„Strahlende Integrität“ bescheinigte die Londoner „Times“ Hamilton Fish Armstrong in einem Nachruf: „Sein langes und ehrenhaftes Leben bilden eines der größten moralischen Guthaben seiner Nation.“ Aber selbst das umriß nur eine Facette seiner Tugenden. Er war weise und witzig, mutig und gütig zugleich, Boy-Scout und Gentleman in einem. Sein Lächeln erfreute, sein Lob machte stolz.

Christa und Ham hatten ein im Wald verstecktes Sommerhaus am Ufer eines Sees bei East Hampton auf Long Island. Als wäre es gestern gewesen, sehe ich die Szene eines Nachmittags im Frühsommer vor mir: Ein Minister und zwei Botschafter nippten auf der Terasse von Christas Tee und Hams Klugheit. Aber plötzlich kam kein Wort mehr über seine Lippen. Denn er hatte den ersten Kingfisher entdeckt (oder war es ein Redwinged Blackbird?). Gespannt verfolgte er dessen Landeanflug auf die Fichten am Ufer. In diesem Augenblick war ihm die kleine gefiederte Kreatur wichtiger als alle Protagonisten der Weltpolitik.

Um mein Buch über die Überbevölkerung zu schreiben, mietete ich ein Cottage an einem Brackwasser-See im nahegelegenen Bridgehampton. Es wurde ein unvergeßlicher Sommer. Er flog vorbei wie eine Schwalbe. Zu mir gekommen aus Europa war die Frau, die ich 22 Sommer später immer noch liebe. Das Buch wuchs. Der Atlantik war keine Minute, Ham und Christa waren keine Viertelstunde entfernt. Nachts sang uns die Brandung des Ozeans in den Schlaf, tags sammelten wir am endlosen Strand Holz für den Kamin.

Amerikanische Freunde wohnten in der Nähe, so Frekky Vreeland, Sohn der „Vogue"-Legende und jener US-Diplomat, unter dessen Anleitung John F. Kennedy über eine halbe Stunde lang seine einzigen vier deutschen Worte geübt hatte: „Ich bin ein Berliner." Europäische Freunde schauten vorbei, so Gunter Sachs mit seiner neuesten Eroberung, einer jungen blonden Schwedin (die inzwischen seit über 20 Jahren seine Ehefrau ist).

Eines Morgens lagen zwei wilde Hunde vor der Tür des Cottage, eine schwarze Labrador-Hündin und ein gelber Labrador-Rüde. Sie hatten offenbar schon Jahre für sich selbst gesorgt. Ich pflückte über hundert Zecken aus ihrem Fell und gab ihnen zu essen und trinken. Sie blieben. Wir nannten sie Blacky und Brownie. Denn ich fand, wir hätten kein Recht, diesen freien Wesen smarte Haustiernamen zu verpassen, die ihre Würde verletzten. Sie waren Prachtexemplare, wie so viele Labradore „nice to men and mean to dogs", schnell und wild. Sie fingen Fische im Pond, Vögel im Unterholz, Kaninchen auf dem Feld. Gingen sie auf Jagd, trieb die Hündin dem Rüden die Beute zu. Gingen wir spazieren, verschwanden sie zuweilen im Gebüsch, und kamen sie wieder zum Vorschein, hingen

Federn an ihren Lefzen. Anfang September wurden die letzten Korrekturen an meinem Buch gemacht. Blacky und Brownie verschwanden in jener Nacht. 48 Stunden später lasen wir im Lokalblatt, daß ein Farmer zwei wildernde Hunde erschossen hatte, als sie zwei seiner Schafe rissen. Wir nahmen am gleichen Tag die Fähre zum Festland.

19. Kapitel

DER „STERN"

„Kopf, Kragen und Ehre riskieren"

Anfang 1970 sollte ich Henri Nannen als Chefredakteur des „Stern" ablösen. So sah es ein Vertrag vor, den ich noch zu „Spiegel"-Zeiten vor meinem „sabbatical year" unterzeichnet hatte. Beim „Stern"-Verlag Gruner+Jahr gab es damals neben Richard Gruner, der stärkster Teilhaber war, und John Jahr, der still vor sich hin verdiente, zwei mächtige Männer: Den Gesellschafter Gerd Bucerius und Henri Nannen, der jetzt „Stern"-Herausgeber werden sollte.

Ich kannte, mochte und bestaunte beide seit über 20 Jahren, den einen als Windspiel, den anderen als Elefantenbullen. Beide waren erfolgreich, beide waren Saurier in der Presselandschaft des Nachkriegs-Deutschlands. Beide waren Hypochonder von beachtlichen Graden und so gesund, daß es brummte (während ich diese Zeilen schreibe, hat der eine gerade taufrisch seinen 85. Geburtstag gefeiert, der andere hat, 77 Jahre alt, zum drittenmal geheiratet – sein Patenkind).

Gerd Bucerius ist der große Teilhaber-Verleger der Bundesrepublik, erst Teilhaber der „Zeit" und des „Stern", dann bei Ullstein und fast beim „Spiegel", und schließlich Teilhaber bei Gruner + Jahr, im „Handelsblatt" und mit 10,7 Prozent bei Bertelsmann, dem größten Medienkonzern Europas. Er ist ein von irrationaler Angst um sein Vermögen umgetriebener, aufrechter Liberaler, ein wahrhaft unabhängiger, wenngleich zuweilen etwas irisierender Geist. Chefredakteure haben kleine Macht. Sie machen Schlagzeilen. Wirkliche Macht hat, wer Chefredakteure macht. So einer wurde Gerd Bucerius.

Er hat keine Kinder. Sein Vermächtnis an die Deutschen ist die „Zeit", über die er seit den fünfziger Jahren letztendlich allein zu entscheiden hatte, eine der wenigen feinen, wenn auch etwas langatmigen Zeitschriften der Republik. Ohne ihn gäbe es sie nicht. Er hat sie über Jahrzehnte mit Geld subventioniert, das er vor allem durch den etwas weniger feinen „Stern“ verdiente.

1906 in Hamm geboren und in einem bürgerlichen Heim aufgewachsen, überlebte Bucerius das NS-Reich als Jurist. In der Sprache der Untermenschen war er „jüdischer Mischling“. Seine erste Frau, eine geborene Goldschmidt, hatte er vor Ausbruch des Krieges nach England in Sicherheit gebracht, blieb aber mit ihr verheiratet und wurde deshalb als „wehrunwürdig“ eingestuft. Erst nach der Kapitulation ließ er sich scheiden und heiratete jene bemerkenswerte Frau, die im Februar 1945 seine Einberufung zum Volkssturm ins WC geworfen hatte, ohne den Einberufenen überhaupt zu informieren: Gertrud Anna Ebel, geb. Müller. Mit der ihm eigenen Skurrilität nennt Bucerius seine Gattin noch heute liebevoll mit dem Familiennamen ihres ersten Mannes: „Ebelin“. Einem Erinnerungsbuch an Adenauer gab er den Untertitel: „Weißt Du noch Ebelin“. Und „Casa Ebelin Bucerius“ heißt ihr von Neutra gebauter Wohnsitz oberhalb Locarnos. Obgleich sie sich beide im Lauf der Jahrzehnte anderen Partnern zuwandten, hängen sie, durch gemeinsame Erlebnisse der Vergangenheit verbunden, noch heute eng aneinander.

Über zwölf Jahre gehörte Bucerius als CDU-Abgeordneter dem Bundestag an. „Zappelphilipp“ nannte ihn Adenauer und sagte: „Der Bucerius ist kein Politiker, der ist Lyriker.“

„Ich knirsche mit den Zähnen“, erzählte Bucerius, „und der Bundeskanzler hält es für ein Gedicht.“

Im Februar 1962 erschien im „Stern“ ein Beitrag des Redakteurs Jürgen von Kornatzki: „Brennt in der Hölle wirklich ein Feuer?“ Die Christdemokraten waren entsetzt. Bucerius trat aus der Partei aus. Als er Jahre später die Nachricht vom Tode Kornatzkis erhielt, sagte er: „Jetzt weiß er es.“

Auch als Verleger blieb Bucerius Advokat. Sein Glaube an die Auslegung des Rechtes war unerschütterlich. Der langjährige Verlagsdirektor des „Spiegel“, Hans Detlev Becker, schrieb: „Der eigentliche Inhalt von Bucerius-Verträgen steckt in verwundenen Nebenbestimmungen, in Begleitschreiben und in Auslegungen von langer Hand. Die generöse Verleger-Attitude hat den Advokaten, der er vor allem ist, nie wirklich tarnen können." Die Legenden über seine juristischen Spitzfindigkeiten sind Legion. Nachdem zunächst die „Zeit" nur einen Anteil beim „Stern" gekauft hatte, gelang Bucerius dort die Machtergreifung durch einen solchen juristischen Trick: Nach der Währungsreform weigerte er sich, eine damals für alle Firmen notwendige DM-Eröffnungsbilanz zu unterschreiben. Das Papier war eigentlich nur eine Formsache. Aber würde es nicht unterzeichnet, hörte der Verlag des „Stern" zu existieren auf. Henri Nannen, „Stern"-Gründer, „Stern"-Chefredakteur und damals auch noch „Stern"-Teilhaber, war überzeugt, daß Bucerius es notfalls soweit kommen lassen würde. Darum akzeptierte er eine der beiden Möglichkeiten, von deren Annahme Bucerius seine Unterschrift abhängig gemacht hatte: Entweder sollte Nannen die Anteile von Bucerius (50 Prozent) übernehmen, wofür er nicht genug Geld auf dem Konto hatte, oder er sollte seine von seiner Frau Martha gehaltenen Anteile (17,5 Prozent) an Bucerius verkaufen, was er schließlich tat. Für etwa ein Hundertstel ihres heutigen Wertes.

Kaum war Frau Nannen nicht länger Teilhaber beim „Stern", warf Herr Nannen dort das Geld mit vollen Händen zum Fenster hinaus. Und, siehe da, es kam vervielfacht wieder zur Tür hinein. Bucerius: „Ich wurde, wenn man so will, dank Nannen doch recht wohlhabend."

Dennoch bot Bucerius Mitte der 60er Jahre Axel Springer brieflich den „Stern" zum Kauf an, weil er in dessen Haus „am besten aufgehoben" sei. Die Kunde von dem Brief sickerte in die „Zeit"-Redaktion. Die wackeren Liberalen waren empört, sei es aus Abscheu vor Springer, sei es aus Angst die Milchkuh zu verlieren, die sie am Leben hielt. Von der Redaktion zur Rede gestellt, bestritt Bucerius, den Brief geschrieben zu haben. Später soll er seinem Vertrauten Diether Stolze gegenüber geäußert haben: „Ich war es doch wirklich nicht. Meine Sekretärin hat den Brief geschrieben." Aber dazu erklärte der Advokat Bucerius: „Stimmt absolut nicht. So einfach habe ich's mir nie gemacht."

Bucerius läuft meist ohne Krawatte in Polohemden oder Kaschmirpullis herum. Statt zum Dinner lädt er zum Butterbrot ein. Doch so bescheiden er auch auftritt – der Mann mit dem großen Bundeserdienstkreuz mit Stern und Schulterband war sich seines Wertes immer bewußt. Als „Zeit"-Chefredakteur Theo Sommer ihm einmal versicherte, Bucerius könne in der „Zeit" schreiben, „solange ich Chefredakteur bin", antwortete sein Verleger ihm: „Das Recht im Blatt zu schreiben, leite ich nicht von Ihnen ab."

Und nach einem mangelhaft recherchierten Beitrag im „Stern" schrieb Bucerius seinem Partner Gruner im Februar 1959 über Henri Nannen: „Ich glaube, daß wir uns diesen Chefredakteur zu diesen Bedingungen nicht mehr leisten können, ohne immer Kopf, Kragen und Ehre zu riskieren ..."

Zehn Jahre später sollte ich in Nannens viel zu breite Schuhe schlüpfen. Er war ein großer Journalist. Er – und nur er – hatte den „Stern" aus der Gosse herausgeführt, in 20 Jahren zu einer der angesehendsten Illustrierten der Welt gemacht und dabei die Auflagengrenze von zwei Millionen erreicht. Alles an dem silberhaarigen Koloß war überdimensional, von seinem großen Zeh, der die Ausmaße eines Filet Mignon hatte, bis zu seinem Selbstbewußtsein. Sein Ego hätte ausgereicht, Cassius Clay auszustaffieren, und für Rambo wäre noch genug übriggeblieben. Eine seiner Frauen sagte: „Wenn du da bist, ist das Zimmer voll." Seine Kolumnistin Anneliese Friedmann befand über ihn: „Unausstehlich und unwiderstehlich." Ich mochte ihn.

Henri Nannen war 1913 in Emden geboren worden. Der Vater war Kriminalkommissar. Der Sohn verliebte sich als Unterprimaner in die Fleischerstochter Cilly Windmöller. Sie war Jüdin. Er hielt zu ihr, auch als er deshalb verprügelt wurde. Nannen: „Ich wäre sicher ein prima Nazi geworden. Erstens war ich gerade gewachsen, zweitens eigne ich mich nicht zum Beiseiteschieben. Aber ich hatte eine jüdische Freundin. Deswegen wollten die mich nicht haben."

Leni Riefenstahl wollte ihn haben: In ihrem Olympia-Film ließ sie den gerade Gewachsenen als Sprecher die Jugend der Welt rufen. Cilly Windmöller emigrierte nach Holland. Henri Nannen (der sie 1970 in Israel wiedersah) studierte Kunstgeschichte in München. Dort schrieb er, inzwischen Mitte zwanzig, einige NS-Kunstbetrachtungen, die ihm von seinen Feinden später vorgehalten wurden.

Im Krieg war Nannen Kriegsberichterstatter und wurde Luftwaffen-Leutnant mit EK II. Nach dem Krieg enwickelte er aus der

Jugendzeitschrift „Zickzack“ den „Stern“, dessen erste Ausgabe nach der Währungsreform im August 1948 erschien, mit Hildegard Knef auf dem Titelblatt.

Einer der ersten, begabtesten und großartigsten Mitarbeiter Nannens war Günter Dahl. Er stotterte zum Steinerweichen. Eines Tages steckte er seinen Kopf zur Tür hinein. „H..H..H.. Herr Nannen“, stieß er hervor, „h...h...h.. haben Sie eine ha..ha... halbe Stunde Z...Z... Zeit für mich? I...I... Ich muß S...S... Sie f...f...fü... fünf Minuten sprechen.“ Und dieser Günter Dahl war es auch, der später unübertroffen formulierte, welche Gefühlsregungen Henri Nannen in seiner Umgebung auszulösen vermochte: „Ich möchte ihn von hinten niederstechen, um dann weinend über seiner Leiche zusammenzubrechen.“

Henri Nannen ging keinem Streit aus dem Weg („Ich bin am besten, wenn ich angegriffen werde“), und er scheute vor keinem Pathos zurück. („Ich leide an Deutschland. Ich habe immer an Deutschland gelitten.“) Er war intelligent, auch gebildet, arbeitswütig und ein Monomane, dessen Lebensinhalt „Stern“ hieß. Er und seine Leser waren eins. Selbst „wenn er sein Geld ausgibt“, meinte Bucerius, „tut er das, was seine Leser träumen“ – er hatte eine Motoryacht, einen Mercedes, ein Haus in Positano.

Nannens überragende Fähigkeit als Journalist bestand darin, daß er den Massengeschmack „im Bauch hatte“, wie er es nannte. Er brauchte nie zu überlegen, was Lieschen Müller lesen wollte. Er war ihr Bruder, Sohn, Vater, Liebhaber und Frauenarzt zugleich. Er machte nicht nur öffentliche Meinung. Er spürte sie voraus und gab sie wieder, ehe sie sich anderswo artikulieren konnte. So setzte er sich wieder und wieder an die Spitze der Nation und führte die Deutschen dorthin, wo sie ohne ihn ohnehin angekommen wären; unter Konrad Adenauer nach rechts, unter Willy Brandt nach links, erst antikommunistisch, dann Kommunisten-freundlich. Noch Chruschtschow war für ihn ein „vielfacher Mörder“, schon Breschnew aber ein „eher scheuer, herzlicher, fast ein wenig eitler Mann“, und einen der kommunistischen Herren Polens, Vizepremier Mieczyslaw Rakowski, nannte er schließlich sogar „meinen Freund“.

Nannens langähriger Freund Richard Gruner meinte: „Henri Nannen hat keine Überzeugungen, aber die verficht er so brillant und mit soviel Leidenschaft wie kein anderer." Nannen selbst dagegen sagte: „Ich habe im ‚Stern' nie etwas gemacht, woran ich nicht geglaubt habe." Und wahrscheinlich hat er recht.

Simon Wiesenthal schrieb über Nannen: „In unserer Zeit gleicht Herr Nannen den russischen Steh-auf-Männchen Wanka Wstanka. Er steht immer wieder auf, egal wieviel Stöße er bekommen hat." Und Augstein sah Nannen so: „Schiffbrüchig, wird er noch auf dem ‚Floß der Medusa' darauf bestehen, daß er, der das sinkende Schiff als letzter verlassen hat, die rettenden Planken vor allen besetzt halten muß. Wie sonst sollte das Medusen-Floß irgendwo ankommen?"

Ich glaube, Henri Nannen hat nach Rudolf Augstein als Journalist die markanteste Fährte in der Bundesrepublik hinterlassen und Gerd Bucerius nach Axel Springer als Verleger. Ich wäre gern auf die Brücke ihres Musikdampfers „Stern" gestiegen. Indes: Während meines „sabbatical year" veränderten sich die Dinge in Deutschland drastisch. 1969 war das Jahr des Machtwechsels – nicht nur in Bonn, auch bei Gruner + Jahr. Richard Gruner, der mir im „Stern" den Rücken frei halten sollte und wollte, verkaufte seinen Anteil als stärkster Gesellschafter. Gleichzeitig probte die Redaktion des „Stern" den Aufstand und verlangte ein fortschrittliches Redaktionsstatut. Nannen setzte sich einmal mehr an die Spitze der Bewegung: „Lieber Buc, lieber Richard, lieber Herr Jahr", schrieb er an seine drei Verleger im Jargon des modernen Deutschland: „Der ‚Stern' ist ein Konzentrationsgewinnler par exellence. Ist es verwunderlich, daß Redakteure, die auf solche Weise an ihrem eigenen Gefängnis bauen, dieses wohnlich eingerichtet wissen möchten?" Vergeblich warnte Gruner: „Ein solches Statut schafft die erste deutsche Redaktionskommune."

Ich studierte zu jener Zeit die Übervölkerung auf der anderen Seite des Globus und bat Bucerius von Pago Pago aus telefonisch, mich aus meinem Vertrag als Chefredakteur des „Stern" zu entlassen. In der richtigen Verleger-Überzeugung, daß Journalisten auch die fetteste Schmeichelei noch als understatement empfinden, schrieb er mir: „Lieber Jaco, Sie haben Pech: Heute waren Sie wieder so brillant, daß ich dem Verlag nicht zumuten kann, auf Sie zu verzichten ..." Erst im Juli 1969 kam das erlösende Telegramm von ihm und John Jahr, es bliebe ihnen „nichts anderes übrig, als Ihren Wunsch nach Verlagsauflösung zu akzeptieren“. Ich war frei und ging zu Axel Springer.

Seither hat der „Stern“ zehn erfolgsärmere Chefredakteure verschlissen, die gefälschten Hitler-Tagebücher veröffentlicht und Auflage eingebüßt. Das ursprüngliche Redaktionsstatut existiert nicht mehr. Nannen gründete im verdienten Ruhestand eine Kunsthalle in Emden. Und der niemals nachtragende, niemals aufgebende Bucerius schrieb mir (als Axel Springer noch lebte) freundlicherweise zum Geburtstag: „Zum ‚Stern‘ wollten Sie nicht, obwohl Sie es uns versprochen hatten und ich – wirklich – um die halbe Erde telefonierte (wo Sie gerade Wilde besichtigten), Sie an Ihr Versprechen zu erinnern... Und nun werkeln Sie für den Großverleger. Muß ich ihm das gönnen? Nein, ich muß nicht.“

20. Kapitel

AXEL SPRINGER JR.

„Warum in die Ferne schweifen, lügt das Gute doch so nah“

Ich blieb zunächst nur ein Jahr im Springer-Verlag. Denn 1971 planten Richard Gruner und ich ein eigenes Nachrichtenmagazin. Doch Axel Springer, der damals den „Spiegel“ druckte, machte einen dicken Strich durch unsere Rechnungen. Falls wir mit einem Nachrichtenmagazin herauskommen sollten, so erklärte er uns verbindlich, werde er im gleichen Augenblick ebenfalls mit einem solchen Blatt erscheinen. Das war für uns das Aus. *Ein* Nachrichtenmagazin neben dem „Spiegel“ hätte der Markt getragen, *zwei* nicht. Sie hätten einander gegenseitig nur Verluste eingefahren. Das mochte Axel Springer sich erlauben, wir nicht. Auf Yucatan versuchte ich, meinem Ärger bei den erstaunlichen Mayas zu vergessen. Im Herbst jenen Jahres heiratete ich auf dem Quaker Hill in New York Upstate meine zweite Frau. Dann half ich Rolf R. Bigler, den ein Herzinfarkt vorübergehend außer Gefecht gesetzt hatte, bei seinem „Sonntagsjournal“ in Zürich, wandelte zusammen mit meinem Freund Paul C. Martin für Gerd Bucerius die verstaubte „Wirtschaftswoche“ in ein moderneres Blatt um und kehrte 1974 auf Axel Springers Vorschlag in dessen Haus zurück. Ich hatte mich in der „Zeit“ über die Zeitungszaren lustig gemacht, die von allen reichen Männern am schnellsten überschnappten, weil sie die Macht über die Schlagzeilen mit der Macht über die Ereignisse verwechselten. „Sie kennen mich eben noch nicht gut genug“, sagte Springer zu mir: „Kommen Sie wieder zu mir.“

Ich wurde Chefredakteur der „Welt“. Mein Co-Pilot war diesmal der wortgewaltige Herbert Kremp. Er sei rechts, aber nicht konservativ, sagte er mir. Das ließ mich über meine Position nachdenken und ich fand, ich sei das Gegenteil, konservativ aber nicht rechts.

Vielleicht kamen wir deshalb so blendend miteinander aus. 1975 übersiedelten wir mit Blatt und Redaktion nach Bonn: Am Tag vor Pfingsten erschien die letzte Ausgabe an der Elbe, am Tag nach Pfingsten die erste am Rhein. Das hatte es noch nicht gegeben. Es klappte ohne Druckfehler.

Bei der Operation half mir Axel Springer jr. Nie habe ich schneller Freundschaft geschlossen als mit ihm, nie hatte ich enger mit einem Freund zusammengearbeitet. Wir saßen zusammen am Produktionstisch und wohnten Monate zusammen im Bonner „Steigenberger“. Wir reisten und speisten zusammen. Wir machten zusammen Zeitungen und machten zusammen ein Buch über Sylt. Ich zeigte ihm Harlem. Er wurde Pate meines 1975 geborenen Sohnes Sven. Jeden Sylvester spielten wir mit Frauen und Kindern „Monopoly“ in seinem Haus in Morsum. Was er tat, das tat er unglaublich intensiv. Es war, als wüßte er, daß nur wenig Zeit bleiben sollte.

Er besaß im Überfluß, was andere als Glück betrachten: Wohlstand und Gesundheit, Ansehen und Aussehen. Er hatte die Fähigkeit, Liebe zu geben und Liebe zu wecken. An seinen Kindern hing sein Herz. Seinen Vater bewunderte er. Ein großes Erbe erwartete ihn. Noch mit Übergewicht eilte er leichtfüßig daher. Sein Charme reichte aus, eine Kompanie zu entwaffnen. Seine Jungenhaftigkeit betörte. Heiterkeit umgab ihn. Schönheit zog ihn an. Freundschaften flogen ihm entgegen wie Möwen dem einlaufenden Schiff, von der Kanzler-Gattin Loki Schmidt bis Kietje Bleicken, dem Rentner auf Sylt. Er war talentiert auf vielen Gebieten, unendlich begabt aber – so schien es – für eines: Fürs Leben. Und eben das mochte er eines Nachts nicht länger ertragen. Warum?

Axel war im Krieg geboren worden und wuchs im Schatten eines überlebensgroßen Vaters auf. Seine verstorbene Mutter Katrin war die zweite Frau des Verlegers gewesen. Seine erste Lehrerin in der Volksschule am Hirtenweg in Hamburg-Othmarschen wurde Loki Schmidt.

Als Axel elf Jahre alt war, ging er an einem naßkalten Wintertag an Hamburgs Moorweide mit seinem Vater spazieren und bat ihn um „nur 50 Pfennig“. Es waren kaum noch Menschen auf den Straßen. Der Senior wies hinüber zum Dammtor-Bahnhof, wo ein Händler seine letzten „Bild“-Zeitungen verkaufte, die damals noch einen Groschen kosteten. „Siehst du den Mann?“ fragte der Verleger seinen Sohn. „Er verdient an jedem Exemplar, das er verkauft, etwa zwei Pfennige. Laß uns warten, bis er 50 Pfennig verdient hat. Dann bekommst du sie von mir.“

Sie warteten fast eine halbe Stunde, bis Kälte ihnen in Zehen und Mantel kroch. Dann war der „Bild“-Verkäufer sein 25. Exemplar los. Und Axel erhielt, wie gewünscht, „nur 50 Pfennige“.

Bald darauf begann, was er seinen „Stafetten-Lauf durch Europas Internate“ nannte. Nur seine Mütter, so frozzelte er später seinen Vater an, hätten noch schneller gewechselt als seine Schulen. Ein Horoskop, das ihm in jenen Jahren gestellt wurde, prophezeite ihm „einen Unfall mit Schußwaffe“. Er nahm es natürlich nicht ernst.

Nach seinem Dienst bei der Bundeswehr heiratete er als 21jähriger gegen den Willen seines Vaters die damals 19jährige Rosemarie Koschwald, ungewöhnlich blond, ungewöhnlich hübsch, ungewöhnlich keß.

Der Vater behielt recht, was die Ehe betraf. Nach acht Jahren ließen Axel und Rosemarie sich scheiden. Aber vorher hatte sie ihm zwei engelblonde Kinder geschenkt und den Mut gegeben, selbständig zu werden. Ohne den Namen seines Vaters machte Axel sich einen Namen als Fotograf. Sven Simon war das Pseudonym, unter dem er internationale Anerkennung gewann. Erst lag er mit seiner Leica im Matsch hinter dem HSV-Tor, später auf dem Teppich des Weißen Hauses. Er gründete eine Foto-Agentur, deren Bilder in vier Kontinenten gedruckt wurden.

Auf einem Bonner Festakt schlug der damalige evangelische Kirchentagspräsident ihm vor, andere Prominente als ihn zu „knipsen“. Axel ließ seine Kamera sinken: „Sie knipsen, Herr von Weizsäcker. Ich fotografiere.“ Und hob den Apparat zum nächsten Schuß.

Er brachte mehr als ein Dutzend Sportbücher heraus und Bildbände über Adenauer und Kokoschka, über China und Hamburg, über Willy Brandt und Uwe Seeler. Axel Springer jr. erklomm die Spitze seines Berufes ohne die Hilfe von Axel Springer sen. Damit hatte er besiegt, woran andere zerbrechen: das Schicksal, Sohn eines großen Mannes zu sein. Erst als erfolgreicher und unabhängiger Sven Simon kehrte er in die Arme und das Haus seines Vaters zurück. Als der Mob in den Straßen nun dessen Namen johlte, da trug er diesen Namen wieder stolz und unbekümmert zugleich.

1973 lag Axel während des Yom-Kippur-Krieges mit israelischen Soldaten für „Bild“ in einem Graben auf dem Westufer des Suez-Kanals. Die Unterhaltung kam auf die Bonner Regierung, die gerade das Auslaufen von drei israelischen Schiffen mit US-Waffen aus Bremerhaven behindert hatte. Einige Israelis fluchten. Einer warf ein: „Aber es gibt einen Deutschen, dem wir vertrauen können. Der hat in guten und schlechten Zeiten gezeigt, daß er unser Freund ist.“

Axel fragte: Wer? Und er hörte den Namen seines Vaters.

Er selbst riskierte in diesem Feldzug mindestens zweimal sein Leben. „Ich hatte Bammel wie ein Abgeordneter am Wahltag“, war alles, was er darüber erzählte. Als in Deutschland der Terrorismus blühte und Leibwächter Status-Symbole in Politik und Wirtschaft wurden, lehnte Axel jeden Gorilla ab. Nur seinen fünfschüssigen „Smith & Wesson“ trug er zuweilen bei sich.

Im Konzern kannte er bald jedes Objekt von innen, von „Bild“ bis zur „Welt“. Und jeder kannte ihn. Er duzte sich mit Setzern, Layoutern und Chefredakteuren. Er war der Springer zum Anfassen im Verlag der 12000.

Die Schuljahre in England hatten unübersehbare Spuren hinterlassen. Er liebte London, Tweed und das Landleben. Durch den Sucher seiner Kamera hatte er die Sensationen dieser Erde gesehen, mit ihrer Optik den Jahrmarkt lärmender Eitelkeiten eingefangen. Er selbst aber suchte die Stille von Watt und Wald auf der „Insel meiner Kinderträume“, wie er Sylt nannte. Er hatte die Mittel zum süßen Leben, nach dem andere strebten, aber er jagte und fischte lieber mit den Bauern von Morsum. Auf einer Konferenz auf Schierensee, dem Landsitz seines Vaters, als ich zu bedeutenden Ausführungen angesetzt hatte, traf mich unter dem Tisch schmerzhaft sein Schuh am Schienbein. „Wenn du noch lange weitergequatscht hättest“, erklärte er mir kurz danach im Wirtshaus des Dorfes, „hätten wir zum Essen bleiben müssen.“ Bei seinem Vater aber gab es Gesundheitskost und leichten Wein. Nun standen Bier und Bauernfrühstück vor uns. Das war nach Axels Geschmack.

Von seinem Vater hatte Axel die Sensibilität geerbt. In einer Pause zwischen zwei Sitzungen in Berlin gingen wir den Ku-Damm hinauf. Dabei erzählte er mir – was nicht seine Art war – von einer kurzen intensiven Affäre, die er vor Jahren in Israel mit einem Mädchen gehabt hatte.

Dann schlenderten wir auf der anderen Seite den Ku-Damm wieder hinunter. Als wir an einer Telefonzelle vorbeikamen, sagte er: „Da ist sie." Es war das Mädchen aus Israel, das er bis dahin nie wieder gesehen hatte. Zufall? Oder hatten die Antennen seines Unterbewußtseins ihre Nähe gespürt und hatte er deshalb begonnen, mir von ihr zu erzählen?

Axel konnte launisch sein, aber er war nie boshaft. Jede Auseinandersetzung fand ihn zunächst einmal auf der Seite des Schwächeren. Prahlerei war ihm zuwider. Sein Tonfall änderte sich nicht, ob er mit Ministern oder Dienstboten sprach. Sein Humor war englisch trocken, daß er einen husten ließ.

In einer Krisensitzung im Konzern, auf der ein mächtiger Manager alle Schuld Abwesenden an anderen Orten zuschob, meint Axel, um seine Ansicht befragt: „Warum in die Ferne schweifen, lügt das Gute doch so nah."

Als wir die „Welt" im Auftrag seines Vaters verpflanzten, gehörte das Hin- und Herreisen zu unseren vornehmsten, wenn auch nicht beliebtesten Beschäftigungen. Eines Morgens saßen wir ohne Flugscheine da. Jeder gab der Sekretärin des anderen die Schuld. Es half nichts. Wir mußten einen Wagen nehmen. Die Autobahn war verstopft und mit Baustellen gepflastert. Es regnete. Wir stritten über einen Leserbrief. Und zu allem Überfluß hatte Axel auch noch rasende Zahnschmerzen. Hinter Hannover erteilte ich ihm unerbetenen Rat: „Wenn es mein Zahn wäre, würde ich ihn ziehen lassen."

Er sah mich von der Seite an: „Wenn es dein Zahn wäre, würde ich ihn auch ziehen lassen."

So war Axel. Ich hatte eine Anekdote erzählen wollen; er erzählte die Pointe. Er besaß, was unsere Väter „Mutterwitz" nannten. Sein Witz war dabei stets ohne Widerhaken, aber sein Auftritt selten ohne Witz. Und er konnte die unglaublichsten Dinge sagen, ohne je obszön zu klingen.

Einem reichen Griesgram schrieb er zum Geburtstag Worte Goethes in einem Bildband: „Weißt du, worin der Spaß des Lebens liegt? Sei heiter, geht es nicht, so sei vergnügt."

Nach Überführung der „Welt" in den Bonner Hafen wurden Axel und ich Chefredakteure der „Welt am Sonntag" in Hamburg, später stieß noch unser engster gemeinsamer Freund Manfred Geist zu uns. Eine studierte Volontärin beschwerte sich empört bei uns, ein Redakteur habe versucht, sie im Treppenhaus zu küssen. „Gäben alle Küsse Flecken, wären alle Mädchen Schecken", meinte Axel. Und schon lachte der Blaustrumpf.

Mit einem Wort konnte er Wolken aufreißen und die Sonne wieder scheinen lassen. So sehr man sich über ihn geärgert haben mochte – wenn er den Kopf zur Tür hereinsteckte, war alles vergessen, war alles wie früher.

Wohin er kam, eroberte das Herz vor der Vernunft. Gefühl war ihm wichtiger als Verstand. Die Welt, die ihm zu Füßen lag, bedeutete ihm nichts, war sie nicht voller Wärme und Harmonie. Er sammelte Bilder und Bücher, Modersohn und Spitzweg. Aber Schenken machte ihm mehr Freude als beschenkt zu werden. Vergeblich suchte er sich dabei hinter Kalauern zu tarnen. Was, so fragte er mich einmal im PS eines Briefes, „was wünscht Du Dir zu Weihnachten außer Schlägen?" Er konnte brüllen, toben, poltern. Aber er war voll sanfter Güte. Selbst durch seinen Jähzorn schimmerte Behutsamkeit, durch seine Verspieltheit Fürsorge, durch seine Unternehmungslust Melancholie.

„Es heißt, Du habest mich als Geisel genommen", schrieb er mir, als wir zusammen Chefredakteure waren: „Wie immer dem auch sei: Ich war es gerne, ich bin es gerne und will es gerne immer bleiben." Wir lachten und wußten nicht, wie grausam kurz „immer" im Leben eines Menschen sein kann.

Axels Schilddrüse hatte seine Stimmungen seit Jahren schwanken lassen. Da erwischte ihn in seinem letzten Sommer eine lächerliche Kinderkrankheit. Windpocken können bei Erwachsenen Depressionen verstärken, orakelten kluge Wissenschaftler hinterher. Sicher ist: Sein Körper wurde gesund, seine junge Seele mutlos. Doch ihre Empfindsamkeit verlor sie nie, auch als die dunklen Wellen über ihr zusammenschlugen. In das bezaubernde Bilderbuch „Weihnachten

– wie es früher einmal war“ schrieb er seinem Patenkind Sven, meinem jüngsten Sohn, am Heiligabend 1979: „Weil ein so lieber kleiner Junge, wie Du es bist, viel viel Schönes sehen soll.“

Keine 14 Tage später erschoß er sich, 38 Jahre alt.

Gegen zwei Uhr früh hatte er mit seinem schwarzen Labrador „Grouse“ sein Haus am Oberlauf der Alster verlassen, ging hinaus in die Nacht und ließ zurück, wen er liebte. Er setzte die Mündung seines „Smith & Wesson“ zwischen seine Augen, die Stelle des Tapferen. Als der Morgen dämmerte, wurde er ein paar hundert Meter von seinem Haus entfernt auf einer Parkbank am Fluß gefunden; neben ihm wachte das Tier, dessen Treue älter ist als die geschriebene Geschichte des Menschen. Ich mußte es den Kindern sagen. Ihre kleinen weißen Gesichter waren offene Wunden. Dann fuhren wir hinaus nach Schierensee zu ihrem Großvater, der noch im eigenen Schmerz zu trösten wußte.

Axel wurde auf dem Flottbeker Friedhof am Stillen Weg neben seiner geliebten Mutter beigesetzt. Ich durfte die Abschiedsworte für ihn sprechen. Sein Vater stiftete der Stadt zum Gedenken an seinen Sohn den Park hoch über dem Falkensteiner Elbufer, in dem Axel aufgewachsen war. Als die Nachricht davon in der Zeitung stand, erhielten Axel Springer und ich Post von einer alten Dame. Erika Lehmann-Pentin war eine Rittmeisterswitwe aus Pommern. Als sie 1945 von ihrem Rittergut Pentin an der Peene vertrieben wurde, waren hinter ihr drei Gräber und ein Glockenstuhl zurückgeblieben: Ihr einziger Sohn, den sie Zeit seines kurzen Lebens „Bui“ gerufen hatten, war 1932 mit acht Jahren an einer Blutvergiftung gestorben, zwölf Jahre später schied ihre einzige Tochter Ruth aus Liebesschmerz freiwillig aus dem Leben, und als die Russen kamen, nahm ihr Mann Gift. Ihre polnischen Zwangsarbeiter beschützten sie vor dem Schlimmsten. Für ihren toten Sohn hatten die Lehmanns eine Glocke gießen lassen, die geläutet wurde, wann immer jemand im Dorf starb. Sie trug eine Inschrift aus dem Brief der Hebräer: „Und durch dieses redet er noch, wiewohl er gestorben ist.“ Nach dem Willen Axel Springers stehen diese Worte nun auch am Eingang des Sven-Simon-Parks. Ich suchte die alte Dame auf, um ihr zu danken und fand eine Frau, die ein hartes Schicksal zu etwas Besonderem geschliffen hatte.

Inzwischen liegt sie längst bei Ratzeburg begraben, Axel Springer ruht in Berlin, und ich besuche seinen Sohn dann und wann am Stillen Weg.

Auf die Frage „Warum“ weiß ich noch heute keine Antwort.

21. Kapitel

HERR UND HUND

„Kein Feuer wird vom Füttern satt“

Lange bevor US-General Vernon A. Walters 1989 Amerikas Botschafter in Bonn wurde, mußte er in den Watergate-Untersuchungen auf dem Capitol als Zeuge erscheinen. Dabei glaubten einige Beobachter geringfügige Diskrepanzen in seinen Aussagen zu entdecken. Darauf antwortete Walters, bei der Kreuzigung Jesu seien drei der vier Evangelisten zugegen gewesen. Dennoch gäbe es vier verschiedene Versionen der Inschrift, die über seinem Kopf am Kreuz stand. Und er, Vernon A. Walters, sei nun einmal ein geringerer Mann als Matthäus, Markus, Lukas oder Johannes. Besser kann man es nicht sagen. Es machte mir Mut, mich auch an einige private Begegnungen zu erinnern, zu denen ich – außer Briefen – keine Aufzeichnungen besitze.

Ann Mari von Bismarck bewundere ich heute so, wie an dem Tag, an dem sie vor 30 Jahren in mein Leben trat, eine Fürstin aus dem Bilderbuch, „unwiderstehlich in ihrem Liebreiz, unantastbar in ihrer Würde“, wie unser gemeinsamer Freund H. G. von Studnitz schrieb.

Sie war als Tochter eines schwedischen Architekten geboren und 1928 im Beisein vom Reichspräsidenten von Hindenburg dem Enkel des Eisernen Kanzlers angetraut worden. Ihr Mann, damals im Auswärtigen Amt, überhäufte sie mit Pelzen und Schmuck, Dienerschaft und Limousinen. Sie führte ihm ein großes Haus, wo immer er stationiert war, erst in London, dann in Berlin, schließlich in Rom. Mächtige dieser Erde lagen ihr zu Füßen. Doch als nach dem Krieg Schloß Friedrichsruh Ruine war, Rußlands Panzer 27 Kilometer entfernt standen und die Not über Deutschland hereinbrach, da zog diese verwöhnte Frau in eine Kutscherwohnung über dem Stall und stampfte ein Flüchtlingswerk aus dem Boden, das Hunderten das Leben rettete oder beim Überleben half.

Inzwischen ist das Schloß im Sachsenwald längst wieder aufgebaut. In seinen Salons traf ich die Majestäten Schwedens und der Niederlande, den Herzog von Windsor und die Frau, für die er den Thron Englands aufgegeben hatte. Aber niemand vermochte je den Glanz der Hausfrau zu überstrahlen. Ihre Schönheit war der Spiegel ihrer Seele, ihre sechs Kinder waren ihr größter Stolz.

Ihr Mann starb am Weihnachtsabend 1975. Der Sarkophag des dritten Fürsten Bismarck fand seinen Platz neben denen seines Vaters und Großvaters in der Gruftkapelle der Familie. In seinen Marmor hatte die Witwe die Worte meißeln lassen: „Tack så mykket" –„Dankeschön".

Ich habe nie viel davon gehalten, Regierungschefs oder andere Staatsmandarine, mit denen ich beruflich zu tun hatte, in unser Haus einzuladen. Für heranwachsende Kinder sind zuviele Prominente, die ihren Glanz aus Steuergeldern bestreiten, so schädlich wie zuviele Gummibärchen. Aber es war eine gute Idee meiner Frau, Richard Nixon mit Ann Mari Bismarck zu einem Abendessen zu bitten. Sie kamen vom ersten Moment großartig miteinander aus. Wir waren nur acht, und es wurde spät. „Wir diskutierten bis tief in die Nacht", erinnerte mich später einer der anderen Gäste, Alwin Münchmeyer, in einem Brief, „und Dich plagte die Sorge, wie Du den aufgedrehten 37. Präsidenten am nächsten Tag rechtzeitig nach Berlin schaffen solltest." Graf Clemens von Stauffenberg entsann sich: „Wir blieben bis vier Uhr früh. Niemand von uns konnte damals ahnen, daß es diese Nacht war, die eine historische werden sollte. Am folgenden Mittag hörte die Welt von dem mißglückten Versuch, die amerikanischen Geiseln in Teheran zu befreien." Und Richard Nixon selbst schrieb mir hinterher über die Fürstin Bismarck: „She is truly a remarkable person." Wann immer ich ihn seither wiedergesehen habe – ob in seinem New Yorker Heim in der 65. Straße, in seinem Büro am Federal Plaza oder in seinem Haus in Saddle River, N. J. – nie hat er vergessen, sich nach der Fürstin zu erkundigen und mir Grüße an „the princess" aufzutragen.

In einem Geburtstags-Brief, den ich von ihr erhielt, stand: „Ich gratuliere Dir von Herzen zu allem, was der liebe Gott Dir auf

Deinem Lebensweg mitgegeben hat." Die Zeilen zeichnen die Silhouette ihres Wesens. Denn sie selbst war zeit ihres Lebens ihrem Schöpfer dankbar für das, was er ihr geschenkt hatte. Das machte sie gläubig und furchtlos, stark und klug, unbestechlich in ihrem Urteil (auch wenn es einmal falsch war), unverbrüchlich in ihrer Freundschaft (auch wenn sie einmal jemandem wie mir galt). Sie hat im Leben viel Gutes erfahren und ungleich mehr Gutes getan.

Zu meiner Freude habe ich bei den Bismarcks entdecken können, daß auch das Talent der Gattenwahl offenbar vererblich ist. Alle vier Söhne der Fürstin Bismarck haben wie ihr Vater im ersten Zugriff exzeptionelle Frauen gefreit, angeführt von dem ältesten, Ferdinand, dem vierten Fürsten Bismarck. Er wählte und eroberte die belgische Gräfin Elisabeth Lippens. Sie ist bezaubernd, bizarr und belesen. Neben der imposanten an seinen Urgroßvater erinnernden Gestalt ihres Mannes wirkt sie wie eine schöne Orchidee im Schatten einer mächtigen Eiche. Sie schenkte vier Kindern das Leben und dem dunklen Sachsenwald Deutschlands ersten Garten der Schmetterlinge, eine Butterfly-Farm jener zarten Kreaturen, die schon vor über 2000 Jahren um die Wiege des Taoismus flatterten. „Ich weiß nicht", grübelte Chung Tzu 300 Jahre vor Christus in seinem Werk, das die bedeutendste Philosophie des Fernen Ostens mitbegründete, „ich weiß nicht, ob ich damals ein Mann war, der träumte, er sei ein Schmetterling oder ob ich nun ein Schmetterling bin, der träumt er sei ein Mann."

Auf Reisen durch Asien begleitete und behütete mich vor 20 Jahren eine Zeitlang als männliches Mädchen für alles Chao aus Macao. Wie bei vielen Chinesen war sein Alter für einen Weißen schwer zu schätzen. Sicher war er ein älterer Herr mit akademischer Vergangenheit, aber jede Berufsbezeichnung außer „Boy" hielt er für ehrenrührig. Er war nicht nur wegen seines Wanstes bemerkenswert. Von ihm erfuhr ich, daß Vanille eine Orchidee und jedes Nilpferd ein Schwein ist. Er hatte die Augen einer Echse, die Nase eines Boxers, den Mund eines Pfandleihers, und ich konnte auf ihn bauen wie auf Granit. Er mußte lange in Europa gelebt haben, aber ich habe nicht herausbekommen, was er dort tat. Nie habe ich ihn lesen sehen. Doch er lauschte an jeder Tür, die er erreichen konnte.

Vielleicht war er daher so gebildet. Jedenfalls hielt er für jede Situation des Daseins einen Spruch bereit, der mir meist für andere Gelegenheiten geprägt zu sein schien. Sollte man dem Staat Steuern zahlen? „Nein", meinte Chao, denn: „Kein Feuer wird vom Füttern satt." Was lernen die Kinder von Macao, wenn sie ihre Drachen fliegen lassen? „Hoch steigt man nur gegen den Wind." Und von Chao hörte ich auch zum erstenmal den (ursprünglich wohl französischen) Satz: „Wenn die Jugend wüßte, wenn das Alter könnte ..." Des Lebens Tragik in acht Worten. Oft war ich bei Chao nicht sicher, ob er mich oder andere auf den Arm nahm; sein Pokerface war undurchdringlich. Nach einer Beerdigung erzählte er mir über die Witwe: „Sie wußte, daß Tränen ihren Mann nicht zurückbringen konnten. Das ließ sie weinen." Chao war so geizig, daß er, wie sie in Irland sagen, die Tochter eines Taschendiebes um ihres Geldes willen geheiratet hätte. Aber wenn er am Spieltisch saß, stand er selten auf, bevor sie ihn nicht gerupft hatten wie ein Hühnchen. Beim Putzen seines Picknick-Silbers von Asprey, so hatte es sich eingebürgert, berichtete er mir aus seinem Leben. Den Blick unverwandt auf das Sterling geheftet, den Kopf hin und her wiegend, überraschte mich mein Küchen-Konfuzius dabei immer aufs neue. „Was ist oben, was ist unten?" fragte er und gab sich in hohem monotonem Singsang selbst die Antwort: „Ohne oben kein unten, ohne unten kein oben. Sie hängen aneinander wie der Tag und die Nacht, wie das Gute am Bösen. Ohne Leben kein Tod, ohne rechts kein links. Ohne Herr kein Diener, aber ohne Diener auch kein Herr. Du bist der Herr, ich bin der Diener. Doch du gibst mir zu essen, zu trinken, Hemden und ein Dach über dem Kopf. Dienst du mir nicht auf wundersame Weise mehr als ich dir? Was ist oben, was ist unten?" Dann klappte er den Deckel seines geputzten Picknick-Korbes und seinen Mund zu, und ich mußte eine Woche warten, ehe er wieder mehr als einen Satz oder Spruch an mich richtete. In Manila verabschiedete er sich mit Koffer und Picknick-Korb für drei Tage, um einen „Neffen" zu besuchen und meldete sich nie wieder.

Mein Freund und Bankier Enno v. Marcard ist in Hamburg lebende Legende. Er entstammt einer Epoche, da Tapferkeit noch Tugend und Eleganz keine Sünde war. Und er hat diese Werte seiner

Jugend nie abräumen lassen. So ist er weise geworden, ohne alt zu werden. Und furchtlos geblieben, hart gegen sich und gütig zu den Schwachen. Er erträgt Siege ohne zu triumphieren und Schmerzen ohne zu klagen. Sein Herz ist preußisch, sein Glaube katholisch, seine Farben sind blau-gelb. „Anti-autoritär" ist für ihn das, was es ist, ein Fremdwort. Als er einen Herzinfarkt erlitt, nahm er ein heißes Bad. Die Schlachten Alexanders und die Kurse der Woche kennt er so exakt wie die Jahrgänge des Bordeaux und die Erste Abteilung des Gotha. Hollands Prinzgemahl Claus von Amsberg lernte in seiner Bank.

Enno von Marcard ist auf, wenn die schnarchende Mehrheit noch schläft. Um acht Uhr sitzt er am Schreibtisch. Er trägt im Winter einen Bowler, im Sommer eine Kornblume im Knopfloch. Er sagt „Croquis" und unterzeichnet seine handgeschriebenen Briefe mit „Dein wohlaffektionierter ..." Eine Dame, die zur Beerdigung einen anderen Schmuck als Perlen trägt, ist für ihn keine Dame. Über ein halbes Jahrhundert hat der Blick aus seinen windsorblauen Augen auf alte reiche Anleger und junge schöne Mädchen ähnlich betörend gewirkt. „Ein Mädchen ohne Sommersprossen", lehrte er mich, „ist wie ein Himmel ohne Sterne".

Seine Familie und seine Freunde sind stolz, seine Familie und seine Freunde zu sein. Als „Wirtschaftsführer" wurde er mit 65 gefeiert. Zu seinem 70. meinte ein Londoner Banker: „They just don't come that way any more." – "Aber dafür halten sie Gott sei Dank auch länger" konnte ich zum 75. in „WELT am SONNTAG" hinzufügen. „Seine Fährte flößt Bewunderung ein", schrieb ich zu seinem 80., und zu seinem 85. notierte ich: „Er ist so alt wie das Jahrhundert. Doch wird im Gegensatz zu jenem immer besser." Im Dezember 1990 feierte er seinen 90. mit 160 Gästen im „Atlantik". Und noch immer trägt er keine Brille, hat er keinen falschen Zahn. Aber was ist schon ein Wunder an einem Wunder?

Wenn es in vorgerückter Stunde in hanseatischer Gesellschaft darum ging, die peinlichste Geschichte des Lebens zu beichten, lag ich meist gut im Mittelfeld: Ich hatte auf einer Beerdigung den trauernden Hinterbliebenen meinen „herzlichen Glückwunsch" entboten. Mit klarem Vorsprung aber pflegte mein Freund, Hubertus

Wald, durchs Ziel zu gehen. Seine Beichte war gewiß nicht peinlicher, wohl aber pointierter. Als junger Mann in Berlin war ihm in den 30er Jahren die Ehre zuteil geworden, eine Einladung zum gesetzten Essen beim Botschafter Chiles zu erhalten. Nicht ohne Aufregung fieberte er dem gesellschaftlichen Ereignis entgegen. Das Unglück nahte in Form einer Reihe widriger Umstände, die dazu führten, daß Hubertus Wald mit unglaublicher Verspätung am Ort des Geschehens eintraf. Dieser Ort war zu allem Überfluß ein am Hang gelegenes Haus. Die Gäste gelangten durch die Haustür in den ersten Stock und mußten sich dann über eine Freitreppe in die Empfangsräume im Erdgeschoß begeben. Dort harrten – als mein Freund Hubertus schließlich eintraf – die Gastgeber und ihre illustren Gäste. Sie alle starrten neugierig treppauf, um zu sehen, wer wohl der junge Sündenbock sein mochte, der sie zwang, so lange im Stehen auf das Dinner zu warten. Hubertus Wald, durch die Verspätung schon leicht erhitzt, übersah die Situation mit einem Blick. Nur jetzt nicht stolpern, befahl er sich, setzte gemessen Fuß vor Fuß und stieg – von hundert Augen beobachtet – die geschwungene Treppe herab. „Sie schien nicht zu enden“, so erinnerte er: „Aber schließlich hatte ich es ohne Fehltritt geschafft. Die Anspannung ließ nach. Lässig nahm ich die letzte Stufe. Und dann habe ich dem Botschafter die behaarte Hand geküßt.“

Heute wiegt die Ehre, zu einem der eleganten Dinners von Hubertus und Renate Wald an Hamburgs Außenalster gebeten zu werden, ungleich schwerer als damals in Berlin eine Einladung zum chilenischen Botschafter. Hubertus ist einer der großen Gastgeber der Republik. Aber womöglich ein noch besserer Freund. Ende der sechziger Jahre hielt ich es aus persönlichen Gründen für angemessen, für einige Zeit Abstand zu Europa zu gewinnen. Ich ginge für ein paar Wochen nach Amerika, sagte ich betont beiläufig zu Hubertus. Nachdenklich sah er mich an. Mein Zustand gefiel ihm nicht. Wenige Tage vor meinem Abflug rief er mich an. So ein Zufall, plauderte er, geschäftliche Gründe zwängen ihn, in die USA zu reisen, das passe ihm gar nicht, aber er müsse auch nach New York, vielleicht könnten wir ja ein paar Tage zusammen verbringen. Jedes Wort war gelogen. Nichts hatte er in Amerika zu suchen. Er wollte mich nur keinen Tag allein lassen. Wir wohnten im „Carlyle“, und Hubertus wachte Tag und Nacht über mich wie eine englische Nurse. Ich glaube nicht, daß ich ihm das je vergessen kann.

Berthold Beitz von Krupp hat manche Neider. Mir aber hat immer die Treue gefallen, die er Alfried Krupp von Bohlen und Halbach in guten und in schlechten Tagen hielt. Einige Kalte Krieger kreideten ihm an, daß er aus dem SED-Staat einen Ehrendoktor annahm und (für die Firma Krupp) auch bei kommunistischen Diktatoren jagen ging. Mir wiederum half sein dabei erworbener Sachverstand eines Tages eine Wette zu gewinnen. „Moritz Hessen und ich haben eine Wette laufen", schrieb ich ihm: „Welches Tier hat einen Knochen dort, wo ihn sich mancher Mann wünscht? Moritz sagt: Der Tiger. Ich sage: Der Bär." Der Schiedsspruch des Bären-Jägers Berthold Beitz kam postwendend: „Du hast Deine Wette gewonnen. Es ist der Bär." Der Landgraf von Hessen, auf vielen Gebieten ohnehin ungleich gebildeter als ich, nahm das Urteil von B.B. aus Essen an.

Das Wort ist widerlich und wahr: Der Hund ist der einzige echte Freund, den man sich kaufen kann. Zeit meines Lebens habe ich einen oder mehrere Hunde gehabt. Einer überquerte mit mir zweimal den Atlantik. Während ich diese Zeilen schreibe, liegt „Shadow" auf meinen Füßen.

Er ist ein Golden Retriever, mit fast weißem, meist dreckigem Fell; alles Gold ist in sein Herz gerutscht. Und ich wünsche es wäre wahr, was die Leute behaupten: daß Herr und Hund einander mit den Jahren zu ähneln beginnen. So anständig, treu und ehrlich sieht er aus. Shadow stammt aus England, sein Sternzeichen ist der Fisch. Er badet noch in der Nordsee, wenn das Watt schon zufriert. Er wedelt noch im Schlaf mit dem Schwanz, wenn meine Frau ihn streichelt. Er lacht mit krausen Lippen, wenn die Kinder zu Besuch kommen.

Eine in manchen Ländern immer weiter um sich greifende Art, Hunde zu züchten, ist mir ein Ärgernis. Um eines imponierenden Stammbaumes willen werden preisgekrönte Tiere gepaart, egal ob sie miteinander verwandt sind oder nicht, wenn sie nur Champions oder Landessiegerinnen waren. Leidtragende sind die Nachkommen. Denn natürlich gilt – Ausnahmen rechtfertigen nicht das Verfahren – für überzüchtete Hunde genau wie für überzüchtete Menschen-Geschlechter das Gesetz der Kartoffel: Der beste Teil liegt unter der Erde.

Hunde-Geschichten gehören zu meinen Lieblings-Geschichten, vor allem eine von Shadows langjährigem Hausarzt Dr. K. Sie gefällt mir so, daß ich sie nie auf ihren Wahrheitsgehalt überprüft habe. Bei ihm war eines Morgens ein Schlachter mit Rottweiler erschienen. Die Tränendrüsen des Hundes arbeiteten nicht. Er konnte seine Augen nicht mehr befeuchten. Er mußte erblinden. Der junge Veterinär wagte eine abenteuerliche Operation. Er schloß die Tränenkanäle an die Speicheldrüsen an. Das Wunder gelang. Das Augenlicht wurde gerettet. Wegen der Operationsrechnung aber machte der Schlachter dem Arzt eine Szene, wie der sie noch nie erlebt hatte: Ob er verrückt sei? Warum er das Tier nicht eingeschläfert hätte? Das wäre doch wohl billiger gewesen. Der Doktor würde noch von ihm hören. Wutschnaubend verließ er die Praxis. Wochen später traf der Veterinär Herr und Hund auf der Straße wieder und machte sich auf einen lautstarken Zusammenstoß gefaßt. Aber der Schlachter war fleischgewordene Freundlichkeit. Die Rechnung? „Oh, das ist doch längst vergessen." Er tätschelte seinen Rottweiler: „Die Kosten hat der brave Arco längst wieder eingespielt. Wissen Sie, Herr Doktor, jedes Mal, wenn ein Fremder in unsere Kneipe kommt, wette ich mit ihm um eine Lage, daß mein Hund weinen kann. Und jedes Mal gewinne ich. Denn ich brauche Arco nur ein Kotelett zu zeigen. Dann läuft ihm das Wasser im Mund zusammen. Und schon weint er."

22. Kapitel

CURD JÜRGENS

„Lieber den Jahren mehr Leben geben
als dem Leben mehr Jahre“

In Angelegenheiten der schönen Künste bin ich das, was man einen „Nauken“ nennt, amusisch wie ein Nasenbär. Als ich einmal im Auto sang, fragte mein Sohn Sven besorgt: „Sind alle Fenster geschlossen?“ In der Malerei gefällt mir das harmlose 19. Jahrhundert. Meine erste Visite auf der Akropolis dauerte 50 Minuten. Romane lese ich nicht mehr. Und Theaterbesuche sind Opfer auf dem Altar der Ehe; selbst im populären „Phantom der Oper“ habe ich am Broadway nur bis zur Pause durchhalten können. Entsprechend zaghaft sind meine Beziehungen zu den Dienern der Musen. Meine Frau aber hat gern einen Künstler am Tisch. Einige bescherten uns unvergessene Abende, so Justus Frantz, Christiane Hörbiger und Maria Schell, die meinem greisen Bankier den Kopf schon vor der Suppe verdreht hatte.

Meinem Freund Hubertus Wald, dem in jungen Jahren über zwei Dutzend Kinos gehörten und der eine noch größere Anzahl ihrer Helden und Heldinnen kennt, verdanke ich das Vergnügen von Begegnungen mit Romy Schneider und Harald Juhnke. Eines Tages nahm er mich auch zu Curd Jürgens mit. Das war 1967. Der Schauspieler lebte damals in einem fabelhaften Haus auf Cap Ferrat. Pfingsten des nächsten Jahres revanchierte ich mich mit einem Mittagessen für das Ehepaar Jürgens in Munkmarsch. Für Simone Jürgens war es der erste Sylt-Besuch; sie fror und zitterte wie ein Lämmerschwanz. Curd Jürgens kam direkt aus London, wo er tags zuvor bei Harrods einen irischen Wolfshund gekauft hatte. Mit uns aßen im „Café Munkmarsch“ Conny und Heilwig Ahlers sowie die Eltern meines Patenkindes Miriam, mein alter Freund Klaus Hermann und Margie Schmitz. Das war der Tag, an dem Curd auf

Margie traf, die er „den schönen Massai“ taufte und zehn Jahre später zu seiner fünften Frau machte.

Curd Jürgens war der letzte deutsche Weltstar. Wir begegneten einander, als er bereits den 50. Geburtstag hinter sich hatte. Als er über 60 war und wir Freunde geworden waren, erzählte er mir von seiner innersten Angst, paralysiert zu verdämmern, „eines Tages von Margie wie Gemüse im Rollstuhl herumgerollt zu werden“. Er wollte sterben, wie er gelebt hatte. „Lieber den Jahren mehr Leben geben als dem Leben mehr Jahre“, meinte er noch, als der Tod schon an seiner Tafel saß. Und sein Wille geschah, wie er es gewohnt war. In der Nacht zum 18. Juni 1982 starb er, nur 66 Jahre alt, gegen ein Uhr früh im Zimmer 1202 des Wiener Hospitals „Rudolfsstiftung“. Sein von Whisky und Wissenschaft geschundenes Herz hörte zu schlagen auf. Ein Wetterumschwung ließ es stillstehen und fällte den Riesen.

„Lebe gut, lache gut, mache Deine Sache gut“, hatte er mir einmal zum Geburtstag gekabelt. Das war, was ihm wichtig war, das war, was er konnte: Lachen, leben, schuften.

„Warum zünden Sie die Kerze von beiden Seiten an“, fragte ihn Lilli Palmer bei ihrer ersten Begegnung.

„Weil's mir nur so Spaß macht“, meinte der Kerl in Samt und Seide.

Alles an ihm war Breitwand: 160 Filme, fünf Ehefrauen, vier Häuser. Alles an ihm war überlebensgroß, seine Gastfreundschaft und seine Gage, sein Ego und seine Wolfshunde, seine Liebe und sein Leib. Für Brigitte Bardot war er der „normannische Kleiderschrank“. Er lebte wie ein Renaissance-Fürst. Sein Maß war das Übermaß. Er trank Champagner nur aus Magnum-Flaschen. Der dünnste Chivas Regal, den er je schmeckte, hatte neben einer Wasserflasche gestanden.

Was er zum Frühstück auftischen ließ, hätte jedes Biedermeier-Möbel zum Einsturz gebracht. Er hatte sich eine Tafel konstruiert, bei der er nach dem Essen nur einen verborgenen Hebel ziehen mußte, und schon stürzte das Tischtuch mit Geschirr und Bestekken, Gläsern und Speiseresten in eine Zinkwanne im Innern, über der sich der Tisch dann wieder schloß, eine formidable Schweinerei. In seinem Haus „La Vieille Bastide“ in Saint Paul de Vence ließ er uns einmal zum Lunch die Vorspeise am Pool, den Hauptgang im zehn Meter höher gelegenen Garten und den Kaffee auf der marmornen Dachterasse servieren.

Sein Ehebett war zwei mal drei Meter groß und stand auf einem Podest in der Mitte seines Schlafzimmers. In einer Limousine ohne „Emily“ auf dem Kühler fand er sich schwer zurecht. Nicht weil er verwöhnt war, sondern weil er es so gewohnt war. „Ich würde gern Heinrich VIII. spielen“, brummte er: „Da brauchte ich endlich keine Rolle zu pauken.“

Curd Jürgens war „a mens man“ und „a ladies man“ zugleich. Eher hätte es himmelwärts geregnet, als daß sein Charisma beim anderen Geschlecht versagte. Wenn ich neben ihm saß, hatte ich soviel Chance die Aufmerksamkeit eines weiblichen Wesens zu erregen wie Lafontaine neben Boris Becker. Keine Frau, der er nicht mit einem Kompliment Freude zu bereiten wußte, ob es sich um eines der Mädchen bei Madame Claude handelte oder um eine Fürstin. Er bewunderte die Schönheit ihrer Körper und Seelen, sah ihre neue Frisur, atmete ihren Duft. Für ihn – wie für Voltaire – hatte Gott die Nase nicht zum Tragen von Kneifern geschaffen, sondern um damit zu riechen. „Vielleicht“, so sinnierte er eines Nachts, „lebe ich manchmal zu sinnlich.“ Genausogut hätte der Atlantik sich Gedanken machen können, ob er etwas zu feucht sei.

Andere Männer mit mehreren Ehefrauen pflegen unterschiedliche Gefährtinnen für die Jahreszeiten ihres Lebens zu wählen: Eine Überschäumende für den Frühling, eine Vollreife für den Sommer, eine Verworfene für den Herbst und eine Wärmende für den Winter. Er nahm immer den gleichen Typ: Kraftvoll, leidenschaftlich und attraktiv. Zu zähmen, was zahm war, hätte ihn gelangweilt.

Schon als junger Schauspieler hatte er mit seiner Partnerin vor ausverkauftem Haus hinter einem Vorhang im Bett auf der Bühne getan, was er spielen sollte. Doch die Becher von Lust und Laster, aus denen er in seiner frivolen Neugierde der frühen Jahre in vollen Zügen getrunken hatte, stellten für ihn nie eine wirkliche Versuchung dar. Er erlebte, was es zu erleben gab, ohne je süchtig zu werden.

Viele Zeitgenossen haben sich über Curd Jürgens und seinen Lebensstil die Münder zerrissen. Sie kannten ihn nicht. „Seine

Warmherzigkeit", so befand eine, die ihn kannte, „überstrahlte all seine anderen Eigenschaften". Das war die Begum. Obgleich er mit dem Jet-set der Oberflächlichkeit lebte und den Schulterschluß zur Schickeria nicht verlor, liebte er das Ursprüngliche. Von ihm hörte ich, wie in Montenegro Bauern ihr Haus bauen. Sie zäumen das Terrain ein, auf dem es stehen soll, sperren ihren Hund hinein und dort, wo er sich während der Nacht schlafen legt, dort mauern sie dann ihr Schlafzimmer. So erzählte er es mir. Denn dort gäbe es garantiert keine schlafstörenden Spannungsfelder von unterirdischen Wasseradern oder Erdmagnetismus, und so wolle er es auch mit seinem nächsten Haus halten. Doch er sollte sich keines mehr bauen.

Er hing an seinem riesigen Wolfshund Rasputin. Der war immer dabei. Nur einmal, als der Gast Gunter Sachs etwas weniger dog-minded fragte, was Rasputin wohl von seiner Gegenwart habe, gab Curd nach: „Ach, eigentlich war er ja gestern schon beim Cocktail mit Eliette und Herbert dabei. Er soll mir nicht zu versnobt werden. Komm, Rasputin, wir gehen runter."

Was für millionenschwere Snobs Endstation Sehnsucht von Kronen-Kraxelei und Statusjagd ist, war für Curd vertrautes Terrain. Er wußte, wo man in Hongkong aß, was man in Moskau trank, wie man in London wohnte. Er kannte die Queen und den Schah. Ein Präsident Amerikas und eine Landesmutter Monacos waren für ihn Hollywood-Kollegen. Österreich machte ihn zum Professor, Bonn verlieh ihm das Große Verdienstkreuz.

Ihm war dabei stets gegenwärtig, daß sein Ruhm und Erfolg von den kleinen Leuten abhing. Und er spürte instinktiv, was die Massen von ihm erwarteten. In der Zeit des Wirtschaftswunders, als Reichtum bewundert wurde, stellte er Reichtum zur Schau, aß von goldenen Tellern und ließ sich in seiner in den Boden des Wohnzimmers eingelassenen Badewanne vor prasselndem Kaminfeuer fotografieren. Als der Wind umschlug und der Zeitgeist sozialistische Züge annahm, erklärte er im „Spiegel", seine hohen Gagen stünden ihm eigentlich „gar nicht zu" und schrieb den links angehauchten Roman „Der süße Duft der Rebellion. Die Menschen himmelten ihn in seiner neuen Rolle an wie sie ihn einst als des „Teufels General" angehimmelt hatten.

Curd Jürgens, der sich selbst einen „Gaukler" nannte, war ein bedeutender Schauspieler. Hofrat Haeussermann vom „Theater in der Josephstadt" sagte: „Er war eine der großen schauspielerischen Persönlichkeiten der Erde." Brigitte Bardot fügte hinzu: „Seinen geringsten Gesten vermochte er Größe zu verleihen." Und er war ein höflicher Mensch. „Wahrscheinlich hat er sich bei dem Gynäkologen bedankt, der ihn auf die Welt holte", mutmaßte 007 Roger Moore.

Miriam Frances, die den Text seiner Lieder schrieb, reimte über ihn:

> „Du warst das letzte große Zirkuspferd,
> der letzte Ritter ohne Furcht und Tadel.
> Du hast der Bartók eine reingehaun,
> und trotzdem hattest Du sowas wie Adel."

Curd (1,92 m) liebte die Theorie seines Nachbarn von Gstaad, J.K. Galbraith (2,03 m), daß die Welt den großen Männern gehöre. „Sie ragen sichtbar aus der Menge heraus, müssen sich darum besser benehmen und sind deshalb vertrauenswürdiger", hatte Galbraith einmal zu Charles de Gaulle (1,95 m) gesagt, worauf der General hinzufügte: „Es ist wichtig, daß wir gnadenlos mit jenen sind, die zu klein gerieten."

Curd Jürgens war einer der Deutschen, hinter deren Rücken sich Franzosen oder Angelsachsen nie anlächelten. Er war Europäer von Geburt, Sohn eines Hamburger Exportkaufmanns und einer Südfranzösin, die einander am Hofe des Zaren kennengelernt hatten. Als sie starb, sagte die Mutter: „Ich war die glücklichste Frau der Welt." Das glanzvolle Leben ihres Sohnes, das zum Neid einzuladen schien, war dagegen von Tragik nicht frei. Er wurde als Jüngling nach einem Autounfall bei einer Operation sterilisiert und konnte nie eigene Kinder haben. Bei einem anderen Autounfall kam das Mädchen Mathilda ums Leben, das er liebte und dem er seine Lebenserinnerungen widmete „... und kein bißchen weise". Er selbst mußte sich zweimal am offenen Herzen operieren lassen, das letzte Mal 1981. Danach sah Curd den Tod auf sich zukommen wie einen Besucher, der den Weg zum Haus heraufsteigt. „Die werden mich noch kopieren, wenn ich schon tot bin“, sagte er beim Anblick seiner Papageien. Margie las ihm die Speisekarte vor, weil er an Sehstörungen litt. Wann würde der Besucher klingeln? „Jetzt knabbern die Mäuse an meiner aufgesetzten Sicherheit“, beobachtete er sich selbst. Und: „Ich zweifle, ob es richtig war, nicht an Gott zu glauben.“ Dann schlief er in der „Rudolfsstiftung“ friedlich in Margies Armen ein.

Curd Jürgens erhielt ein Ehrengrab auf dem Wiener Zentralfriedhof. Bei seiner Beisetzung lernte ich eine Besonderheit des österreichischen Bestattungswesen kennen. Der Totengräber am offenen Grab reichte einem mit einer Hand eine kleine Schaufel Erde, um sie auf den Sarg des Verstorbenen zu streuen und hielt die andere Hand fürs Trinkgeld auf. Curd hätte es gefallen.

23. Kapitel

REINHARD GEHLEN

„A la bonheur, mein lieber General“

In meiner Zeit als Chefredakteur der „Welt am Sonntag“ kreuzte ich die Lebensbahnen von zwei deutschen Generälen, die von der Politik untergepflügt werden sollten. Der eine unter einem SPD-Kanzler, der andere unter einem CDU-Kanzler. General Reinhard Gehlen war der eine, General Günter Kießling der andere. Nach einem Leben soldatischer Pflichterfüllung war der Dank des Vaterlandes beiden nicht gewiß.

An einem trüben Apriltag des Jahres 1977 fuhren Axel Springer jr. und ich zu einem Rendesvouz mit dem geheimnisumwobensten Deutschen seiner Zeit, mit Generalmajor a. D. Reinhard Gehlen, dem Schöpfer des Bundesnachrichtendienstes.

Vorbei an einer Tankstelle, an der sich mächtige Laster drängten wie Büffel am Wasserloch, führte uns der Weg hinein nach Berg am Starnberger See zur Waldstraße 29.

Der Besitz war wohl gewählt. Er war nur von der leicht zu kontrollierenden Straße einzusehen und erstreckte sich den Hang hinab bis zum See. Eine dichte Hecke umgab das Grundstück; die ersten Forsythien waren unter dunklen Tannen erblüht. Am Gartentor stand statt eines Namens neben zwei Klingelknöpfen: „Sen.“ und „Jun.“.

Der 75jährige Senior, der einst für Hitler und Adenauer Geheimnisse ihrer Todfeinde auskundschaftete, erwartete uns. 171 Zentimeter maß seine Reiterfigur. Er hielt sich gerade wie ein Fähnrich. Schiefergrau die Augen, eisgrau der Schnurrbart über Lippen, die an den Mund des Schauspielers Charles Bronson in „Ein Mann sieht rot“ erinnerten. Der General trug Tweed, an der Garderobe hing Loden. An der Wand des Wohnzimmers ein Bild von Moltke, über dem Bücherbord mit Shakespeares Werken und den „Sieben Säulen der Weisheit“ eine Nachbildung vom Schwert Karl V. aus Toledo. Auf dem Schreibtisch stand im Silberrahmen mit Krone ein Foto von Jordaniens kleinem König Hussein: „To my dear friend Reinhard Gehlen“ hatte Majestät darauf geschrieben. „Wir haben ihm mal geholfen“, sagte der General, als er meinen Blick sah: „Ein mutiger Mann.“

Mein Gastgeber hielt die Briten für „den Uradel“ der Geheimdienste, die Chinesen für die „Lautlosesten“ und die Russen für die „Rücksichtslosesten“: „Ihnen geht Wirkung vor Deckung.“ Als er gerade dabei war, seinen eigenen Einstieg ins nachrichtendienstliche Metier zu schildern, schaute Gattin Hertha (geborene v. Seydlitz-Kurzbach) zur Tür herein: „Reinhard“, sagte sie, „vergiß nicht, etwas anzubieten.“ Ihr Ahnherr, der Reitergeneral des Großen Fritz, hätte bei Roßbach keine überraschendere Attacke reiten können.

„Ich wurde am 3. 4. 1902 in Erfurt als Sohn des damaligen Oberleutnants Walther Gehlen und seiner Ehefrau Katharina geb. van Vaernewyck geboren.“ So beginnt ein Lebenslauf, den der General vor seiner ersten Begegnung mit Adenauer für dessen Staatssekretär Globke niederschrieb und mir freundlicherweise überließ.

Sein Vater wurde später Verlagsdirektor des Schulbuch-Verlages „Ferdinand Hirt“ in Breslau, sein Vetter Arnold errang Ruhm als Philosoph, und er selbst trat 1920 in die Reichswehr ein. 1935 verließ er die Kriegsakademie als Hauptmann.

Drei Verwendungsmöglichkeiten wurden den angehenden Generalstäblern schriftlich angeboten.

- o Ib einer Division (Logistik)
- o Ic eines Korps (Feindlagebeurteilung)
- o Dienst im Ministerium.

Gehlen strich alle drei Karriere-Alternativen durch und schrieb: „Operationsabteilung“ – das innerste Heiligtum der militärischen Führung, Gral jeden Generalstabs. Ein Jahr später war er dort, bei den Mönchen des Krieges. Gehlen atmete die eisige verdünnte Luft ihres Klosters in tiefen Zügen: „Diese Welt kann niemand darstellen und begreifen, der nicht in ihr gelebt hat“, erkannte er. Seine Verehrung galt Generalstabschef Generaloberst Ludwig Beck (der am 20. Juli 1944 starb) und dem Strategen Feldmarschall Erich von Manstein (den die Engländer als Kriegsverbrecher aburteilten). Gehlen über Manstein: „Er hatte den göttlichen Funken."

1937 mußte Gehlen dem Reichsminister Hermann Göring den im Bau befindlichen Westwall zeigen. Verärgert mit einem Hauptmann als Fremdenführer vorlieb nehmen zu müssen, fiel Göring ihm wieder und wieder ins Wort. Dreimal nahm Gehlen es hin. Dann sagte er: „Ich habe Befehl, Ihnen die Befestigungsanlagen zu erklären. Ich bitte Herrn Minister, mich an der Ausführung des Befehls nicht zu hindern und mich ausreden zu lassen." Göring ließ ihn reden.

Bei Kriegsausbruch führte Gehlen eine Batterie im Artillerie-Regiment 18. Als Major mit EK II kehrt er aus dem Polen-Feldzug zurück und legte wieder die Hosen mit den roten Streifen an. „Für führende Stellungen im Generalstab geschaffen", schrieb Deutschlands neuer Generalstabschef Generaloberst Halder in Gehlens Beurteilung. Und am 1. April 1942 übernahm Gehlen eine solche Stellung. Er wurde Oberst und Chef der mangelhaft arbeitenden Abteilung 12 des Generalstabs, „Fremde Heere Ost" (FHO). Der Kundschafter hatte sein Feld gefunden. Ein Jahr später lieferte FHO dem Generalstab die beste Feindaufklärung, die er je erhalten hatte. Gehlens Feindlagekarten unterschieden sich oft nur in Nuancen von später gefundenen Operationskarten des Gegners vom gleichen Tag. Immer tiefer spähten die schiefergrauen Augen in die Sowjetunion hinein. Bald konnten sie in ihr lesen wie in einem aufgeschlagenen Buch.

Auf Grund von Indizien gelangten Gehlen und der Chef der militärischen Abwehr, Admiral Canaris, dessen Bild später im Arbeitszimmer des BND-Präsidenten hing, zu der Überzeugung, daß „in der obersten deutschen Führung" ein sowjetischer Spion sitzen müsse. Ohne ihre Gedanken zu kennen, kam der Chef der politischen Spionage des Reiches, SS-Brigadeführer Walter Schellenberg, im Reichssicherheitshauptamt zu ähnlichen Schlüssen. Sein Verdacht richtete sich gegen den Gestapo-Chef Heinrich Müller. Für Gehlen und Canaris war Hitlers engster Vertrauter, Reichsleiter Martin Bormann, der Verräter. Beide – Müller und Bormann – verschwanden bei Kriegsende. Schellenberg berichtete später, ein gefangener deutscher Offizier habe Müller 1948 in Moskau gesehen, wo der Gestapo-Chef auch begraben sei. Gehlen behauptete, er habe in den fünfziger Jahren durch „zwei zuverlässige Informationen ... die Gewissheit" erhalten, daß Bormann nach der Kapitulation abgeschirmt in der Sowjetunion gelebt und gestorben sei. Beweisen konnten beide nichts.

Als während des Zweiten Weltkrieges in der Reichshauptstadt Berlin der Machtkampf zwischen der militärischen Abwehr unter Admiral Canaris und der politischen Spionage im Reichssicherheitshauptmann entbrannte und mit einem totalen Sieg der SS über den später hingerichteten Canaris endete, konnte Gehlen durch seine ungewöhnlichen Erfolge FHO selbständig halten und seiner Organisation sogar noch Kräfte der zerschlagenen Abwehr einverleiben.

Bald darauf war es dann eben die Präzision seiner Arbeit, die zu seinem eigenen Sturz führte. Am 24. Dezember 1944 befand Hitler über eine Auflistung der gegnerischen Kräfte: „Das ist der größte Bluff seit Dschingis-Khan. Wer hat diesen Blödsinn ausgegraben?" Der „Blödsinn" stimmte und stammte von Gehlen.

Nur 16 Tage danach hielt der damalige Generalstabschef Heinz Guderian in Hitlers Hauptquartier Ziegenberg Lagevortrag. Guderian erinnerte sich nach dem Krieg: „Gehlen hatte sehr sorgfältig die Unterlagen über die Feindlage ausgearbeitet. Hitler geriet in großen Zorn, als ich diese Ausarbeitungen vorlegte, erklärte sie für ‚völlig idiotisch' und verlangte, daß ich den Bearbeiter sofort in ein Irrenhaus sperren sollte."

Am 28. März 1945 schließlich zürnte Hitler gegenüber Guderian wegen des „irrsinnigen General Gehlen": „Gehlen ist ein Narr."

Diese Entwicklung, so notierte Gehlen unterkühlt in seiner Vita für Adenauers Staatssekretär Globke, führte „wenige Wochen vor Kriegsende zu meiner Entfernung aus meinem Amt". Nachfolger wurde sein Stellvertreter Gerhard Wessel.

Zu diesem Zeitpunkt hatte der geschaßte General bereits mit einer Operation begonnen, die in der düsteren Welt der Geheimdienste zur Legende werden sollte. Er hatte während des Rückzugs aus der Sowjetunion Dutzende von Russen als Agenten ausgebildet, sie im Feindesland zurückgelassen und ihnen befohlen sich „schlafen" zu legen – bis sie wieder gebraucht würden. Hitler brachte sich um. Das Reich sank in Schutt. Die Russen eroberten Berlin. Der Zweite Weltkrieg war vorbei. Und dennoch sollte die Ruhe der „Schläfer“ nur wenige Jahre dauern. Dann klopfte ein Kurier des Generals bei ihnen an, um sie zu wecken.

Was war geschehen? Gehlen hatte in den letzten Kriegs-Monaten nicht nur Agenten auf Eis gelegt, sondern auch das Archiv der Abteilung „Fremde Heere Ost“ in 50 Stahlkisten im Hunsrück und in den Alpen vergraben lassen: Karten und Karteien, Studien und Statistiken, Luftbilder und Dokumente. „Notwendiges Schlüsselpersonal“ (Gehlen) wurde von ihm in drei Almhütten bei Reit im Winkl, am Wilden Kaiser und am Spitzing-See einquartiert, um „das große Durcheinander bei Kriegsende“ (Gehlen) abzuwarten. Dann begab sich der Geheimdienstgeneral in US-Gefangenschaft. Die Köder waren ausgelegt. Er brauchte nur zu warten.

Er brauchte nicht lange zu warten. „Der Zufall“, so heißt es in seinem Lebenslauf für Globke, „führte mich mit einem amerikanischen General zusammen, der meinen Gedanken aufgeschlossen gegenüberstand.“ Dieser General war der Nachrichtendienst-Chef der US-Streitkräfte in Europa, General Edwin L. Sibert, damals 48 Jahre alt. „Als er kam, um mich zu beschnuppern“, so erinnerte sich Gehlen, „hatte er die Ohren ganz schön angelegt.“ Aber bald begann er sie aufzurichten, lauschte Gehlens Lagebericht über „die tatsächlichen Ziele der Sowjetunion“ und knurrte: „Sie wissen ganz schön viel über die Russen, Herr General.“

Reinhard Gehlen war neben Wernher von Braun die wertvollste lebende Kriegsbeute der USA. Noch im Herbst des Kapitulationsjahres 1945 wurde er mit einigen Getreuen in die USA ausgeflogen, einer von ihnen trug in Ermangelung eines Koffers seine Habe in einem Geigenkasten mit sich. Im Juli 1946 kehrten die Deutschen zurück und nahmen in drei Häusern im US-Vernehmungslager Oberursel ihre Kundschafter-Tätigkeit gegen den alten Feind aus Kriegstagen wieder auf. 1947 übersiedelten sie nach Pullach bei München. FHO war tot, die „Organisation Gehlen“ geboren. General Gehlen lieh Amerikas Führung seine Augen, um in die Finsternis der russischen Nacht zu schauen. Er klärte sie auf über Wesen, Absichten und Stärke der Sowjets. Er lieferte die Unterlagen für ihre Erkenntnis von den aggressiven Absichten ihres bisherigen

Verbündeten. Bis 70 Prozent des Wissens Washingtons über Spionage und Streitkräfte, Ziele, Rüstung und Machtkämpfe Moskaus stammte während des nun ausbrechenden Kalten Krieges zeitweilig von der Organisation Gehlen. Ein Wehrmacht-General war es, der in diesen Jahren so die Haltung einer Weltmacht gegenüber der andere entscheidend formte – für monatlich 1200 DM netto (im Jahr 1952).

Doch damit nicht genug. Darüber hinaus hat Gehlen in einer Zeit, da deutsche „Frauleins" noch nicht einmal mit US-Soldaten ausgehen durften, bereits die deutsch-amerikanische Allianz vorweg genommen, die erst ein Jahrzehnt danach in der NATO zu staatlicher Bündnis-Form gerinnen sollte. Und er schuf in seiner Organisation die personelle Keimzelle für die spätere Bundeswehr. Die Creme ihrer ersten Generäle überwinterte bei ihm. Der erste Generalinspekteur der Bundeswehr, Adolf Heusinger, wurde Adenauer von Gehlen empfohlen.

Vielen Deutschen ist diese Rolle Gehlens bis heute nicht bewußt. Er ist der einzige deutsche General, der seit dem Zweiten Weltkrieg Geschichte mitgeschrieben hat.

Unter dem Decknamen „Aktion Hermes" führte die „Organisation Gehlen" eine Befragung unter den 3,1 Millionen deutschen Kriegsgefangenen durch, die aus der Sowjetunion heimkehrten. Es war das mühsamste und erfolgreichste Unternehmen seiner Art. Aus Aussagen von Generälen und Landsern, aus Tausenden von Mosaiksteinen entstand ein Bild des Sowjetreiches, das außer Gehlen niemand liefern konnte.

Wenig schien der „Organisation Gehlen" im Ostblock unmöglich, nichts in der DDR. Gehlens Agenten saßen überall. Ein Ministerialrat (Deckname „Brutus") war Mitarbeiter vom Ostberliner Spionagechef Ernst Wollweber, eine Sekretärin (Deckname „Gänseblümchen") arbeitete bis zu ihrer Entdeckung und Hinrichtung im Vorzimmer von Ministerpräsident Otto Grotewohl, und sogar der stellvertretende Ministerpräsident Kastner selbst spionierte für den „Doktor", wie der General im Dienst hieß. Der Mythos Gehlen entstand. „Er hat das Hirn eines Professors, das Herz eines Soldaten, die Witterung eines Wolfs", sagte mir CIA-Chef Allen W. Dulles.

Nach Gründung der Bundesrepublik begann Gehlen auch die Bonner Regierung in seine Erkundungsergebnisse einzuweihen. Am 20. September 1950 machte er seinen Antrittsbesuch bei Adenauer, am nächsten Tag beim SPD-Vorsitzenden Kurt Schumacher. 1956 wurde die „Organisation Gehlen" von der Bundesrepublik als „Bundesnachrichtendienst" übernommen.

Gehlen war nicht nur der Deutsche, der die meisten Geheimnisse kannte. Er wurde selbst zum Staatsgeheimnis. Die letzten Fotos von ihm stammten aus dem Krieg. In seinem Büro stand stets ein gepackter Koffer, in seinem Schreibtisch lag eine geladene Dienstpistole, in seiner Tasche steckte ein falscher Paß. Auf Reisen trug er oft eine dunkle Brille, meist einen breitkrempigen Hut, immer einen falschen Namen. „Doktor Schneider" war sein bevorzugtes anderes Ich.

Jeden Morgen auf der Fahrt von seinem Haus am Starnberger See in sein Hauptquartier in Pullach wurde in einem Waldstück das polizeiliche Kennzeichen seines Mercedes gewechselt. „So sind wir sogar duch den TÜV gekommen", erzählte er mir lächelnd.

Jeden Dienstag, wenn er Lagevortrag beim Kanzler im Palais Schaumburg zu halten hatte, fuhr er im reservierten Abteil eines FD-Zuges von München nach Köln und von dort im Wagen in die Bundeshauptstadt. „Auf dem Bonner Bahnhof war das Risiko einer unerwünschten Begegnung unerwünscht hoch", erklärte er mir.

„Mit Adenauer und Globke zu arbeiten, war ein Vergnügen", fuhr Gehlen fort: „Des Kanzlers Verständnis für nachrichtendienstliche Tätigkeit war einmalig." Als der General dem Regierungschef einmal eine heikle Information präsentiert hatte, fragte Adenauer neugierig: „Von wem stammt das?"

„Sie haben das Recht zu fragen, Herr Bundeskanzler", antwortete Gehlen, „und es ist meine Pflicht, Ihnen Auskunft zu geben. Aber ich würde mich freuen, wenn Sie die Frage zurückziehen."

„A la bonheur, mein lieber General", sagte Adenauer und wechselte zum nächsten Thema über.

Am 7. Oktober 1959 feierte die DDR den zehnten Jahrestag ihrer Staatsgründung. SED-Chef Ulbricht, der nach internationaler Anerkennung lechzte, sah eine einmalige Chance zur Aufwertung seines Marionetten-Staates. Er entsandte Emissäre in alle Metropolen des Westens, um prominente Ehrengäste einzuladen. Bald lagen tatsächlich Zusagen ehemaliger französischer Ministerpräsidenten und bekannter britischer Parlamentarier vor. Adenauer hörte es mit Unbehagen, Gehlen wußte Rat. Einer der wichtigsten der ins Ausland gereisten Emissäre Ulbrichts war ein Agent des Generals. Der Geheimdienst-Chef ließ ihn samt Familie in die Bundesrepublik holen. Dann schickte er ihn noch einmal in die westlichen Hauptstädte, „diesmal allerdings mit dem Auftrag, die vor kurzem Eingeladenen zur Absage zu veranlassen" (Gehlen). Der Coup gelang. Ulbricht feiert allein. Die DDR-Aufwertung war noch einmal verschoben worden. Die Macht des „Doktors" stand im Zenit.

Das Vertrauensverhältnis zwischen Kanzler und Geheimdienstchef wurde erst in jenen Tagen erschüttert, in denen Adenauers eigener Untergang begann: Während der „Spiegel"-Affäre. Conrad Ahlers hatte vor Veröffentlichung seines Beitrags „Bedingt abwehrbereit" 13 Fragen dazu über den Hamburger BND-Residenten Oberst Wicht an den Dienst gerichtet, zu dem wir damals lose Kontakte unterhielten. Die Fragen wurden korrekt beantwortet. Nach der Verhaftung von Ahlers behauptete die Bundesanwaltschaft aber, Wicht habe außerdem den „Spiegel" über angelaufene Ermittlungen gegen das Magazin gewarnt. Der Oberst wurde verhaftet. Adenauer war außer sich. Er glaube – so sagte Gehlen – „an eine düstere Hintergrundrolle des BND". Der Kanzler witterte Hochverrat. Am 12. November 1962, als ich noch in Untersuchungshaft saß, beorderte Adenauer den General zu sich ins Palais Schaumburg und befahl dem ebenfalls herbeizitierten Justizminister: „Herr Stammberger, Sie müssen den Herrn Gehlen verhaften. Er hält sich in einem Nebenzimmer auf und ist dort greifbar."

Stammberger: „Herr Bundeskanzler, wenn wir keine harten Beweise haben, stellt uns kein Bundesrichter einen Haftbefehl aus."

Der anwesende Bundesanwalt Kuhn pflichtete ihm bei: „Herr Bundeskanzler, der Herr Justizminister hat gesagt, was hier nur gesagt werden kann."

Adenauer (der mir diesen Dialog nie bestätigt hat) resignierte: „Ich bin auch einmal Staatsanwalt gewesen. Früher war das aber ganz anders."

General Gehlen, der vor seinem Tod einen führenden Sozialdemokraten in Verdacht hatte, der Mann gewesen zu sein, der uns beim „Spiegel" vorzeitig gewarnt hatte, konnte nach einem Gespräch mit Bundesanwalt Kuhn als freier Mann das Bundeskanzleramt verlassen; auch Oberst Wicht wurde rehabilitiert. Im nächsten Jahr trat Kanzler Adenauer zurück.

Drei Monate später wurde der gefährlichste Maulwurf, der je im BND entdeckt worden war, vom Bundesgerichtshof zu 14 Jahren Zuchthaus verurteilt: Der ehemalige SS-Obersturmführer und spätere Regierungsrat Heinz Felfe. Zwölf Jahre hatte „Fiffi" Geheimnisse des Dienstes an Moskau verraten, einmal hatte Gehlen ihn sogar nach Amerika mitgenommen. Das Selbstvertrauen des „Doktors" und seines Dienstes nahm durch die Affäre Felfe schweren Schaden. Der BND geriet in eine Krise. Aus dem verschworenen Orden wurde eine Behörde; eine Untersuchungskommission überprüfte Querelen im Dienst. Dennoch sagte Adenauer damals zu Conny Ahlers und mir: „Wer heute nicht auf Gehlen hört, der wird es morgen bereuen."

Tatsächlich sollte der BND unter Adenauers CDU-Nachfolgern Erhard und Kiesinger zwei spektakuläre Erfolge verbuchen, die seine Stellung unter den besten Geheimdiensten der Welt noch einmal zementierten.

o 1967 prophezeite der Dienst als erster, „daß in den ersten Juni-Tagen mit einem israelischen Präventiv-Angriff gegen Ägypten gerechnet werden müsse". Kennedys Außenminister Rusk begehrte auf: „Völlig ausgeschlossen". Wenige Stunden später wurde geschossen. Der Sechs-Tage-Krieg hatte begonnen.

o 1968, als die Welt den „Prager Frühling" bejubelte, sagte der Dienst als erster den Einmarsch Rußlands in der Tschechoslowakei voraus. Im Juni analysierte der BND: „Für die Sowjetregierung ist die Toleranzgrenze überschritten." US-Botschafter Thompson in Moskau spottete: „Deutsche Spinnerei". Am 18. August meldete der BND: „Einmarsch steht unmittelbar bevor." 48 Stunden später war er da.

In jenem Jahr war General Gehlen mit dem großen Verdienstkreuz der Bundesrepublik mit Stern und Schulterband dekoriert und als Präsident des Bundesnachrichtendienstes abgelöst worden. Nachfolger wurde wie schon einst bei FHO sein Stellvertreter Gerhard Wessel. Und hatten einst Gehlens Erkundungsergebnisse im Osten Hitler mißfallen, so mißfielen die Erkundungsergebnisse des BND im Osten nun der an die Macht kommenden SPD/FDP-Regierung unter Willy Brandt. Die Erkenntnisse des Geheimdienstes über die kommunistische Welt stellten ein unbequemes Hindernis für die neue Ostpolitik Bonns dar.

Es war bei meinem zweiten oder dritten Besuch am Starnberger See, als General Gehlen mir gegenüber dieses Kapital anschnitt. „Lassen Sie uns die Beine vertreten", sagte er. Der alte Herr war unruhig. War es nur Unrast, die ihn ins Freie trieb, oder war es das professionelle Mißtrauen gegen Wände, die überall Ohren haben können? Wie auch immer: Wir verließen das Quelle-Haus, in dem Gehlen wohnte, seit er sein ursprüngliches Isartaler Holzhaus seinem Sohn überlassen hatte, und spazierten zum See hinab. In der Bucht tauchten Bleßhühner; am Steg lag das Segelboot der Familie vertäut.

Als Willy Brandt 1969 zum ersten SPD-Kanzler der Bundesrepublik gewählt worden war, machte er den Genossen Horst Ehmke zu seinem Amtschef. Der neue Kanzleramtsminister war automatisch Vorgesetzter der 6200 BND-Mitarbeiter, obgleich er als Ehemann der Tschechin Maria Hlavacova „nach den gültigen Sicherheitsbestimmungen die Dienstaufsicht über den BND niemals hätte ausüben dürfen" (Gehlen).

CIA-Chef Helms hielt Ehmke für einen „dynamischen Dilettanten". Der dynamische Ehmke entdeckte im Kanzleramt alte Berichte des Dienstes über geheime Kontakte führender Sozialdemokraten zu führenden ausländischen Kommunisten. Im Mittelpunkt dieser Beobachtungen stand Willy Brandts Sonder-Botschafter Egon Bahr. Er war den Spähern des „Doktors" schon Anfang der sechziger Jahre aufgefallen, als er sich „nach geheimdienstlicher Methode abgeschirmt" (Gehlen) mit einem sowjetischen Diplomaten in Ost-Berlin traf. Später wurde er Schlüsselfigur der neuen Ostpolitik Willy Brandts. Diese neue Ostpolitik, wie Bahr sie 1969 umriß, entsprach – nach Ansicht Gehlens – „in allen wesentlichen Punkten den Zielsetzungen der sowjetischen Deutschland- und Europa-Politik". Gehlens „Lebensmaxime" aber lautete: „Ich betrachte den Kommunismus als eine tödliche Gefahr."

Die SPD/FDP-Regierung ihrerseits erkannte die Gefahr, die der von Gehlen geprägte Dienst auch nach dessen Pensionierung für ihre neue Ostpolitik der Versöhnung und Verständigung mit den kommunistischen Diktatoren bedeutete. Der neue Dienstherr des BND, Horst Ehmke, übernahm es, diese Drohung mit den klassischen Methoden der Parteipolitik zu beseitigen. Er verkündete, der Dienst sei ein „Saustall", er werde „im Dienst aufräumen", und er verpaßte dem BND den ehemaligen SPD-Landesgeschäftsführer aus Hamburg, Dieter Blötz, als Vizepräsidenten und den SPD-Vertrauensmann Herbert Rieck als Leiter der wichtigen Zentralabteilung. Dann machte er sich daran, den „Mythos Gehlen" zu knakken.

„Wie wollt ihr denn das machen", fragte ich Conny Ahlers, der damals Bundespressechef war.

Er antwortete mit einer Gegenfrage: „Wozu gibt es denn die Hamburger Kumpanei?"

Die „Hamburger Kumpanei", das waren die in jener Zeit vereint nach links strebenden und durch ihre Besitzverhältnisse miteinander verzahnten Zeitschriften „Spiegel" und „Stern".

Beide Blätter beklatschten Bonns neue Ostpolitik. Beide Blätter enthüllten nun in Serien und Artikeln Mißstände im verfilzten und angeblich erfolglosen Geheimdienst der Kalten Krieger unter Gehlen, bei dem sicher manches im argen lag. Fortschrittliche Regierungskräfte hatten an den Veröffentlichungen mitgewirkt. BND-Vizepräsident Blötz und BND-Abteilungsleiter Rieck waren in der „Stern"-Redaktion tätig gewesen. Und die „Spiegel"-Serie „Pullach intern" enthielt laut BND-Präsident Wessel „in die Hunderte gehende Stellen", die als geheimhaltungs- oder schutzbedürftig angesehen werden müßten.

Dieser Kampagne gegen den Dienst und seinen Gründer, die sich beide nicht wehren konnten, war ein voller Erfolg beschieden. Deutschlands abschreibende Presse übernahm ungeprüft viele Vorwürfe. Regierung und SPD legten nach, inzwischen wohl auch, um vom Spion Guillaume im Kanzleramt Ehmkes abzulenken.

So wurde der BND während der Kanzlerschaft Brandts und seines Nachfolgers Schmidt zutiefst verunsichert, partiell gelähmt und geschwächt. Das Ziel war erreicht: Der „Mythos Gehlen" war geknackt, das Bild des Generals getrübt, das Hindernis auf der Siegesallee der neuen Ostpolitik abgeräumt. „Zu den ganz schlimmen Dingen“, so sagte Axel Springer über die Entwicklung in jenen Jahren, „gehörte die Zerschlagung der Ostbeobachtung durch den BND.“ Erstmals in der Geschichte hatte eine deutsche Regierung dem eigenen Geheimdienst die Flügel gestutzt und ihn entmachtet.

„Das Besondere meiner Situation liegt darin“, notierte General Gehlen, „daß ich von meinem Alterssitz aus mit ansehen mußte, wie mein Lebenswerk Stück für Stück, Teil um Teil zerstört wurde.“

Anfang 1978 schrieb er mir, daß er sich „von meiner dritten Operation im November noch nicht wieder ganz erholt habe“. Im Frühsommer 1979 starb er in seinem Haus am Starnberger See.

Zwei Monate später wurde der Vizepräsident des BND, Dieter Blötz, mit dessen Hilfe die SPD im Dienst hatte aufräumen wollen, in den einstweiligen Ruhestand versetzt – wegen einer Liebesaffäre mit einer verheirateten Sekretärin.

24. Kapitel

GENERAL KIESSLING

„An diesem Tag vor genau drei Jahren ..."

Am Mittwoch, den 4. Januar 1984, an meinem 57. Geburtstag, erschien überraschend der stellvertretende Oberbefehlshaber der NATO-Streitkräfte in Europa, Vier-Sterne-General Günter Kießling, in Zivil in meinem Büro. Wir kannten uns flüchtig, sicherlich nicht gut genug, um auf das vorbereitet zu sein, was er mir nun anzuvertrauen hatte. Bundesverteidigungsminister Manfred Wörner habe ihn vorzeitig verabschiedet – wegen homosexueller Beziehungen. Dieser Vorwurf sei nicht gerechtfertigt. Noch war auch kein einziges Wort darüber in die Öffentlichkeit gesickert. Was aber solle er jetzt tun? Sollte er sich still zur Ruhe setzen und darauf vertrauen, daß die Bundeswehr kein Interesse hatte, die Begründung bekannt werden zu lassen? Oder sollte er kämpfen und notfalls selbst seine angebliche Homosexualität vor Menschen und Medien ausbreiten? Sollte er darauf hoffen, einen beschaulichen Lebensabend im Unrecht zu verbringen, oder sollte er das Recht in einer ekelhaften Schlammschlacht suchen? Keine leichte Entscheidung.

Der General auf meinem Sofa war im Innersten bewegt. Seine hohe, befehlsgewohnte Stimme klang gepreßt. Aber mit der Präzision eines Generalstäblers schilderte er die Vorgänge, von denen mancher bis heute nicht veröffentlicht wurde.

Günter Kießling, Jahrgang 1925, stammte aus ärmlichen Verhältnissen. Als 14jähriger trat er in eine Unteroffiziersvorschule der Wehrmacht ein. Wegen Tapferkeit vor dem Feind wurde er mit dem EK I ausgezeichnet. Bei Kriegsende war er mit 19 Jahren Leutnant. Nach der Kapitulation machte er als Bauhilfsarbeiter auf einer Abendschule sein Abitur in Berlin und promovierte zum Doktor der Volkswirtschaft in Bonn. 1954 wurde er Leutnant im Bundesgrenzschutz, 17 Jahre später der jüngste General der Bundeswehr, ohne je einer Partei angehört zu haben. Ein Lebensweg der Hochachtung abnötigt.

1982 wurde Kießling – inzwischen einer der drei höchsten Offiziere der Bundeswehr – Stellvertreter des Obersten Alliierten Befehlshaber in Europa, US-General Bernard W. Rogers. Die Chemie stimmte zwischen beiden von Anbeginn nicht, weder in der Strategie noch in der Sympathie. Rogers versuchte Bonn zur Abberufung des Deutschen zu bewegen. Deshalb bat Kießling, dessen aktive Dienstzeit eigentlich erst 1985 abgelaufen wäre, um vorzeitige Pensionierung zum 31. März 1984.

Ein halbes Jahr zuvor, am Abend des 14. September 1983, erreichte den General in der NATO-Schule Oberammergau ein Anruf des ranggleichen Generalinspekteurs der Bundeswehr, Wolfgang Altenburg: Kamerad Kießling möge doch bitte morgen zu einer dringenden Besprechung nach Bonn kommen. Um 13 Uhr werde für ihn ein Flugzeug in Fürstenfeldbrück bereitstehen.

Auf dem Flughafen Köln-Wahn wartete am nächsten Mittag der Wagen des Generalinspekteurs und brachte Kießling ins Verteidigungsministerium. In seinem Büro überraschte Altenburg seinen Gast mit der Bemerkung, er habe eine „sehr, sehr ernste Frage" zu besprechen. Dem Junggesellen Kießling würden homosexuelle Beziehungen vorgeworfen. Dafür gäbe es erdrückende Beweise aus den Kölner Lokalen „Tom Tom" und „Café Wüsten". Von der Kripo im Auftrag des Militärischen Abschirmdienstes befragt, hätten Besucher beider Etablissements spontan auf Kießlings Foto gezeigt und erklärt: „Das ist er, der Günter von der Bundeswehr." Nur eine Handvoll Menschen sei bisher eingeweiht.

Kießling, der wußte, daß ein General mit homosexuellen Beziehungen als erpressbares Sicherheitsrisiko angesehen wurde, begriff die Brisanz der Situation. „Ich gebe Ihnen mein Ehrenwort", sagte er zu Altenburg: „Da ist nichts dran."

Der Generalinspekteur war, so schien es Kießling, erleichtert. Es habe ja auch das Gerücht gegeben, so plauderte er nun, General Rogers würde Kießling wegen vermeintlicher Homosexualität nicht die Hand geben. Aber er selbst habe erst im letzten Monat bei einem Dinner gesehen, wie der Amerikaner den Deutschen mit Handschlag begrüßte.

Da Kießling gar nicht dem Generalinspekteur, sondern nur dem Verteidigungsminister unterstand, verlangte er: „Herr General, ich bestehe darauf, mit dem Minister zu sprechen." Altenburg verließ das Zimmer und kam nach etwa zehn Minuten zurück. Gemeinsam gingen die beiden Generäle zu ihrem Minister.

Bundesverteidigungsminister Wörner, den Kießling seit Jahren kannte, verzichtete darauf, diese delikate Angelegenheit mit einem seiner höchsten Generäle unter vier Augen zu besprechen. Altenburg blieb dabei. Dies sei keine Vernehmung, eröffnete der Minister seinem Besucher. Er zog einen Zettel hervor und wiederholte die von Altenburg vorgebrachten Vorwürfe: Kießling verkehre seit 12 Jahren in homosexuellen Kreisen in Köln. Sein Lösungsvorschlag: Vorzeitige Pensionierung zum 31. Dezember 83 statt, wie von Kießling erbeten, zum 31. März 84. „Was mute ich Ihnen da zu", fragte der Minister rhetorisch und gab sich selbst die Antwort: Daß bei einigen wenigen Menschen, die von den näheren Umständen wüßten, ein Hauch von Verdacht bleiben würde. Sollte Kießling dagegen auf einer Untersuchung bestehen, würde es für alle sehr unangenehm werden.

Kießling äußerte seine Bestürzung über die Vorwürfe. Nichts daran sei wahr. Darauf gebe er auch ihm, dem Minister, sein Ehrenwort. Und leicht gereizt fügte er hinzu: „Herr Minister, ich gehe davon aus, daß ich mit den üblichen militärischen Ehren verabschiedet werde..." Das war für einen Vier-Sterne-General der Große Zapfenstreich.

Wörner zögerte: „Das ... muß ich mir erst noch einmal überlegen."

Kießling erinnerte sich später: „Das war für mich der Augenblick, in dem mein Vertrauen zu diesem Mann erschüttert war. Jetzt gab ich meine Zurückhaltung auf: ‚Hier wird über mein Leben entschieden, Herr Minister', sagte ich. Mit dem Lächeln, das ich dann noch oft genug auf dem Fernsehschirm erleben sollte, erwiderte Wörner: ‚Das ist doch nun wirklich übertrieben'."

Kießling erbat Bedenkzeit. Wörner schaute auf seinen Kalender. Nächster Gesprächs-Termin: In vier Tagen am Montag, den 19.

September 1983 um acht Uhr in der Früh. Wieder wurde es kein Gespräch unter vier Augen, wieder war Generalinspekteur Altenburg zugegen. Kießling hatte niedergeschrieben, was er zu sagen hatte: „Herr Minister, die gegen mich erhobenen Vorwürfe weise ich entschieden zurück. Ich gebe mein Ehrenwort, daß ich in meinem ganzen Leben niemals irgendwelche homosexuellen Beziehungen hatte." Er erwarte, „daß im Rahmen des Möglichen alles getan werde, um die Verleumdung aufzuklären". Dabei gehe er davon aus, daß es bei seiner Versetzung in den einstweiligen Ruhestand wie vorgesehen beim 31.März 1984 bleibe. Aber er sei bereit, einen bereits für Oktober geplanten Krankenhausaufenthalt auf unbestimmte Zeit auszudehnen.

Wörner entgegnete, die Erklärung ehre Kießling. Er lege Wert darauf, den General vor dessen Ausscheiden noch einmal persönlich zu sehen, am besten bei ihm zu Hause zum Abendessen. Abschied mit Handschlag. Kießling glaubte, eine Vereinbarung getroffen zu haben, die seine Unschuld erweisen werde. Doch auf Anweisung von Staatssekretär Joachim Hiehle lief die Sicherheitsüberprüfung des MAD gegen den General weiter, und nicht einmal drei Monate später, am 13. Dezember, suchte dieser Staatssekretär Kießling im Münchner Bundeswehrkrankenhaus auf. Er eröffnete ihm, der Minister habe sich nun doch entschlossen, dem Bundespräsidenten vorzuschlagen, Kießling schon zum 31. Dezember 83 in den einstweiligen Ruhestand zu versetzen. Denn Kießlings homosexuelle Beziehungen seien durch den MAD zweifelsfrei erhärtet.

Kießling: „Das ganze ist doch eine Verleumdung."

Hiehle: „Ich ersuche Sie nicht von einer Verleumdung zu sprechen. Das ist durch den Bericht des Landeskriminalamtes erwiesen!"

Kießling beantragte gegen sich selbst ein Disziplinarverfahren. Einen Tag vor Heiligabend nahm er aus der Hand des Staatssekretärs auf der Hardthöhe seine Entlassungsurkunde entgegen. Minister Wörner war nicht einmal erschienen. Vom Großen Zapfenstreich redete ohnehin niemand mehr.

Nun, zwölf Tage später, am 4. Januar 1984, saß der Geschaßte in meinem Büro. Ein neuer Fall Fritsch saß auf meinem Sofa. Generaloberst Freiherr von Fritsch war im Februar 1938 von Hitler als

Oberbefehlshaber des Heeres entlassen worden – wegen angeblicher homosexueller Verfehlungen. Die Vorwürfe basierten auf Aussagen eines mehrfach vorbestraften homosexuellen Erpressers gegenüber der Gestapo. Hitler ordnete daraufhin eine Gegenüberstellung in der Reichskanzlei in seiner Gegenwart an. Mit dem Satz „Das ist er“ besiegelte der Erpresser das Schicksal von Fritsch. Hitler glaubte dem Wort eines Lumpen mehr als dem Oberbefehlshaber seines Heeres. Erst ein Ehrengerichtsverfahren unter Göring ergab im März 1938 die Unschuld des Generals; von Fritsch wurde rehabilitiert – und fiel im nächsten Jahr in Polen.

Die Parallelen der Fälle Fritsch und Kießling waren bedrückend. Beide waren Generäle, beide waren zur Zeit der Krise 56 Jahre alt, beide waren Junggesellen, deren Wertvorstellungen von der soldatischen Männergemeinschaft geprägt worden waren, in der sie lebten und die sie schätzten. Beide gaben ihren Vorgesetzten vergebens ihr Ehrenwort; Hitler und Wörner glaubten eher Zeugen aus dem homosexuellen Milieu. Das Beispiel Fritsch bewahrte Kießling zwar davor, sich Wörners Zeugen gegenüberstellen zu lassen. Aber würde ihm gelingen, was dem Freiherrn von Fritsch gelang: Die Wiederherstellung seiner Ehre?

Was war zu tun? Was sollte ich meinem Besucher raten? Ich wußte nicht einmal, ob er homosexuell war oder nicht. Aber ich hielt ihn für einen anständigen und tapferen Offizier. Ich warnte ihn vor dem, was ihm bei einer öffentlichen Auseinandersetzung bevorstand. Jeder Stein, über den er einmal gelaufen sei, werde umgedreht werden, jedes Bett, in dem er einmal geschlafen habe, werde von Schnüfflern untersucht werden. Wenn er je einem Rekruten ans Knie gefaßt haben sollte, würde es Schlagzeilen machen. Wenn er sich je etwas zuschulden habe kommen lassen, würde es ans Licht gezerrt werden, von den Politikern breitgetreten, von den Medien breitgeschmiert. Doch falls er das alles nicht zu fürchten habe, stünde „WELT am SONNTAG“ an seiner Seite.

Der General entschied sich, für sein Recht zu kämpfen. Am nächsten Tag begann die Schlacht. Es kam schlimmer als ich prophezeit hatte. Im Fall Fritsch war die schmutzige Wäsche hinter verschlossenen Türen gewaschen worden, im Fall Kießling wurde, so schrieb der Theologe Helmut Thielicke, „ein Prominenter vor einem gaffenden Publikum öffentlich ausgezogen und gedemütigt". Die Zeugenaussagen aus dem „Café Wüsten" und dem „Tom Tom" über „Günter von der Bundeswehr", die niemals vom „Landeskriminalamt erwiesen" worden waren, entpuppten sich als unbeweisbares Gerede. Aber je zweifelhafter die angeblichen Beweise wurden, um so verzweifelter suchten Verteidigungsminister Wörner und seine Mitarbeiter nach anderem belastenden Material. Warum schliefen General und Fahrer unter einem Dach? Ein Admiralarzt gab sich dazu her, zu erklären, Kießling habe ihm vor fünf Jahren im Bundeswehrkrankenhaus in Koblenz im Bademantel gegenübergesessen und an sich selbst gespielt. Es war der Generalinspekteur, der diesen Hinweis in die Untersuchungen gegen Kießling einbrachte. Was immer diese widerliche Aussage belegen sollte – sie wurde millionenfach gedruckt. Preis der Demokratie? Und der Herausgeber einer Schweizer Homosexuellen-Zeitschrift, der in Aussicht stellte, Beweise für homosexuelle Beziehungen Kießlings zu liefern (was er nicht konnte), wurde auf Staatskosten Erster Klasse von Zürich nach Bonn eingeflogen und von Minister Wörner auf der Hardthöhe empfangen. Wie tief kann sich ein Minister bücken?

Strafanträge und Fernsehinterviews, Pressekonferenzen und Parlamentsdebatten, der Kanzler war gefordert, ein Untersuchungsausschuß wurde eingesetzt – dieser Januar 1984 war für General Kießling ein Monat Qual. Er war ein Gezeichneter. Manche Kameraden enttäuschten ihn tief; manche Generäle dachten an ihre Karriere statt an den Anstand. Er dachte an Selbstmord.

Aber er siegte.

Kein Vorwurf gegen ihn hielt stand. Seine Unschuld wurde erklärt. Kanzler Kohl gab im Februar seine Rehabilitierung bekannt, Minister Wörner entschuldigte sich. Kießling wurde vom Bundespräsidenten empfangen und im März mit Großen Zapfenstreich verabschiedet. Triumph des Rechtsstaates? Schon zu Beginn der Affäre hatte Rudolf Augstein über Kießling geschrieben: „Sollte er rehabilitiert werden, so wäre das so, als wollte man dem Seeräuber Störtebeker den Kopf wieder auf den Rumpf setzen, nachdem man ihn zuvor abgehackt hatte."

War alles nur eine Verwechselung gewesen? Alles nichts als Schlamperei von Polizei und MAD? Dümmliche Arroganz der

Mächtigen? Oder war es eine Intrige? Sollten politische oder persönliche Rechnungen beglichen werden? Hatte jemand dem NATO-Oberbefehlshaber einen Gefallen erweisen wollen? Oder steckte ein östlicher Geheimdienst hinter allem? Es gibt bis heute nicht einmal Zwielicht im Dunkel. Fest steht inzwischen nur, wie die Affäre ins Rutschen geriet: Ein Ministerialrat des Ministeriums hatte in einem Personalgespräch mit einem Regierungsdirektor des Amtes für Sicherheit der Bundeswehr Gerüchte über angebliche homosexuelle Neigungen Kießlings erwähnt: Der General habe mit einem Oberst „Händchen gehalten", und Rogers gäbe ihm schon nicht mehr die Hand. Daraufhin leitete der Militärische Abschirmdienst (MAD) Ermittlungen ein. Auf einem retuschierten Foto wurde Kießling von einigen Personen im „Café Wüsten" und im „Tom Tom" gegenüber Kripo-Beamten als „Günter von der Bundeswehr" identifiziert, der im „Tom Tom" Kontakt zu Strichjungen aufgenommen habe. Das wurde dem Minister vom MAD präsentiert. Das war alles. Das war's, was zur Entlassung reichte. Das war's, was die Lawine auslöste.

Nach der Wiedervereinigung wurde 1991 ein Armee-Oberst, der zu Beginn der Krise als Amtschef des MAD amtiert hatte, als angeblicher Stasi-Agent verdächtigt. War er der Joker im Spiel gewesen? Er kann keine Antwort mehr geben; er starb 1988. Staatssekretär Hiehle, dem der MAD unterstand, ging vorzeitig in Pension. Minister Wörner wurde NATO-Generalsekretär. Und General Kießling schreibt militärpolitische Bücher im Ruhestand in Rendsburg. Er trägt, was man ihm angetan hat, wie ein Soldat. Wir sehen einander von Zeit zu Zeit. Zu meinem 60. Geburtstag dankte er mir „für Ihre Hilfe, die Sie mir an diesem Tag vor genau drei Jahren gewährt haben". Es war nicht viel gewesen. In Wirklichkeit habe ich Grund zur Dankbarkeit, diesem Offizier begegnet zu sein.

25. Kapitel

GUNTER SACHS

„Nie ein Knopf ohne Knopfloch“

Wenn Gunter Sachs 1990 etwas zugestoßen wäre, hätte jeder seiner Söhne sechsmal soviel geerbt, wie er selbst 1958 aus dem Nachlaß seines Vaters erhielt. Da er drei Söhne hat, bedeutet das: In 32 Jahren wurde der Besitz von ihm verachtzehnfacht.

Nicht schlecht für einen Playboy? Ich kenne keinen Mann, bei dem Schein und Sein einander so siriusfern sind wie bei Gunter Sachs. Der große Verführer ist seit über zwanzig Jahren mit der gleichen Frau verheiratet. Der vermeintliche Verschwender mehrt das Familienvermögen noch länger. Der Paradiesvogel der Regenbogenpresse sitzt im internationalen Beirat des Salk-Instituts, neben der Rockefeller-Universität und dem Pasteur-Institut eines der wichtigsten Zentren der Grundlagenforschung der Welt. Und morgens um 7.30 Uhr setzt er auf dem Weg ins Büro seinen jüngsten Sohn in der Schule ab, mein Patenkind.

Den weißhaarigen Sachs stört die Diskrepanz zwischen Image und Wirklichkeit wenig. „Wie Uwe Seeler für die Leute Fußballer blieb“, sagt er, „so blieb ich Playboy. Ich bin eine Art ‚Nessie‘ für Gesellschaftskolumnisten. Wie das Monster aus dem Loch Ness tauche ich immer zur Saure-Gurken-Zeit auf. Man sieht mich auf Fotos mehr im Frack oder Golfdress als in meiner täglichen Büro oder Photographen-Kluft. Ich habe mich daran gewöhnt, und vielleicht würde es mich stören, wenn's nimmer so wär'. Wer weiß.“

Das Original ist fesselnder als das Abziehbild. Ich hatte in den letzten 30 Jahren das Vergnügen, in den meisten seiner Häuser zu wohnen (in elf oder so, auf alle Fälle in dreien mit Wasserfall). Ich bin mit ihm auf drei Meeren gekreuzt, den Nil hinunter, durch den Göta-Kanal und im Ballon über die Alpen gefahren. Und noch immer entdecke ich unerwartete Züge in ihm. Gunter Sachs ist ein vielschichtiger Mann, ein Ästhet, der Königsberger Klopse liebt. Er ist Menschenkenner und blieb dennoch Menschenfreund, so wie er Mathematiker ist und dennoch eine Schwäche für das Roulette hat. Absurde Situationen zieht er an wie Honig die Bären. Auf gute Manieren legt er noch mehr Wert als auf einen guten Koch. Dummheit macht ihn nervös, Naivität rührt ihn an. Er hilft und schenkt mit vollen Händen, aber er hat nicht vergessen, was ihn seine Mutter lehrte: „Gutmütigkeit ist ein Stück der Liederlichkeit." Er ist kühn und kühl, aufbrausend und abwägend zugleich, Patriarch und Playboy, Künstler und Kaufmann in einem. Er sucht die Harmonie und scheut keinen Kampf. Sein Wort wiegt schwerer als sein Gold. Und seine Erlebnisfähigkeit, in Freude und Schmerz, in Liebe und Leid, macht ihn zu einem reichen „reichen Mann".

Der Skorpion des Jahres 1932 wurde auf Schloß Mainberg geboren. Er ist Sproß von zwei Industrie-Dynastien. Seine Mutter, Elinor von Opel, ist die Enkelin des Adam Opel. Sein Vater, Willy Sachs, war der Sohn des Freilauferfinders und Alleininhaber von Fichtel & Sachs in Schweinfurt. Nach Trennung der Eltern wuchs Gunter bei seiner Mutter im eidgenössischen Lenzerheide auf. Mit 16 war er ein stattlicher junger Mann mit verheerenden Noten in Latein. In den Sommerferien, in denen die Mutter mit Bruder Ernst Wilhelm verreiste, erhielt er darum zu Hause Nachhilfeunterricht von Fräulein Pfefferli. Dabei geschah es, daß sie ihrem Schüler etwas noch Wichtigeres beibrachte als den Ablativus absolutus. Für den Rest der Ferien dominierte das Leben über die tote Sprache. Doch jeder Aufenthalt im Paradies ist befristet. Die Familie kehrte zurück. Schon im Flur fragte die Mutter nach den Latein-Fortschritten ihres Sohnes. „Wir sind nicht weit gekommen", wisperte Fräulein Pfefferli: „Gunti ist eben leider sehr, sehr faul." Liebe und Verrat in Lenzerheide: Casanova hätte keine symbolträchtigere Premiere erleben können. Dennoch wurde auch Gunter nicht gerade Frauenfeind.

Nach Internaten in St. Gallen und Zuorz studierte Gunter Sachs Mathematik in Lausanne. Dort wurden emigrierte Prinzen aus dem Zarenreich „die Helden meiner Jugend": „Sie waren zwar zwei Generationen älter, aber jünger als wir. Niemals sprachen sie über

Geld. Niemand wußte, wer von ihnen reich war und wem die Revolution alles genommen hatte – niemand, ob ein Toter versehentlich von der Ballustrade des Hotel de Paris gekippt war oder ob er nach einem verhängnisvollen Lauf der Roulette-Kugel seinem Leben selbst ein Ende gesetzt hatte. Prinzen vom Scheitel bis zum Tode."

1955 heiratete er, noch nicht einmal 23 Jahre alt, Anne-Marie Faure, eine Französin aus Algier. Sie schenkte ihm seinen ersten Sohn Rolf. Doch schon drei Jahre nach der Hochzeit starb sie an einem Narkoseunfall bei einer harmlosen Operation. Im gleichen Jahr erschoß sich Vater Willy Sachs in seinem Jagdhaus auf der Rechenau; seit einer zweijährigen Lagerhaft unter der US-Besatzungsmacht hatte er an Depressionen gelitten. Gunter schloß sich nun eng an die schöne Brigitte Laaff an. Da erkrankte auch sie: Krebs am Rückgrat. Eine Monate währende Odyssee durch die besten Kliniken der westlichen Welt begann. In Amerika wurde der Tumor erst bestrahlt, dann mit Senfgas vergiftet. Wenn er sich innerhalb von 18 Tagen nicht wieder melden sollte, sei der Krebs besiegt, sagten die Doktoren. Am Abend des 18. Tages wollten Gunter Sachs und Brigitte Laaff feiern. Beim Anziehen zuckte sie zusammen. Der Schmerz war wieder da.

In Lausanne drängte ein Halbgott in Weiß zur Operation. Einen Tag vorher erfuhr Gunter, daß Brigitte Laaff nach dem Eingriff von der Hüfte abwärts zwangsläufig gelähmt sein würde. Deshalb lehnte er ihn ab. Der Arzt mochte jedoch auf die lukrative Operation ungern verzichten. Da Gunter kein Verwandter sei, habe er kein Recht sich einzumischen, wies er ihn hochmütig zurecht. Er werde morgen kommen und die Patientin holen lassen. Der junge Sachs, als guter Schütze bekannt, verwies auf seine Winchester. Der Professor blieb fern.

Neue quälende Untersuchungen, neue Hospitäler, neue Enttäuschungen. Alle Röntgen-Bilder und Schicht-Aufnahmen ergaben das gleiche Resultat: Der Krebs war nicht operabel. Die Schmerzen wurden immer unerträglicher. Brigitte Laaff erhielt bis zu 32 Morphium-Spritzen am Tag. Schließlich riet New Yorks renommiertester Krebsspezialist brieflich: „Bringen Sie das arme Mädchen heim und lassen Sie sie in Frieden sterben."

Gunter Sachs, der alle fatalen Prognosen für sich behalten mußte und nie an Brigitte Laaff weitergegeben hatte, brachte sie nun heim auf die Rechenau. Sein Hausarzt nannte noch einen letzten Namen: Professor Linder von der Universitätsklinik Heidelberg. Aber die Kranke wollte keinen Doktor mehr sehen. Da stellte Gunter den Spezialisten als einen Freund vor, der zufällig vorbeigekommen sei. Der Professor scherzte und tastete den Tumor von außen ab. Nach der Untersuchung zog er Gunter ans Fenster. Röntgen- und Schichtaufnahmen zeigten manchmal bei einem so besonders schmal gebauten Mädchen ein verzerrtes Bild, nahm er die Zunft und die moderne Medizin in Schutz. Dann fügte er hinzu: „Es ist operabel.“ Er operierte. Und Brigitte Laaff wurde gerettet. Sie wanderte nach Kalifornien aus, wo sie heute noch lebt. Gunter Sachs entzündete eine Kerze in Lourdes.

Er zog nach Paris. Dort waren es eine Frau und ein Mann, die er bewunderte: Coco Chanel und Porfirio Rubirosa. Mit der legendären Modeschöpferin, deren Leben nach ihrem Tode als Vorlage für über ein Dutzend Bücher diente, nahm er jahrelang fast täglich den Lunch. „Coco“, so erinnert er sich, „legte großen Wert darauf, daß sie mit Mademoiselle angesprochen wurde. Sie aß stets in ihrem Boudoir in ‚Chanel‘ und wohnte 20 Jahre im vis-à-vis gelegenen ‚Ritz‘. Sie ging nie aus und war dennoch die große alte Dame von Paris.“ Unnützen Zierrat tadelte sie mit dem Satz: „Nie ein Knopf ohne Knopfloch.“ Den richtigen Sinn für Proportionen erläuterte sie Gunter an einer marmornen Scheuerleiste: Die war im Petersdom einen halben Meter hoch.

Profirio Rubirosa lehrte den Deutschen das Leben als Spiel mit Stil. Gunter war nicht der einzige, der das Format des Freundes sah, den die Welt für einen oberflächlichen Playboy hielt. „Nur die Menschen, die Ihren Mann gekannt haben, können ihn beurteilen“, schrieb Englands Prinzgemahl Philip nach Rubirosas Unfall-Tod an die Witwe Odile: „Ihr Mann war ein hervorragender Mensch.“

Die wilden Jahre zwischen St. Moritz und St. Tropez, zwischen Cresta-Run und Tahiti-Plage hatten begonnen. Gunter Sachs wurde als Nachfolger Rubirosas zum Playboy von zwei Kontinenten, feierte mit den Kennedys, flirtete mit Soraya und entführte

1966 Frankreichs schöne Helena zum Altar: Brigitte Bardot. Die Ehe dauerte drei Jahre.

Trotz aller Kapriolen vernachlässigte Gunter Sachs nie das Familien-Vermögen, kümmerte sich um die Firma, kontrollierte die Finanz-Anlagen. Nebenher drehte er sieben Dokumentarfilme, die sieben Prädikate und zwei erste Festival-Preise gewannen. Er errang internationalen Ruhm als Fotograf. Er machte Mode, baute eine Kette von 200 Micmac-Boutiquen auf und verkaufte sie dann an Japaner. Er begann moderne Kunst zu sammeln, gründete das Modern Art Museum in München und besitzt heute einige der wichtigsten Bilder des Jahrhunderts, die er für einen Bruchteil ihres derzeitigen Wertes gekauft hat.

Junge amerikanische Pop-Art-Künstler gestalteten in den 60er Jahren seine Wohnung im Turm des „Palace-Hotel" von St. Moritz. Helikopter des Schweizer Militärs flogen die überdimensionalen Werke als „Spezialübung" aufs Hoteldach. Fortan badete Gunter im Turm in einer Wanne von Roy Lichtenstein mit Ausblick auf Andy Warhols Supermann.

Eines Morgens rief Salvadore Dali in Gunters Appartement in der Pariser Avenue Foch an: „Gunter, ich habe ein Triptychon für Sie geschaffen. Kommen Sie um 5 Uhr ins ‚Meurice'." Dalis Triptychon, das Gunter im „Hotel Meurice" erwartete, erstreckte sich durch drei gold- und stuckverzierte Säle der ehrwürdigen Nobelherberge. Im ersten Saal fand ein echter Cocktail statt mit Künstlern und Galeristen, Mädchen und Mäzenen, Salonlöwen und Schickeria-Schönheiten. Dann eskortierte die spanische Condesa, die ihm Dali als Begleiterin zugewiesen hatte, Gunter durch eine Doppeltür in den zweiten Teil des Triptychons: ein Saal voll mit nackten kopulierenden Paaren. Sie arbeiteten in allen erdenklichen Stellungen auf dem Teppich, auf den Tischen, auf den mit Damast bezogenen Sofas. Wieder eine Doppeltür, wieder ein neuer Raum, der letzte Teil des Triptychons: Ein Salon, in dem Dalis Ehefrau Gala mit einem britischen Oberst und dessen Gattin ihren Tee nahm und – die zerbrechliche Tasse in der zarten Hand nur durch eine Wand von der Orgie getrennt – geziert übers Wetter plauderte. „Manchmal fragen mich Leute, auf welchem Gebiet ich denn eigentlich ein Genie sei", schrieb Dali in jenem Jahr des Triptychons: „Sicherlich in der Malerei – in der Hauptsache aber auf dem Gebiet der kreativen Intuition."

Um einen Freund von der Sinnlosigkeit der Astrologie zu überzeugen, ließ Gunter Sachs einen Sterndeuter in Rom damals die Daten von drei nur ihm bekannten Menschen übermitteln. Der Astrologe sollte ihre Charaktere beschreiben. Das Ergebnis war von verblüffender Treffsicherheit. Seither vergleicht Gunter gern Horoskope und Charaktere: „Die Gene sind unsere physischen Voraussetzungen und Grundstrukturen. Astronomische Konstellationen bestimmen unseren Charakter und unsere Neigungen. Die Erziehung ist der Lack obendrauf. Wie der Mann einen Pfirsich zu Hause ißt, entspricht seinem Wesen; seine Eßmanieren im Restaurant spiegeln seine Erziehung." Davon läßt er sich nicht abbringen.

1975 wollten Gunter und sein älterer Bruder Ernst Wilhelm 74,99 Prozent ihrer Firma „Fichtel & Sachs" in Schweinfurt an den britischen Maschinenbaukonzern GKN verkaufen. Da warnte der Astrologe aus Rom, „ein Mann aus Schweinfurt" werde das Geschäft stören, aber Gunter solle sich darüber keine Sorgen machen; am Ende werde er besser dastehen, als er sich jetzt vorstelle. „Ich weiß, du lachst", sagte mir Gunter damals, „aber ich bin in Gedanken alle Mitglieder von Vorstand und Aufsichtsrat durchgegangen. Ich kann niemanden in Schweinfurt entdecken, der mir in die Quere kommen könnte." Das Vertragswerk über den Verkauf wurde denn auch im Januar 1976 in London unterzeichnet. Jetzt mußte nur noch das Kartellamt in Berlin zustimmen. Der Sachs-Anwalt wies in der mündlichen Verhandlung auf die Bedeutung des Unternehmens für die Stadt hin. „Das brauchen Sie mir nicht zu sagen", warf der zuständige Referatsleiter des Kartellamtes ein, „ich bin schließlich unter den Schloten von Schweinfurt aufgewachsen." Da war er, „der Mann aus Schweinfurt". Und er verhinderte den Verkauf in der geplanten Form. Doch nicht genug damit: Später veräußerte Gunter Sachs Anteile, die er nicht an GKN verkaufen durfte, hochgerechnet für 75 Millionen Mark mehr, an die bundeseigene Salzgitter AG und stand „besser da", als er gedacht hatte. „Zufall ist nicht ausgeschlossen", sagt der Mathematiker Sachs dazu lakonisch.

Ich bin geneigt zu glauben, daß kaum ein lebender Zweibeiner so viele so interessante Artgenossen so intensiv kennengelernt hat wie Gunter Sachs, von Karajan bis Charles de Gaulle, Könige und Kneipenwirte, Nobelpreisträger und Rennfahrer. Seine Gefährten stammen aus allen Lagern. Ich begegnete bei ihm Fiats Agnelli, dem Sportsmann Günter Netzer und dem Maler Ernst Fuchs, der Gunter partout überreden wollte, „eine kleine Kapelle" zu bauen – von 64 Meter Höhe: Acht Kuben hintereinander, jede doppelt so hoch wie die Vorhergehende. Durch Gunter traf ich Thomas und Thea Gottschalk, und Prinz Constantin von Liechtenstein, der mich mit unnachahmlichem Takt auf einen Fehler aufmerksam machte, der mir in einem Wallenstein-Beitrag unterlaufen war: „Du wirst entschuldigen, es ist halt ein Verwandter."

Der Königsgriff des Gunter Sachs war seine schwedische Frau Mirja Larsson. In ihr fand er „die Elfe, nach der ich seit meiner Kindheit suchte" (mit zweitem Namen heißt sie Anne-Marie, wie seine ersten beiden Frauen). Lange bevor sie geboren wurde, hatte der deutsche Philosoph Graf Hermann Keyserling über ihre Landsleute geschrieben: „Sie sind neidlos, ressentimentfrei, zurückhaltend und offen zugleich ... Schwedinnen heimzuführen empfehle ich principiell ... Sie sind gesund, stark, schön, seelisch sowohl als körperlich." Genau so ist Mirja Sachs. Sie bedeutete für ihren Mann vom ersten Augenblick Glück und Geborgenheit; ihren zwei Söhnen ist sie eine wundervolle Mutter. 1,3 Millionen Mark, die Gunter mit seinem letzten Foto-Band „T'" einnahm, stiftete er einem Hilfswerk Mirjas für notleidende Kinder.

Im April 1977 starb Gunters Bruder Ernst Wilhelm Sachs beim Skilaufen in einer Lawine. „Bild" berichtete darüber unter der Überschrift „Playboy Sachs – verspielt bis in den Tod". In einem „Offenen Brief an Axel Caesar Springer", den er als Anzeige veröffentlichen ließ, antwortete Gunter Sachs: „Sehr geehrter Herr Springer. ... Über den Tod meines Bruders berichtete Ihr ‚Bild':

o ‚Der Tote im Schnee ist an seinem Reichtum erstickt.'

o ‚Sein Leben und Sterben war wirklich nur eine Frage des Kontos.'

o ‚Er war kleiner als Gunter, hatte nicht dessen große Nase, dessen behaarte Brust und was sonst noch an ihm groß sein soll.'

Herr Springer, wir sind uns selten begegnet. Ich möchte Sie nie mehr wiedersehen. Gunter Sachs."

Axel Springer war im vorangegangenen Jahrzehnt Schlimmeres widerfahren. Er wurde von Terroristen und Brandstiftern verfolgt, Neid und Haß schlugen ihm entgegen. Er war der Buhmann der Nation geworden und hatte gelernt, damit zu leben. „Die Hunde bellen, die Karawane zieht weiter", sagte er. Nun bellte auch noch ein Sachs. Na und? Aber da war ein Unterschied. Etwas war anders. Daß Minister und Parteifunktionäre ihn anfeindeten, daß Intellektuelle und Randalierer gegen ihn gifteten, daran hatte Axel Springer sich gewöhnt. In einem Brief über den SPD-Kanzler Helmut Schmidt hatte er mir geschrieben: „Wir sind Schreibtischtäter, Hugenbergianer, Faschisten und anderes mehr, so jedenfalls meinen einige seiner Parteigenossen. Ich habe mich merkwürdigerweise über diese Dinge nie erregt. Das liegt wohl an dem Wissen darüber, daß Portiers grundsätzlich klobiger sind." Aber Gunter Sachs war kein Portier. Da lag das Problem. Er war ein wohlhabender Großbürger wie der Verleger, und es ging nicht um Politik, sondern um Anstand. „Ich fürchte, wir haben gefehlt", sagte Axel Springer zu mir. Doch da war nun nichts mehr zu machen.

Sieben Jahre später, im Juni 1984, kreuzten Familie und Freunde von Gunter Sachs auf der „Alpega" in der Ägäis. Selbst dem Schiffsmakler, durch den Gunter die Yacht gechartert hatte, war der Preis hoch erschienen, aber, so beteuerte er, auch der Eigner zahlte drauf. Der Klient wunderte sich: „Ich zahle kräftig. Er behält nichts nach. Wer verdient denn dann."

Der Makler breitete die Arme aus: „Das Meer, Monsieur, das Meer."

Wir liefen Mykonos und Santorini an und besuchten auf seiner Kykladeninsel Spetsopoula Stavros Niarchos, ein erfolgreicher griechischer Reeder, zu dessen Ehefrauen außer der Tochter von Henry Ford auch zwei Töchter seines Landsmannes und Berufskollegen Livanos gehört hatten. Eugenia, die Ältere von beiden, war 1970 auf Spetsopoula im Alter von 43 Jahren unter mysteriösen Umständen gestorben; ein Verfahren gegen ihren Mann wegen versuchten Totschlags wurde eingestellt. Und schon im nächsten Jahr heiratete er die Schwester der Toten, Tina, die vorher dem Reeder Onassis angetraut gewesen war. Nur drei Jahre danach starb auch sie früh und unerwartet, laut Totenschein an einem

Lungenödem. Ich muß sagen, ich sah der Begegnung mit dem überlebenden Gatten dieser modernen Griechen-Tragödie mit einer gewissen Neugier entgegen. Doch die vor seiner Insel ankernde Yacht des Seefahrers machte dann auf mich einen ungleich tieferen Eindruck, als der mürrische alte Mann, der lustlos sein Brot mümmelte.

An einem Freitag legten wir in Patmos an. Auf dem nur 40 Quadratkilometer großen Felseneiland der Südlichen Sporaden, auf dem mein Verleger sein letztes und kleinstes Haus gebaut hatte, war nach der christlichen Überlieferung dem Evangelisten Johannes Gott erschienen. In zwei Taxis machten wir uns auf den Weg in die Berge zum Johanneskloster aus dem 11. Jahrhundert und zu der Höhle, in der der Apostel seine „Geheime Offenbarung" niedergeschrieben hatte. Auf halbem Weg stoppte unser Führungs-Taxi, der einzige Mercedes der Insel, an einem hübschen Aussichtspunkt. Wir nahmen an, wir sollten die Gegend bewundern und stiegen aus. Da brauste von hinten ein Mini heran und hielt. „Hallo, Claus Jacobi", rief eine mir vertraute Stimme. Axel Springer und seine Frau Friede kletterten lachend aus dem Kleinwagen. Sie reichten dem überraschten Sachs-Ehepaar die Hände. „Ich bin froh, Sie und Ihre Familie hier zu sehen", sagte Axel Springer zu Gunter Sachs. Dann lud er uns alle für den nächsten Vormittag zu einem Glas Champagner ein und sauste weiter („Wir sind schon zu spät") zu einer Verabredung beim Bürgermeister.

Ich bin sicher, daß Axel Springer jeden Moment des zufälligen Zusammentreffens am Aussichtsplatz geplant hatte, denn er glaubte zwar an den lieben Gott, überließ aber irdische Angelegenheiten ungern dem Zufall. Er mußte von unserer Ankunft erfahren haben, denn der damals von Attentätern gejagte Verleger wurde über jedes Schiff informiert, das den Hafen anlief, und der einzige Insel-Mercedes, den wir nach dem Festmachen geheuert hatten, war von ihm gestiftet worden; der Fahrer stand in Funkverbindung zu seinem Haus. Auch die Stätte der Begegnung war wohl gewählt: Nicht das Springer-Haus, nicht das Sachs-Schiff, sondern ein neutrales Territorium, auf dem sich niemand etwas vergeben konnte. Und die Einladung für den nächsten Tag gab Gelegenheit zu überdenken, ob man die so eingeleitete Versöhnung nach sieben Jahren besiegeln wollte oder nicht. Gunter Sachs wollte. Keine anderthalb Jahre später rief er mich in der Nacht an. Er hatte soeben die Nachricht vom Tod Axel Springers gehört. „Ich bin froh über Patmos", sagte er nur und hängte ein.

26. Kapitel

AXEL SPRINGER

„Tun wir genug?"

Auch ich dachte an Patmos, als ich im Herbst 1985 von dem Tod Axel Springers erfuhr, dachte an jenen strahlenden Juni-Vormittag auf der Insel des Johannes, als wir auf das Meer und die biblische Landschaft blickten. Wir hatten über Freunde und Feinde gesprochen, über den Unfalltod von Marianne Strauß in der vorangegangenen Nacht und über die Medien. Da sagte Axel Springer unvermittelt zu mir: „Ich sterbe noch als Pressefeind." 15 Monate später stand sein Herz still. War Deutschlands einziger wirklicher Presselord wirklich als Pressefeind gestorben?

Ich kannte ihn seit Anfang der fünfziger Jahre, trat Anfang der siebziger Jahre in sein Haus ein und habe 18 Jahre für ihn und seinen Verlag gearbeitet. Von allen deutschen Medien-Mogulen war er der bedeutendste, von allen ihren Lebensbögen stieg seiner am höchsten: Er hatte als Jüngling die Freuden des Daseins genossen, als Mann Macht und Reichtum erobert, im Alter Frieden in Gott gefunden. Er schuf das größte Zeitungshaus Europas, stellte seine Kraft in den Dienst der deutsch-jüdischen Versöhnung und wurde zum Propheten der Wiedervereinigung. Sein Gespür für Geschichte, Geschäfte und Gefühle war gleichermaßen ausgeprägt, teils im Grenzbereich des Genialen.

Im Buch „Über den christlichen Gentleman" steht das Gleichnis: Ein Parvenue sei leicht zufriedenzustellen, aber es sei schwer ihm zu dienen. Ein Gentleman sei schwer zufriedenzustellen, aber es sei leicht ihm zu dienen. Ein solcher Mann war Axel Springer – mit allen seinen Fehlern.

Schon bald begegnete ich einer seiner Fähigkeiten, ohne die sein Aufstieg und sein Lebenswerk kaum möglich gewesen wäre: Seine fast feminine Sensibilität für das, was andere Leute dachten, empfanden oder begehrten, sei es der Einzelne oder seien es Millionen. Ich suchte ihn damals unter einem Vorwand auf, um eine unangenehme Personalangelegenheit zu besprechen. Kaum hatte ich mich gesetzt und angefangen von meinem Vorwand zu reden, als er mich freundlich unterbrach: „Und nun sagen Sie mir, Claus Jacobi, was Sie wirklich auf dem Herzen haben." Sein Gespür für andere Menschen machte Axel Springer anderen Menschen überlegen. Es ließ ihn verschüttetes Talent erkennen, einen Feind wittern, Zeitströmungen ausmachen. Er las Frauen ihre Wünsche von schweigenden Lippen ab, spürte, was Männer im Schilde führten, wenn sie sein Zimmer betraten, ahnte, was die Masse wollte, bevor sie es selbst wußte.

Zwölf Jahre später, als wir miteinander vertrauter waren, sprachen wir am Telefon über einen Hamburger Verleger, der jahrelang auf allen linken und liberalen Hochzeiten getanzt hatte und nun wieder Kommentare aus bürgerlich-konservativer Sicht verfaßte. „Im Alter werden die Huren fromm", meinte Axel Springer. Ich lachte, weil es saß – aber auch, weil es aus dem Mund eines Mannes kam, der wie Franz von Assisi nach lebenslustiger Jugend religiös geworden war. Das genügte, um meinen Gesprächspartner am anderen Ende der Leitung in Berlin meine Gedanken entziffern zu lassen. „So laut brauchen Sie nun auch wieder nicht zu lachen", klang es aus dem Draht.

Er war ein Magier in der Menschenbehandlung von ungewöhnlichem Herzenstakt. Mitte der siebziger Jahre hatte ich mir ein Haus in Kampen gekauft, so klein, daß es voll war, wenn die Sonne hineinschien. Dennoch kam er mit Frau Friede und Sohn Axel an einem eisigen Wintertag, um es sich anzusehen und mir eine Freude zu machen. Als er auf der Couch saß, ging es mir durch den Kopf, wie schwer es für ihn sein müßte, irgendein Wort über unsere Immobilie zu verlieren. Denn „das schönste Haus, das ich je gesehen habe" hätte aus dem Mund eines Schloßbesitzers nicht sehr überzeugend geklungen, und der Ausspruch „bescheiden aber gemütlich" hätte mich kränken können. Für Axel Springer war es kein Problem. Er streckte seine langen Beine vor den Kamin, sah aufs Watt, hob sein Glas und sagte: „Schöner muß der Mensch nicht wohnen." Als die Familie über vereiste Stufen wieder von dannen rutschte, kam sie an dem Prunkstück meines Nachbarn vorbei. Der erfolgreiche Gebrauchtwagenhändler aus Berlin hatte sich neben dem Eingang seines Mallorca-Palastes die Replika eines achtarmigen Kandelabers vom Charlottenburger Schloß errichten lassen. Sie störte meinen Blick nicht sehr, aber sie störte.

„Kauf sie ihm ab", sagte Vater Axel zu Axel jr. im Vorbeigehen.

„Und was soll ich mit dem Monstrum machen?" fragte der Sohn.

„Erster Preis in einem Preisausschreiben der ‚Berliner Morgenpost'."

Und so geschah es.

Ein kontinuierlicher Strom seiner schriftlicher Mitteilungen ging auf mich als einem seiner Redakteure nieder: Briefe, Anweisungen und Anregungen, Briefe, Bitten und Botschaften, Briefe, Notizen und Kopien. „Seine Briefe sind das Schlimmste", hatte Herbert Wehner einmal geseufzt. Briefe, so meinen andere, seien Fenster zur Seele. Einige lassen sich öffnen:

Berlin, 16. Februar 1976:
Ich glaube unser Haus sollte Anwalt der Ärzte sein ... Es gehört zu den grausamsten Dingen, Kranken jegliche Hoffnung zu nehmen, indem man den Arzt zu einem simplen Berufsmenschen wie jeden anderen abstempelt."

Berlin, 14. Juli 1976:
„Darf ich zum wiederholten Male daraufhinweisen, daß Berichte über Zwischenfälle an der Zonengrenze, und seien es nur Übertretungen oder Fluchtbewegungen, auf die erste Seite gehören."

Hamburg, 17. Juli 1976:
„‚Kann der Mensch 150 Jahre alt werden?' – es muß ja nicht unbedingt Herbert Wehner sein – aber das Thema reißt die Leser doch vom Schlitten."

Berlin, 15. August 1978:
„Am 20. August 1968 besuchte mich Helmut Schmidt mit Frau im Klenderhof auf Sylt ... Meine Befürchtungen (über die Lage

in der Tschechoslowakei, C. J.), die Russen würden ... wenn nichts anderes hilft, wie zwölf Jahre vorher in Budapest in Prag einmarschieren, wischte Schmidt mit einer lässigen Handbewegung vom Tisch. ‚Ohne ihr Gesicht zu verlieren, können sie das nicht wagen', sagte er und meinte, die Entwicklungen in der Tschechoslowakei zeigten auch, wie falsch unsere Blätter mit ihrem ‚sturen Anti-Kommunismus und Anti-Sowjetismus' liegen. Ich wiederholte: ‚Die werden in Prag einmarschieren.' Darauf er laut lachend: ‚Niemals'. Die Dämmerung kam, und der Hubschrauber brachte die Schmidts zum Brahmsee zurück. Ein paar Stunden später, gegen 22 Uhr, rief mich Christian Kracht an: ‚Die Russen rücken in Prag ein.' Ein Traum, den nicht nur Schmidt geträumt hatte, war wie eine Seifenblase geplatzt."

Oslo, 24. August 1978:
„Aus einer norwegischen Zeitschrift schicke ich Ihnen ein Beispiel für Mode, wie ich sie mir in der ‚WamS' vorstelle. Fragen Sie einmal Ihre Frau?"

Berlin, 4. September 1978:
„Im Libanon werden die Christen gemordet. Der Westen tut nichts. Der Papst schweigt. Die Juden helfen. Tun wir genug?"

Berlin, 4. Januar 1979:
„Mir wird speiübel bei der Feststellung, wie das vermeintlich reich gewordene Deutschland sich nur gequält um seine ehemalige Hauptstadt kümmert."

Schierensee, 22. März 1979:
„Heute morgen war ich auf Ehmkendorf, unserem Nachbargut. Am 11. Mai werden es 100 Jahre her sein, daß Matthias Claudius dort sein ‚Der Mond ist aufgegangen' schrieb."

Berlin, 21. April 1980:
„Die Höhe der Bezüge von Politikern ist ein beliebtes Thema. Neid wird schnell erregt. Wollen wir das eigentlich? Dürfen wir das? Pop-Sänger, Gurkenhändler, Industrie-Manager, Porno-

Produzenten, Top-Journalisten, Verleger und viele andere verdienen erheblich mehr als Senatoren, Minister und Abgeordnete. Das wäre – mit gebotener Behutsamkeit und Vorsicht – durchaus mal ein Thema: Wer verdient im Vergleich zu anderen und wofür?“

Patmos, 18. September 1980:
„Die Mandeln sind raus, der Kracht ist im Haus, dem A. S. macht's wieder Spaß, ohne sich in Druckerei-Großanlagen oder minus-machende Klein-Zeitschriften zu verlieben.“

Schierensee, 23. Oktober 1980:
„Es war in den 60er Jahren in Berlin. Zu den Gästen des amerikanischen Stadtkommandanten und vielen Generälen gehörten A. S. und der . . . Brandt. Ganz plötzlich umfaßte er mich mit seinen Armen und sagte: ‚So fest müssen wir sie halten und so los müssen wir sie lassen‘, womit ich von der unerbetenen Umarmung befreit war. Das war der Anfang – oder auch nur die Fortsetzung einer sozialistischen Jugend.“

Berlin, 28. Juni 1981:
„Ideelle Anstrengungen sind den materiellen meist nicht förderlich. Das gilt allerdings auch umgekehrt.“

Schierensee, 24. Juli 1981:
„Von Mary und Ernst hörte ich, daß Sie mit Ihrem Jungen im Schierensee angelten. Warum schließen Sie mich aus, der ich doch auch wieder reite? Mein Geburtsschein täuscht. Wäre ich Carter, würde ich sagen: reborn.“

Berlin, März 1982:
„Das Schlimmste sind für mich die Pfaffen, Kirchentagsorganisatoren und der Vatikan-Außenminister Casaroli, der seit 34 Jahren Israel die Anerkennung verweigert, aber die Muslims für feine Leute hält.“

Berlin, 12. September 1982:
„Es ist sehr billig für Freiheit im fernen Chile zu demonstrieren und die Sklaverei vor der eigenen Haustür zu vergessen."

Schierensee, 30. Dezember 1982:
„Nach Amtsantritt besuchte mich (Hamburgs Bürgermeister, C. J.) Dohnanyi und sagte u.a., Brandt sei für ihn der größte deutsche Politiker der Nachkriegszeit. Der Schierensee war zu weit weg, um mich in ihn zu stürzen."

Berlin, 4. August 1983:
„Die Deutschen haben 1939 den größten Krieg aller Zeiten angezettelt und ihn dann mit Pauken und Trompeten verloren. Nach 1945 waren unsere Landsleute, also auch wir selber, geradezu von japanischem Fleiß. Das Ergebnis kennen wir. Bis dann vor 13 Jahren Willy Brandt die Lebensqualität erhöhen, die Demokratie demokratisieren und den Frieden sicher machen wollte."

Berlin, 14. Januar 1985:
„Die (evangelische, C. J.) Kirche krankt daran, daß sie ... die Umformung der Botschaft Jesu durch geistliche Politologen und ideologische Quacksalber gestattet, daß sie es zuläßt, wenn sektiererische Minderheiten Jesus von Nazareth als Sohn Gottes verleugnen und unseren Herren zu einer bloßen historischen Figur irdischen Zuschnitts machen, zu einem politisch-moralischen Wanderprediger degradieren."

Berlin, 25. Februar 1985:
„Dürfen wir Waffen liefern an die Feinde Israels, sei es direkt, sei es auf Umwegen, etwa über Spanien und Ägypten. Die Antwort auf diese Fragen kann nur ein klares Nein sein."

Der Mann, der so dachte, sprach und schrieb, war im Mai 1912 im schleswig-holsteinischen Altona bei Hamburg geboren worden. Als „Preuße, wie er zu betonen pflegte. Sein Vater war der Druckerei-Besitzer Hinrich Springer, Verleger der „Altonaer Nachrichten",

Inhaber des kleinen Verlagshauses „Hammerich & Lesser" und Schatzmeister der „Demokratischen Partei" der Stadt.

Die prägende Kraft seiner Jugend war seine Mutter. Ottilie Springer verehrte Goethe, hielt herzlich wenig von Adolf Hitlers Nationalsozialisten und schrieb ihrem Sohn zur Konfirmation in das Gesangbuch: „Das Leben ist nichts als ein Weg, um etwas zu werden." Sein Konfirmationsspruch lautete: „Was hülfe es dem Menschen, so er die ganze Welt gewönne und nehme doch Schaden an seiner Seele."

Axel Springers Kinderstube war das gut belüftete Kinderzimmer eines liberalen Bürgerhauses. 1933 war er als 21jähriger fünf Monate Anwärter beim NSKK (Nationalsozialistisches Kraftfahrkorps), seine wohl engste Berührung mit dem Bösen unter dem Schnurrbart. Der Geist der neuen Zeit lag ihm fern. „Mein erster Anzugstraum war nicht eine Uniform ..., sondern ein Frack", erinnerte er sich, als das 1000jährige Reich versunken war. Am liebsten wäre er Opernsänger geworden. Richard Tauber war sein Idol. Statt dessen machte er eine Lehre als Setzer und Drucker und wurde 1937 stellvertretender Chefredakteur der „Altonaer Nachrichten" seines Vaters.

Ein Bauchspeicheldrüsen-Leiden bewahrte Axel Springer vor dem Militärdienst. 1943 sank das elterliche Haus an der Elbchaussee bei einem Luftangriff in Schutt und Asche. Die Familie übersiedelte in ihr Ferienhaus in der Lüneburger Heide; der Schafstall wurde Verlagsbüro. Und eines Tages, als alliierte Bomberverbände wieder einmal hoch über dem stillen Haus in Richtung Hamburg zogen, da – so schrieb Axel Springer es später auf –sagte er dort zu seinen Eltern, nach dem Krieg „werde ich das größte Zeitungshaus Europas bauen".

„Ottilie", meinte der Vater besorgt: „Der Junge ist verrückt geworden".

„Heino", antwortete die Mutter: „Bei ihm weiß man das nicht so genau."

Axel Springer baute das größte Zeitungshaus des Kontinents – mit „Hamburger Abendblatt" und „Berliner Morgenpost", „Bild", „Welt" und „Hör Zu", Druckereien, Sonntagszeitungen und Buchverlagen, Fernsehmagazinen und Frauenzeitschriften.

Axel Springers Aufstieg vollzog sich fast spielerisch. Als er nach der deutschen Kapitulation bei der britischen Besatzungsmacht um eine Presse-Lizenz nachgesucht hatte, da fragte ihn der von den Widerstands-Schilderungen vorangegangener Bewerber schon ermüdete Major Barnetson (später Lord Barnetson) skeptisch: „Und von wem wurden Sie verfolgt, Herr Springer." Mit untrüglichem Instinkt für die englische Liebe zum Understatement antwortete der Bewerber: „Eigentlich nur von den Frauen." Prompt erhielt er seine erste Lizenz. Jung und gutaussehend, von Frauen umschwärmt, wohlhabend, charmant und elegant schien ihm bald ein sorgloses Dasein beschert. Schönheit umgab ihn, Erfolg flog ihm zu. Melancholie und Heiterkeit umspielten ihn. Sein Geschmack war erlesen. Als Mäzen stiftete er Millionen. Der Gewerkschaftsführer Vetter sagte zu ihm: „Herr Springer, für soziale Unternehmer wie Sie braucht es keine Gewerkschaft zu geben."

Er wurde zu einer der Symbolfiguren des Wirtschaftswunders. Sein Partner der frühen Jahre, Karl Andreas Voss, seufzte wieder und wieder: „Axel Springer, ich liebe Sie, ich bewundere Sie, aber ich fürchte Ihre Maßlosigkeit." Während der Verhandlungen über den Kauf des Ullstein-Verlages in den 50er Jahren gab Frederik Ullstein ihm in den Verhandlungen den Decknamen „Midas" – nach dem König, der zu Gold machte, was er anfaßte. Als die erste Preiserhöhung beim Groschenblatt „Bild" notwendig wurde, erwog Axel Springer eine Zeitlang von der Bundesregierung die Prägung eines 15-Pfennig-Stückes zu verlangen.

In den Jahren des Glanzes und der Herrlichkeit erinnerte manches in Springers Umgebung an den Hof des Sonnenkönigs. Höflinge bückelten rücklings aus seinem Bannkreis. Ratgeber traten auf Zehenspitzen durch die Tapetentür ein und träufelten Gift in das Ohr der Majestät. Die Mächtigen des Reiches stritten um den Platz an der Sonne und wurden von ihrem Souverän gegeneinander ausgespielt: Tamm, Brauchitsch und Kracht, und die „Bild"-Chefs Hagen, Boenisch und Prinz.

Wie Frauen hatte der Verleger eine Schwäche für Bewunderer. „Springer, das ist Religion", diagnostizierte sein Generalbevollmächtigter Christian Kracht. Und eine Astrologin, die den Verleger in den Aufbaujahren beriet, schmeichelte ihm: „Mir erscheinen Sie wie ein Lichtstrahl von oben." Die beiden wußten, worauf sie zielten. Frühzeitig hatte Axel Springer messianische Visionen, hatte sein Interesse religiösen Gestalten gegolten, deren Wesen und Wirken er sich seelenverwandt fühlen konnte, erst war es der heilige Franz von Assisi, dann der Schweizer Eremit Niklaus von der Flüe. Über den in seiner Jugend sinnesfrohen und wohlhabenden Kavalier aus Assisi schrieb Springer 1958 in der „Constanze": „Er entsagte allem Reichtum und wurde ein Anwalt der Armen und des Friedens. Genau genommen war er ein Rebell gegen Sattheit und Trägheit des Herzens. Alle Menschen seiner Zeit merkten dies, und er hinterließ so deutliche Spuren, daß man ihn später einen Heiligen nannte." Niklaus von der Flüe, dessen Portrait Springer in allen seinen Häusern aufhängte und nach dem er wohl 1962 seinen zweiten Sohn Nicolaus nannte, wurde ihm noch wichtiger. Flüe hatte im 15. Jahrhundert als angesehener Ratsherr im Unterwalden gelebt und war dann mit 50 Jahren als Eremit in die wilde Ranftschlucht des Melchtales gezogen. Er wurde zum inoffiziellen Nationalheiligen der Schweiz als er 1481, von seinen zerstrittenen Eidgenossen um einen Schiedsspruch gebeten, den Zerfall des Landes verhinderte und sein Erblühen in Einheit ermöglichte. Der Einheit seines Vaterlandes aber galt inzwischen auch Axel Springers Aufmerksamkeit.

„Ich hatte jahrelang nicht links und rechts geguckt und nur an den Aufbau unseres Hauses gedacht", erinnerte er sich später. „Aber von einem gewissen Zeitpunkt an war plötzlich diese Verpflichtung in mir erwacht, daß wir etwas tun müssen, um die Wiedervereinigung herbeizuführen."

Man schrieb das Jahr 1958. Das Dasein eines sanften Narziß auf Seide war Axel Springer nicht mehr genug. Er wurde zum politischen Verleger. Qualität und Quantität seines Hauses hätte ihm früher oder später ohnehin keine Wahl gelassen. Doch er schlug den steinigen Weg freiwillig ein. „Seid nett zueinander" war der Wahlspruch seiner ersten Zeitung, des „Hamburger Abendblattes" gewesen. Das Motto war nichts anderes als das in die Umgangssprache übersetzte biblische Gebot: Liebe Deinen Nächsten..." Axel Springer hatte es gewählt, um nach den Jahren der Denunzination den Menschen wieder Mut zum Miteinander zu schenken. Nun dehnte er es auf seine Weise nach Osten aus.

Die Welt und die Westdeutschen war auf dem besten Wege, sich mit der deutschen Teilung abzufinden. Da nahm Axel Springer sich ihrer an. Er fuhr zu Chruschtschow nach Moskau und entfesselte die Kampagne „Macht das Tor auf". Dröhnend hallte ihr Echo durch die Republik. Seine politische Stimme war unüberhörbar geworden.

„Axel, Sie können doch nicht im Ernst an die Möglichkeit der Wiedervereinigung glauben", meinte Rudolf Augstein.

„Wissen Sie, Rudolf", war die Antwort, „bisher ist noch immer all das eingetroffen, was ich mir wirklich gewünscht habe."

Springers Blätter heizten die „Abstimmung mit den Füssen" an. 2,7 Millionen Menschen aus der DDR wählten die Freiheit. Da mauerte das SED-Regime 1961 den Rest ein. Trotzig verlegte Springer den Sitz seines Konzerns in sein Verlagshaus an der Mauer, leitete den Freikauf von Tausenden von Häftlingen ein und zürnte gegen „die rot-lackierten Nazis". Aus der überparteilichen „Welt" machte er ein anti-kommunistisches Kampfblatt. Die sogenannte DDR durfte in seinen Blättern nur in Anführungsstrichen geschrieben werden, weil sie weder deutsch, noch demokratisch, noch eine Republik war. Die Kommunisten haßten ihn wie keinen anderen.

Am 20. Jahrestag der SED-Gründung im Frühjahr 1966 verkündete der spitzbärtige SED-Chef Ulbricht, es sei von besonderer Bedeutung, „Zeitungs-Konzerne wie den Springer-Konzern . . . unter Kontrolle zu nehmen": „Es ist notwendig, die Macht der Herren solcher Meinungsmonopole wie des Springer-Konzerns zu beseitigen."

Bald darauf wurde diese Forderung auch lautstark in der Bundesrepublik erhoben. „Enteignet Springer" skandierten vom Sommer 1967 an linke Straßenchöre in Westdeutschland. So fatal allen Springer-Feinden, die sich damals zusammenschlossen, dieser zeitliche Zusammenhang sein mußte – es waren andere Ereignisse gewesen, die den Boden gedüngt hatten, in dem auch die kommunistische Saat aufgehen konnte. Seit der „Spiegel"-Affäre 1963 hatte die Umwertung der Werte in der Republik begonnen. Sie bescherte den Deutschen neue Idole, eine neue Ostpolitik und schließlich einen SPD-Kanzler. Anti-Amerikanismus ersetzte Anti-Kommunismus. Freizeit wurde manchen wichtiger als Freiheit. Und allen, die eine veränderte Republik wollten, stand Axel Springer im Wege. Seine

Macht, seine „Bild“ und sein Weltbild waren vielen unheimlich. Er aber gab nicht nach. Er unterstützte den Vietnam-Krieg der Amerikaner, er verteidigte die „Politik der Stärke“, er stritt gegen die Ost-Verträge, er hielt die Fahne des Kapitalismus hoch. Und „Bild“ drosch auf so manchen ein, der anders dachte.

Als am 2. Juni 1967 bei Demonstrationen während eines Schah-Besuches in Berlin der Student Benno Ohnesorg erschossen wurde, verkündeten Transparente: „‚Bild‘ hat mitgeschossen.“ Die jetzt anschwellende Anti-Springer-Kampagne „linker Magazine und linker Intellektueller, linker Studenten und simpler Rowdys“ (Axel Springer) war die umfangreichste Hatz, die in diesem Jahrhundert gegen einen Privatmann in Deutschland entfesselt wurde. Sobald sein Name fiel, lief vielen das Wasser im Munde zusammen, wie Pawlows Hunden, wenn die Glocke schrillte. Heinrich Böll schrieb einen Anti-„Bild“-Roman, Schriftsteller veröffentlichten Boykott-Aufrufe, Demonstranten versuchten gewaltsam die Auslieferung von Springer-Zeitungen zu verhindern. Neid und Haß mobilisierten den Mob. Im Mai 1972 explodierten zwei Bomben im Hamburger Verlagshaus, 17 Mitarbeiter wurden verletzt. Ein „Kommando 2. Juni“ drohte Springer mit weiteren Terroranschlägen und forderte ihn auf, „die antikommunistische Hetze“ einzustellen. 1973 zündeten unbekannte Brandstifter mit zwei Brandsätzen Springers „Klenderhof“ auf Sylt an. Und 1975 wurde mit Brandsätzen des gleichen Typs sein Berghaus im Berner Oberland niedergebrannt. „Tötet Springer“ wurde an die Wand gesprüht. Der Mann, der die Freiheit liebte, mußte unter Polizeischutz leben. Aus dem Liebling der Götter war der bestgehaßte Mann der Republik geworden.

In dieser Zeit, in der ich zu ihm stieß, hatte Axel Springer öffentlich vier Leitsätze verkündet, die er zur Magna Charta seines Unternehmens erklärte und auf die er seine Redakteure verpflichtete:

- „Das unbedingte Eintreten für die Wiederherstellung der deutschen Einheit in Freiheit;
- die Aussöhnung zwischen Juden und Deutschen; dazu gehört auch die Unterstützung der Lebensrechte des israelischen Volkes;
- die Ablehnung jeglicher Art von politischem Extremismus;
- die Bejahung der freien sozialen Marktwirtschaft.“

Diesen Grundsätzen hielt er bis zu seinem Tode die Treue. Im

Gegensatz zu vielen Zeitgenossen lehnte er es ab, dem Zeitgeist hinterherzulaufen. Er blieb was er war: Christ und Patriot, Israels unwandelbarer Freund, Anti-Kommunist und Unternehmer. „Ich nehme für mich in Anspruch, ein Radikaler der Mitte zu sein", sagte er. Friedrich der Große war sein Geschichtsheld, Matthias Claudius sein Lieblingsdichter und die Freiheit sein höchstes Gut. „Sind Sie ein Nationalist, Herr Springer?" fragte Amerikas Außenminister Henry Kissinger.

„Nein", antwortete Axel Springer: „Ich bin für die Freiheit."

Er hörte nicht auf, seine Landsleute zu mahnen und zu warnen, für die Versöhnung mit den Juden einzutreten, die Tyrannei im Osten anzuklagen und die Freiheit für alle Deutschen zu fordern. Für ihn gab es keinen Pakt mit dem Unrechtssystem. Über Willy Brandt und seine Freunde bemerkte er, daß sie „die weiße und die rote Fahne schwenkend übergelaufen sind zu den Machtpositionen östlicher Gewalt, die sie noch vor kurzem zu bekämpfen vorgaben". Bonns neue Ostpolitik war für ihn die alte „sowjetische Westpolitik", die SED-Regierung ein verbrecherisches Regime". Über die SPD-Politik einer „Anerkennung der Realitäten" befand er verächtlich: „Auch der Handel mit Rauschgift ist eine Realität."

Niemand hat den Zusammenbruch des Kommunismus und die Wiederherstellung der deutschen Einheit vorhergesehen und -gesagt wie er. Über ein Vierteljahrhundert litt und stritt er für sie, träumte von ihr und glaubte noch an sie, als alle wankelmütig wurden. Unbeirrt hielt der Prophet der Wiedervereinigung an seiner Vision fest: „Die Einheit des Vaterlandes in Freiheit – das ist unser Auftrag".

In der Emigranten-Zeitschrift „Kontinent" sagte er 1977: Wenn es gelingt, die Völker Osteuropas einschließlich der Sowjetunion gegen die Lüge der Gewalthaber immun zu machen, indem wir die Wahrheit auf allen Wegen über Mauern und durch Zäune schaffen, dann bereiten wir jene Revolution des Geistes vor, die noch immer die Lüge außer Kraft gesetzt und Diktatoren, Gewaltregime und Unterdrücker gestürzt hat. Ist es nur ein Märchen? ... Wenn wir nur wollen, wenn wir alles wagen, dann ist die Freiheit kein Märchen. In Deutschland nicht, in Polen nicht. In

Ungarn, Rumänien, der Tschechoslowakei und den baltischen Staaten nicht. Und nicht in Rußland."

Im modernen Deutschland von Willy Brandt und Helmut Schmidt erntete Axel Springer für solche Bekenntnisse Hohn und Spott. „Capital" nannte ihn „Der Brandenburger Tor" und hielt sich für witzig. „Der Brandenburger Tor" aber zitierte seherisch den Romantiker Joseph von Eichendorff: „Denn eine Zeit wird kommen, da macht der Herr ein End'; da wird den Falschen genommen ihr unrechtes Regiment."

Vor Repräsentanten der deutschen Automobilindustrie erklärte Springer 1977 in Berlin: „Ich wage zu sagen, daß ihr Absatzgebiet eines nicht zu fernen Tages nicht nur West-Berlin sondern ganz Berlin, nicht nur die Bundesrepublik Deutschland sondern das ganze wiedervereinigte Vaterland sein wird. Spricht hier ein Phantast? Ich glaube nicht ... Jenes von Marx entworfene Denkgebäude ist in toto in kaum mehr zu verhüllender Weise am Zusammenstürzen."

Er stand fast allein, doch sein Humor verließ ihn auch in diesen für ihn düsteren Zeit nicht. 1979 schrieb er mir aus Jericho: „Auf dem Zürcher Flughafen gab ich dem Beamten meinen Paß. Der suchte lange in dem Ausweis und fragte dann: Und wieviel Hasch haben Sie heute? Sehr wenig, war die Antwort des Druckers, der mit dem Verleger verwechselt wurde."

Daß er die Kraft besaß, diese Jahre durchzustehen, ohne in seinen Überzeugungen wankend zu werden, ist erstaunlich. Denn er war zwar zuweilen jähzornig, aber ein weicher, kein harter Mann. Er suchte Harmonie und Frieden. Er glaubte an Kompromisse. Er litt unter Haß. Und er liebte es, geliebt zu werden.

Dieses Glück geliebt zu werden, wurde ihm in Israel noch zuteil, als er es in Deutschland nicht mehr finden konnte. Das war ihm wichtig und stärkte ihn. Die moralische Verpflichtung, die er gegenüber den Juden spürte, war freilich ungleich älter. Als junger Mann war er im Krieg zufällig Zeuge geworden, wie auf der Hamburger Moorweide vor dem Dammtor-Bahnhof Juden zum Abtransport zusammengetrieben wurden. Das hatte er nie vergessen. 1957 nahm er seinen damals 16jährigen Sohn Axel in das frühere KZ Bergen-Belsen mit, wo Anne Frank und 51000 Menschen umgekommen waren. „Ich faßte den Mut", so erinnerte er sich später daran,

„meinem Jungen zu sagen: Nimm deine Hände und geh ins Erdreich hinein. Mache deine Erfahrungen. Es kann sein, daß du einmal mein Nachfolger sein wirst. Dann sollst du wissen, was einmal in Deutschland geschehen konnte." Später bekannte Axel Springer: „Auschwitz – das waren wir."

Je älter er wurde, desto leidenschaftlicher kämpfte er für die Rechte des „auserwählten Volkes" und desto intensiver vertiefte er sich in die christliche Religion. „Der Abfall von Gott ist die Hauptursache dessen, was die Welt quält", erkannte er.

Aber noch war der Kelch seines Leides nicht geleert. Der letzte schriftliche Gruß, der am Sylvesterabend 1979 das Haus Axel Springers verließ, galt einer befreundeten Familie in Schleswig-Holstein, deren Sohn freiwillig in den Tod gegangen war. Axel Springer sprach vom Schwersten, das den Eltern begegnet sei. Der Antwortbrief war sanft und stark zugleich. In ihm stand zu lesen: „Ein totes Kind ist ein unendlich kostbarer Besitz. Man darf es immerzu liebhaben und mit Zärtlichkeit umgeben." Diese Zeilen an Axel Springer trugen das Datum des 3. Januar 1980. Am gleichen Tag nahm sich sein eigener Sohn Axel das Leben.

Nie waren Vater und Sohn einander näher gewesen, als in den vorangegangenen Jahren. „Non mihi sed amicis" hatte Axel Springer auf einen Balken in seinem Reetdach-Hof in Morsum schreiben lassen: „Nicht mir, meinen Freunden". 1973 schenkte er das Haus seinem Sohn. „Patri gratias ago" fügte der auf dem gegenüberliegenden Balken hinzu: „Ich danke dem Vater". Und der Weihnachtsbrief 1978 vom Sohn an den Vater endete mit dem Satz: „Ich möchte mich bei Dir für ein schönes Jahr voller großzügigster Geschenke und vieler schöner Begegnungen bedanken und Dir sagen, daß ich stolz auf Dich bin." Mehr kann ein Vater kaum hören.

Daß Axel Springer sich nach dem Tod seines Sohnes voller Selbstzweifel und Selbstvorwürfe immer wieder prüfte und fragte, ob er gegenüber seinen Kindern gefehlt habe, war nicht die Reaktion des lieblosen, sondern des liebenden Vaters. Spekulationen, Axels Freitod sei durch sein Verhältnis zum Vater zu erklären, sind so billig wie jene, die sie verbreiten.

Immer häufiger sah Axel Springer nun in seinen letzten Lebensahren vor seinem Schlafzimmer auf Schierensee zum „Schmerzensmann" von Lucas Cranach empor, immer häufiger las er in der Bibel, immer häufiger reiste er nach Patmos, auf die Insel des Jüngers, der dem Herzen Jesu am nächsten stand. „Mein Gott, gibt's überall viel Leid", schrieb er mir.

Seine letzte handgeschriebene Mitteilung an mich bestand lediglich aus einem Satz: „Lieber Herr Jacobi, ich habe privat der ‚Märtyrerkirche' 10 000 Mark überwiesen. Herzlichst Ihr Axel Springer." Einen Monat später lag er als Herz-Patient im Berliner Martin Luther-Krankenhaus. Bei ihm war am Morgen des 22. September 1985 nur die Frau, die er liebte. Friede Springer las ihm die Losung vor, die auf seinem Kalender für diesen Tag stand, seltsamerweise Worte aus dem Evangelium des Johannes von Patmos: „Ich bin die Auferstehung und das Leben, wer an mich glaubt, der wird leben, ob er gleich stürbe."

„Die Tränen liefen mir über das Gesicht", erinnert sich Friede Springer: „Axel verstand meine Tränen nicht, als ich meinte: ‚Das ist für dich geschrieben.' Er nickte, zwinkerte mir zu und fragte: ‚Warum weinst du?' Ich hatte keine Antwort . . . Alles war für ihn in Ordnung. Ich aber fragte ihn voller Sorge: ‚Axel, wie geht es dir?' Er schaute mich an und fragte mit etwas verzerrter Stimme: ‚Es könnte nicht besser sein.' Im gleichen Moment hörte sein Herz zu schlagen auf."

„Er war ein großer Deutscher", rief Kanzler Kohl ihm in Berlins Kaiser-Wilhelm-Gedächtniskirche nach. „Ein starker und zugleich gütiger Mann", befand US-Präsident Ronald Reagan. Und wie so oft fand Bundespräsident Richard von Weizsäcker die anrührendsten Worte. „Sein großes Herz hat es vermocht, seine Zeit und seine Mitmenschen zu bewegen", schrieb er der Witwe.

Wie er es sich gewünscht hatte, wurde Axel Springer in Berlin begraben, auf dem Waldfriedhof in Nikolassee. Ist er als Pressefeind gestorben? Je älter er wurde, um so mehr beschäftigte ihn der Januskopf des Journalismus, Segen und Fluch der Presse. Er mißtraute dem überall auf der westlichen Welt in siegreichem Vormarsch befindlichen, ideologisch engagierten Journalismus, der sich kritisch nannte, wichtig nahm und oft einäugig wirkte. Manches Tun der Medien erfüllten ihn mit Sorge, manches mit Ekel. Er wußte, daß sie nicht nur den Menschen dienten, sondern auch Unheil anrichteten und Leid zufügten. Auf halbem Weg zwischen unserer Begegnung auf Patmos und seinem Tod in Berlin, hat er das Thema noch einmal von sich aus aufgegriffen und damit gezeigt, welche Bedeutung es für ihn besaß. Himmelfahrt 1985, fast ein Jahr nach unserem Gespräch, schrieb er mir von der Insel: „Als Ihre Frau, Sie und Ihre Freunde uns hier besuchten, machte ich einmal den Hinweis, daß ich wohl pressefeindlich sterben würde. Ich meine damit nicht die Blätter unseres Hauses..."

Vier Jahre nach seinem Tod zeigte sich am deutschen Beispiel überscharf, wie berechtigt Springers Medien-Skepsis gewesen war. Der 9. November 1989, an dem die Mauer fiel, war ein großer Tag für Deutschland, aber ein schwarzer Tag für den deutschen Journalismus. Denn nun sah die Welt, daß die DDR Schrott war. Fernsehen, Funk und Presse in der Bundesrepublik hatten sich jedoch seit 20 Jahren, seit Beginn der neuen Ostpolitik, die sozialistische Diktatur durchweg eher schön geguckt, hatten – vorsätzlich oder irrtümlich – von dem, was vor ihrer Tür im anderen Deutschland geschah, ein verzerrtes Bild entworfen, hatten Verbrechen und Versagen verharmlost oder vertuscht. Die Wahrheit galt oft als Springer-Hetze. Natürlich ist es nie leicht, auch nur halbwegs korrekt aus oder über eine Diktatur zu berichten. Aber mir ist kein Fall bekannt, in dem eine freie Presse so lange, so gründlich versagt hat, wie im geteilten Deutschland.

Indes: Auch ungleich bedeutsamere Visionen Axel Springers wurden damals wahr. Es wurde Wirklichkeit, was er stets und einsam vorausgesehen und vorausgesagt hatte. Sein oft auch mich so irrational anmutender Traum von der Wiedervereinigung erfüllte sich. Die Freiheit erwies sich als stärker als die Tyrannei, der Kapitalismus stärker als der Kommunismus. Und jener Spuk jenseits der Mauer, der von Bonn für „Realität" gehalten worden war, verflog über Nacht. Das SED-Regime entpuppte sich als das, was Axel Springer „verbrecherisch" genannt hatte. Selten hat die Geschichte einem Menschen so Recht gegeben wie diesem noblen Mann. Ich wünschte, er hätte es erleben können. Es war ein Vergnügen, ihm zu dienen.

27. Kapitel

AXEL VON DEM BUSSCHE

„Unsere Schuld ist es, überlebt zu haben"

An einem verhangenen Septembermorgen des Jahres 1988 hatte sich eine kleine Trauergemeinde auf dem Friedhof von Begnins versammelt, einer Dorfbewohnerin die letzte Ehre zu erweisen. Die Weltpresse nahm von dem Ereignis in dem kleinen Ort zwischen Lausanne und Genf keine Notiz. Ihr war entgangen, daß sich unter den Trauergästen ein Staatsoberhaupt und ein Prinzgemahl Europas befanden. Der deutsche Bundespräsident und Prinz Claus der Niederlande waren in das Waadt gekommen, um von Camilla von dem Bussche Abschied zu nehmen, von der Frau des Mannes, der sich mit Hitler in die Luft sprengen wollte.

Die Deutschen haben manchen Grund, auf ihren derzeitigen Bundespräsidenten stolz zu sein. Einer davon ist für mich, daß Richard von Weizsäcker den Witwer von Begnins seinen besten Freund nennen kann: Major a. D. Axel Freiherr von dem Bussche-Streithorst, im Zweiten Weltkrieg fünfmal verwundet und mit dem Ritterkreuz dekoriert, einbeiniger Held der Wehrmacht und des Widerstandes.

Ich lernte Axel und Camilla von dem Bussche Anfang der 50er Jahre in Bonn kennen. Anschließend lebten wir zur selben Zeit in Washington; unsere Kinder waren fast gleich alt. Zurück in Europa, trafen wir uns in so abgelegenen Orten wie Bondo und Streithorst, Sylt und Salem, aber auch in Hamburg und Bonn und immer wieder in ihrem schönen Haus „En Menthon" zwischen den Weinbergen von Begnins, hoch über dem Genfer See. Wir tauschten Bücher, Bilder, Briefe, feierten die Hochzeit seiner Tochter oder meinen Geburtstag; er brachte mich zu seinem Freund Richard von Weizsäcker, ich ihn zu meinem Freund Axel Springer jr. Er duzte sich mit seinem Nachbarn Carl J. Burckhardt, kannte Toynbee, beriet McNamara. Und ob auf Staatsempfängen oder in Spelunken – stets und überall schlug er die Menschen in seinen Bann, wie ich es bei niemanden sonst erlebte, ein Ritter aus einer anderen Welt und Zeit, eher Lancelot als Siegfried, dessen Zauber auf alle wirkte, auf die ich Wert legte.

Nach Camillas Tod zog Axel nach Lehrensteinsfeld bei Heilbronn. In der alten grünen Wachstube des Schlosses seines Schwiegersohnes schlug er sein Quartier auf. Dort besuchte ich ihn zuletzt im Februar 1991. 72 Jahre war er inzwischen geworden, noch immer eine Hühne von Mann, und er begann zu erzählen, worüber wir drei Jahrzehnte nicht gesprochen hatten: Von den Wurzeln seines Widerstandes.

„Drei Elemente verschafften mir einen Vorsprung gegenüber anderen und sind untrennbar mit dem verbunden, wozu ich mich 1943 entschloß“, sagte er: „Erstens meine dänische Mutter und ihre Familie, die mich während des Dritten Reiches lehrten, die Welt auch durch skandinavische Augen zu sehen. Zweitens mein Regiment, das I. R. 9, von dessen Offizieren im Dritten Reich mehr erschossen, aufgehängt und umgebracht wurden, als von den Offizieren irgend eines anderen Regiment. Und drittens das existentielle Schlüsselerlebnis, Zeuge eines Massenmordes zu werden.“

Axel von dem Bussche wurde 1919 in Braunschweig geboren, Vater niedersächsischer Uradel, Mutter dänische Gutsbesitzer-Tochter. Der Sohn wuchs mit zwei Geschwistern zunächst auf dem thüringschen Familien-Gut in Thale am Harz bei Quedlinburg auf, zog aber als Neunjähriger mit seinen Eltern nach München, wo Vater und Mutter sich trennten. 1932 trat er mit 13 Jahren im Internat Neubeuren in die Hitler-Jugend ein. Nach der Machtergreifung von 1933 sah er auf einem HJ-Treffen in Prien zum ersten Mal in seinem Leben Adolf Hitler; Himmler war auch dabei und verteilte Würstchen. „Beide erschienen uns damals nicht sehr eindrucksvoll“, erinnert Axel sich heute: „Wie zwei Naturkundelehrer.“ Zwei Jahre später wollte er wieder aus der HitlerJugend austreten. Das sei nicht möglich, wurde ihm mitgeteilt, aber seine Mitgliedschaft ruhe. Sie ruht noch immer. Jedes Jahr verbrachte er Schulferien in Dänemark bei seiner Mutter Jenny; seine zwei Vettern Lassen waren für ihn wie Brüder. Der eine, Andy, sollte im Krieg als Major der englischen Armee fallen und als Träger des Victoria Kreuzes ein Denkmal in Kopenhagen erhalten; der andere, Frants, wurde als Leutnant der englischen Armee von den Deutschen in Kopenhagen bei einem Kommandounternehmen gefangen, als er einen Sender installieren wollte. Er wurde erst auf eine Festung an der Oder, dann in das KZ Neuengamme gesperrt.

Nach dem Abitur rückte Axel von dem Bussche 1937 als Offiziersanwärter in das ruhmbedeckte Infanterie-Regiment 9 in Potsdam ein. In ihm lebten Geist und Tradition der preußischen Garde fort; wegen des hohen Anteils von Aristokraten unter seinen Offizieren wurde es seit der Weimarer Republik „Graf 9" genannt.

Die Wehrpflichtigen des Regiments waren nicht ganz so steil wie ihre Vorgesetzten. Als im Januar 1938 Fotos von der Heirat des Reichskriegsministers Feldmarschall Werner von Blomberg in den Zeitungen erschienen, tippte ein Obergrenadier mit seinem Finger auf das Pressebild der Braut und sagte stolz zu Axel: „Die kenne ich." Er kramte ein Fotoalbum hervor und zeigte die Aufnahme einer wenig bekleideten jungen Dame mit Schirm. Ein Irrtum war ausgeschlossen. „Ich würde den Mund halten", riet Axel. Die Sache kam auch so heraus. Schon während der Hochzeitsreise des Paares tauchten in Berlin Berichte über eine Vergangenheit der jungen Dame auf, die sie als Gattin eines Feldmarschalls wenig geeignet erscheinen ließen. Hitler, der zusammen mit Göring bei der Hochzeit noch Trauzeuge gewesen war, grollte. Der Minister mußte seinen Abschied nehmen.

Eines Tages wurde Axel von dem Bussche von seinem Oberfähnrich Heinrich von Weizsäcker zum Abendessen in dessen Elternhaus eingeladen. Vater Erich von Weizsäcker wurde in jener Zeit der Staatssekretär im Auswärtigen Amt, und Axel erhoffte sich im Diplomaten-Haushalt eine üppig gedeckte Tafel. Es gab jedoch Tee und Toast, ein weichgekochtes Ei und Mettwurst. Während des Essens mit der Hausfrau wurde die Tür zum Speisezimmer geöffnet, ein Kopf erschien und zog sich wieder zurück. „Das war mein Bruder Richard", klärte Heinrich von Weizsäcker seinen Gast auf: „Er mag Uniformen nicht." Dennoch trat auch Richard von Weizsäcker, gerade von Studienaufenthalten in Oxford und Grenoble nach Deutschland zurückgekehrt, im Jahr 1938 ebenfalls in das I. R. 9 ein.

Am zweiten Tag des Zweiten Weltkrieges verteidigte das 1. Batallion des I. R. 9 in einem Waldgefecht einen Bahndamm etwa 900 Meter westlich der Station Klonowo gegen angreifende Polen. Im Liegen wollte Leutnant Heinrich von Weizsäcker eine Handgranate werfen und richtete seinen Oberkörper auf. Da traf ihn ein Schuß in den Hals. Aus etwa 100 Meter Entfernung sah Axel von dem Bussche den Freund sterben. Im selben Gefecht wurde ein Gefreiter neben ihm von der Kugel eines polnischen Baumschützen getroffen. Bauchschuß. Axel bettete den Kopf des Verwundeten auf seinen Schoß. Der Sterbende erzählte ihm von einem Verwandten namens Quandt, dessen Frau mit dem Hauslehrer namens Goebbels durchgegangen wäre. „So sind die eben", sagte er. Dann schloß er für immer die Augen.

Unter den Offizieren des I. R. 9 waren Nazis selten wie Frösche im Schnee. Trotz der elitären Vorbehalte gegen das NS-Regime, so bemerkte Axel, „waren wir entschlossen, uns und der Welt zu beweisen, daß wir so gut waren wie die Soldaten von 1914–18". Schon in Polen aber sah er am 9. November 1940, wie Juden von der deutschen Verwaltung in ihre neu errichteten Ghettos getrieben wurden.

Im Winter 1940/41 – Axel von dem Bussche war inzwischen im Frankreich-Feldzug zum ersten Mal verwundet und ausgezeichnet worden – stieß Graf Fritz-Dietloff von der Schulenburg als Leutnant der Reserve zum I. R. 9. Er war stellvertretender Polizeipräsident von Berlin und stellvertretender Oberpräsident von Schlesien in Breslau gewesen, hatte in die Abgründe des Regimes geblickt und schon im Sommer 1938 mit dem damaligen Generalstabschef, Generaloberst Ludwig Beck, Aufstandspläne gegen Hitler geschmiedet. Fasziniert hörten Axel von dem Bussche und sein Regimentskamerad Friedrich Carl Klausing, Sohn des Rektors der Reichsuniversität Prag, ihm zu.

Nach dem Tod Heinrich von Weizsäckers hatten sich sein Bruder Richard und Axel von dem Bussche befreundet. Als der Rußland-Feldzug begann, waren sie beide blutjunge Offiziere Anfang 20. Gemeinsam lagen sie vor Leningrad, an der Newa und südlich des

Ladogasees. Das Regiment verlor in dieser Zeit 618 von 843 Mann – gefallen, verwundet, gefangen oder vermißt. Bei einem Abendessen in der Datscha des Regimentsführers, eines Reserve-Majors der Polizei, geschah es vor Leningrad, daß der Alkohol den Oberleutnant Hans Albrecht Bronsart von Schellendorff beflügelte, in Abwesenheit des Hausherrn eine Kugel in ein Hitler-Bild an der Wand zu jagen. Erst Gelächter, dann betretene Stille. Was würde morgen passieren, wenn der Hausherr den Einschuß entdeckte? Ehe die Offiziere noch ihre Gedanken geordnet hatten, erklang eine Stimme. „Bevor irgendeiner von uns jetzt irgend etwas sagt", sagte Richard von Weizsäcker, „würde ich vorschlagen, daß jeder von uns einen Schuß auf die Fotografie abgibt." Und so geschah es. Richard von Weizsäcker schoß das zweite Loch in das „Führer"-Porträt; Axel und die übrigen drei oder vier Kameraden machten es ihm nach. Der Ersttäter, der vier Wochen später durch einen Herzschuß fiel, war außer Gefahr. Eine verschworene Gemeinschaft, aus der niemand ausbrechen konnte, ohne sich selbst zu gefährden, war geschaffen. Richard von Weizsäcker hatte gezeigt, was ihn später auch in der Politik auszeichnen sollte: eine seltene Mischung von Anstand, Weisheit und Raffinesse.

Im Frühjahr 1942, wegen eines Lungenschusses nicht mehr frontauglich, wurde Oberleutnant Axel von dem Bussche als Regimentsadjutant zum Reserveregiment 23 in Potsdam versetzt. Vom Chef des Ersatzheeres, General Friedrich Olbricht, dessen einziger Sohn 1941 gefallen war, erhielt er den Auftrag, das Offizierskorps des Regiments möglichst von Nationalsozialisten frei zu halten. Im Herbst jenes Jahres lag seine Einheit in Dubno in der Ukraine. Dort erreichte sie der Befehl, einen ausrangierten Flugplatz abzusperren. Zweck des Unternehmens: Unbekannt. Auf Anraten eines Unteroffiziers fuhr Axel zu dem etwa zwei Kilometer entfernten Rollfeld hinaus, um zu sehen, was dort vor sich ging.

„Dort, im herrlichen Sonnenlicht des Herbstes", so erinnerte er sich später, „stand eine Menschenschlange, über einen Kilometer lang, alte Männer, Frauen, Kinder und Babys, alle nackt. Lastkraftwagen fuhren ihre Kleider ab. Es waren die Juden des Ortes. Sie warteten darauf, ausgerottet zu werden. In zwei großen Gruben lagen schon die ersten Opfer. Nun war die Reihe an ihnen, sich mit dem Gesicht nach unten auf die toten oder noch zuckenden Leiber zu legen. Dann wurden sie von Angehörigen eines Sonderkommandos der SS durch Schüsse in den Hinterkopf getötet."

So starben in zwei Tagen in Dubno zwischen 1000 und 2000 Juden. Bei dem Massaker konnte es sich nicht um das Verbrechen eines lokalen Trägers der Reichhsoheit handeln. Der Absperrungsbefehl für das Regiment, der Abtransport der Kleidung, die methodische Verrichtung des Tötens – das alles trug unverkennbar die Züge zentralisierter staatlicher Gewalt. Was dort geschah, geschah auf höheren Befehl, geschah auf Befehl einer Instanz, der auch Axel von dem Bussche einen Eid geschworen hatte und die sein Vaterland regierte.

Von Ekel und Zorn erfüllt, eilte er zu seinem Kommandeur, Oberst Ernst Utsch, und drängte ihn etwas zu unternehmen. Der Oberst hielt seinen Adjutanten zurück. „Wir können doch nichts machen", warnte er. Hitlers Hauptquartier sei nur 200 Kilometer entfernt. Man würde einfach Panzer schicken und die Offiziere samt ihren jungen Rekruten zusammenschießen. „Jetzt hat er uns auch noch die Ehre genommen", fügte er düster hinzu.

Axel, der statt des vieldeutig gewordenen Begriffs Ehre lieber das Wort „Selbstachtung" benutzt, war nicht bereit es dabei zu belassen. Er müsse aus Notwehr handeln, vertraute er bei seiner nächsten Begegnung seinem Freund Richard von Weizsäcker an. Als Rekrut im I. R. 9 war ihm der Notwehrparagraph des Militärstrafgesetzbuches eingebläut worden. Danach war Notwehr diejenige Verteidigung, „welche erforderlich ist, um einen gegenwärtigen rechtswidrigen Angriff von sich oder einem anderen abzuwenden". Ein solcher rechtswidriger Angriff lag zweifellos vor. Aber wie konnte er ihn abwenden, so hatte Axel von dem Bussche in Dubno gegrübelt. Falls sich die SS bei ihrem Tun von einen Hauptmanns mit EK I überhaupt vorübergehend stören lassen sollte, wäre die Ermordung der Juden zweifellos nur aufgeschoben, nicht aufgehoben worden.

Auch eine mögliche „christliche Lösung" hatte Axel geprüft und verworfen: Sollte er sich nackt zu den Juden in die Grube legen, um sich mit ihnen erschießen zu lassen? Würde das Beispiel eines Märtyrers das Gewissen der Deutschen wachrütteln? Wahrscheinlich hätte die SS ihn nicht einmal erschossen, sondern in ein Irrenhaus oder ein KZ gesperrt, und die Deutschen hätten ohnehin von allem nichts erfahren.

Nein, das Problem war in Dubno nicht zu lösen. Dubno war nur Symptom. Die Wurzel des Bösen mußte ausgerissen werden. So entschloß sich der protestantische Hauptmann Axel von dem Bussche zum Tyrannen-Mord, zu einer ihm „moralisch notwendig" erscheinenden Tat, die allerdings zugleich den wichtigsten Wesenszug der „christlichen Lösung" beinhalten mußte: den eigenen Tod.

Gemeinsam mit seinem Regimentskameraden „Fritzi" Graf von der Schulenburg suchte er im Herbst 1943 Oberst Claus Graf Schenk von Stauffenberg auf, den Stabschef von General Olbricht, Herz und Hirn des militärischen Widerstandes gegen Hitler. Stauffenberg bat Schulenburg das Zimmer zu verlassen. Was er mit Axel von dem Bussche zu besprechen hatte, vertrug nur vier Ohren. Graf Schulenburg sagte hinterher zu Axel schnodderig, um seine Gefühle zu tarnen: „Wenn ich gewußt hätte, was für einen unzüchtigen Antrag er dir machen wollte, hätte ich dich nicht hergebracht." Der „unzüchtige Antrag" war, sich mit Hitler in die Luft zu sprengen.

Hitler mußten in den nächsten Wochen neue Winterausrüstungen für die Kämpfe in Rußland vorgeführt werden. Axel von dem Bussche sollte die Vorführung leiten. Er war 1,96 Meter groß, blond und blauäuig, mehrfach verwundet, mit Tapferkeitsauszeichnungen übersät, ein nordischer Kämpfer aus der „Edda", der einen Bruder in der Schlacht am Asowschen Meer verloren hatte, ein Halbgott des Krieges nach des „Führers" Geschmack. In seiner Hosentasche freilich wollte er eine Sprengladung tragen, um den Mann zu töten, der am gleichen Tag wie er geboren worden war – am 20. April.

Von Berlin aus reiste Axel von dem Bussche mit der Eisenbahn ins Oberkommando des Heeres „Mauerwald" bei Lötzen, 15 Kilometer entfernt vom Führerhauptquartier „Wolfsschanze". In seinem Stiefel trug er einen Brief an Stauffenbergs Mitverschwörer Oberst Helmuth Stieff, Chef der Organisationsabteilung im Generalstab des Heeres. Das Schreiben enthielt den Text der Botschaft, die nach dem erfolgreichen Attentat verkündet werden sollte: „Der Führer ist tot"; Schuld seien „verbrecherische Elemente in der SS".

In „Mauerwald" wurde Axel von dem Bussche für sein Vorhaben

erbeuteter englischer Sprengstoff mit lautlosem chemischen Zehnminutenzünder angeboten. Er war stärker als deutscher Sprengstoff. Axel lehnte ihn ab. Der englische Sprengstoff hätte zu Spekulationen über eine gemeinsame Sache mit dem Feind führen können. In den zehn Minuten, die der chemische Zünder brauchte, konnten außerdem unvorhergesehene Dinge geschehen. Und vor allem war Axel der Umgang mit dem gelben deutschem Sprengstoff vertrauter.

So erhielt er Zündschnüre und ein Kilo deutschen Pioniersprengstoffs für Brückensprengungen. Eine Handgranate mit dem üblichen Zünder konnte die Organisationsabteilung im Generalstab des Heeres auf dem Höhepunkt des Zweiten Weltkriegs nicht besorgen. Axel fuhr nach Berlin zurück und bat seinen Freund Oberleutnant Helmut von Gottberg, Adjutant im Infanterie Ersatzbataillon 9, ihm eine Handgranate zu beschaffen. Gottberg erhielt zwei vom Oberfeldwebel Knobel, der Waffen und Gerät verwaltete.

In der Potsdamer Wohnung Gottbergs bauten er und Axel die Zünder aus den Handgranaten aus. Sie sägten einen Handgranatenstiel zur Hälfte ab und verkürzten die durch ihn laufende Abziehschnur entsprechend. Den Rest der Handgranaten warf Gottberg am nächsten Tag von der Glienicker Brücke in die Havel. Dann schraubten sie den Zündsatz der Handgranate in die Sprengladung und bauten beides mit dem verkürzten Handgranatenstiel so zusammen, daß alles in einer Tasche von Axels weiter Uniformhose Platz finden konnte. Natürlich hätte ein Sprengsatz mit einem Metallmantel wie eine kleine Bombe eine vernichtendere Wirkung gehabt. Aber möglicherweise, so überlegte Axel, waren in der „Wolfsschanze“ verborgene Detektoren angebracht, die auf Metall ansprachen (da das Tragen von Schußwaffen in Gegenwart des Führers verboten war, kam deshalb auch ein Attentat mit einer verborgenen Pistole nicht in Frage).

Mit einer Hand in der Hosentasche konnte Axel von dem Bussche die Abziehschnur unschwer herausreißen. Doch im Gegensatz zum lautlosen englischen Chemiezünder würde der deutsche Handgranatenzünder viereinhalb Sekunden lang vernehmlich zischen. Axel traute sich zu, das Geräusch zwei bis drei Sekunden durch Räuspern oder Husten zu übertönen. Dann wollte er sich auf Hitler stürzen, ihn umklammern und sich mit ihm durch die Explosion zerreißen lassen.

Ende November begab er sich von Berlin wieder ins OKH nach „Mauerwald“, um den Befehl zur Uniform-Vorführung abzuwarten. Bittere Tage der Ungewißheit erwarteten ihn. „Meine Sorge war“, sagte mir Axel, „daß meine Nerven versagen könnten.“ Zur Sicherheit wollte er sich ein dünnes Stilett in den Stiefel stecken. Die Unabwendbarkeit des eigenen Todes bei dem Unternehmen schreckte ihn nicht. „Als Offizier mußte ich täglich Soldaten in ihren Tod schicken. Nur Narren können glauben, daß ich unter solchen Umständen die Beendigung meines eigenen Lebens als Opfer empfunden hätte.“

Anfang Dezember wurden die schon für die Vorführung verladenen Uniformen und Ausrüstungen bei einem schweren Luftangriff auf Berlin in einem Eisenbahnwaggon zerstört oder beschädigt; der Wagen brannte aus. Ersatz war nicht vor Januar zu beschaffen. Axel von dem Bussche kehrte mit seiner Bombe im Koffer zum Regiment im Norden der Ostfront zurück. Noch im gleichen Monat wurde er für Tapferkeit vor dem Feind bei Kämpfen am Ostufer der Uschtscha mit dem Ritterkreuz augezeichnet.

Termingerecht forderte Oberst Stauffenberg ihn im Januar telefonisch zu einer neuen Uniform-Vorführung an. Aber der nicht eingeweihte Divisionskommandeur Generalmaor Gurran lehnte ab, Axel freizustellen; seine Bataillonskommandeure seien keine „Mannequins“. Noch einmal versuchte Stauffenberg sein Glück. Der General blieb hart. Wenige Tage danach wurde Axel von dem Bussche bei Newel schwer verwundet und verlor ein Bein.

Das ganze Jahr 1944 verbrachte er im Lazarett. Auf Betreiben von Graf Stauffenberg landete er schließlich durch Vermittlung des Reichsjugendführers Axmann (eines Reserveoffiziers des I. R. 9) im SS-Lazarett Hohenlychen von Sportarzt und Himmler-Freund, Professor Gebhardt, das als eines der besten deutschen Lazarette für Beinamputationen galt. Dorthin schickte ihm sein Regiment sein Gepäck nach, einschließlich eines Pappkartons mit dem selbstgebauten Sprengsatz. Axel konnte ihn nicht loswerden; wegen seiner Verwundung vermochte er sein Bett nicht zu verlassen.

Drei Tage vor dem 20. Juli 1944, an dem Stauffenberg selbst den

Tyrannenmord versuchte, stattete sein Adjutant Hauptmann Friedrich Carl Klausing vom I. R. 9 dem verwundeten Regimentskameraden einen Besuch ab und weihte ihn ein, daß der Putsch nun bald stattfinden würde. Aber auch diesen Anschlag überlebte Hitler. In der folgenden Nacht aß der ans Bett gefesselte Axel einen gefährlichen Brief des Grafen Schulenburg (aus dickem blauen Papier) und sein Adressbuch. „Es war nicht ganz einfach", entsann er sich später: „Ich schaffte es auch nicht ganz. Da verrichtete ich meine Notdurft auf den Rest, und ein Sanitäter räumte alles ab."
Stauffenberg und Olbricht wurden in der gleichen Nacht im Hof des OKH in Berlins Bendlerstraße standrechtlich erschossen. Stieff und Schulenburg wurden im nächsten Monat von Freislers Volksgerichtshof abgeurteilt und erhängt. Ihrem Schweigen verdankt Axel sein Leben. Dennoch fiel – schon durch den Besuch des ebenfalls hingerichteten Hauptmann Klausing – auch auf ihn Verdacht. Ebenfalls verwundete Offiziere der Waffen-SS stellten ihm Fragen. Axels monatelanger Lazarettaufenthalt war sein bestes Alibi. Und im Herbst gelang es ihm auch, sich der Hitler zugedachten Sprengladung zu entledigen: Ein Besucher, Karl Konrad von der Groeben, nahm das Paket mit und warf es in den Großen Lychensee.

Insgesamt wurden nach dem 20. Juli 19 aktive Offiziere und Reserveoffiziere des I. R. 9 exekutiert, mehr als in jedem anderen Regiment. Für sie alle sprach Graf von der Schulenburg vor dem Volksgerichtshof das Schlußwort: „Wir haben diese Tat auf uns genommen, um Deutschland vor einem namenlosen Elend zu bewahren. Ich bin mir klar, daß ich daraufhin gehängt werde, bereue meine Tat aber nicht und hoffe, daß sie ein anderer in einem glücklicheren Augenblick, um uns vor dem Chaos zu bewahren, durchführen wird."

„Das Wort Widerstand", erzählte mir Axel, „war damals unter uns nicht üblich. Es wurde erst nach dem Krieg populär."

Bei Axel von dem Bussche beobachte ich ein Phänomen, das ich häufig an außergewöhnlichen Menschen feststellen konnte: Sie ihrerseits scheinen außergewöhnliche Personen und Ereignisse geradezu anzuziehen. So lud in den letzten Wochen des Krieges der Chefarzt einer Heil- und Pflegeanstalt in Buch im Norden der Reichshauptstadt Axel zum Tee nach Wannsee ein. Er vertraute ihm an, auf Wunsch Lenins sei nach dessen Tod 1924 von einem deutschen Arzt sein Gehirn entfernt und zur Untersuchung nach Buch gebracht worden. Dort befände es sich nach wie vor in Spiritus. Was solle er damit anstellen, bevor die Russen kämen? Axel dachte an den einbalsamierten Lenin, der heute noch als offenbar hirnlose Reliquie von seinen Untertanen im Mausoleum an der Kremlmauer bewundert wird, und riet: Nicht wegschaffen, gut aufbewahren. Später hörte er, daß auch Knochen, die von den Russen in den Ruinen der Reichskanzlei gefunden worden waren und angeblich von Hitler stammten, ausgerechnet nach Buch verbracht worden seien. Hitlers Gebein und Lenins Gehirn unter einem deutschen Dach? Nur die Weltgeschichte könnte sich einen solchen Treppenwitz erlauben. „Übrigens", fragte Axel den Chefarzt, bevor er sich verabschiedete, „hat die Untersuchung von Lenins Hirns irgendetwas ergeben?"

„Ja", antwortete der Arzt: „Syphilis im dritten Stadium; die Schrumpfung des Hirns hatte schon eingesetzt."

Eine andere Fußnote der Historie wurde Axel von dem Bussche von einem Gesprächspartner Albert Speers überbracht. Nach Stalingrad habe Hitler seiner späteren Gattin Eva Braun mitgeteilt, er müsse nunmehr seine ganze Kraft in den Dienst des Volkes stellen und könne darum seinen ehelichen Pflichten nicht mehr genügen. Er wisse jedoch, daß eine junge gesunde Frau einen Mann brauche. Er akzeptiere das auch. Aber er wolle nicht wissen wen. Das alles erzählte Eva Braun Albert Speer, denn beide empfanden, seit sie sich kannten, aufrichtige Zuneigung zueinander. Der Weg schien frei für sie, aber vor einem brennenden Kamin hätten sie dann doch beschlossen, daß sie *das* dem „Führer" nicht antun könnten.

Nach Kriegsende wurde das Gut der Familie von dem Bussche in Thale am Harz enteignet. Axel war noch nicht zurück. Vater und Stiefmutter entkamen durch ein Fenster der von Russen angeordneten Verhaftung und flohen in den Westen. 24 Stunden später tauchte Axel in Thale auf und barg Akten und den englischen Setter des Vaters. Richard von Weizsäcker hatte ihn mit einem DKW bis an die grüne Grenze gefahren; ein alter Sozialdemokrat schleuste den Einbeinigen und den Hund auf Schleichwegen dorthin wieder zurück.

Die beiden Freunde hatten nach Kriegsende einander schnell wiedergefunden. Richard von Weizsäcker war nach der Kapitulation zunächst auf dem Obstgut seiner Großmutter in Lindau am Bodensee untergeschlüpft. Ohne ihn zu fragen, hatte Axel für ihn einen Studienplatz an der Göttinger Alma Mater Georgia Augusta reservieren lassen, als er sich selbst in der juristischen Fakultät anmeldete. Mit Anbruch des Wintersemesters 45/46 begannen die beiden Freunde –inzwischen 25 und 26 Jahre alt – dort ihre akademische Ausbildung. Es war die erste deutsche Universität, die ihren Lehrbetrieb wieder aufgenommen hatte. Die beiden Studenten der Rechte wohnten bei Richard von Weizsäckers ältestem Bruder, dem Wissenschaftler Carl Friedrich von Weizsäcker in der Bunsenstraße 19. Zu ihrem Freundeskreis gehörten der spätere Professor Hartmut von Hentig und Konrad Kraske, der spätere Bundesgeschäftsführer der CDU. „Die materiellen Bedingungen waren bescheiden, aber es war eine erfüllte Zeit", entsann sich Weizsäcker als Bundespräsident.

1947, als Richard von Weizsäcker nach Nürnberg ging, um bei der Verteidigung seines Vaters vor dem Militärtribunal zu helfen, wurde Axel zusammen mit dem Sohn des niedersächsischen Ministerpräsidenten Hinrich Kopf Programmassistent in der deutschen Abteilung der „BBC London". Danach reiste er nach Nürnberg, um im Weizsäcker-Prozeß als Zeuge auszusagen und seinem Freund beizustehen. Nach der Währungsreform wurde er für 300 Mark im Monat Lektor im Suhrkamp-Verlag. Im September 1950 heiratete er Camilla, Tochter des 5. Earl of Gosford, die zwölf Jahre mit Hans Christoph Stauffenberg verehelicht gewesen war, einem Verwandten des Attentäters. Sie brachte drei Söhne in die Ehe mit und sollte Axel zwei Töchter schenken – alle fünf wurden, gebündelt oder einzeln, eine Augenweide, wenn sie auch längst erwachsen sind.

Im selben Sommer 1950 hatte in Bonn der General Gerhard Graf von Schwerin ein kleines Zimmer unter dem Dach des Palais Schaumburg bezogen. Er war Adenauers erster Sicherheitsberater und sollte die deutsche Wiederbewaffnung vorbereiten. In seinem Auftrag heuerte Major Achim Oster, ein Sohn des von Hitler hingerichteten Abwehr-Generals, den frischgetrauten Ehemann von dem Bussche an. Er wurde der dritte Mitarbeiter des Generals. Die

Handvoll Soldaten unter dem Dach des Palais Schaumburg war ein paar Monate Bonns bestgehütetes Geheimnis. Doch als General Schwerin seine Nase zu weit aus der Deckung steckte und vor Reportern über Voraussetzungen eines deutschen Verteidigungsbeitrags spekulierte, da wurde er Ende Oktober 1950 entlassen. Axel erhielt den Auftrag, dem Führer der deutschen Sozialdemokratie, der von Schwerins Tätigkeit unterrichtet war, über die neue Lage zu informieren. Die beiden verstanden sich auf Anhieb. Schumacher war wie Axel schwer verwundet und hatte wie er ein Bein verloren. Seine Sekretärin und Lebensgefährtin Annemarie Renger kochte beiden Tee. Die Aufstellung deutscher Streitkräfte, damals selbst unter ehemaligen Offizieren leidenschaftlich umstritten, wurde in der SPD radikal und wütend abgelehnt. Um so verblüffter war Axel, als er nun die Worte des von Phantomschmerzen gequälten Parteivorsitzenden hörte. Er hat sie bis heute nicht vergessen: „Wenn sich das deutsche Offizierskorps versagt, dann hat es zum dritten Mal in diesem Jahrhundert versagt."
Als Vorläuferin eines Bundesverteidigungsministeriums entstand nach Schwerins Abschied die Dienststelle Blank. Der CDU-Abgeordnete Theo Blank wurde ihr Chef, Axel von dem Bussche sein erster Pressereferent. Bald darauf tauchte überraschend Axels dänischer Lieblings-Vetter Frants Lassen in Bonn auf. Er war nach seiner Befreiung aus dem KZ Neuengamme in die USA ausgewandert. Eigentlich wollte er Bullen züchten. Statt dessen wurde er bei Ausbruch des Korea-Krieges wieder eingezogen und zum Liason-Offizier für die „Organisation Gehlen" ernannt. Der mißtrauische Geheimdienstchef in Pullach witterte sogleich „Kurzschluß" und ließ Axel befragen. Mindestens ein Bericht darüber liegt heute noch im Archiv des Militärgeschichtlichen Forschungsamtes in Freiburg.

Von 1954 bis 1958 diente Axel von dem Bussche an der deutschen Botschaft in Washington unter dem Missionschef Krekeler, zuletzt als Legationsrat. Es war eine Zeit, in der auf internationalem Parkett Bonn noch nicht viel zu melden hatte. Der Widerstandsrecke und Camilla, eine gebürtige Lady Acheson, sammelten Punkte für Deutschland.

Wieder in der Bundesrepublik, war Axel erst zwei Jahre Headmaster von Salem, dann baute er den „Deutschen Entwicklungsdienst" auf. 1964 wurde Richard von Weizsäcker Präsident des Evangelischen Kirchentages; sein Freund Axel Mitglied des Präsidiums. Zwei Jahre danach übersiedelte Axel von dem Bussche als Sekretär des Weltrates der Kirchen nach Genf und bereitete die erste Umweltkonferenz der UNO mit vor. Später beriet er vom Genfer See aus die Weltbank. Im nahen Begnins hatten Camilla und er sich ihr Haus „En Menthon“ umgebaut, mit einem von Zypressen gesäumten Schwimmbecken.

Auf diesen Stationen schmerzte mich nur, daß Axel – wegen der vielen Treppen – Salem so schnell wieder verlassen mußte. Er ist für die Erziehung geschaffen wie der Ball zum Spielen. Von dem Vater meines jüngsten Patenkindes, Nikolas Graf Bernstorff, und anderen, die unter Axel von dem Bussche Internats-Schüler waren, weiß ich, welche Magie er über Jungen und Mädchen besaß. Sie adorierten ihn. Er war, was ich allen Heranwachsenden wünsche, ein Vorbild, zu dem sie aufblicken konnten. Vielleicht zu blauäuig, zu idealistisch, zu weltfremd? Vielleicht, aber keine Sorge: die Niedrigkeiten dieser Welt lernen Kinder ohnehin schnell genug.

Nur unwillig nahm Axel in der Schweiz etwas Tempo aus seiner rasanten Lebensgeschwindigkeit. Phantomschmerzen im abgeschossenen Bein und Daumen plagten ihn nun wie einst Kurt Schumacher. Sein Engagement aber blieb ungebrochen, sein Lebensweg verzahnt mit dem, was eines Tages Geschichte genannt werden wird. „Lieber Claus“, heißt es in einem typischen Axel-Brief: „Ich bin zum Platzen voll von Sorgen. Regieren heißt voraussehen. Wo wird regiert und vorausgesehen?“

Richard von Weizsäcker kam als Gast des Freundes und Camillas nach „En Menthon“, auch als er Bundespräsident geworden war, so vor seinem ersten Staatsbesuch in England. Zu seinem ersten Staatsbesuch in Kopenhagen, im Frühling 1989, nahm er den Freund mit der dänischen Mutter dann gleich mit – einen Tag nach dessen 70. Geburtstag. Axels Spielgefährte, Vetter Frants Lassen, der inzwischen dänischer Kammerherr geworden war, fungierte bei dieser Visite im Auftrag des Königshauses als persönlicher Begleiter des Bundespräsidenten. Auch zwei Jahre später, bei einer gemeinsamen Reise des Ehepaares Weizsäcker mit Hollands Königin Beatrix und Prinz Claus durch das inzwischen wiedervereinigte

Deutschland nach Dresden, war der Privatmann Axel von dem Bussche auf Wunsch seines Freundes mit von der Staatsoberhaupt-Partie.

Axel, der schon 1983 mit Richard von Weizsäcker und dessen Frau Marianne in seiner damals noch kommunistischen Heimat gewesen war, hatte sich sofort nach dem Fall der Mauer im thüringischen Thale umgesehen. Das Elternhaus war Schulungsburg geworden. Im Bonner Einigungsvertrag war vorgesehen, daß Enteignungen vor 1949 nicht rückgängig gemacht werden können. Als 13. Antragssteller trat Axel von dem Bussche einer Klage vor dem Bundesverfassungsgericht gegen diesen Passus bei. „Es war meine Pflicht, zu versuchen, die von Hitler angelockten Russen aufzuhalten. Das hat mich mein Bein gekostet. Und es gibt keinen Grund für mich, tatenlos zuzusehen, daß kommunistisches Unrecht als demokratisches Recht anerkannt wird", grollte er: „Sollen Bund und Länder Nutznießer des von Karl Marx angestifteten Unheils werden, indem der damals enteignete Besitz nun ihr Eigentum wird?" Das Bundesverfassungsgericht hatte nicht allzu viel dagegen.

So schließt sich der Kreis: Recht, Pflicht und Selbstachtung, Tapferkeit und Freiheit – das waren und sind die Kategorien, die im Leben Axel von dem Bussches zählten und zählen. Er ist der einzige Deutsche, dem ich glaube, wenn er sagt: „Unsere Schuld ist es überlebt zu haben."

28. Kapitel

RÜCKFALL IN DIE BARBAREI

„Der sanfte Fridolin schwor, nie zu töten“

Wir können uns leider noch immer nicht die Zeit aussuchen, in die wir geboren werden möchten. So ist das 20. Jahrhundert mein Jahrhundert; die meisten seiner Jahre habe ich durchwandert. Es wurde – trotz Microchip und Laserbeam – zu einem barbarischen Jahrhundert. Nie wurden auf Erden mehr Menschen getötet als in ihm und dennoch werden es immer mehr. Der Zustand, den unsere Welt in diesem Jahrhundert erreicht hat, gibt wenig Anlaß zu übertriebenem Optimismus. Geplündert, vergiftet und überbevölkert treibt der Planet der Unregierbarkeit entgegen, zumindest nicht regierbar mit uns angenehm erscheinenden Methoden. Die Bemühungen der Staatsmänner, die Katastrophe abzuwenden, wirken wie „rearranging the deckchairs on the ‚Titanic‘“. Und auf die Frage nach dem Sinn des Ganzen gibt es so wenig eine Antwort wie auf die Frage, warum die Fische einst ans Land krochen.

Auch der Zusammenbruch des Kommunismus hat die alten Menschenheitsträume vom ewigen Frieden und allgemeinen Glück ihrer Verwirklichung nicht nähergerückt. Das Dilemma aller Friedensfreunde ist vom Poeten Hilaire Belloc in vier Zeilen erschöpfend umrissen worden:

> „Der sanfte Fridolin
> schwor, nie zu töten.
> Doch Paul, der ihn erschlug,
> hielt eben dies vonnöten.“

Paul ist das Problem der Pazifisten dieses Planeten seit alters her.

Genauso unverändert dürften die Chancen geblieben sein, Glückseligkeit zu finden. Seit die Silhouette des Zweibeiners aus dem vorgeschichtlichen Dunkel aufgetaucht ist, scheint sich die Dichte menschlichen Glücks nicht signifikant verändert zu haben. Tausend satte Neandertaler in einer lauen Sommernacht waren vermutllich ebenso glücklicht, wie es tausend New Yorker des 20. Jahrhunders sind.

Am Anfang dieses Jahrhunderts stand der Erste Weltkrieg. Golo Mann hat ihn die „Mutterkatastrophe" genannt. Denn durch ihn wurde die alte Ordnung der Welt zerstört. An seinem Ende lagen vier Kaiserreiche verstümmelt und enthauptet am Boden, das Deutsche Reich und die k. u. k. Monarchie, das Reich der Zaren und das Osmanische Reich, dessen willkürliche Zerstückelung noch am Ausgang des Jahrhunderts die Grundlage des Golfkrieges bildete. Dem Schoß der „Mutterkatastrophe" entsprangen die Monster Stalin, Hitler und der Zweite Weltkrieg; Kolonien in drei Kontinenten wurden dutzendweise selbständige Diktaturen. Die „Mutterkatastrophe" leitete eine Entwicklung ein, deren wichtigste Stationen Auschwitz, Gulag und Hiroshima hießen.

Dem äußeren Erscheinungsbild der Welt entspricht die innere Verfassung ihrer mächtigsten Hochkultur, die abendländische Zivilisation. Für sie wurde das 20. Jahrhundert zum Jahrhundert der Disharmonie, wie ein kluger Beobachter diagnostizierte. Das Obszöne stieg empor. In den Naturwissenschaften erwies sich Fortschritt als Bedrohung. Rauschgift schenkte Menschen ihre kühnsten Träume. Sekten nagten an den Religionen. Das goldene Kalb wurde zum mächtigsten Götzen. Die Moral erkrankte an Immunschwäche. „Das Leben ist der Güter Höchstes nicht?" Lächerlich, meinen die meisten Angehörigen der weißen Zivilisation; nichts dünkt ihnen am Ende des Jahrhunderts wichtiger als das eigenen Wohlbefinden.

Zu jeder Zivilisation gehörte eine Kontrolle der Triebe. Wesenszug unseres Jahrhunderts wurde es, auch gegen diese „Unterdrükkung" aufzubegehren. Es lebe der Sexualtrieb, freie Bahn dem Erwerbstrieb, enthemmt den Aggressionstrieb (ob Gewalt gegen Sachen oder Rambo auf der Leinwand). Was dabei oft als Sieg der Freiheit und Natürlichkeit verherrlicht wird, ist in Wahrheit nichts als eine Rolle rückwärts in die Barbarei.

Auch in meiner Branche, die den Geist der Zeit verdichtet widerspiegelt, ist dieser Trend auszumachen. Die Medien werden immer perfekter und immer trivialer, immer mächtiger und immer barbarischer. Immer gekonnter manipulieren manche Nachrichten für ihre Zwecke, seien sie geschäftlicher oder ideologischer Art. Immer ruchloser dringen sie in die Privatsphäre ein, immer unbekümmerter nähern sie sich der Pornographie. Talk-Shows und „Tutti Frutti" sind Säulen der TV-Kultur; „Super" ist die Steigerung von „Bild".

Die meisten Bürger der Industrie-Nationen sind „overnewsed and underinformed", sind vollgestopft mit Quatsch und unterversorgt mit Wesentlichem. Sie erfahren von jedem Kalb mit fünf Beinen in Timbuktu, von jeder Scheidung in Hollywood, von jeder Bürgerinitiative zur Selbstverwirklichung, aber wenn der Kommunismus pleite macht, sind alle überrascht.

Innerhalb und außerhalb der Medien reden immer mehr Menschen immer lauter über immer mehr Dinge mit, von denen sie wenig oder nichts verstehen. Ja, ein gewisses Maß von Unkenntnis scheint sogar oft Voraussetzung für Begeisterungsfähigkeit zu sein. Schon Helmut Schmidt wunderte sich als Kanzler darüber, daß Leute, die zu Haus nicht einmal eine Steckdose reparieren können, dezidierte Ansichten über die Sicherheit von Atomkraftwerken hätten. Priester fachsimpeln über die Pille. BAföG-Empfänger dozieren über Währungsfragen. Wer noch nie am Kap der Guten Hoffnung stand, hat präzise Vorstellungen über Südafrika. In immer mehr Bereichen ersetzt Glauben Wissen – wie im Mittelalter. Auch das gehört zum Rückfall in die Barbarei.

Auf meinem Weg durch dieses 20. Jahrhundert habe ich mehr Schurken die Hand geschüttelt, als ich eigentlich wollte. Blicke ich zurück, so ist der Pfad, den ich zurücklegte, dennoch mit Steinen angenehmer Erinnerungen gepflastert. Manche liegen frei, gepflegt von den Gärtnern der Geschichte. Manche sind von welken Blättern des Vergessens halb verdeckt. Einige Episoden blieben konturenscharf. So der Tag an dem meine beiden Großen auf ihren Isländern „Gloi" und „Gauski" zum ersten mal zur Dorfschule ritten, so der Morgen in Ashford Castle, als mein Jüngster seinen ersten Lachs fing. Andere Geschehnisse sind unerklärlich verblaßt. Sogar ein Besuch mit Augstein in Downing Street und eine Visite mit Kremp bei dem imponierenden Helmut Schmidt. Gott sei Dank entscheiden nicht die, die sich wichtig nehmen, über das, was unser Gedächtnis für wichtig erachtet. An Orten, die ich nie wiederzusehen glaubte, kehrte ich zurück; auf dem Popocatepetel war ich nun schon dreimal. Aber auf den Mond, den ich gern besucht hätte, mußte ich bisher verzichten.

Barbara Tuchmanns weltgeschichtliches Gesetz: „Man gewinnt was, man verliert was..." gilt auch für das Älterwerden in diesem Jahrhundert. Einer der Nachteile ist es, daß man vorsichtiger wird: Als die Reifen noch Schläuche hatten, die platzen konnten, fuhr ich 240 km/h, ohne kaum einen Gedanken daran zu verschwenden. Nun, da die Reifen kaum noch platzen können, denke ich zuweilen daran. Zu den Vorteilen des Älterwerdens zählt, daß einem das Leben verbindliche Erkenntnisse beschert über Dinge, bei denen die Wissenschaft noch nach Beweisen kramt. So weiß man aus Erfahrung, daß Gene stärker formen als die Umwelt. Daß Gier starke Schubkraft des Kapitalismus und Neid des Sozialismus ist. Daß Gespenster im Liegen größer sind: Sorgen, die im Dunkel der Nacht beim schlaflosen Grübeln im Bett übermächtig erscheinen, schrumpfen nach dem Aufstehen am Tageslicht auf ihr tatsächliches Maß zusammen.

Außerdem bleibt den wenigsten mit den Jahren die Einsicht erspart, daß die wichtigsten Lebensweisheiten ohnehin längst in jenen platten Sprichworten eingefangen wurden, die uns in der Jugend die Augen himmelwärts schlagen ließen, wenn sie aus dem Mund der Erwachsenen auf uns tropften. Jedes Ding hat eben wirklich zwei Seiten (siehe Kernkraft und Gen-Manipulation). Die Zeit heilt eben wirklich alle Wunden (auch wenn Narben bleiben). Und der liebe Gott läßt die Bäume eben wirklich nicht in den Himmel wachsen (ob bei Kashoggis, Kennedys oder Kommunisten).

Wenn mich meine Wanderung durch das Jahrhundert eines gelehrt hat, so ist es Skepsis gegenüber den Regierenden, nicht nur gegenüber bösen Diktatoren, sondern auch gegenüber biederen Demokraten. Politiker, seien es Revolutionäre oder Reaktionäre, haben es leicht, in mir alle möglichen Empfindungen zu erregen, außer Vertrauen. Da gibt es Minister, die jeder zweite Zoll ein Gentleman sind und sich wie Magnetspäne nach dem stärksten Kraftfeld ausrichten. Da gibt es Volksvertreter, die ihrem Gewissen verantwortlich sind und mit Diäten mehr verdienen, als sie im Privatleben machen würden. Da gibt es Staatsmänner, die die Welt regieren wollen und ihre eigenen Kinder nicht erziehen können.

„A man unable to govern
his wife, his children, his nurse,
takes a particular pleasure
in running the universe."

So spotteten sie einst über Adlai Stevenson. Ich kenne deutsche Christ- und Sozialdemokraten, auf die der Vers über 35 Jahre später genauso paßt. Wenn Heuchelei dick machen würde, brauchte jedes Parlament Flügeltüren.

Mittelmäßigkeit der Verantwortlichen ist das Kainsmal der Gegenwart. In Afrika, so wird berichtet, haßte einst ein kleinwüchsiger Stamm die langen Massai so sehr, daß er noch den toten Feinden die Köpfe abschnitt, um sie auf das eigene Maß zurechtzustutzen. Jeder allzu herausragenden Figur droht in Deutschland heute das Schicksal des Massai.

Mit mir hat das Schicksal es in diesem krummen Jahrhundert bisher gut gemeint (wenn ich auch nicht mehr ganz so aussehe, wie auf dem Schutzumschlag). Es hat mir die Frau zugeführt, die mich glücklich macht, und drei Kinder geschenkt, auf die ich stolz bin. Es hat mir Feinde beschert, mit denen ich fertig werden konnte, und mich Freunde finden lassen, die ich nicht verdient habe. Für einen von ihnen, Sefton Delmer, war ein Tag, an dem er nicht einen neuen Menschen kennenlernte, ein verlorener Tag. Das Tempo habe ich nie mithalten können. Aber ich gebe zu, daß ich noch heute jeder Begegnung mit einem Unbekannten mit einer gewissen Neugier entgegensehe. Denn natürlich wird nicht jeder Fremde Freund oder Feind. Aber alle Feinde und Freunde waren einmal Fremde.

BIBLIOGRAPHIE

Bessere Bücher, die halfen, die Lücken in meinem Gedächtnis zu stopfen.

Konrad Adenauer: „Erinnerungen (1945–1963)“ (Deutsche Verlags-Anstalt, Stuttgart)
Stephen E. Ambrose: „Eisenhower“ (Simon and Schuster, New York)
Hamilton Fish Armstrong: „Those Days“ (Harper & Row, New York)
Hamilton Fish Armstrong: „Peace and Counterpeace“ (Harper & Row, New York)
Mary Bancroft: „Autobiography Of A Spy“ (William Morrow and Company, New York)
David Binder: „The other German“ (The New Republic Book Company, Washington)
Paul F. Boller, jr.: „Presidential Anecdotes“ (Oxford University Press, Oxford)
Anthony Cave Brown: „The Last Hero – Wild Bill Donovan“ (Times Books, New York)
Anthony Cave Brown: „Bodyguard Of Lies“ (Harper & Row, New York)
Gerd Bucerius: „Der Adenauer“ (Hoffmann und Campe, Hamburg)
Benjamin C. Bradlee: „Conversations with Kennedy“ (W. W. Norton & Company, New York)
Winston S. Churchill: „Marlborough“ (Harrap, London)
Sefton Delmer: „Black Boomerang“ (Secker & Warburg, London)

Will und Ariel Durant „Kulturgeschichte der Menschheit“ (Südwest, München)
Joachim C. Fest: „Hitler“ (Ullstein, Berlin)
John Kenneth Galbraith: „A Life In Our Times“ (Hougthon Mifflin Company, Boston)
Reinhard Gehlen: „Verschlußsache“ (v. Hase & Koehlen, Mainz)
Reinhard Gehlen: „Der Dienst“ (v. Hase & Koehler, Mainz)
Klaus Gotto, Hans-Otto Kleinmann und Reinhard Schreiner: „Das Tagebuch von Staatssekretär Lenz 1951–1953“ (Droste, Düsseldorf)
John Gunther: „Procession“ (Harper & Row, New York)
Margie Jürgens: „Curd Jürgens“ (Langen Müller, München)
Johann Graf von Kielmansegg: „Der Fritschprozess 1938“ (Hoffmann und Campe, Hamburg)
Henry A. Kissinger: „Memoiren“ (C. Bertelsmann, München)
Peter Koch: „Konrad Adenauer“ (Rowohlt, Hamburg)
John Lord: „Die Maharadschas“ (Ullstein, Berlin)
William Manchester: „The Last Lion“ (Little, Brown and Company, Boston)
Alan Moorehead: „The Blue Nile“ (Penguin Books, London)
Richard Nixon: „No more vietnams“ (Arbor House, New York)
Wolfgang Paul: „Das Potsdamer Infanterie-Regiment 9“ (Biblio, Osnabrück)
Joseph E. Persico: „Piercing The Reich“ (The Viking Press, New York)
Henry Picker: „Hitlers Tischgespräche“ (Ullstein, Berlin)
Clemens Range: „Die Generale und Admirale der Bundeswehr“ (Mittler, Herford)
Walter Schellenberg: „Aufzeichnungen“ (Limes, Berlin)
Joachim Schöps: „Die Spiegel-Affäre des Franz Josef Strauß“ (Rowohlt, Hamburg)
Axel Springer: „An meine Kinder und Kindeskinder“ (Privatdruck)
Friede Springer (Hrsg.): „Axel Springer“ (Ullstein, Berlin)
Ronald Steel: „Walter Lippmann and the American Century“ (Random House, New York)
Cyrus L. Sulzberger: „Auf schmalen Straßen durch die dunkle Nacht“ (Molden, Wien)

Michael Thomas: „Deutschland, England über alles“ (Siedler, Berlin)
Vernon A. Walters: „In vertraulicher Mission“ (Bechtle, Esslingen)
Martin Wein: „Die Weizsäckers“ (Deutsche Verlags-Anstalt, Stuttgart)
Tom Wicker: „JFK and LBJ“ (William Morrow & Company, New York)

Besonderen Dank schulde ich William Manchester und Paul F. Boller jr. Bei einigen Anekdoten über Winston Churchill und amerikanische Präsidenten, von denen verschiedene Versionen existieren, habe ich mich an ihre hervorragend dokumentierten Werke „The Last Lion“ und „Presidential Anecdotes“ gehalten.

PERSONENREGISTER

ABBILDUNGSNACHWEIS

Studio 6 (S. 4 o.)
The Hulton-Deutsch-Collection, London (S. 4 u.)
Digne Meller-Marcovicz (S. 6 o.)
Pan-Foto (S. 6 u.)
Christa Armstrong (S. 8 u., 24)
Sven Simon (S. 13, 19 o.)
„Welt am Sonntag“ (S. 13 u., 17 u.)
Fabian Posselt (S. 18)
Manfred Rakebrand (S. 19 u.)
Sybill Schneider (S. 21 u.)
Helmut R. Schulze (S. 22)
Hans Siwik (S. 23 o.)
Heinz Engels (S. 5)
George Silk, Life Magazine © Time Warner (S. 7)
John Dominis, Life Magazine © Time Warner (S. 9 u.)
Alle anderen: Privatarchiv des Autors

Claus Jacobi

Uns bleiben 100 Jahre

Ursachen und Auswirkungen der Bevölkerungsexplosion

156 Seiten, gebunden

„Zu viele Menschen sind das Unglück dieses Sterns. Zu viele Menschen trägt und erträgt die Erde nicht. Für zu viele Menschen reichen Rohstoffe und Nahrung nicht. Wir haben den Planeten angezapft, ausgelaugt, ausgebeutet . . ."

Der große, aufrüttelnde Report über die größte Herausforderung, der sich die Menschheit je gegenübersah: die Bevölkerungsexplosion

DIE WELT war dabei

Das Jahr der deutschen Einheit

332 Seiten, mit zahlreichen Fotos, zum
Teil in Farbe, gebunden

Dieser Band versammelt die achtzig wichtigsten Reportagen, mit denen die Tageszeitung DIE WELT den stürmischen Weg zur deutschen Einheit beschrieb. Hier wird ein dramatisches Kapitel deutscher Politik geschildert – nicht mit der kühlen Distanz des Zeithistorikers, sondern in der lebendigen Sprache der Journalisten.

Hans Klein

Es begann im Kaukasus . . .

480 Seiten mit zahlreichen Abbildungen,
gebunden

Juli 1990. Entscheidung im Kaukasus – die Gespräche zwischen Michail Gorbatschow und Helmut Kohl besiegelten den deutschen Einigungsprozeß. Als Augen- und Ohrenzeuge dabei: der damalige Regierungssprecher Hans Klein. Dies ist sein spannender Bericht über 52 Stunden, die Europa veränderten.

Ullstein